国家林业局职业教育"十三五"规划教材

森 林 文 化

李 霞 余荣卓 主编

中国林业出版社

图书在版编目(CIP)数据

森林文化 / 李霞，余荣卓主编. —北京：中国林业出版社，2018.3（2025.7 重印）
国家林业局职业教育"十三五"规划教材
ISBN 978-7-5038-9430-5

Ⅰ. ①森… Ⅱ. ①李… ②余… Ⅲ. ①森林 - 文化 - 高等职业教育 - 教材 Ⅳ. ①S7 - 05

中国版本图书馆 CIP 数据核字（2018）第 024047 号

国家林业局生态文明教材及林业高校教材建设项目

中国林业出版社·教育出版分社

策划编辑：肖基浒　吴　卉
责任编辑：吴　卉　高兴荣
电话/传真：（010）83143611/83143516

出版发行　中国林业出版社（100009　北京市西城区德内大街刘海胡同 7 号）
　　　　　E-mail：jiaocaipublic@163.com
　　　　　电话：（010）83143500
　　　　　http：//lycb.forestry.gov.cn

经　销	新华书店
印　刷	北京中科印刷有限公司
版　次	2018 年 3 月第 1 版
印　次	2025 年 7 月第 10 次印刷
开　本	787mm×1092mm　1/16
印　张	15.75
字　数	365 千字
定　价	48.00 元

未经许可，不得以任何方式复制或抄袭本书之部分或全部内容。

版权所有　侵权必究

《森林文化》编写人员

主　编　李　霞　余荣卓

编写人员（按姓氏笔画排序）
　　　　　李　霞　吴慧敏　余荣卓
　　　　　黄晓宁　钱叶会

校　对　方紫钧　罗春玉

主　审　苏祖荣

前言

党的十八大报告提出大力推进生态文明建设，努力建设美丽中国。森林文化是建设生态文明的最适合载体，在当前构建和谐社会的宏观背景下，当代严峻的环境问题迫使人类重新思索和定位。虽然森林文化有着古老辉煌的历史，但作为一类独立的文化现象进行研究还是崭新的。因此加强人们对森林文化概念的认知，加强人们对森林文化重要意义的认识，加强森林文化教育，提高人们对森林文化的感悟力是十分必要的。在高校中开设森林文化的公选课，是应时而上，具有良好的社会效益。目前，森林文化方面的高职教材尚待完善，在这种机遇与挑战并存的教育背景下，2017年我们组织编写了面向高职院校的《森林文化》教材。本教材是在研究国内外同类教材的基础上编写而成的，吸收森林文化学研究的最新成果和资料，借鉴其他教材的优点，同时又突出自身的特色，立足高职高专教学实际，将森林文化的理论与实践融为一体；突出应用型与实用性；该教材设有学习目标、案例导入、本章小结、自主学习资源库、自测题等内容，旨在帮助学生提升学习效果和综合能力，具备鲜明的职业教育特色。

本教材共分为10章。内容涵盖森林文化总论、乡村森林文化、城市森林文化、名木古树文化、动物文化、竹文化、茶文化、花卉文化、森林食品文化、森林旅游文化。森林文化知识体系完整，前后衔接合理，注重逻辑，突出了高职高专学生的培养特点。本教材由福建林业职业技术学院李霞、余荣卓主编，各单元编写情况如下：李霞撰写第1、5、6章，钱叶会撰写第2、9章，余荣卓撰写第3、4章，吴慧敏撰写第7章，黄晓宁撰写第8章，第10章由李霞、黄晓宁共同完成。全书由李霞、余荣卓负责统稿、定稿。在编写与整理过程中，罗春玉、方紫钧负责部分材料的收集、整理、校对工作。此外，前期大纲编写和制订中，得到了苏祖荣老师提导和大力支持。另外教材编写组选取了近年来森林文化的相关科学研究成果，参引有相关网站的内容，在此，谨向这些文献的作者表示由衷的感谢。

由于编写人员经验和水平有限，作为高职高专此类型教材的一次探索，本教材无论在体例还是内容上均存在有待商榷之处。我们希望借此机会与更多的专业人士沟通交流，在阅读过程中恳请广大专家与读者不吝赐教。

编　者
2017年10月

目录

前 言

第一章 森林文化总论 ... 1
1.1 生态文明与森林文化 ... 5
1.1.1 生态文明 ... 5
1.1.2 生态文化的内涵 ... 5
1.1.3 生态文明的特征 ... 10
1.1.4 森林文化在生态文明建设中的地位 ... 13
1.2 文化与森林文化 ... 15
1.2.1 森林文化起源 ... 15
1.2.2 森林文化定位 ... 16
1.2.3 森林文化形态 ... 18
1.3 现代林业与森林文化 ... 21
1.3.1 森林文化精神品格 ... 21
1.3.2 林业与生态文明关系 ... 21
1.3.3 林业重大生态工程建设 ... 28
小 结 ... 29

第二章 乡村森林文化 ... 31
2.1 乡村森林文化内涵 ... 33
2.2 乡村森林文化类型 ... 34
2.2.1 人居性乡村森林 ... 34
2.2.2 民俗性乡村森林 ... 36
2.2.3 游憩与防护性乡村森林 ... 39
2.2.4 产业性乡村森林 ... 40
2.3 乡村森林旅游 ... 42
2.3.1 乡村森林与传统村落的保护 ... 43
2.3.2 乡村森林与美丽乡村建设 ... 45
2.4 乡村森林文化保护与传承 ... 47
2.4.1 乡村森林文化发展 ... 47
2.4.2 乡村森林文化研究的最新成果 ... 47

　　　　小　结 ··· 48
第三章　城市森林文化 ··· 49
　3.1　城市森林的发展历程 ·· 50
　3.2　城市森林 ·· 51
　　　3.2.1　城市森林内涵 ··· 52
　　　3.2.2　城市森林功能 ··· 53
　　　3.2.3　城市森林组成 ··· 56
　3.3　城市森林的文化形态 ·· 57
　　　3.3.1　市树 ··· 57
　　　3.3.2　市花 ··· 58
　　　3.3.3　园林文化 ··· 59
　　　3.3.4　公园文化 ··· 59
　　　3.3.5　国家森林公园文化 ··· 60
　3.4　城市森林文化发展趋势 ·· 61
　　　3.4.1　构建城市森林文化理念 ··· 61
　　　3.4.2　建设城市森林文化的原则 ··· 63
　　　3.4.3　森林城市与海绵城市、智慧城市、生态城市的交融 ····················· 64
　3.5　未来森林城市发展 ·· 68
　　　　小　结 ··· 70
第四章　名木古树文化 ··· 71
　4.1　名木古树文化概述 ·· 74
　　　4.1.1　名木古树的自然属性 ··· 74
　　　4.1.2　名木古树文化内涵 ··· 77
　　　4.1.3　名木古树文化属性 ··· 78
　4.2　名木古树承载文化遗存 ·· 80
　　　4.2.1　名木古树是活标本、活记录 ··· 80
　　　4.2.2　名木古树是活文物 ··· 81
　　　4.2.3　名木古树是独具特色的自然资源 ····································· 83
　　　4.2.4　名木古树在现代开发中保护的原则 ··································· 83
　4.3　名木古树文化的现实应用 ·· 85
　　　4.3.1　名木古树景观资源的应用 ··· 85
　　　4.3.2　枯死名木古树景观的利用与景观再造 ································· 86
　　　4.3.3　仿真名木古树的运用 ··· 87
　　　　小　结 ··· 87
第五章　动物文化 ··· 89
　5.1　动物文化内涵 ·· 90

5.2 动物的行为文化 ··· 91
5.2.1 动物行为文化概述 ··· 91
5.2.2 蛇文化 ·· 94
5.2.3 虎文化 ·· 97
5.2.3 鹤文化 ·· 99
5.2.4 熊文化 ·· 100
5.2.5 鹿文化 ·· 101

5.3 动物文化类型 ··· 103
5.3.1 动物与文学 ··· 103
5.3.2 动物与舞蹈文化 ··· 104
5.3.3 动物与电影文化 ··· 107
5.3.4 动物与医药文化 ··· 110
5.3.5 动物与雕塑文化 ··· 114

5.4 动物与崇拜 ·· 117
5.4.1 动物崇拜 ··· 117
5.4.2 动物崇拜节庆活动 ··· 119

5.5 动物文化与野生动物保护 ·· 121

小 结 ·· 121

第六章 竹文化 ··· 123

6.1 竹文化历史概述 ·· 125

6.2 竹与民俗传说 ··· 126
6.2.1 竹传说 ·· 126
6.2.2 竹子民俗文化 ··· 127

6.3 竹与文学 ··· 130
6.3.1 竹子与诗词书画 ··· 130
6.3.2 竹子与园林文化 ··· 134
6.3.3 竹子与宗教、崇拜 ··· 136

6.4 竹乡旅游与竹产业发展 ··· 138
6.4.1 竹乡旅游资源 ··· 138
6.4.2 竹产品 ·· 141
6.4.3 竹文化产业 ·· 149

小 结 ·· 151

第七章 茶文化 ··· 153

7.1 中国饮茶习俗 ··· 156
7.1.1 汉族茶俗 ··· 156
7.1.2 少数民族茶俗 ··· 156

7.2 茶文化内涵 · 157
7.2.1 茶文化定义 · 157
7.2.2 茶文化性质 · 158
7.2.3 茶文化的社会功能 · 160
7.3 茶文化历史 · 161
7.3.1 茶文化形成与发展 · 161
7.3.2 茶文化对外传播 · 165
7.4 茶文化的表现形式 · 168
7.4.1 茶与文学艺术 · 168
7.4.2 茶艺与茶道 · 170
7.5 茶产业发展简史 · 173
7.5.1 茶类的起源与发展 · 173
7.5.2 茶产业的形成与发展 · 174
小　结 · 177

第八章 花卉文化 · 179
8.1 花卉文化内涵 · 181
8.1.1 花卉物质文化特性 · 183
8.1.2 花卉精神文化特性 · 189
8.2 花卉文化类型 · 191
8.2.1 花卉文化与文学作品 · 191
8.2.2 花卉文化与民俗活动 · 191
8.2.3 花卉文化与绘画艺术 · 193
8.2.4 花卉文化与音乐艺术 · 194
8.3 花卉文化与花卉产业 · 194
8.3.1 花卉产业定义 · 194
8.3.2 花卉产业和市场布局 · 194
8.3.3 花卉产业发展现状与趋势 · 198
小　结 · 202

第九章 森林食品文化 · 203
9.1 森林食品文化概述 · 205
9.2 森林食品类型 · 206
9.2.1 森林粮食 · 206
9.2.2 森林水果 · 207
9.2.3 森林蔬菜 · 207
9.2.4 森林油料 · 207
9.2.5 森林菌类 · 209

		9.2.6 森林药材	210
		9.2.7 森林昆虫	211
		9.2.8 森林饮料	211
		9.2.9 森林蜜源	212
		9.2.10 其他种类	212
	9.3	**森林食品文化与产业发展**	213
		9.3.1 森林食品资源的加工技术与产业化	214
		9.3.2 森林食品认证	214
		9.3.3 森林食品资源保护	215
	小 结		216
第十章	森林旅游		219
	10.1	**森林旅游业**	221
		10.1.1 森林旅游业的定义	221
		10.1.2 森林旅游业的兴起	221
	10.2	**森林旅游文化**	223
		10.2.1 森林旅游文化的内涵	223
		10.2.2 森林文化与森林旅游的关系	224
	10.3	**森林旅游类型**	226
		10.3.1 生态观光类	226
		10.3.2 自然遗产类	227
		10.3.3 休闲度假类	228
		10.3.4 参与体验类	228
	10.4	**森林旅游产业发展**	230
		10.4.1 森林旅游产业现状	230
		10.4.2 森林旅游产业发展前景	232
		10.4.3 森林旅游节	233
	小 结		235
参考文献			237

第一章　森林文化总论

学习目标

【知识目标】

(1) 了解生态文明，熟悉生态文化的内涵，明确森林文化在生态文明建设中的地位；

(2) 了解森林文化起源，熟悉森林文化定位，掌握森林文化形态；

(3) 熟悉森林文化的精神品格及林业与生态文明的关系，掌握林业重大生态工程建设的内涵。

【技能目标】

(1) 培养和提高学生鉴赏识别生态文化的能力；

(2) 培养学生探讨森林文化和运用森林文化了解生态文明的能力。

【引文】

党的十八大以来加强生态文明建设述评(节选)

又是一年春来到。生机盎然的春天一步步走来,中华大地的绿色一天天增多。

"我们既要绿水青山,也要金山银山。""绿水青山就是金山银山。"党的十八大以来,以习近平同志为总书记的党中央,从中国特色社会主义事业"五位一体"总布局的战略高度,从实现中华民族伟大复兴中国梦的历史维度,强力推进生态文明建设,引领中华民族永续发展。

3年多来,生态文明理念深入人心——从顶层设计到全面部署,从最严格的制度到更严厉的法治,生态文明建设扎实有序推进,越来越多的人深刻认识到:保护与发展并不矛盾,青山和金山可以"双赢"。

3年多来,环境保护合力集聚形成——生态文明体制机制日趋完善,"生态""环保""绿色"成为人们关注的热词,广泛的生态共识落地生根,转化为积极的行动和巨大的合力。

3年多来,绿色发展底色日益亮丽——优化国土空间开发格局,全面促进资源节约,加大自然生态系统和环境保护力度,加强生态文明制度建设,美丽中国的绿色底色,一天天愈发清新养眼。

过去几十年,中国经济快速发展,创造了举世瞩目的"中国奇迹",人民群众普遍富裕起来。但是粗放的发展方式,也使我们在资源环境方面付出沉重代价。马路宽了,高楼多了,钱包鼓了,可是清澈的河水、洁净的空气却成了奢侈品,这是我们追求的现代化吗?高能耗、高排放难以为继,资源节约,环境友好,蓝天白云,青山绿水,成为人民群众对美好生活的共同向往。

"不谋万世者,不足谋一时。"面对环境污染严重、生态系统退化、资源约束趋紧的严峻形势,以习近平同志为总书记的党中央遵循发展规律,顺应人民期待,彰显执政担当,将建设生态文明、推进绿色发展视为关系人民福祉、关乎民族未来的长远大计,融入治国理政宏伟蓝图。

新理念、新思想和新观点,振聋发聩——

十八大以来,无论考察调研,还是重要会议,大江南北,国内国外,习近平总书记走到哪里,就把建设生态文明、保护生态环境的观念讲到哪里:

"良好生态环境是最公平的公共产品,是最普惠的民生福祉。"

"保护生态环境就是保护生产力,改善生态环境就是发展生产力。"

"在生态环境保护问题上,就是要不能越雷池一步,否则就应该受到惩罚。"

"要把生态环境保护放在更加突出位置,像保护眼睛一样保护生态环境,像对待生命一样对待生态环境。"

"走向生态文明新时代,建设美丽中国,是实现中华民族伟大复兴的中国梦的重要内容。"

顶层设计与战略部署,密集推出——

2012年11月召开的党的十八大,把生态文明建设纳入中国特色社会主义事业"五位一体"总体布局,首次把"美丽中国"作为生态文明建设的宏伟目标。十八大审议通过《中国共产党章程(修正案)》,将"中国共产党领导人民建设社会主义生态文明"写入党章,作为行动纲领;

十八届三中全会提出加快建立系统完整的生态文明制度体系;

十八届四中全会要求用严格的法律制度保护生态环境;

去年金秋十月召开的十八届五中全会,提出"五大发展理念",将绿色发展作为"十三五"乃至更长时期经济社会发展的一个重要理念,成为党关于生态文明建设、社会主义现代化建设规律性认识的最新成果。

超越和扬弃了旧的发展方式和发展模式,生态文明、绿色发展日益成为人们的共识,引领社会各界形成新的发展观、政绩观和新的生产生活方式。

购买节能与新能源汽车、高能效家电,减少塑料购物袋等一次性用品使用,"随手拍"拯救家乡河流……越来越多的公民践行绿色生活方式和消费理念,保护生态环境、建设美丽中国的共识度不断提升,"最大公约数"正在形成。

如何破解"生态环境保护说起来重要,做起来次要"的状况?"只有实行最严格的制度、最严密的法治,才能为生态文明建设提供可靠保障。"

十八大以来,一系列法律、法规、政策、措施陆续发布实施,为绿色发展"保驾护航"。

高屋建瓴全面部署。

2015年5月,中共中央、国务院发布《关于加快推进生态文明建设的意见》,这是继党的十八大和十八届三中、四中全会对生态文明建设作出顶层设计后,中央对生态文明建设的一次全面部署。《意见》首次提出"绿色化"概念,并将其与新型工业化、城镇化、信息化、农业现代化并列,赋予了生态文明建设新的内涵,明确了建设美丽中国的实践路径。

2015年9月,《生态文明体制改革总体方案》印发,明确提出到2020年,构建起由自然资源资产产权制度等八项制度构成的生态文明制度体系,推进生态文明领域国家治理体系和治理能力现代化,努力走向社会主义生态文明新时代。

严厉法治重拳出击。

1月21日,备受关注的江苏泰州"天价"环境公益诉讼案尘埃落定。最高人民法院裁定驳回泰州一家企业的再审申请,被告企业被要求赔偿环境修复费用1.6亿余元的审判结果维持不变。社会各界拍手称快:新环保法,确实有钢牙利齿!

督促地方推进环保。

1月中旬，环保部约谈内蒙古锡林郭勒草原等5个国家级自然保护区所在地的地方政府，要求坚决制止破坏自然保护区生态环境的违法违规行为。

以敦促地方政府落实环保责任为目的的综合督查及环保约谈，在过去一年备受瞩目。河北廊坊市、江西九江市、安徽铜陵市、云南昭通市等地的党委"一把手"，先后出现在当地的综合督查情况反馈会上。

治污攻坚初见成效。

中国坚决向污染宣战，提升生态环境质量。被称为"气十条"和"水十条"的《大气污染防治行动计划》和《水污染防治行动计划》，先后发布实施，各有十个方面3项具体措施，为打赢治污攻坚战提供了充沛"弹药"和真金白银。

各地多措并举防治大气污染，提升了"气质"，减轻了公众的"心肺之患"。监测数据显示，2015年，全国338个城市可吸入颗粒物（PM10）年均浓度同比下降7.4%；细颗粒物（PM2.5）平均浓度为50微克/立方米，其中161个可比城市同比下降11.3%。

随着绿色、低碳、循环发展的持续推进，无数人的生产生活乃至命运发生了巨大变化，一个日益变绿变美、充满盎然生机的中国，呈现在世人面前。

这是发展日益低碳节能的3年——"最大的决心会产生最高的智慧。"

2015年12月12日，联合国气候变化巴黎大会通过《巴黎协定》，成为全球气候治理进程中的里程碑。联合国秘书长潘基文高度评价中国作用，认为中国对《巴黎协定》的达成作出了历史性的突出贡献。

积极应对气候变化，"中国行动"可圈可点。中国把应对气候变化融入国家经济社会发展中长期规划，通过法律、行政、技术、市场等手段全力推进。目前，中国可再生能源装机容量占全球总量的24%，新增装机容量占全球增量的42%，已成为世界节能和利用新能源、可再生能源的第一大国。

控制温室气体排放，"中国承诺"作出表率。面向未来，中国向国际社会宣布了低碳发展的系列目标，包括2030年左右使二氧化碳排放达到峰值并争取尽早实现，2030年单位国内生产总值二氧化碳排放比2005年下降60%~65%等。"虽然需要付出艰苦的努力，但我们有信心和决心实现我们的承诺。"

作为负责任的发展中大国，中国积极承担应尽的责任，倡导并推动各国携手应对生态危机、努力实现绿色发展、共同守护地球家园，得到国际社会"点赞"。

这是国土绿化加快推进的3年——"森林是我们从祖宗继承来的，要留传给子孙后代，上对得起祖宗，下对得起子孙。""十二五"期间，特别是党的十八大以来，我国全面深化林业改革，充分调动各方面造林、育林、护林的积极性，扩大森林面积，提升森林质量。

据国家林业局最新统计，"十二五"期间，全国共完成造林4.5亿亩、森林抚育6亿亩，分别比"十一五"增加18%、29%；森林覆盖率提高到21.66%，成为全球森林资源增长最多的国家。绿进，沙退。荒漠化和沙化土地状况，呈现整体遏制、持续缩减、功能增强的良好态势。

这是生态保护力度空前的3年——白雪覆盖的黑龙江省牡丹江市柴河林业局卫星林场，春节期间家庭旅馆生意红红火火，白雪变成"白银"。2014年4月，全省重点国有林区全面停止天然林商业性采伐，林场职工们纷纷办起了家庭旅馆。"比拉木头强多了！"忙碌着的"大潘客栈"老板娘胡秀英，乐呵呵地说。从黑龙江到吉林、内蒙古，广袤原始森林里，多年不绝的伐木声已戛然而止。数以十万计的林业工人放下斧锯，从"砍木头"转为"种树看林子"。

前所未有的生态保护投入和力度，使得我国自然保护区数量和面积持续增加，居于世界前列。截至2014年底，全国自然保护区数量达2729个，占陆地国土面积14.8%。90.5%的陆地生态系统类型、85%的野生动物种类得到保护，大熊猫等一大批重点保护和濒危的野生动植物种群恢复壮大。

春潮滚滚，全面建成小康社会已经进入决胜阶段。

"小康全面不全面，生态环境质量是关键。"贯彻落实创新、协调、绿色、开放、共享的发展理念，持之以恒、久久为功推进生态文明建设，我们一定能让美丽的家园山清水秀、鸟语花香，实现生产发展、生活富裕、生态良好的"绿色奇迹"，为中华民族赢得永续发展的光明未来！

资料来源：刘毅，孙秀艳.绿色发展，走向生态文明新时代——党的十八大以来加强生态文明建设述评[N].人民日报，2016-2-16.

1.1 生态文明与森林文化

1.1.1 生态文明

文明是人类文化发展的成果，是人类改造世界物质和精神成果的总和，是人类社会进步的标志。人类文明经历了从原始文明到工业文明，再到生态文明三个阶段。生态文明是人类遵循人、自然、社会和谐发展这一客观规律而取得的物质与精神成果的总和。生态文明是生态哲学、生态伦理学、生态经济学、生态现代化理论等生态思想的升华与发展，是人类文化发展的重要成果。从人与自然和谐的角度（图1-1），吸收党的十八大成果的定义是：生态文明是人类为保护和建设美好生态环境而取得的物质成果、精神成果和制度成果的总和，是贯穿于经济建设、政治建设、文化建设、社会建设全过程和各方面的系统工程，反映了一个社会的文明进步状态。生态文明既包含物质文明的内容，又包含精神文明的内容，其核心要素是公正、高效、和谐和人文发展。

1.1.2 生态文化的内涵

1)绿色

绿色发展，是党中央立足基本国情和"十三五"规划目标，审慎把握生态文明建设新的阶段性特征，对发展理念的时代性探索，不仅清晰描绘了发展的生态底色，同时也指明了

图 1-1　福州西湖八景之"湖心春雨"
资料来源：中国共产党新闻网

面向"十三五"目标加强生态治理、增强民生福祉的新路径，具有重要的生态价值。

(1) 绿色发展理念

提出绿色发展，是为了应对近年来我国发展所面临的资源约束趋紧、环境污染严重、生态系统退化严峻的生态形势，是在问题导向下对发展理念的创新。推进绿色发展，有利于更好应对资源环境约束挑战，促进全面建成小康社会和生态文明建设，服务全球生态安全。在人与自然和谐视阈下，绿色发展理念提出加快主体功能区建设、推动绿色低碳循环发展、全面节约和高效利用资源、加大环境治理力度、筑牢生态安全屏障等举措，充分明确了生态文明建设的主攻方向和精准着力点，目的是要打造科学合理的发展布局、构建系统完备的生态文明制度体系、建立绿色低碳的产业体系、培育绿色节约的生活方式，推动生态文明建设的各项决策部署落地实施、有序推进、同向驱动，补齐生态短板，开创生态文明建设新局面，使美丽中国建设取得更多成果和更大进展，由蓝图变为现实。绿色发展有助于构建全球生态新秩序，更好的服务全球生态安全。21世纪以来，各个国家和地区更加积极追求绿色、低碳、可持续发展，美国将绿色转型上升为国家战略，瞄准高端制造、信息技术、低碳经济，发挥技术优势谋划新的经济增长点；日本推出绿色发展战略总体规划；欧盟加快建立节能型、环保型、绿色型、创新型经济，并积极出口绿色技术，旨在抢占未来经济竞争的制高点。

我国作为当今世界最大的发展中国家、全球第二大经济体，坚持绿色发展，开展生态绿色外交和绿色国际合作，推进全球生态秩序和生态规则的变革与重构，促使全球绿色发展格局形成，提升全球生态安全水平。

(2) 现代林业的绿色理念

林业倡导绿色生产方式，坚持绿色经济的发展方向，以绿色企业作为主要载体。世界企业持续发展委员会把绿色企业理解为"生态经济效益型企业"，并对这类企业归纳定义："能提供具有价格竞争力的商品和服务，在满足人们需求、提高生活品质的同时，满足生态环境需求，在商品和服务的整个生命周期内逐渐减少对环境的冲击及自然资源的耗用，使之达到在地球承载的限度内。"现代林业应树立可持续经营理念，着力于林业资源、能源的生态性开发，大力加强林业节能减废和综合利用。在生产过程中，应节约原材料，降低能耗，使用可再生能源，努力减少并争取消除生产废弃物对自然界的不良影响，实现低能耗、低污染、低排放的"绿色"标准。

林业倡导绿色生活方式，推崇科学的绿色消费模式，注重人与自然相互协调，既强调消费的重要作用，又强调消费和再生产等其他环节与环境的动态平衡。林业本身就体现和倡导绿色消费和健康消费。一方面，林业能够提供循环、低碳的绿色产品，如丰富的森林食品、森林药材，木质和非木质的林产品及制品等，还能够提供重要的可再生的生物质能源；另一方面，通过发展林业促进新的时尚绿色消费方式——生态游憩，包括生态旅游、野营度假、休闲游憩以及海洋、沙漠、极地探险等。树立和谐共生的绿色理念，注重节能减排的绿色生产方式，崇尚人与天调的绿色生活，建设生态宜居的绿色城市，培养合作治理的绿色行政，打造芳菲斗艳的生态文化，建立尊重环境权的生态法制，让绿色健康、和谐和可持续发展更扎实的推进。

2）低碳

低碳，是指较低（更低）的温室气体（二氧化碳为主）排放。低碳内涵：低碳社会、低碳经济、低碳生产、低碳消费、低碳生活、低碳城市、低碳社区、低碳家庭、低碳旅游、低碳文化、低碳哲学、低碳艺术、低碳音乐、低碳人生、低碳生存主义、低碳生活方式。其核心内容包括低碳经济和低碳生活。

"低碳经济"，最早见诸于政府文件是在2003年的英国能源白皮书《我们能源的未来：创建低碳经济》。低碳经济，是指在可持续发展理念指导下，通过技术创新、制度创新、产业转型、新能源开发等多种手段，尽可能地减少煤炭石油等高碳能源消耗，减少温室气体排放，达到经济社会发展与生态环境保护双赢的一种经济发展形态。低碳经济是以低能耗、低污染、低排放为基础的经济模式，是人类社会继农业文明、工业文明之后的又一次重大进步。"低碳经济"的理想形态是充分发展"阳光经济""风能经济""氢能经济""核能经济""生物质能经济"。它的实质是提高能源利用效率和清洁能源结构、追求绿色GDP的问题，核心是能源技术创新、制度创新和人类生存发展观念的根本性转变。低碳经济的发展模式，为节能减排、发展循环经济、构建和谐社会提供了操作性诠释，是落实科学发展观、建设节约型社会的综合创新与实践，是实现中国经济可持续发展的必由之路，是不可逆转的划时代潮流，是一场涉及生产方式、生活方式和价值观念的全球性革命。自2003年以来，国务院先后发布了《节能中长期专项规划》《关于做好建设节能型社会近期重点工作的通知》《关于加快发展循环经济的若干意见》《关于节能工作的决定》等政策性文件。

低碳生活是指生活作息时间所耗用的能量要尽量减少，从而减低二氧化碳的排放量。低碳生活，对于我们这些普通人来说是一种生活态度，也成为人们推进潮流的新方式。它给我们提出的是一个愿不愿意和大家共创低碳生活的问题。

转向低碳经济、低碳生活方式的重要途径，一是戒除以高耗能源为代价的"便利消费"嗜好；二是以"关联型节能环保意识"戒除使用"一次性"用品的消费嗜好；三是戒除以大量消耗能源、大量排放温室气体为代价的"面子消费""奢侈消费"嗜好；四是全面加强以低碳饮食为主导的科学膳食平衡。

【拓展阅读1-1】

怎样做到低碳生活

"低碳"是现在新闻媒体上出现频率越来越高的一个词汇,百度的解释是:较低(更低)的温室气体(二氧化碳为主)排放。相信大家对于"温室效应、全球变暖"一定不陌生。营造一个低碳的生活环境,不仅是为我们自己,更是为造福后代。低碳减排,从我做起,从身边小事做起。

1. 走路或骑车上班:如果你是有车一族,如果你居住地距离单位并不十分遥远,请步行或骑自行车上班。也许你因此牺牲了几十分钟的睡眠时间,但你收获的却是新鲜的空气、沿途的风景以及越来越健康的身体;你还为拥挤的交通做出了减负的贡献,一举数得,何乐而不为?

2. 节约打印用纸:我们都知道,纸是由树木制造而成的,而树木是天然的二氧化碳吸收器,同时可以制造氧气,净化空气。如果没有了树木,地球将无法想象会是一种何等景象!我们提倡,打印文件请用双面,有一些宣传广告纸的背面是空白的,完全可以再次利用。此举等于挽救了一半原本要被砍伐的树木!

3. 用手帕代替纸巾:不知道还有多少人记得,曾经的我们无论是抹眼泪还是擦嘴角,用的都是手帕。不要觉得那是上世纪的古老玩意儿,这是环保的象征。纸巾也是树木的产物,纸巾的利用率比打印纸还要低,很可能只是用到了中间那一小块,然后就被丢弃了。请在口袋里预备一块手帕吧。

4. 拒绝一次性筷子:生活中和树木有关的东西到处都是。去饭店吃饭,怕服务员没有认真清洗筷子而要求使用一次性筷子的朋友,我想应该不在少数吧。为何不自己携带呢?现在有出售可折叠的餐具,携带很方便,放在包里也不占地方。

5. 拒绝塑料袋:曾几何时,家里堆着红蓝白绿很多塑料袋,都是上菜场、超市购物时带回来的。若是还能重复装非食物物品的倒还好说,万一破了不能用了,就扔进垃圾堆,殊不知塑料袋是难易分解的,而且还会严重污染环境。随着"限塑令"的出台,使用塑料袋的人越来越少了,取而代之的是可重复利用的购物袋,希望商家也好、买家也好,都可以继续坚持下去!

6. 少用一次性洗漱用品:现在出差住宾馆的朋友会发现,很多洗漱间都有提醒重复使用毛巾的标语。我建议,如果经常外出的朋友,最好能自己携带牙具、毛巾,一来是节约了一次性用品,二来也是为个人卫生考虑。

7. 节约用水:生活中要用水的地方很多,如果没有节制地使用,那恐怕会像那个公益广告所述,"不久的将来,地球上最后一滴水,将是我们的眼泪"。要学会重复利用水,例如,洗菜的水可以用来冲厕所,淘米水对洗去碗的油污有一定效果,洗衣服的水正好可以洗拖把……只要我们愿意多转一个弯,就能合理地利用好每一滴水。

8. 节约用电:电也是生活中不可或缺的。节约用电,一般都是体现在细节处。例如,人走出屋子,就随手把开关关上;用节能灯泡替换普通灯泡,瓦数不要太亮,只要能不损伤视力就行；不要频繁地开冰箱，这里有个小妙招，可以把冰箱里有的东西都记录在一张纸上，需要拿什么，只要看看纸就知道，而不用稀里糊涂总是翻来找去到最后发现其实根本就没在里面；买空调选节能型的，夏天把空调温度调高一些，既减排又能避免空调病；如果居住楼层较高，建议安装太阳能热水器，等等。

9. 拒绝"宅"：现在的"宅男、宅女"越来越多，我并不认为这是一种十分好的现象。至少，你宅在家里，势必会增加你的电消费：上网、看电视、听音乐……长此以往，对心身健康都没有好处。所以，还是多出去走走，逛逛公园，陪家人打打羽毛球，多和朋友聚一聚联络感情，这对你来说一定是有益无害的。

10. 变废为宝：也许你有很多不喜欢的衣服、裤子，也许你家里堆了很多纸箱，也许你在发愁花纸该如何处理……千万别扔。因为只要将它们稍加改造，就能焕然一新，成为一件装饰品，或者成为一件新的实用物品。

资料来源：百度经验．怎样做到低碳生活[DB/OL]. http://jingyan.baidu.com/article/eb9f7b6dcf37e6869364e814.html

3) 循环

生态文化作为时间存在，有其前后相继相承的发展历史，生态文化作为空间存在，有其同层面上相互渗透和影响的事实。同时，重要的是在时空上，生态文化还有自身的建构与解构、生成与消失的过程。这个过程是往复的、圆的、周期的，即一种循环的过称。自然之所以生生不息，充满活力，其奥秘之一在于循环，即物质的代谢、能量流动和信息转换。自然界不单有生产者(植物)、消费者(动物)，更为巧妙的是还有无数的微生物分解者存在，把消费剩下的，化为资源，返给自然，归于有序。而工业文化缺乏的正是分解环节以及由此缺乏的良性循环。生态文化把循环作为其基本范畴的意义在于：其一，一部成功的生态文化作品不可被一次性消费掉，不同时代不同读者群会进行不同的文化解读与意境领会，成为一个文化生物链；其二，在生态文化领域，既有生态文化生产者一方，又有生态文化消费者一方，同时还存在第三方的生态文化的分解者。因为生态文化生产者生产的生态文化产品，在提供给消费者消费后，其作品依然存在，尤其是其中的生态思想、理念和信仰会以不同方式分解并进入日常生活的方方面面，被更为广大的人群消费和接纳；其三，任何一种文化形态或形式都不可能是永恒的。生态文化同其他文化一样，有着自身生成和被解构的历史，即经历一个文化的兴与衰、荣与枯、新与旧的周期循环和更替过程。也正是这个过程，促使不同时期的生态文化推陈出新、生生不息；其四，循环不是简单的重复，还包含时代的创新，以及对以往文化的回眸和回顾。当人们对以往的文化进行回眸和回顾时，过往的旧的文化又以显现的或潜移默化的形式表达出来，给时尚和新潮以一种惊喜。这不是复古或复归，而是循环的力量和古典与时尚的张力。

4) 共生

共生是生态文化的一个基本范畴。"生态"一词本身就包含生命状态和多元共生两个意思。生态文化把共生作为基本范畴自是题中应有之义。生态文化不能是一枝独秀，孤芳自赏；而是百花齐放、春色满园。百花齐放描述的就是多元文化的共生态。我们说生态文化作为人类文化发展的高级形态，未来将替代工业文化，或后工业社会的一种人们普遍认可的文化形态，主要针对文化的主体或主流方向而言，而非生态文化一统天下。历史事实证明，任何一种一统的清一色文化只能走向僵化和文化的死胡同。生态文化欣赏差异，又不拒斥包容。自然界从来就是大胸襟，在创生和演化万物中从不废弃一草一本，一虫一兽，呈现的是全阶的生物图景。因而生态学的本意就是万物共生。作为生态文化范畴的共生，共生就意味着对差异的认同，意味着不同形态或形式文化都有平等存在的权利，意味着对不同形态或形式文化的尊重和认可，意味着生态文化与其他文化的并存，而尊重和认可其他的文化，正是生态文化自身价值实现的标志。

当然，生态文化的多元共生并不否认等级或等差的存在。但这种等级或成等差，只是表明不同的生态文化形式所处的位置不同而已，而非所体现价值的差异。生态文化的等级或等差，构成的生态文化金字塔，下层、低层的生态文化是基础，最为牢固。

例如，精神层面的生态文化较之与物质层面的生态文化，前者处于文化的上层，后者相对处下层。城市生态文化较之与乡村生态文化，前者处于文化的上层，后者相对处于下层。但人们注意到，越处于上层、顶层的文化越脆弱，越容易坍塌，而下层、底层的生态文化扎根泥土，往往并无大碍。共生还体现最大限度接纳和包容，生态文化不仅包容社会文化、政治文化，经济文化、宗教文化等文化形态，还突破人类中心主义的局限，第一次把非人类的文化纳入自己的研究范围，而非人类文化的研究和呈现无疑把人类文化放在一个更为稳固的基础之上。

5）和谐

生态学向人类揭示自然界两大基本规律：一是丛林竞争法则；二是妥协和解法则，但无论是丛林竞争的优胜劣汰，还是妥协和解的共处共生，皆是自然之手启示人类的手段或方法，其终极目的，行在和谐。生态文化从她诞生起已本能地把和谐作为基本范畴和最高理念。

生态文化视域中的和谐目标：一是人与社会的和谐，即建构一个政治上民主自治，经济上合作共赢，文化上多元并存，没有歧视、剥削，平等共享的社会；二是人与自然的和谐，要求人类不破坏环境，不滥用自然资源，不做违背自然规律的事，维护自然生态的稳定，实现人与自然的和谐；三是人与自身的和谐，生态文化毫无保留的批判工业社会的物质主义、消费主义、金钱至上和娱乐至死，约束欲望的扩张，减少世俗的纷扰，并以简单、理性和绿色的生活方式，以求自我内心的淡泊与宽容，实现人与自身的和谐，真正兑现恩格斯所说的做社会的主人和自己的主人。当然，这一和谐目标的实现，非一朝一夕之功，而是人生一辈子的修炼修行，也将伴随人类文明史的整个进程。只要人类存在一天，都存在矛盾以及对和谐目标的追寻，而这种追寻主要应当采取一种友好、和平、协商的方式，一种人类普遍认可的"己所不欲，勿施于人"的办法，以求实现。

1.1.3 生态文明的特征

生态文明具有丰富的内涵，不仅包含普遍意义上的绿色生态文明，更包含政治、文化和道德伦理的生态文明等，其特征鲜明。

1）生态文明的自然性与自律性

生态文明具有自然性。与以往的农业文明、工业文明一样，生态文明主张在改造自然的过程中发展社会生产力，不断提高人们的物质生活水平。两者的区别在于，生态文明突出自然生态的重要性，强调尊重和保护自然环境，强调人类在改造自然的同时必须尊重和爱护自然，不能随心所欲、为所欲为。

生态文明又强调人的自律性。在人与自然的关系中，具有主观能动性的人是矛盾的主要方面，建设生态文明的关键在于人类要做到以文明的方式对待自然。追求生态文明的过程是人类不断认识自然、适应自然的过程，也是人类不断修正错误、改善与自然的关系，以及完善自然的过程。人类应该认真定位自己在自然界中的位置，强调人与自然环境的相互依存、相互促进、共处共融。生态问题的根源在于人类自身，在于人类的活动与发展，解决生态环境问题，归根结底需反省人类自身的行为方式，节制人类自身的欲望。应当认识到，人类既不是自然界的主宰，也不是自然界的奴隶，而是自然界的一部分，不能脱离自然界独立存在。只有尊重自然、遵循自然规律，才能实现人与自然界的协调发展。

2）生态文明的和谐性与公平性

生态文明是社会和谐自然和谐相统一的文明，是人与自然、人与人、人与社会和谐共生的文化伦理形态，是人类遵守人、自然、社会和谐发展这一客观规律而取得的物质与精神成果。生态的稳定与和谐是自然的福祉，更是人类自身的福祉。

生态文明充分体现公平与效率、代内公平与代际公平、社会公平与生态公平的统一。与工业文明相比，生态文明所体现的是一种更广泛、更具深远意义的公平，包括人与自然之间的公平、当代人之间的公平、当代人与后代人之间的公平。当代人不能肆意挥霍资源、践踏环境，必须留给子孙后代一个生态良好、可持续发展的生存环境。代内公平与代际公平是社会可持续发展的条件。

3）生态文明的基础性与可持续性

生态文明关切人类的生存环境，它是人类赖以生存发展的基础，同物质、政治和精神文明一起，关系民众的根本利益，关系全面建成小康社会的全局，关系民族的兴旺发达和国家的长治久安。作为对工业文明的超越，生态文明代表了一种更为高级的人类文明形态，代表了一种更加美好的和谐社会理想。生态文明应该成为社会主义文明的基础，人民享受幸福生活的基本条件。

生态文明是可持续发展的重要前提。可持续发展的思想是人类对自身未来发展的一种理性思考，它要走的是一条人口、环境、资源和经济、社会相互协调，既满足当代人的需求、又不损害子孙后代利益的道路。生态文明倡导循环经济发展模式，将选定的"资源→产品→废物"线性物质流动方式改造为"资源→产品→再生资源"的物质循环模式，以最小的资源和环境成本，获得最大的经济社会效益，是实现可持续发展的有效途径。生态文明提倡以绿色消费为主要内容的、健康文明的消费方式和生活方式，有助于实现资源的永续利用和经济社会的可持续发展。

4）生态文明的整体性与多样性

生态文明具有系统性、整体性。生态文明把自然界视为一个有机联系的整体，把人类看作是自然界的有机组成部分。自然界蕴涵万物，万物各有自身的运行规律，万物之间相互影响、相互作用。地球是一个有机系统，其中的有机物、无机物、生产者、消费者之间时刻都存在着物质、能量、信息的交换，每种成分、每个过程的变化都会影响到其他成分和过程的变化。生态问题是全球性的。生态文明要求人们具有全球眼光，从整体的角度思考问题。例如，保护大气层、保护海洋、保护生物多样性、稳定气候、防止毁灭性战争和环境污染等，都必须依靠全球协作。同时，生态文明对其他文明具有整合与重塑作用，社会的物质、政治和精神文明等都与生态文明密不可分，是一个统一的整体。

生态文明的价值观强调尊重和保护地球上的生物多样性，强调人、自然、社会的多样性存在，强调人类与自然界之间以及物种之间的公平性，承认地球上每个物种都有其存在的价值。多样性是自然生态系统内在丰富性的外在表现。建设生态文明，要始终以一种宽阔的胸怀和眼光去关怀和保护自然界中的生命万物，不能为了眼前局部的利益而牺牲自然界本身的丰富性和多样性。

5）生态文明的开放性与循环性

自然界既是一个开放的系统，又是一个充满活力的系统，开放性与循环性是自然生态系统的客观存在方式。这就要求人们在思考人与自然的关系时，要把自然界看作一个开放系统，正确认识和把握物质、能量、信息的传输、交换和循环规律，要考虑自然界的承载能力，保证自然生态系统的良性循环。

建设生态文明，需要大规模开发和使用清洁的可再生能源，实现对自然资源的高效、循环利用，逐步形成以自然资源的合理利用和再利用为特点的循环经济发展模式。要按照自然生态系统物质循环和能量流动规律重构经济系统，使经济系统纳入自然生态系统的物质循环过程中，建立起一种符合生态规律的经济发展模式，使所有的物质和能源能够在一个不断进行的经济循环中得到合理和持久的利用，把经济活动对自然环境的影响降到尽可能低的程度。

6）生态文明的伦理性与文化性

化解生态危机，协调人与自然的关系，首先应该实现伦理价值观的转变，要以生态文明的伦理观替代工业文明的伦理观。传统哲学认为，只有人是主体，自然界是人的对象，因而只有人才有价值，自然界及其他生命没有价值；只能对人讲道德，无需对自然界及其他生命讲道德。这是工业文明时代人类统治自然的伦理基础。生态文明认为，人不是万物的尺度，人类和地球上的其他生物种类一样，都是组成自然生态系统的一个要素。不仅人是主体，自然也是主体；不仅人有价值，自然也有价值；不仅人有主动性，自然也有主动性；不仅人要依靠自然，所有生命都要依靠自然。自然万物在本质上与人是平等的，而且与人更有一种亲密的关系。古人云："与梅同瘦，与竹同清，与柳同眠，与桃李同笑，居然花里神仙。与莺同声，与燕同语，与鹤同唳，与鹦鹉同言，如此话中知己。"因而，人类要尊重生命万物和自然界，承认自然界的权利，对生命万物和自然界给予道德关怀，承认人对自然负有道德义务。只有当人类把道德义务扩展到整个自然共同体中的时候，人类的道德才是完格的。

生态文明的文化性，是指一切文化活动，包括指导生态环境建设的思想、观念、意识、行为都必须符合生态文明的要求。传统文化沿着人统治自然的方向发展，导致严重的生态危机，它使人类生存面临严重威胁。生态环境问题实质上是一种文化现象，环境污染和生态破坏，就是一种"无序化"的、落后的文化现象。生态文化要求改变传统的文化价值取向，采取新的文化价值取向，这无疑是一次深刻的文化转向或价值转向。也就是说，环境问题导致人类生存危机，这种环境压力迫使人类做出新的文化选择，这就是生态文化的选择。应该围绕生态文化建设，弘扬人与自然和谐相处的价值观，形成尊重、热爱和保护自然的文化氛围，发挥文化的潜移默化的影响和作用。

1.1.4 森林文化在生态文明建设中的地位

森林文化，是人与自然、人与森林之间建立的相互依存、相互作用、相互融合的关系，以及由此创造的物质文化与精神文化的总和。森林文化是人们不断认识、调整人与自然、人与森林相互关系的必然产物。人类是从森林里走出来的，人类创造的最初文化形式就是森林文化，并传承发展至今，还将继续发展。人类通过森林文化连接人类文明历史，森林文化经历并丰富了农耕文明和工业文明，也必将在生态文明建设中发挥重要的纽带作用。生态文化是21世纪的主流文化，而森林是陆地生态系统的主体，是生态建设的主体，因此，森林文化是生态文化的主体。森林文化在全面落实科学发展观、构建和谐社会、促进整个社会生产生活方式的转变、推动生态文明建设中发挥日益重要的作用。

图1-2　千岛湖森林氧吧

资料来源：360图片

1) 森林文化是转变生产生活方式的动力

生态文明的核心内容与过程是转变生产与生活方式。森林文化作为一种倡导人与自然和谐相处的绿色文化，必将对人类的生产生活方式产生重大影响。

首先，人的思维方式将发生转变。传统社会的生产方式和生活方式具有"反自然"的性质，它没有自觉地保护自然的机制。当这种发展达到一定的规模时，就会引起自然生态系统的破坏，使人类的生存陷入困境之中。森林文化倡导人类保护自然的自觉意识，它要求对大自然采取尊重的态度，以人与自然的和谐发展为目标，这就是生态思维方式。其次，人的生产方式也将发生相应转变。自然界的物质生产是无废料生产。这一无废料生产过程，或废物还原、废物利用的过程，支持着生命无限发展。生态工艺、生态技术作为无废料生产的新工艺、新技术，应用生态学物种共生和物质循环、转化、再生的原理，通过生产过程中物质和能量多层次分级利用，把进入生产系统的物质尽可能多地转化为产品，实现废物最少化。再次，森林文化有助于人们消费行为的生态化，促进生态消费社会机制的建立，形成绿色的消费方式。公众在决定是否购买某种商品时，越来越多地考虑环境因素，甚至宁肯多花一点钱，也愿意购买对人体健康无害、符合环境保护要求的绿色产品。这种消费趋势引导一个新的市场——绿色市场的形成。为此，要求采用生态技术，提高原材料和能源利用率，减少废弃物排放，进行绿色生产，从而提高绿色产品的市场占有率，增加企业的利润，提高企业的竞争力，吸引越来越多的厂家转向绿色生产。从绿色消费开始，通过绿色市场，推动对生态技术的需求，以及绿色生产的发展，形成有利于环境保护的经济转变。

2）森林文化是生态文明建设的理论支撑

生态文化是生态文明的基础，而森林文化继承了生态文化的所有特征。森林文化产生于早期人类社会的劳动过程中，在社会生产实践中得到发展，构成人类社会文化的重要组成部分，具有社会性；森林能够保护自然生态系统的平衡，满足人类共同的生存和发展需要，具有公益性；森林生态系统拥有众多林木、庞大种群，不同物种之间相互协同、互利共生，共同构成生态屏障，保护人类家园的安全，具有协同性。因此，森林文化从属于生态文化，森林文化是生态文化的核心和主体。森林精神文化彰显独特的林业生态文化底蕴，构成丰富多彩的绿色文化、生态文化理论体系，而且对于拓展生态文化蕴涵、传播生态文明、提高公众的生态意识具有得天独厚的优势，成为实现人与自然和谐相处的载体和平台。

3）森林文化是经济社会可持续发展的精神保障

森林文化的内涵是人与自然、人与森林的和谐共荣，它集中表现在人类社会经济与环境资源的可持续发展。森林文化倡导人与人之间的代内和代际平等，倡导社会整体持续和协调地发展。在资源利用上既要改造自然，又不破坏自然。在消费方式上追求崇尚自然、理性健康的生活方式，倡导有利于环境保护、身心健康和资源可持续利用的消费方式。在发展理念上要求发展经济和提高生活质量应以良好的自然生态环境为依托。在制度建设上要求把可持续发展的指导思想体现在政策、立法中，建立与可持续发展相适应的政策、法规和道德规范。

森林文化为社会生产可持续发展提供了精神动力，从思想上、观念上推动了可持续发展的实施。它提供了生态科技观，提供认识世界的广阔视角，包括生态工艺和生态技术等，为可持续发展提供了科技保障。

4）森林文化是构建和谐社会的文化基础

和谐社会是人类孜孜以求的一种美好社会。从社会学角度考察，涵盖四个方面的和谐，即，人与人的和谐，人与社会的和谐，人与自然的和谐，人自身的自我和谐，而人与自然的和谐是前提和基础。森林文化具有和谐的本质特征。森林资源的生态效益历来为全社会共同享用，森林的经营管理权在社会变革中愈来愈体现公众民意，森林是一个拥有最广泛生物种类的陆地生态系统，对大自然的各种变化都能坦然接纳，森林文化体系不仅引申出茶文化、花文化、竹文化以及园林文化、森林旅游文化等分支，而且还包含有地质学、气象学、生态学、环境学、美学等多学科信息，这为和谐文化提供了重要平台，是构建和谐社会的文化基础和根本保障。

森林文化是人与自然协同发展的文化，它以和谐为价值观，强调在发展经济的同时保护好环境，兼顾人类生存和自然界生存的利益；按照人与自然和谐发展的价值观，实现人与自然的共同繁荣，从而促进整个社会的协调与和谐。森林文化建设为构建和谐社会提供了智力支持、精神动力和文化支撑。

1.2 文化与森林文化

1.2.1 森林文化起源

"人类溯源森林始"，在人类发展的黎明时期，森林便与人类结下不解之缘。人类在认识和利用森林的过程中，在森林身上深深地烙上文化印记。然而，在很长的历史时期，人类始终把森林主要作为劳动对象，而不是审美对象，以致绿色、森林和森林文化与人类渐行渐远。以1998年的大洪水为契机，林业的主导思想终于由以木材生产为主向以生态建设为主转变，确立森林在陆地生态的主体地位，伐木者变为植树人，这是人类对森林认识的一次飞跃和理性回归。2007年，国家林业局又提出建构森林文化体系，并把现代林业的架构描述为由完备的林业生态体系，发达的林业产业体系和繁荣的生态文化体系组成，森林文化体系构建进入国家决策层面，成为现代林业的重要组成部分，这是人类对森林认识的又一次飞跃和理性回归。这样，森林文化不经意间结束了传统林业，开启现代林业的新时代——一个以生态为主导，以产业为平台的包括经济、生态、旅游、休闲、保健、宗教、科学、历史、文化等多种价值的可持续的现代林业新时代。在地球上，没有哪个系统能比森林更为活跃和强大。在陆地之上，没有哪种景观能比森林更为壮阔和雄伟。在人居之地，没有哪个家园能离开森林的庇护和滋养。因为哪里有森林树木，哪里就是美和天堂。在文明史上，也没有哪种文化能比森林文化更为原始和古老。一堆堆林火，一柄柄木耒，一册册竹简，曾给蒙昧中的人类以前进动力和曙光。毫无疑问，森林文化是文化的开篇，是中华文化的源头活水，与整个人类文明史相依相伴，波澜壮阔。

其一，人类在背离森林，结束穴居的过程中，已同森林结缘。在农耕文化之前，人类应先经历一个木器时代，一个漫长而艰辛的原始文明阶段或采集与渔猎阶段，同这一阶段相适的应是森林文化，其标志是使用木器，利用林火和构筑木巢。董智勇认为："在农耕文化之前的整个人类演化阶段，弥漫的是森林文化。人类社会的生产和生活资料的主体是森林背景和林产品，这一点是十分清楚和无可争辩的。石器时代及石文化是存在的，这是历史事实，但准确说是木器和石器并存，因为木器的杠杆作用，作为手的延长，是石器所无法替代的。"认定森林文化是中华文化的源头，很好解决农耕文化之前的文化形态以及农耕文化的衔接问题,也是森林文化立论的基础。

其二,人类社会进入农耕社会,以农业种植业为主,林、牧为辅,农耕文化成为农耕社会的主流文化。但森林文化并没有因此而消失或止步不前。相反,森林文化以顽强生命力,在农耕社会中一枝独秀,成为农耕文化的重要组成部分,以树种文化为主要标志,出现竹文化、茶文化、松柏文化、桃花文化、梅花文化等多种文化形态。值得指出的是,如果说从西周时期出现的竹简文化是森林文化形成的标志,那么,自东汉蔡伦发明的造纸术——由此产生的纸媒质文化,几乎贯穿整个农耕社会,对中华文化的作用和影响是难以估量和世界性的。农耕社会还产生以寺庙道观为主要标志的山岳文化,以山寨山乡为主要表征的山区(林区)文化,以及由竹简文化衍生的木刻、木雕、竹雕、竹根雕,由纸媒质文化带动的中国书法、绘画、剪纸等形式,为中国艺术增添新的样式。

其三,人类进入工业社会,在强势的工业文化面前,森林文化面临挑战,但依然传承和延续下来。例如,茶文化、竹文化原汁原味延续至今,成为当下社会生活的一部分。松文化、柏文化内涵深刻,其独立和崇高形象在中华民族的集体记忆中,依然鲜活,难以抹去。梅花文化、桃花文化等继续演示着传奇,又呼应时代的需求,综合为花卉文化,使花卉文化进入千家万户。古典园林、城市公园、森林公园等构成的园林文化,互相包容和并存,已是城市居民户外娱乐、休闲的主要去处。随着森林旅游文化兴起,在森林旅游业的带动下,绿色食品、木竹工艺、富有山区特色的民俗风情进入人们的视野。由于人们生态意识的觉醒,还涌现出森林生态文化和自然保护区文化,一直被人冷落的天然林、荒野、神山、圣湖等无人区或秘境,被赋予文化、历史、科学等价值,成为人们的审美对象,这一切,构成了工业社会背景下别样和绚烂的森林文化。

显然,森林文化的存在是客观事实,在不同的文明阶段均有不俗的表现。一方面,森林是一种资源、可供人类利用;是一种生态、一种环境,为人类提供遮蔽;另一方面,森林又是一种历史、文化、艺术、伦理和哲学,有其内在固有的价值。林中的每一片绿叶、都充满爱意;树干的每一支分叉,都呈现智慧;地下的每一条根系,都流淌清泉。森林文化首先在森林本身,在洋溢着生命活力的森林生态系统本身,然后在人类认识和利用森林过程中,相互交融,使森林的诸多价值被彰显和照亮,这就产生了森林文化。森林文化极为普通,又极为高雅。森林文化或积淀于木质器具、木竹工艺、木构建筑等载体上,或融入民间习俗、风土人情和宗教礼仪中,构成活生生的社会生活方式,或体现在音乐、诗词、书法和绘画中,或散落在历代随笔、游记、方志等典籍内。森林文化林林总总、枝繁叶茂,是中华文化体系中的一份极其珍贵的文化遗产,应当加以发扬光大。

1.2.2 森林文化定位

森林文化是中华传统文化的一部分,是社会主义先进文化的一部分,是世界生态文化的一部分。

1)森林文化是中华传统文化的一部分

中华传统文化源远流长,博大精深。而森林文化恰恰是中华传统文化的源头。首先,在人类从森林沿着河岸走向平原的漫长的原始采集文明阶段,木器的使用和学会利用林火,被看作人类文化的最初形态;其二,以竹简作为文化载体,为中华文化的传承做出的重要贡献。竹简保存了一大批《尚书》《论语》等珍贵文献，竹简文化是中华文化形成的重要标志；其三，由竹简到纸张的发明，纸媒质替代竹简，世界文化载体发生一次革命性的变革，并影响中国书法、绘画、剪纸等艺术门类的出现，这是森林文化对人类文化的历史性贡献；其四，尚有木竹工艺、木构建筑、园林园艺、茶道茶艺、丝竹管弦等以木竹为载体的文化形式对中华文化所做的贡献；其五，松竹梅岁寒三友作为中华民族崇高精神的象征，深深积淀在人的心理结构之中，成为理想追求的不竭动力。森林文化在中国传统文化中占有十分重要的位置，是一份丰富和宝贵的文化资源，应当加以整理和发掘，用以充实当下的生态文化，无疑是一项十分重要的任务。

2) 森林文化是社会主义先进文化的一部分

面对实现现代化过程中出现的生态环境问题，自20世纪的80年代起，党和政府把人口控制和环境保护作为基本国策。党的十六大把建设生态良好的文明社会列为建设小康社会的四大目标之一。党的十六届三中全会明确提出，以人为本，全面、协调、可持续的科学发展观。党的十七大，胡锦涛总书记阐明生态文明建设的目标，并在国家决策层面上，把生态文明建设同经济、文化、政治、社会建设并列，这为生态文化的繁荣和发展提供了方向性和制度上的保障。"我们既要绿水青山，也要金山银山。""绿水青山就是金山银山。"党的十八大以来，以习近平同志为总书记的党中央，从中国特色社会主义事业"五位一体"总布局的战略高度，从实现中华民族伟大复兴中国梦的历史维度，强力推进生态文明建设，引领中华民族永续发展。

2012年11月召开的党的十八大，把生态文明建设纳入中国特色社会主义事业"五位一体"总体布局，首次把"美丽中国"作为生态文明建设的宏伟目标。十八大审议通过《中国共产党章程(修正案)》，将"中国共产党领导人民建设社会主义生态文明"写入党章，作为行动纲领，十八届三中全会提出加快建立系统完整的生态文明制度体系，十八届四中全会要求用严格的法律制度保护生态环境。2015年10月召开的十八届五中全会，提出"五大发展理念"，将绿色发展作为"十三五"乃至更长时期经济社会发展的一个重要理念，成为党关于生态文明建设、社会主义现代化建设规律性认识的最新成果。

与此相适应，我国林业的主导思想也发生根本性的转变，即由以木材生产为主转向以生态建设为主。文化为现代林业注入灵魂，森林文化成为社会主义先进文化的一部分，是必然的。

3) 森林文化是世界生态文化的一部分

文化衰落的严重教训之一，在于人类糟蹋或毁坏了帮助人类发展文明的环境，这在工业社会尤为凸现。当代人凭借理性力量和日益强大的科技手段，从不在意自然的制约。然而在强大的工业生产力面前，自然开始隐退，生态环境问题出现了。1962年美国生物学家带切尔·卡逊出版《寂静的春天》。当时社会的主流意识是"征服大自然"和"向自然宣战"等豪言壮语。卡逊首次对人类的这一意识的绝对正确性提出质疑，《寂静的春天》唤起人类的环保意识和生存意识。20世纪60年代，生态环境运动在西方世界迅速崛起，并与和平运动、反种族运动、妇女解放运动等反主流文化结合在一起，被融入新文化之中，并成为其中最具活力的社会运动。1972年6月5日，联合国在斯德哥尔摩召开由13个国家参加的联合国人类环境大会,通过《人类环境宣言》。1973年联合国成立"环境规划署",1983年联合国大会批准成立世界环境发展委员会。1992年在巴西里约热内卢举行联合国环境与发展会议,会议通过《地球宪章》《21世纪议程》《气候变化公约》和《保护生物多样性》四个重要文件。与联合国行动相呼应,各种民间环保组织如绿色和平组织、海洋保护协会、动物基金会、动物解放阵线、"地球优先"等组织相继形成和壮大。针对当下日益凸现的全球气候变暖问题,联合国气候大会达成了《京都议定书》和《哥本哈根协议》,生态环境问题已超越不同国家、不同社会制度之间的局限而成为全球性的关切。低碳、节能、环保等理念和生活方式已为国际社会普遍认同,一大批生态文学、影视、摄影、绘画等文艺作品已经涌现,非主流的生态文化正在转变为主流文化。森林文化作为我国的生态文化的一部分,虽然起步较晚,存在不少差距和问题,但终将汇入世界生态文化的潮流之中,这是毫无疑义的。

1.2.3 森林文化形态

在工业社会中,森林文化面临产业化和文化传媒由纸张向电子转换的严重挑战。在这个过程中,森林文化又整合重组,渗透扩张。融入工业社会之中,其成为工业文化的一部分,又区别于工业文化,形成具有自身特点的一种文化形态。因树种、地域、民族、功能的差异,工业社会背景下分为了数种森林文化形态。

1) 树种文化

树种文化,是指森林文化最初的表达方式,也是森林文化的基本组成。在传统农业社会中,森林文化一般以同类树种作为不同形态文化的划分依据。如以竹类植物为特征的竹文化形态,以松科松属植物为特征的松文化,此外,还有茶文化、杉文化、柏文化、榕文化等。农业社会生产力水平低,对自然物只能进行简单的加工和利用,农业社会的森林文化以树种为基本单位,仍保持自然物的原汁原味和乡土气息。进入工业社会后,以树种为特征的森林文化形态,一部分仍保存下来,如竹文化、茶文化等;一部分被淡化、搁置,如栗枣文化、桐漆文化等;一部分被整合重组,如古树文化、园林文化、花文化等,体现出明显的产业特征,也称为产业森林文化形态。但树种文化作为一种森林文化形态,在工业社会中依然占据重要位置(图1-3)。

图1-3 森林之美
图片来源:360图片

2）产业森林文化

在社会主义市场经济条件下，工业形态是森林文化最主要的表现形态。在提升创造新的空间，两者是互补和联结的整体。

3）地域森林文化

地域森林文化形态，是指以山区或林区为基本背景的森林文化现象，这种文化也称本土文化或山岳文化。现指山区文化、林区文化，它具有明显的地域地理特征，如巴蜀、荆楚、吴越、闽台、燕赵、陕甘、苏皖、云贵、海南、岭南、藏新、长白、大兴安岭等山区、林区各具特色的森林文化。这种具有地域特色的森林文化，以森林为背景，以少数民族人群为主体，以山峦、山村、山庄为聚焦点，从民居建筑、宗教仪式、民俗风情、行为习惯，到衣食住行、木竹工艺、民间工艺，展现的是一幅全景式的山区、林区社会生活风俗画。山区或林区可能是竹乡、红松和杉木产地，也可能是森林自然保护区和森林公园，既能开展观光、生态和文化旅游，又能进行民俗旅游。偏僻的山区、林区日益成为现代都市旅游的新去处和休闲、保健的理想天堂。

4）民族森林文化

由于诸多的历史原因，少数民族多居住在山寨边陲。他们以山林为依托靠山吃山，构成有山岳文化特色的森林文化。这种森林文化形态，以某一民族为研究对象，涉及该民族的衣食住行、宗教仪式、风俗民情、行为习惯等。我国有56个民族，他们处在不同的气候带及地形区，有不同的森生态背景和不同的地理环境，形成风格迥异的建筑、服饰、交通、饮食、工艺和习俗等。

5）城市森林文化

工业化必然带来城市化进程。但城市规划建设中缺乏森林、湿地、水面，又将使城市面临生态困境。要解决这一问题就要尊重自然，建设园林城市、森林城市和生态城市，以解决在现代城市化条件下人与自然的矛盾。城市林业是由城郊的森林保护区、绿地、行道树、隔离带、水面等组成的一个生态系统，以沟通城市居民同自然的联系。城市森林文化正是建立在这种城市森林生态系统之上的一种文化形态。城市森林提供的不是一般物质化的东西，它产生的是绿荫、空气、空间、景观等生态因素，能够改善城市居民的生存状况。因此，城市森林文化形态，体现的是城市生态文化和审美文化。以生命或生存状态为核心的森林审美，将涵盖城市森林文化。

6）乡村森林文化

乡村森林文化的主要构成是山区、林区（山地丘陵）的森林文化，如山寨、山乡、山庄等，同时又涉及平原、沿海乡村的森林文化。其总体是相对城市森林文化而言的。乡村森林文化的特征是本土性、民间性和民族性。少数民族恰好也居住在边寨山村。这样，乡村森林文化就为人们展示多层、多样、多彩的山乡森林图幅、乡村生活图幅、民族风俗图幅、边寨风情图幅。这里有诸多不同种群的森林，诸多不同的生产和生活方式，诸多不同风格的民居建筑、服饰装饰、交通设施、木竹器皿、舞蹈音乐，诸多不同的民俗习惯、宗教信仰等。这些民间的、本土的、民族的文化形态，造就了森林文化最广泛、最深厚的土壤。

7）外在森林文化

外在森林文化形态，是指显形的、物质性的森林文化形态，包括森林树木、茶果药竹、园林花草、木竹材料等。这些外在的森林文化形态，一方面是森林文化的前提和基础；另一方面又是森林文化的载体，承载着森林文化的内涵。森林文化不是通过文字符号，而是以活生生的森林生态系统为载体，用花、叶、茎干、树木真实地记录人类文化的一切信息。正是这些非文字的信息，使人进入森林，体现一种历史的沧桑、原始的神奇和深邃的意境。

8）内在森林文化

内在森林文化形态，是指森林文化的内涵，即内在的、隐性的、非物质的形态。它是森林树木和木竹材料蕴含的森林理念、森林审美、森林价值和森林精神，是森林文化的血脉、灵魂和核心。森林理念或精神以其普遍形式渗透于各种物事、行为、习惯之中，需要长期的培育和积淀。如在对待自然及森林的观念上，树木是平等相处，共生共荣，还是"披荆斩棘"，视生命如草芥？是掠夺索取，还是积极偿还？是砍树，还是种树？如此等等，森林精神影响并制约着森林文化的整个发展过程。

9）口传和非物质森林文化

口传和非物质森林文化形态，也称传承的活态文化，如流传于山区、林区的山歌、民谣、林谚、传说、神话、故事，山区少数民族的舞蹈、曲艺、音乐、木乐器及竹乐器的演奏和制作工艺，山区、林区的民情风俗、生活习惯、民族服饰及制作。还涉及竹木雕刻、木刻板画、剪纸、竹族服饰及制作，以及竹木雕刻、木刻板画、剪纸、竹编、草编、根雕等民间工艺，这些都是具体的、活生生的文化形态。这种文化形态非文字记载形式，需要民间艺人世代传授，需要生活在林区、山区的居民代代相传。口传和非物质森林文化形态，是少数民族文化、山区林区文化的主要构件和组成部分，固守和保存这一部分文化，对保护森林文化的传统和圣洁，显然具有重要意义。

通过森林文化形态的划分，表明森林文化具有聚体性，又是由个体有机部分组成，如松文化、竹文化、茶文化、柏文化、梅花文化、桃花文化等，这些具体的文化形态都是感性和生动的，构成森林文化的整体性；其次，森林文化具有连续性。随着人类对森林认识和利用的深入，森林文化也在不断改变自己的形式，以适应社会的需求，从而实现森林文化的连续性，如竹简文化、纸文化的出现，是森林文化改变自己的形式以实现其连续性的表现；再次，森林文化具有独立性。森林文化具有自身的品格和品位。在农业社会，主导性上农业文化已取代森林文化，但山区、林区森林文化仍以其自身的特色占有一席之地；最后，森林文化具有时代性。工业社会对森林的封杀，凸现了森林文化的价值。人们注意到，森林文化不但保存着原有的树种文化形态，还出现了乡村森林文化形态和城市森林文化形态，出现了森林公园文化形态和森林自然保护区文化形态，出现了非物质森林文化形态，以及以森林美学、哲学、伦理学、文化学为标志的森林内在文化形态。森林文化以其鲜明的时代性，成为社会主义先进文化的一部分。

1.3 现代林业与森林文化

1.3.1 森林文化精神品格

森林的文化功能，是指在人与森林相互联系的过程中，森林以自身的客观品质或者人类所赋予的品质对人所产生的身体和精神方面的影响，从而使人类获得生理和心理上的满足。森林的文化功能是随着人类的产生而产生，并随着人与森林的相互作用和社会的发展而不断丰富的。人可以从森林中获得精神满足，并在获得过程中使森林人格化，具备了文化特性。

森林是人类生存和发展的基础之一，所以人的性格形成也深受森林的影响。人类在产生之初，森林、自然为人类的生存提供了最基本的条件，同时，自然精神的伟大和自然法则的严肃、客观，引发人们对自然的敬畏和幻想，从而形成特有的图腾文化。而图腾深深地铭刻于各民族的心理构造中，历经长久的发展，在各民族的文化中得以传承，并转化为不同的宗教理念或哲学思辨，从而深刻地影响一个民族的性格和文化。例如，中国传统文化里有天人合一、道法自然的学说，要求人们与自然、与森林和谐相处。《尚书·大传》中说"夫山者，巃然高，……草木生焉，鸟兽蕃焉，财用殖焉；生财用而无私为，四方皆伐焉，无私予焉；出云雨以通天地之间，阴阳和合，雨露之泽，万物以成，百姓以飨：此仁者之所以乐于山也"。人们之所以喜欢山林，因为其性格稳重敦厚如仁者，胸怀万物而不吝施于人，而这些也促进了中国人形成爱好和平、追求和谐、乐于助人、胸怀天下的品性。

森林中的各种花草树木因为其本性特征，经常会引起人们对某种德行的感悟，而人们也因此经常将某些德行品格赋予一些花草树木，使其成为这种品格的载体，如"岁寒三友"松竹梅、"四君子"梅兰竹菊等。它们之所以受人赞赏，是因为它们有着和现实生活中德行高尚者相似的精神品质特点。如松柏本性挺拔独立，不畏恶劣环境，观之使人感到一种浩然正气。故陶渊明在《饮酒二十首》中曾写到"因值孤生松，敛翮遥来归。劲风无荣木，此荫独不衰"。以竹比喻气节情操，刚正不阿，观之使人感到志士节操，如郑板桥在《竹石》中有"淡烟古墨纵横，写出此君半面，不须日报平安，高节清风曾见"。梅的本性凌霜傲雪、洁白幽香而又坚韧不拔，观之使人感觉冰清玉洁、性格坚毅，陆游的《梅花绝句其三》中有"雪虐风号愈凛然，花中气节最高坚。过时自会飘零去，耻向东君更乞怜"。此外，胡杨的宁死不屈、凤凰木的热烈奔放、榕树的独木成林等，集中体现了森林的独立、坚韧、包容、固守、协作等精神内涵。人类从森林的品格中获得诸多人生感悟。

1.3.2 林业与生态文明关系

现代林业是以可持续发展理论为指导，以生态环境建设为重点，以产业化发展为动力，以全社会共同参与为前提，推进全球交流合作和新科技革命，实现林业资源、环境与产业协调发展，生态、经济和社会效益高度统一的林业。生态文明的基本走向，也确定了现代林业发展的基本方向。

1）现代林业发展方向

（1）生态林业

生态林业，是指现代林业的基本经营模式，是根据"生态利用"原则组织的森林经营利用制度，它运用生态经济学原理和生态工程方法，充分利用当地自然条件和自然资源，在促进林产品持续发展的同时，为人类生存和发展创造最佳状态的环境。生态林业作为一项系统工程，存在着两个并行的过程：一个是应用自然力的工程技术过程；另一个是对工程技术过程控制与管理实施人工干预的过程，两者相辅相成。生态林业就是可持续林业，而为此进行的森林经营也自然成为可持续森林经营了。

在"生态林业"背景下，21世纪初提出的以生态建设为中心的主题要贯彻始终。社会更加尊重森林作为一个整体系统的存在，发挥其涵养水源、防风固沙、调节气候、保持水土等生态功能。要让森林占据每一块应当占领的土地，使人人都能在林荫下诗意地栖居，共享自然给予的安宁。

（2）社会林业

全社会重视林业并进而形成社会林业，是社会发展达到一定阶段的历史产物。社会林业发展的目的在于通过一定的社会组织形式，动员资源参与林业建设，借以保障人类社会的生存环境和工农业生产环境的质量，使其维持在有利于人的生存和工农业生产的状态，以便协调人类与自然环境、生产与自然环境的关系。社会林业的深层含义，是指林业的多功能效用和多元化。林业已不再是材料意义上的"木材林业"。社区或区域内人的活动与森林的社会功能相互作用，产生对立互补的影响。社会林业包括乡村林业（乡镇林业、村社林业、家庭林业、小流域林业等），城市林业（城区林业、城郊林业、公园林业、庭院林业等），特定社区林业（厂区林业、矿区林业、垦区林业、牧区林业、营区林业、铁路林业等）等方面；也应当包括宗教林业，景观林业，气候林业，物种多样性林业等。

（3）休闲林业

休闲已成为生态文明社会基本的生活方式，人不再为物所役、为物所累，以占有越来越多的物质财富为满足；而是在工作之外的自由时间里，融入自然，闲适自身，体验生活，实现自我价值。此时，山岳、森林、荒野以及宗教、文化的所在地便成为人们的首选去处。森林休闲已成为人们回归自然的高尚追求、一种全新的生活方式、一种文明的时尚。

目前，我国已基本形成了以国家森林公园为骨干，国家、省级和市（县）级森林公园相结合的全国森林公园发展框架，初步建立起森林景观资源保护管理体系，除了森林公园迅猛发展外，近些年来，城郊森林休闲旅游也得到快速发展。为了满足民众日益增长的户外游需求，国内各大中城市都在积极开发"自然、生态、野趣"的城市郊野公园，以及大批城郊森林游景点。据调查预测，到2020年，我国森林休闲旅游的人数每年将达4亿人次，森林休闲旅游年产值将达300亿元，创造就业机会200多万个，森林休闲旅游的人数将以每年2位数百分比持续增长，休闲林业将成为国家经济的一项支柱产业。

【拓展阅读1-2】

休闲观光林业或将成为厦门市森林城市建设的主方向

记者从昨天下午举行的厦门森林城市建设总体规划座谈会上了解到,我市森林城市建设10年总体规划的编制,目前已进入调研阶段,下一步将确定总体框架,计划10月底前完成规划评审。相关专家透露,休闲观光林业很有可能成为今后厦门森林城市建设的方向。

厦门建设国家森林城市10年总体规划由中国林业科学研究院负责编制。研究院将通过对厦门森林城市发展背景、生态经济社会问题的分析,筛选森林城市建设核心指标,并对指标进行分阶段量化,提出厦门森林城市规划目标和符合厦门特点的森林城市建设理念,确定森林城市建设总体布局。

在实地调研后,中国林科院研究员王成说,厦门在森林城市建设方面有众多的有利条件。近些年,厦门在岛内绿化、岛外景观林相改造方面推进的力度非常大,这给"创森"前期工作提供很好的基础。当前厦门又在推进岛内外一体化建设,这刚好符合了森林城市建设的核心——城乡一体化森林生态系统建设。

中国林业科学研究院研究员王成:这块比起其他城市还是非常有特色,因为厦门随着岛内外一体化,城市会向更综合的方向发展,那么对全国不论是旅游还是城市其他产业的发展,通过这种环境建设,增强你的综合竞争力,如说你的环境好了,吸引的这种产业,还有旅游的吸引力都会提高,所以它不仅仅是一个林业园林绿化的东西。

王成透露,《总体规划》的编制将根据厦门是滨海城市同时又是海峡西岸重要中心城市的特点,结合山、水、田、海、城综合考虑,在满足景观效益、城市生态效益的同时,还将满足经济效益,突出厦门特色。

中国林业科学研究院研究员王成:我们想整体定位休闲林业、观光林业,这是一个大的趋势。目前国际上也是这种趋势,包括我们海峡对岸的台湾,它的休闲业是非常好的,就是在生态建设过程中既建设了生态环境,同时通过休闲产业、观光产业的发展,又增加本地农民的收入,然后环境又得到改善。

资料来源:陈坤,陈修兆. 休闲观光林业或将成为我市森林城市建设的主方向[DB/OL]. http://news.xmhouse.com/News/xwzx/bd/201007/t20100707_224325.htm[2017-08-26]

(4)能源林业

当人类持续地消耗掉地球上最后一块煤、最后一滴石油和最后一瓶天然气之后,对环境不友好的烃经济时代将退出历史舞台,历史的钟摆又回到以植物为基础的糖经济时代。这不是简单的轮回,而是在生物科学和工程技术迅猛发展的基础上产生的一次质的飞跃。可再生的生物质能源将逐步替代矿物能源,人类不再过分依赖化石能源,而是利用各种本土资源,利用能源植物、农作物秸秆、农林废弃物等生物质原料,应用化学或生物技术转化为生物质能源。我国现有不适宜农耕的宜林荒山荒地5400多万公顷,可以开发种植高产能源植物,如果利用其中20%的土地来种植能源植物,按照每公顷年生长量20吨计,每年产生的生物质数量可达2亿吨，相当于1亿吨标准煤。此外，还有丰富的林下植物和非木质森林资源，以及大量的采伐、加工剩余物资源。因此，丰富的林业生物质资源，将为中国林业生物质能源的发展提供有力的资源保障。中国目前每年的林业废弃物及加工剩余物多达数亿吨；沙生灌木资源也十分丰富，仅内蒙古和辽宁就有220万公顷，但目前实际利用率仅为5%，发展潜力巨大；全国薪炭林面积高达300多万公顷。这些资源都是高燃烧值生物量，一般燃烧热值高达4000~4800千卡/千克，是开发生物质的固体成型燃料和气化发电的重要原料。中国的森林资源中蕴涵着丰富的燃料油植物，常见的木本燃料油植物有600多种。据测算，如果将现有宜林荒山荒地的10%用于种植木本燃料油植物，每年可新增木本油料资源1000万吨以上。生物乙醇是近年来最受关注的石油替代燃料之一，目前基于粮食淀粉的生物乙醇已基本实现规模化生产，但从战略发展的眼光来看，世界各国都将各类植物纤维素（包括速生林木、林业采伐及加工剩余物、农作物秸秆等）作为可供生产燃料酒精的丰富而廉价的原料来源，其中利用木质纤维素制取燃料酒精将是解决原料来源和降低成本的主要途径之一。能源林业的发展，将使人类社会早日进入清洁发展的新时代。

(5) 分类林业

林业作为生态文明建设的主体和主力军，承担着生产生态产品、物质产品和生态文化产品的重大任务，发挥着巨大的社会、经济和生态效益。

生态文明视野中的林业，可能分类的方案有把森林一分为三，即雍文涛提出的"林业分工论"，按森林的用途和生产目的，从林业发展战略角度把中国林业划分为商品林业、公益林业、兼容性林业三大类。

把森林一分为四，即杨通进博士对生态伦理的研究，按照环境道德的要求，分为人类中心境界、动物福利境界、生物平等境界和生态整体境界四个方面。

根据国家林业局提出的"全面推进现代林业建设，拓展林业的生态功能、经济功能和社会功能，构建森林生态体系、林业产业体系和森林文化体系"的战略目标，生态文明背景中的林业可分为五个层次，即第一层次以人工经营的用材林、原料林、经济林为对象，采用现代集约经营的方法，满足社会对林产品、林副产品、林化产品的需求；第二层次以水源涵养林、水土保持林、防风固沙林为对象，不是为了取用林木的物质产品，而是要发挥森林的生态功能，实现农田、草原生态系统的稳定和国土的长治久安；第三层次以农用森林、环境森林和城市森林为对象，农用森林中的一部分（如农田防护林）主要用于防护，城市森林中的一部分（如园林）主要用于观赏，但其主体功能是消除噪音、调节气温、改善景观、丰富空间；第四层次称为景观林业、观赏林业或休闲林业，这一层次林业以各类绿地、公园、园林、宗教森林、森林公园为对象，这一部分森林是造园家按美学原则建构的，其目的是满足人们对林木花草审美的需求；第五层次是最高层次的林业，可称为自然林业或近自然林业，以自然保护区和人迹罕至的原始森林、处女林、荒野为对象，这部分森林具有原始性、古老性和多样性等特征。

根据马克思关于"人化的自然"与"原始的自然"的划分，森林也可划分为"人化的森林"与"原始的森林"两部分。

人类离不开森林，而森林的兴旺发展也离不开人类的呵护。森林问题，在可持续发展框架中,理所当然地成为核心问题。21世纪必定是人类回归森林的世纪,以可更新资源为基础,以森林环境为生存环境,才是真正意义上的回归。

2)现代林业发展在生态文明建设中的作用

(1)林业是维护生态安全、建设生态环境文明的主要力量

生态安全是人类生存的基本保证,是公共安全的重要组成部分,是全球各国共同应对的重大问题,它包含生态系统自身是否安全。生态安全主要涉及水土流失、土地沙化、湿地缩减、物种消失、植被破坏、气候异常等与人类生存发展密切相关的问题,是人类历史上各发展阶段所引发问题的累积。在世界范围内,由于森林剧减,引发日益严峻的生态危机。人类历史初期,地球表面约有2/3被森林覆盖,约有森林76亿公顷。19世纪中期减少到56亿公顷。最近100多年,人类对森林利用和破坏的程度进一步加重。到2005年,世界森林面积已经下降到39亿公顷,仅占陆地面积的30%。这就是说,地球上的森林已经减少了一半。伴随人类对森林的一次次破坏,接踵而来的是森林对人类不断的报复。巴比伦文明毁灭了,黄河文明衰退了……。水土流失、土地荒漠化、洪涝灾害、干旱缺水、物种灭绝、温室效应,无一不与森林面积减少、质量下降密切相关。大量数据资料表明,20世纪90年代全球灾难性的自然灾害比60年代多8倍。这些自然灾害与厄尔尼诺现象有关,但是人类大肆砍伐森林,破坏生态是严重自然灾害的重要因素。人类常常贪婪地索取森林作为物质材料的有用性,而总是忘却森林作为大地屏障、江河保姆、陆地生态主体,对于人类生存具有不可替代的整体性和神圣性。

森林是人类的摇篮、生存的庇护所,在各种生态系统中,森林生态系统对人类的影响最直接、最重大,也最关键。森林被誉为大自然的总调节器,维持着全球的生态平衡,在生物界和非生物界的能量与物质交换中扮演着主要角色。林业在维护生态安全、建设生态环境文明中发挥着不可替代的重要作用,它承担着建设和保护森林生态系统、管理和恢复湿地生态系统、改善和治理荒漠生态系统、维护和发展生物多样性的重要职能以及在保护农田生态系统、草原生态系统、城市生态系统等方面发挥着重要作用。只有建设和保护好这些生态系统,维护和发展好生物多样性,改善城乡人居环境,人类才能永远地在美丽的地球家园繁衍生息、发展进步。

(2)林业是发展生态经济、建设生态物质文明的重要内容

生态文明社会的经济形态,从根本上说属于生态经济或称为循环经济。这一概念最早由美国经济学家肯尼思·鲍尔丁提出。他在《一门科学——生态经济学》中形象地提出"宇宙飞船理论",认为如果不合理开发资源、不注重保护环境,地球就会像耗尽燃料的宇宙飞船那样走向毁灭。因此,要改变传统的"消耗型经济",使经济系统和谐地纳入自然生态系统循环中,建立一种新的经济形态——生态经济。生态经济即模拟自然生态系统的运行方式和规律,实现能源资源的可持续利用的经济。以资源的高效利用和循环利用为核心,以坚持"减量化(Reduce)、再利用(Reuse)、再循环(Recycle)"为原则(简称"3R原则"),以低消耗、低排放、高效率为基本特征。

大力发展林业是国家实现绿色增长的必然途径。随着生态文明时代的到来,人们的发展观、价值观正在发生显著变化。用GDP作为衡量经济发展的价值观,将逐渐转变为用

"绿色GDP"衡量。绿色GDP，是指从GDP中扣除自然资源耗减价值与环境污染损失价值后的国内生产总值，又称可持续发展国内生产总值。它是20世纪90年代形成的新的国民经济核算概念，1993年联合国经济和社会事务部在修订的《国民经济核算体系》中提出。绿色GDP能够反映经济增长水平，体现经济增长与自然环境和谐统一的程度，实质上代表了国民经济增长的净正效应。绿色GDP占GDP比重越高，表明经济增长与自然环境和谐度越高。在生态文明社会的生态经济大系统中，林业既是极其重要、日益壮大的组成部分，又是必不可少、十分关键的运行环节。由于森林和湿地资源都是绿色的可再生资源，在科学经营、合理利用的前提下，可以有效促进经济排放的减量化、经济产品的再利用、各种废弃物的再循环，据估算，我国森林可以降低夏季能源消耗10%~15%，降低冬季取暖能耗10%~20%；每公顷湿地每天可净化400吨污水，全国湿地可净化水量154亿吨，相当于38.5万个日处理4万吨级的大型污水处理厂的净化规模；林木各组成部分的功能不断被发现，原来未被利用的也被利用起来，可以开发出日用品、工业品、饮料、食品、油料、药品等，林业剩余物可用来发展生物质能源，将原来废弃物变成可利用的资源。通过经营，进而促进整个经济驶入生态友好、循环发展的轨道。具体地说，以生态建设为主的林业，可以发挥巨大的生态效益，生态效益是一种间接的、长远的经济效益。

(3) 林业是树立生态意识、建设生态精神文明的主导因素

党的十八大要求在全社会树立生态文明观念，这实际上指的是生态文明建设的精神层面，它要实现的目标是生态化的精神文明。生态精神文明是建设生态文明的精神依托和道德基础，其中最根本的是树立全民生态意识。只有大力培育全民的生态意识，使人们自觉参与生态建设，才能解决人类面临的生态危机，才能为生态文明建设奠定坚实的基础。建设生态精神文明首先必须树立生态哲学观念，大力加强生态科学和生态道德的普及教育，充分利用文化平台弘扬生态文化，通过文学、影视、戏剧、书画、音乐等多种文化形式，广泛宣传绿色产业、绿色消费、生态人居环境等生态文明建设的科普知识，将生态文明的理念渗透到生产、生活各个层面和千家万户。

森林是人类文明的摇篮，林业是生态文化的主要源泉和重要阵地，完全可以为全社会树立生态文明观念发挥主体作用。林业强调人与自然和谐发展的生态价值观，坚持"人的自然和自然的人"世界观，在传播生态文明观念方面发挥着关键作用。通过发展森林文化、花文化、茶文化、湿地文化、野生动物文化、生态旅游文化等，大力弘扬人与自然和谐相处的核心价值观，在全社会牢固树立生态文明观、价值观、世界观、经济观，形成尊重自然、热爱自然、善待自然的良好氛围，增强全民的生态忧患意识、参与意识和责任意识，使每个公民都自觉地投身生态文明建设。

(4) 林业是引导生态行为、建设生态社会文明的重要力量

生态文明在社会领域的体现就是生态社会文明，它倡导绿色生产和生活方式以实现人与自然的和谐，它也倡导社会的公平、公正以实现人与人的和谐。生态社会文明的核心是生态行为文明。不论城市还是乡村，林业在引导人们的生态行为和促进民生事业发展方面都起到了重要作用。在农村，林业与新农村建设有机结合起来，为解决"三农"问题做出贡献；在城市，林业在建设生态城市过程中发挥着不可替代的作用。

林业坚持绿色经济的发展方向，倡导绿色生产方式，林业建设要求林业企业在全社会率先实现绿色化、生态化，成为循环经济的典范。林业倡导绿色生活方式，推崇人与自然相互协调的绿色消费模式，一方面提供循环、低碳的绿色产品；另一方面通过发展林业促进新的时尚绿色消费方式——包括生态旅游、野营度假、休闲游憩以及海洋、沙漠、极地探险等生态游憩，从而推进生态社会文明进程。

(5) 林业是健全生态制度、建设生态政治文明的关键环节

生态政治文明是生态文明理念在政治领域的实践与运用，是按照科学发展观的要求、秉承生态文明的政治文明，是体现民主协商、公正法治和有序参与的制度文明，其实质是把生态环境问题提高到政治层面，从而使政治与生态环境的发展一体化，把政治与生态有机地统一起来，相辅相成，最终促进政治与生态环境持续、健康和稳定地发展。

林业建设有助于生态法制的完善，林业的理念提出，加快了我国林业立法的步伐，全面提升了林业立法质量。在有法可依的基础上，不断加强林业执法队伍建设，加大执法力度，强化执法监督，创新执法体制，推行执法责任制。林业建设有助于生态公民的培养，林业通过发挥森林的生态效益，保障了人类生活环境的质量。通过集体林权制度改革，从法律层面保障了林农的林业资源所有权和使用权。通过政府林业信息公开，保障了公众的知情权，扩大了公民参与权。通过推动林业法制建设，保障了公民的生态参与权、提供环境侵害的申诉权。通过大力开展全民生态宣传教育活动，积极扶持社会组织成长，有效提高了公众生态意识。

(6) 林业在生态文明建设中具有主体性和关键性

林业与生态文明的关系，是一个紧跟世界潮流的过程，也是一个把准时代脉搏的过程，还是一个认识日益深化的过程，大力发展林业、建设生态文明，不仅对中国现代化建设具有重大而深远的影响，而且对维护全球生态安全具有重大战略意义。2009年6月，首次中央林业工作会议明确了林业"四大地位"，赋予林业"四大使命"，明确提出了"建设生态文明，必须把发展林业作为首要任务"。

林业与生态文明的关系，其实质是要素和系统的辩证关系，生态文明建设是一个庞大的系统工程，林业建设是这个系统工程的一个重要组成要素，在一定条件下对系统起决定作用。林业是建设生态文明的主体和基础，在生态文明建设中发挥主导和核心作用。林业具有巨大的经济功能，森林不仅能提供木材，还能提供木本粮油、纤维、化工原料、花卉等上万种绿色、无污染、可降解的林产品，在推动经济发展、维护经济安全中发挥着重要作用。林业还有巨大的能源功能，在生态文明建设中居首要和独特地位，在发展可再生能源、替代能源战略中作用突出，在未来新能源发展领域前景广阔，已经成为世界各国能源替代战略的重要选择。不仅如此，林业具有巨大的文化功能，孕育了灿烂悠久、丰富多样的生态文化，从生态文化建设角度看，森林文化、湿地文化、野生动植物文化等，作为提高生态意识、发展生态文化的重要内容，列入生态文明建设的重要目标。森林文化是最古老最朴实的生态文化，大力发展竹文化、茶文化、花文化等森林文化，在繁荣生态文化、弘扬生态文明中发挥着关键作用。

1.3.3 林业重大生态工程建设

林业生态工程(forestry ecological engineering),是指根据生态学、林学及生态控制论原理,设计、建造与调控以木本植物为主体的人工复合生态系统的工程技术。其目的在于保护、改善与持续利用自然资源与环境。林业六大工程是我国再造秀美山川的战略工程,规划范围覆盖了全国97%以上的县,规划造林任务超过11亿亩,工程范围之广、规模之大、投资之巨为历史所罕见。六大林业重点工程意义在于发挥森林作为"大自然总调度室"的作用,同时提高我国森林资源的蓄积量,满足国民经济各部门对森林资源的需求。

1) 天然林资源保护工程

主要解决天然林的休养生息和恢复发展问题。工程实施范围:长江上游、黄河上中游地区和东北、内蒙古等重点国有林区的17个省(自治区、直辖市)的734个县和167个森工局。从2000年至2010年主要实现三大目标:一是切实保护好现有森林资源;二是加快森林资源培育步伐;三是妥善分流安置富余林业职工。

2) 退耕还林工程

这是涉及面最广、政策性最强、群众参与度最高的再造秀美山川的关键工程,主要解决重点地区的水土流失问题。工程覆盖了中西部全部及部分东部省(自治区、直辖市)。规划在2001年至2010年间,退耕还林2.2亿亩,宜林荒山荒地造林2.6亿亩。工程建成后,工程区将增加林草覆盖率5个百分点,水土流失控制面积13亿亩,防风固沙控制面积15.4亿亩。

3) 京津风沙源治理工程

主要解决首都周围地区的风沙危害问题。工程建设范围包括北京、天津、河北、山西、内蒙古5省(自治区、直辖市)的75个县,总面积为46万平方千米。工程建成后,京津地区的生态将大为改观。

4) "三北"和长江中下游地区等重点防护林建设工程

具体包括"三北"防护林第四期工程,长江、沿海、珠江防护林二期工程和太行山、平原绿化二期工程。主要解决"三北"地区防沙治沙问题和其他地区各不相同的生态问题。

5) 野生动植物保护及自然保护区建设工程

主要解决物种保护、自然保护、湿地保护等问题。工程实施范围包括具有典型性代表性的自然生态系统、珍稀濒危野生动植物的天然分布区、生态脆弱地区和湿地地区等。到2010年,使全国自然保护区总数达1800个,其中国家级220个,自然保护区面积占国土面积的比例达16.14%。

6) 重点地区速生丰产用材林基地建设工程

主要解决木材供应问题,减轻木材需求对森林资源的压力。工程布局于我国400毫米等雨量线以东的18个省份的886个县、114个林业局、场,计划在2001—2015年间,分三期建立速生丰产用材林基地近2亿亩。工程建成后,提供的木材约占我国当时商品材消

图1-4 河南现代林业
图片来源：人民日报网

费量的40%。

近几十年来，全球出现了森林大面积消失、土地沙漠化扩展、湿地不断退化、物种加速灭绝、水土严重流失、严重干旱缺水、洪涝灾害频发、全球气候变暖等八大生态危机。拯救生态危机即开展生态修复，核心是对生态系统停止人为干扰，利用生态系统的自我恢复能力，辅以人工措施，使遭到破坏的生态系统逐步恢复或使生态系统向良性循环方向发展。实施重大生态修复工程成为世界各国改善生态的成功经验，是我国改善生态改善民生的成功实践，面对亟待修复的生态系统，更是要求我们必须继续大力实施重大生态修复工程，努力构筑十大生态安全屏障，加快生态系统恢复并向良好循环方向发展，使自然生态系统逐步得以恢复，为建设美丽中国、维护国家生态安全作出应有的贡献。

小　结

生态文明是人类为保护和建设美好生态环境而取得的物质成果、精神成果和制度成果的总和，是贯穿于经济建设、政治建设、文化建设、社会建设全过程和各方面的系统工程，反映了一个社会的文明进步状态。生态文化的内涵包括绿色、低碳、循环、共生、和谐。森林文化是生态文化的主体，它是转变生产生活方式的动力，是生态文明建设的理论支撑，是经济社会可持续发展的精神保障，以及构建和谐社会的文化基础。森林文化的基本定位为：是中华传统文化的一部分，是社会主义先进文化的一部分，是世界生态文化的一部分，因树种、地域、民族、功能的差异，工业社会背景下分为了树种、产业森林、地域森林、民族森林、城市森林、乡村森林、外在森林、内在森林、口传和非物质等数种森林文化形态。现代林业是以可持续发展理论为指导，以生态环境建设为重点，实现林业资源、环境与产业协调发展,生态、经济和社会效益高度统一的林业,生态文明的基本走向,也确定了现代林业发展的基本方向。2001年,我国提出了再造秀美山川的林业六大工程:天然林资源保护工程;"三北"和长江中下游地区等重点防护林体系建设工程;退耕还林还草工程;环北京地区防沙治沙工程;野生动植物保护及自然保护区建设工程;重点地区以速生丰产用材林为主的林业产业建设工程。

自主学习资源库

袁继池,秦武峰. 生态文明简明教程[M]. 武汉:华中科技大学出版社,2015.
但新球,但维宇. 森林生态文化[M]. 北京:中国林业出版社,2012.
苏祖荣,苏孝同. 森林文化学简论[M]. 上海:上海学林出版社,2004.
苏孝同,苏祖荣. 森林文化研究[M]. 北京:中国林业出版社,2012.

思考题

1. 谈一谈森林文化在生态文明建设中的地位。
2. 森林文化的定位是什么,它分为哪些文化形态?
3. 分析林业与生态文明的关系,并说明林业重大生态工程建设内涵。

第二章 乡村森林文化

学习目标

【知识目标】

(1) 了解乡村森林文化;
(2) 熟悉乡村森林文化的常见体现方式;
(3) 掌握乡村森林文化与新农村建设的关系。

【技能目标】

(1) 提升学生对美丽乡村建设中森林作用的认识;
(2) 激发学生对乡村之美的认识。

【引文】

绿色建瓯之万木林：珍稀植物富集野生动物的乐园

1. 植物种类繁多，森林茂盛

万木林优越的自然条件和长期的封禁保护，孕育着丰富的生物资源，经调查统计，仅维管束植物就有161科581属1271种，高达94.2%，远望森林外貌，四秀雄浑常绿，苍郁秀翠。走进遮天蔽日的林中，人们仿佛进入一个充满神奇色彩的绿色宫殿，林内万木峥嵘，古木参天，巨藤缠绕，由乔木灌木厚木及层间藤本植物构成了多层次的群落垂直结构。林中地面上常铺满了地衣和苔藓，倒木腐株随处可见，呈现出一派芜杂幽深的原始森林景观。它们当中有闽楠、沉水樟、浙江桂、枫香……几百年的参天古树蓬勃生长，生机盎然，以旺盛的生命活力填补它们祖辈留下的生活空间。

2. 珍稀植物富集

万木林中珍稀植物资源丰富，其中有国家用级重点保护野生植物南方红豆杉，其木材结构细致，心材紫红色，故又名紫杉。是家具雕刻工艺的上等用材，所得取的"紫杉醇"是很有效的抗癌新药，其树形优美，深秋结红色圆形小本果，晶莹可爱，甘甜可食，是很好的观赏树种，林中最大一株南方红豆杉胸径123厘米，树高31米。万木林中有国家二级保护植物24种，其中观光木为木兰观光木属单种属稀有树种，为纪念发现该树种的我国生物学家钟观光教授而取名，聚合果奇特如人开，重达500克，因花美芳香，亦名香花木，是优良用材兼观赏树种，林中最大一株胸径达136厘米，高32米，为全国之最；闽楠是我国特有的珍稀用材树种，材质优良，芳香耐久，不蛀，耐腐性强，武夷山的船棺就是由闽楠凿成，历时数千年而不腐，其木材物理性质经测试，与现在闽楠无甚差异。林中闽楠资源丰富，胸径达60厘米以上颇多，可喜的是其天然更新良好，在群落各林层均有分布，此外，福建省重点保护野生植物有16种，如惟万木林小面积成片分布的福建省特有树种福建含笑和福建省唯一一株天然分布的西桦等。名木名树荟萃万木之胜，以名木古树为最富特色，区内名木古树胸径达80厘米以上有569株，其中胸径达100厘米以上有132株，胸径最大者拉氏栲190厘米；树高最高者乐东拟单性木兰40米；年龄最大者观光木380年；单株材积最大者沉水樟32.77立方米，在这些名木古树中，当属沉水樟最大驰名，沉水樟属珍稀濒危植物，因其所提取的芳香油富含黄樟油素，比水的密度大，沉于水底而得名，在林中可随处见到高大的沉水樟，其最大者胸径达181厘米，要四人才能合抱，为全国之最，人称"沉水樟王"。

万木林自然保护区内有药用植物491种，如对跌打损伤、癫痫及抗癌有显著治疗功效的金不换(花叶开唇兰)，绞股蓝含有多种人参皂，制成绞股蓝茶常饮可祛病延年，被誉为"南方人参"。七叶一枝花是治疗蛇伤的特效药。主要芳香植物有100多种，如我省特有树种福建含笑，在隆冬季节开花，花为兰花香型，是待开发的芳香植物；沉水樟、山苍子等提炼的芳香油是香料工业上重要原料。

3. 野生动物的乐园

茂盛的森林，丰富的植被，是野生动物良好的栖息地与庇护所。区内列为国家重点保护的野生动物有22种，福建省重点保护的11种，一般保护207种，已知区内有鸟类141种，其中不少鸟类以羽毛艳丽悦目、鸣声婉转动听为人们所欣赏。如有"林中仙子"美称的白鹇，成双结对的红嘴相思鸟、八哥、画鹛、长尾兰鹊等。已鉴定的昆虫有963种，仅蝶类就有百余种，其中有金赏凤蝶、多型凤蝶等珍贵种类。长臂金龟是大型甲虫，它在日本已定为国宝，在我国也很难采到，被我国列为二级保护动物；乌桕大蚕蛾，色彩斑斓，展翅宽达25厘米。此外兽类有32种，两栖爬行类15种，猕猴是林中最逗人喜爱的动物，它们成群在林中嬉戏，常出现争吃野果的动人场面。万木林是我国最早(1957)建立的自然保护区之一，是世界护林和环保的典范，被联合国教科文组的官员、教授誉为"先人留下的宝贵的自然遗产"。万木林现已成为集生物多样性保护、科研教学与森林生态旅游于一体的不可多得的宝地。

从建瓯市向西31千米处，有一片长绿阔叶林，她像一块翡翠嵌在闽北林区茫茫林海之中，她就是被中外专家誉为"中亚热带森林博物馆""东南奇秀""绿色宝库"的神奇万木林。万木林原为元末(1354)乡绅杨达卿逢灾年募民"植杉一株""偿粟一斗"营造的人工林，并于明初元末(1399)封禁保护，迄今600年。经长期的自然演替成为现今富有特色的中亚热带常绿阔叶林。中国少有的以梓树、楠树为主的多树种的原始森林保护区。具中亚热带区域代表性的景观，1957年定为禁伐区，1980年建立保护区。位于武夷山脉东南坡，福建建瓯县房道乡北。面积107.2公顷，森林蓄积量4万余立方米。系有600多年人工经营历史、保存较好的森林群落。保护区内树种有58科260种，约为全省的1/4。乔木树种以壳斗科、樟科、山茶科、蔷薇科、杜英科、金缕梅科、木兰科等为主。树木高大，最大的黄樟胸径181厘米，树高34米，树龄在600年以上。珍稀树种除梓、楠外，尚有钟萼木、降香黄檀、紫檀、亮叶青冈、红豆杉、三尖杉等。

资料来源：中华网．绿色建瓯之万木林：珍稀植物富集野生动物的乐园[DB/OL]．http://culture.china.com/zh_cn/focus/hlzgx/11082319/20100519/15942941.html．[2010-05-19]．

2.1 乡村森林文化内涵

中国传统文化与自然、树木的融合非常独特，不论是松、柏、竹、梅，还是桑、茶、橘、栗，无不体现出中国人的精神面貌和勤劳智慧。孔子曰"岁寒，而后知松柏之后凋也"，就把松升华成一种精神，松成为中华民族精神的一种象征。

生态文化，是指人与自然相互之间关系所映射出来的思想、观念、意识、行为、语言的总和，包括为了追求人与自然和谐发展所需要的社会制度和乡规民约等，其核心价值观是人与自然的和谐发展观。中国古代哲学中的"天人合一"思想、当今风靡全球的环境保护运动以及各国政府积极倡导的节能减排政策均说明了人类社会正在高度重视生态文化、生态文明建设，党的十八大报告更是明确指出："大力推进生态文明建设。"生态文化是人与自然和谐相处、协调发展的文化。人们通常把民俗、传统归因于农耕文化，由此，具有田园风光、美丽山水的农耕文化发祥地——乡村自然就成为了传统文化的载体。乡村生态文化是一种尊重乡村人与自然生态规律的生态文化，它渗透于物质文化、精神文化和制度文化各领域之中，体现了人与自然和谐相处的生态价值观，它要求通过乡村生态系统的多重价值的实现来满足人们的多重需求。

乡村森林文化的主要构成是山区、林区（山地丘陵）的森林文化，如山寨、山乡、山庄等，同时又涉及平原、沿海乡村的森林文化。其总体是相对城市森林文化而言的。因此乡村森林文化的特征是本土性、民间性和民族性。少数民族恰好也居住在边寨山村。这样，乡村森林文化就为人们展示多层、多样、多彩的山乡森林图幅、乡村生活图幅、民族风俗图幅、边寨风情图幅。这里有诸多不同种群的森林，诸多不同的生产和生活方式，诸多不同风格的民居建筑、服饰装饰、交通设施、木竹器皿、舞蹈音乐，诸多不同的民俗习惯、宗教信仰等。这些民间的、本土的、民族的文化形态，造就了森林文化最广泛、最深厚的土壤。

2.2　乡村森林文化类型

我国是一个多山的国家，山地面积占国土面积的69%，山区人口占56%，约95%的少数民族生活在山区，我国多数的乡村坐落在山区。全国有90%的林地分布在山区，山区的原始植被主要是森林。即使在平原、沿海和牧区的乡村，也有农田林网、沿海防护林、护牧林，以及乡村的"四旁"绿化林木、经济林等。森林同乡村密不可分。

乡村森林，是指除城市森林以外所有国土上的森林资源，是国家森林的基本组成和国土生态安全的基本架构。它包括以生产木材和其他林产品为主要经营目的的商品林、以发挥生态效益为主体功能的生态林，以及作为崇拜和审美对象的文化性森林等。乡村森林由于受到人类的干扰较少，因此不同于城市森林和森林公园。乡村森林生态系统是森林生态系统的主体，也是整个陆地生态系统的重要组成部分。乡村森林的服务功能多种多样，主要包括提供木材和林副产品、涵养水源、固土保肥、固碳释氧、净化环境、维护生物多样性，以及休闲、审美、宗教、文化等功能。

2.2.1　人居性乡村森林

乡村人居林，是指在乡村居住活动区域及其周边区域，为改善乡村生态环境，保障居民身心健康，丰富乡村文化内涵，发展乡村经济所营造的以林木为主体、乔灌草相结合的复合植被群落。乡村人居林的建设类型主要有庭院林、行道林、水岸林、围村林、山村防护林和游憩林等。以福建省为例，近年来福建各地大力开展"创绿色家园、建富裕新村"活动，是乡村人居林建设的一项创举。全省掀起栽植"名贵树、财富树、公仆树、子孙树、风水树"的绿化热潮。与传统乡村林业和乡村绿化不同，乡村人居林更加注重人居环境的改善和居民的身心健康，更加注重人与自然的和谐。乡村人居林建设的核心是体现绿色，而绿色的内涵是生态。这就是说，要以生态学原则为指导，运用生态技术，改善和提高乡村生态环境，兴办各种绿色产业，增加农户收入，逐步引导农民走上生产发展、生活富裕、生态良好的新农村建设之路。乡村人居林建设固守中国传统文化中的循环共生思想。中国传统乡村本身就是一个良性的循环系统，如利用乡村人居林的林下剩余物作燃料，利用森林中的腐殖质用以肥田，用木屑碎片铺路，人畜粪便返田等，形成良性循环，体现的就是循环共生的理念。乡村人居林建设大多采用农林复合经营模式，如林粮间作模式、林药间作模式、林果间作模式、林蔬间作模式等，利用林下空间，发展粮食、水果、药材、蔬菜、蘑菇等产品。同时利用林下剩余物和人畜粪便建立沼气池，沼气的废弃物又可作为肥料，形成人畜粪便→沼气利用→肥料返田的良性循环。这些顺应自然的生活方式及其所体现的朴素的生态理念，蕴含着一种深刻的东方文化智慧。

【拓展阅读2-1】

浦城双同村采风：老村支靠封山育林带富全村人

2017年8月11日一早，采风团从浙江衢州出发，约一个半小时的路程，到达位于福建省最北端的南平市浦城县。这里是闽浙赣三省交界处，自古为中原入闽第一关，正因如此，这里自然也成为这次浙闽赣皖四省网络作家边际采风活动的必到之处。

来到浦城，第一站是去位于匡山腹地的富岭镇双同村，据传，这里曾是明代谋臣刘伯温隐居之地，匡山之名就是他取的。

大巴在蜿蜒的盘山公路上行驶了半个小时后，终于把我们带到了海拔1400多米的双同村。村口处，几个正在玩耍的小朋友，看到我们的到来，不仅没有丝毫的胆怯，反而热情地向我们招手，天真无邪的笑容，仿佛一下就拉近了我们和这座村庄的距离，让我这个外来之人倍感亲切。

据当地政府部门介绍，这是一个600多人口的小村，原先是出了名的穷村，而现在年产值达500多万元，人均收入达到1.3万元。这究竟是怎样的一个村庄，隐藏在群山之中，看似不起眼，经济收入却没受山区地理位置的影响，甚至比一些处在城镇附近的村庄还要好很多，带着好奇，我跟随着大部队向村里走去。

山野清风沁人心脾，步行数百米，连绵不绝的绿色密林嵌着坐落有致的村屋，宛如美丽的油画一般出现在了我们面前。村支书李仕银等候我们多时。在他的介绍下，我们对双同村有了更进一步的认识。

1979年，高考失利的李仕银回到双同村，主动做起了护林员，这一做就近40年。在村里组建护林小分队，带头宣传护林法规，封山育林，保护生态，从青丝如云到鬓角染霜，岁月的风霜在李仕银的脸上刻下了一道道皱纹，护林员也变成了村支书，然而，他却丝毫没有停歇护林的脚步。如今，全村山地面积3.83万亩，其中国家生态公益林3.1万亩，毛竹山面积5000亩，这个看似不起眼的小村庄竟一一拿下了"国家级森林公园""国家级生态村""全国森林旅游示范区试点单位""全国美丽乡村创建试点乡村""全国生态文化村""全国文明村"多个国家级名片。

生态越来越好，李仕银还不满足，如何让村里的生态资源变成村民的金饭碗？"金山银山，不如我们的这片绿水青山，我们坚定不移地打生态牌，走绿色发展的路子，让我们渐渐摆脱了困境。"李仕银如是说，为此，他带领村民在竹山上开出机耕道，改善交通环境，发动村民们集资办旅游，铺设上山步行道，恢复匡山景区古迹。2008年，浦城县出资数百万元，建成宽5.5米、长11千米的通村公路，彻底解决了双同村的交通瓶颈。

紧接着，李仕银带领村民种植特色经济树种，推广毛竹丰产高效技术，对几万株酸枣、杨梅及香榧树进行人工改良，绞尽脑汁想着法子给村里提高经济效益。在他的带动下，村民采摘山枣加工出售；在山林中放置蜂箱，生产野蜂蜜；办起"森林人家""农家乐"等生态游农家餐馆，村民收入不断增加……现在，村民们加工的笋干、酸枣糕、野蜂蜜、杨梅酒等特色农产品不用出门，就在家门口一销而空，"靠山吃山"的村民们幸福指数节节高升，也难怪，村民们都说，他们有今天的好日子李仕银功不可没。

据了解，双同村还曾是元末时期章溢、刘伯温、宋濂、叶琛的隐居之地。章溢自号"匡山居士"，将匡山看松庵重加修葺，并新建茅屋12座，取名"苦斋"，栖身立足；刘伯温在此写下《苦斋记》；宋濂在此著有《匡山章子看松庵记》。"四贤"隐居之后，匡山名声大噪，各地文人墨客，特别是浙江才俊学子，纷纷慕名而至。王褘《匡山诗序》、袁华《匡山五咏为处州章溢赋》等，一时文人墨客以景赋诗文，秀语奇辞层出不穷。

深厚的文化底蕴、优良的生态环境，相信，双同人凭着他们勤劳的双手，把自己的日子过得越来越红火。

资料来源：浦城双同村采风：老村支靠封山育林带富全村人_中新网_安徽新闻
http://www.ah.chinanews.com/news/2017/0812/76165.shtml?from=groupmessage&isappinstalled=0

2.2.2 民俗性乡村森林

民俗性乡村森林，主要是一些跟乡村习俗和风水需要营造的森林，一般称为"风水林"。这种风水林在华南不少的乡村都有分布。不少村落在选址时，考虑到风水的因素，通常会在茂密的树林旁兴建，使森林成为村落后方的绿带屏障。由于村民相信风水林会为村落带来好运，因此都很重视保护风水林。他们还会在风水林中栽种具有不同实用价值的树木（如果树、榕树、樟树、竹等），使风水林兼具实用经济价值。乡村风水林植根于中国传统文化，历经数千年的传承和发展，蕴含丰富的历史文化思想、民族特点和生态意义，是一种特殊的景观资源。人们之所以营造风水林，就是为了追求良好、宜居的生存环境。古人认为，理想的人居环境必须符合"藏风""得水""乘生气"几个要求。除了形局佳、气场好，还要求山清水秀、环境宜人。而栽种树木就是改善人居环境的一个极好的办法。风水学提倡"天人合一"的环境观，"风水林"实际是风水学与植物学、建筑学、美学等学科结合的产物，是人类和大自然共同创造的，具有良好的生态价值、景观价值和文化价值。风水林文化在历史的发展过程中，逐渐演化为山区民众适应环境的一种文化方式。这是一种朴素的生态伦理观，体现一种敬畏森林和自然的生态伦理思想，有着深刻的自然保护意义（图2-1）。风水林文化的具体形态主要有村落宅基风水林、坟园墓地风水林、寺观风水林等。

1）村落宅基风水林

是指村落宅基周围人工种植或天然生长并得到保护的风水林木。主要有4类：

(1) 水口林

主要种植在村落的总出入口（水口）处，形成封闭式的地理环境。这样不仅有利于保存祖先的文化传统、道德伦理、风俗习惯，而且可以阻挡东北风和北风（煞气）的侵入，使村落内的气温保持稳定，这对生产、生活都是有利的，故水口林又有"抵煞林"之称。在村口（即水口）往往建有亭、楼、桥、坊、寺、庙、塔、书院等建筑，与水口林共同构成水口园林文化景观。

图 2-1　福建省南靖县下版寮村风水林
图片来源：李霞 摄

(2) 龙座林

一般坐落在山脚、山腰的村落或村落后山。水口林是从水平方向上显示了它的重要性，而龙座林是在垂直方向上发挥了它的作用。一座房子建在山坡上，如果后山没有树林，就会遭受风雨侵蚀。夏天阳光直照，如果没有树林遮阴，则难以调节小气候。龙座林就像故宫金銮殿上龙椅的靠背，这种三面绿色环抱的自然环境是最优美的。

(3) 下垫林

主要种植于村落前面的河边、湖畔。建筑在河边、湖畔的房屋，虽然后山有"龙座林"，但是如果没有下垫林，就会显得头重脚轻。在山洪的冲刷之下，会有山体滑坡、崩塌的危险，所以，在这个部位植树也很重要。但是，下垫林树冠不能太高，不能挡住视野，如案山不能高于背靠的主山一样，下垫林过高也会有碍风水。

(4) 宅基林

种植在宅基周围和庭院内，用来美化和改善居住环境。福建闽西南客家村落的后山，通常都有种植成片的风水林，这些树木多由祖辈传下来，都有几十年乃至上百年的树龄。

这些风水林被当作村落盛衰的象征，受到严格保护，代代相沿不辍。客家人注重风水林，很大程度上是缘于北方先民种植树木的深刻影响，凸显出客家先祖与树木共生共存的理念。如福建南靖县和溪乡乐土村黄氏家族，在明洪武二年（1369）建村时，在村庄周围营造了2000多亩风水林，如今仍有300多亩保存完好，形成罕见的亚热带原始雨林景观，被列入福建虎伯寮国家级自然保护区。

2）坟园墓地风水林

是指坟园墓地周围人工栽培或天然生长并得到保护的林木。该类型风水林起源于我国早期殷周时期的"封树之制"。积土为坟，封也；种树以标其处，树也。西汉时期儒家强调等级礼仪，对墓地植树有着非常明确的规定。《礼记》载："尊者丘高而树多，卑者封下而树少。""天子坟高三刃，树以松；诸侯半之，树以柏；大夫八尺，树以栾；士四尺，树以槐；庶人无坟，树以杨柳。"可见从西汉时期起，除皇家和达官贵人之外，平民百姓也都在祖宗坟地植树。古代人认为"木之茂者，神所讬"。在墓地植树成为子孙后代孝敬祖先的具体行为，亦是死者亡灵得以安息、生人得到庇佑的祭祀活动的外延。所以人们把祖宗坟墓置于具有良好环境景观的风水山上和风水林中加以保护，或在祖宗坟墓四周依方位种植树木，作为该家族的风水林或风水树，并把风水林木长势的好坏与家族命运结合在一起，风水林和祖宗崇拜融于一体，使其更具有神秘意义。北京西北郊的明十三陵、南京东郊紫金山的明孝陵、河北遵化的清东陵、河北易县的清西陵，都种植有大量的风水林。山东曲阜的"孔林"是孔子及其家族的墓地，占地3000余亩，内有古树10万多株，是世界最大的风水林。陕西黄陵县的黄帝陵，有古柏林89公顷，生长古柏8万余株，其中千年以上的古柏3万余株，是黄帝陵最有价值的历史遗存，也是中华民族五千年悠久历史的见证。福建建瓯市房道镇境内的"万木林"，占地面积2800多亩，是元末1354年乡绅杨达卿逢灾年募民"植杉一株、偿粟一斗"，在其祖坟山种植的人工林，并于1400年开始作为杨家风水林封禁保护，迄今已有600多年的历史。该风水林经长期的自然演替，成为现今富有浓郁地方特色的中亚热带常绿阔叶林，这也是世界上唯一的由人工林起源的自然保护区和面积最大的人造古森林。

【拓展阅读2-2】

百里闽江第一林——胡厝林

"胡厝林"位于闽江上游延平湖南岸、樟湖新镇的东北端，三面临湖，湖光山色，美不胜收，犹如在湖面与樟湖集镇之间镶嵌上一块绿翡翠。樟湖镇库区搬迁之前，"胡厝林"与坂头街仅一溪之隔，胡氏族人称之"对面山"，山顶海拔118米。"胡厝林"是樟湖胡氏宗族的风水林。据传樟湖胡氏祖先在明朝成化年间，将"对面山"定为族人死后的入葬地，圈定150亩林地，开始蓄林，并立下族规：在墓林范围内任何人不得动其一草一木，墓林内枯木，除非在族长点头后，方可允许族中寡妇打柴砍伐，其他人不得占用，否则，触犯族规将受到严厉惩罚。此后，族人自觉养成护林风气，历经500多年风雨沧桑，竟成规模。1993年，因水口电站库区蓄水，淹没"胡厝林"林地三分之二，现仅存

50亩。

2005年秋，胡氏族人邀请福建林业技术学院组织专家对"胡厝林"进行调查，发现林中不同树种竟有120种之多，最长树龄达450年以上，百年树龄的有165株，其中以木荷树居多，但不乏国家二级重点保护树种花榈木。专家一致认为："胡厝林"是南平至福州之间闽江近岸绝无仅有的一片低海拔原始次生林，冠之以"百里闽江第一林"称号当之无愧。

"胡厝林"虽紧临樟湖集镇闹市，人类活动频繁，却依然保持着最原始的自然生态体系。近年来，人们在"胡厝林"修建了气势恢宏的牌坊、环山水泥通道、上山石阶、望江亭、千秋阁、夜景工程。尤其是登上千秋阁，依山傍水的樟湖镇全景尽收眼底，令人心旷神怡；远眺闽江，巍峨的青山、潺潺的流水，几户人家仿佛住在水上漂浮着的飞毯上，云雾缭绕、炊烟四起，无法掩饰人们生活的安宁与太平……经群众集资和政府支持，如今的胡厝林已不仅仅是胡氏的家族风水林，更开发成了面向群众的休闲旅游公园。每天清晨，这里都聚集着登山健身的人们。"平时来游玩的人络绎不绝，要是逢年过节的，人们还嫌那路太窄呢！"胡氏族人乐呵呵地说，"能为社会做点贡献，我们很高兴。"

资料来源：元素. 樟湖胡氏追源（二）胡厝林[DB/OL]. http://asq09.blog.163.com/blog/static/126962744201103005143424/[2017-07-22]

2.2.3　游憩与防护性乡村森林

伴随着现代人生活节奏的不断加快，现代人置身在激烈竞争旋祸中，精神不堪重负，他们急切需要远离城市、污染与竞争并且回归自然、寻找休闲的生活方式，愈来愈多的城里人到乡村去寻找属于自己的"世外桃源"。走在南方的乡村，满山浓绿，碧水清幽，粉墙黛瓦，如诗如画，构成了一幅幅秀美乡村生态图景。而其中最吸引眼球的，莫过于村子前后或周围的一株株、一片片的参天大树。它们，被称为风景林。

风景林有上千年的传承历史，在民间亦被称为风水林、水口林、后龙山等。今天我们定义的乡村风景林，是指分布在村庄前后或周围，具有保持水土、涵养水源、防风固沙和调节小气候等功能，且树龄较长、绿化效果好、有一定乡村文化底蕴的片林。这些散落在乡间的风景林，历史悠久、树种丰富、郁郁挺拔、饱经沧桑，既是当地村庄的符号和标志，也是当地村庄的灵魂和主色调。南方的乡村风景林大多数树种是本乡本土的树，概括起来主要是"红豆银杏苦槠枣，荷枫楠朴杉栎樟"，易栽易成活。风景林涵盖大部分行政村和自然村，林权多为集体所有。在规模上，因地而异，有的村后整座山都是，有的呈条带状人工规划而成，有的则是零星小块状种植。风景林保存相对完好具有极强的观赏价值。这些风景林历史悠久，大部分始建于明、清，少数可上溯到唐、宋，都长得特别高大。历经多次战乱和乱砍滥伐，森林曾经多次遭到严重破坏，但风水林能保存完好，得益于各地代代传承、根深蒂固的风景林保护意识。一是通过世代相传的树神崇拜保护。在乡村，风景林里的树木往往被视为村庄或家族、个人的保护神，几乎每一片风水林都有"敬之者昌，逆之者亡"的传说，村民声口相传，教育下一代，任何人不得砍伐古树；二是通过约定俗成的乡规民约保护。规定对龙脉山上的风水林，任何人不得砍伐，即使是枯枝落叶也不能当柴火拣拾，否则就是触犯村规、族规，要受到村里人或族人的处罚；三是通过村民自觉自愿的护树风俗保护。村民们认为风景林的树不仅可以驱除病魔和灾害，而且是幸福、和谐的象征，在长期的生产生活中，自觉、自愿地形成了一些护树风俗。古人热衷于建风景林，主观上的目的主要是为了追求最佳居所，并期望子孙后代显贵兴旺，客观上的效果是很好地保护了当地的生态环境，在调节气候、涵养水源、保持水土、维护生态平衡等方面发挥着不可低估的作用。千百年来，乡村的风景林承载着村民们"林在村在、林旺人旺"的朴素信仰，避风雨、挡烈日、护众生，让一代又一代的村民在这里安宁平和地生活着。乡村风景林，既绿化、美化着乡村，又传承着乡村历史、文化，是让人难忘的"乡愁"。

同时风景林还兼有防护林的作用，防护林是以发挥防护作用、保护和改善生态及环境为主要功能的森林。依防护功能和保护对象的不同，可分为防风林、固沙林、农田防护林、水土保持林等。防护林有大有小，小的如乡村周围的林带林网，大的如"三北"防护林体系、长江中上游防护林体系等。乡村防护林文化是乡村森林文化的一种重要形态。防护林使穷山恶水变成青山绿水，让穷山沟变成经济沟、生态沟，帮助沙区人民夺回失去的家园。乡村防护林是农业建设的屏障和生态建设的基本架构，是工业社会下森林文化的一种新的形态。它表明人类已经突破传统伦理学的范畴，把道德对象和行为规范的范围从人类社会扩展到生物圈和整个自然界，即在实践层面和行为规范上，善待人以外的其他物种和环境，使人类同其他物种和环境共生共存。如在福建东山岛，人们把谷文昌书记带领民众营造的木麻黄防护林看作为岛上的生命线，亲切地称谷文昌为"谷公"。谷文昌陵园香火不绝，"先祭谷公，后祭祖宗"，已成为东山人的约定习俗。同样，在河南兰考，焦裕禄为根治风沙带领兰考人民种下的泡桐，如今已绿遍兰考大地。焦裕禄种植的一株泡桐，被称为"焦桐"，成为兰考人民的精神象征。

2.2.4　产业性乡村森林

林业产业与新农村建设的关系非常密切，在社会主义新农村建设中，林业产业大有作为，大有可为。通过发展林业产业，进一步调整产业结构，促进农村生产发展；优化农村生态，改善农民生产生活条件；培育森林资源，绿化美化村屯；发展林业产业，扩大农村就业；明晰山林权属，推进民主管理。同时，林业也是"三农"工作的重要组成部分，林业本身具有生态和产业的内在属性，能够发挥生态、社会和经济效益，在社会主义新农村建设中做好林业工作意义十分重大。社会主义新农村建设，是重视和解决"三农"问题做法的继承和发展，有利于促进城乡经济社会统筹发展，改善农民生产生活条件，改变村容村貌，提升农民形象，带动相关产业发展，形成农村新的经济增长点，对于促进农村经济持续发展，解决"三农"问题，全面建设小康社会具有战略性意义。加快发展现代林业，是全面落实科学发展观、坚持以生态建设为主的林业发展战略的必然要求，也是推进社会主义新农村建设的重要内容。

林业是农民"生活宽裕"的重要途径，绿水青山是实现农村致富的金山银山。广大农村拥有丰富的森林资源，在人口逐渐增多、人均耕地日趋减少的情况下，农村发展符合市场需要，有本地特色的优势林业产业，是扩大农民就业，增加农民收入，实现农民"生活宽裕"的重要途径。特别是在边远山区、没有工矿企业的农村，发展林业产业就成为农民致富的首选产业项目。

目前，中国农村发展林业产业项目就非常多。大力发展种植业，如果树、人参、茶叶、香料、食用菌、中药材等；大力发展养殖业（野生动物和林下家禽养殖），如牛、羊、蚕等；大力发展采集业（山野菜基地等），如采集松籽、松茸、山野菜、食用菌、中药材等；大力发展林木产品加工业（非木质经济林产品加工、竹木制品加工）。

林业产业发展与乡村发展和新农村建设息息相关。当今中国林业产业，特别是进入新世纪，林业产业建设成效显著，为促进农民增收和农村经济社会发展发挥了重要作用。社会主义新农村建设为乡村林业产业提供了重大历史机遇和更广阔的发展空间。扎实抓好乡村林业产业建设与管理，乡村林业产业建设与新农村建设更加紧密地结合，成为农村群众创造物质财富的重要载体。

【拓展阅读2-3】

承载乡愁的地方——白茶小镇政和石圳村

石圳自然村位于福建省南平市政和县石屯镇松源村，距县城约4千米，地处七星溪南岸，背靠青山，三面环水。

据史料载，早在宋代，石圳就已成村落，明清时期，这里建起了水陆中转码头，成为连接山内外货物的集散之地，粮食和茶、盐、布匹等物资从这里进出。受益于水运码头，石圳村繁华了几百年，直至20世纪80年代随着陆路交通的发展才逐渐失去交通枢纽的地位。石圳村子很小，但却历史悠久，也很美。政和产茶历史悠久，源远流长。早在唐末已产茶叶，当时福建的茶区已形成。北宋时，政和盛产的银针叶茶已作为贡茶。宋徽宗大观、政和宣和年间，福建北苑进贡的芽茶（银针茶）制品，竟有二十多个色目。1115年，宋徽宗喝了政和进贡的银针叶茶后，龙颜大悦，将政和年号赐给政和（当时为关隶县）作县名，成就了政和这个中国唯一一个因茶而得名的县。《政和县志》（1919年）记载：茶有种类名称凡七，曰银针、曰红茶、曰绿茶、曰乌龙茶、曰白尾、曰小种、曰工夫，皆以制造后得名，业此者有厂、户、行。《福建政和之茶叶》（陈橡编著）载：政和茶叶凡多，其最著者，首推工夫及银针，前者运销俄美，后者运销德国，次为白毛猴及莲心，二者专销安南及汕头一带，再次为销售香港、广州之白牡丹，美国之小种，每年出产总值以百万元计，实为政和经济之命脉。作为进出城关的中转码头，石圳曾为政和茶产业的发展做出了巨大的贡献。曾经，陆运的兴起，水运逐渐退市，石圳慢慢归复平静，茶楼酒肆旌旗不再。

如今，石圳正在改变，福建大与实业有限公司、福建隆合茶业有限公司、福建省云根红茶业有限公司等众多茶叶龙头企业，争相入驻石圳，为这个美丽的白茶小镇画卷挥毫泼墨。而那些老建筑也正在修复中，有理由相信，静谧和美的石圳，会吸引更多人到政和，品尝到政和白茶的中国味道。"在石圳，可以了解政和茶叶的发展历史，因为，石圳茶在源远流长的政和茶史中，一枝一叶都是那么充实和那样弥漫。"如今的石圳，茶树静默在村前村后、房前屋后，即便是在残墙断壁之间，也可以随时与茶相遇。说到政和的茶文化，就离不开政和的竹产业，放眼石圳村头巷尾，无不充彻着浓重的竹艺元素。复古的竹艺牌匾、竹制的茶具茶盘、环绕全村造型奇特的竹龙花植架，个性鲜明的竹灯、竹椅等……。

近年来，政和县大力培育竹资源，丰产林基地面积将达到18万亩。建起各类竹子加工企业已有200多家，可生产6大类1000多个品种的产品，竹具工艺从业人员达2万多人，竹业产业链也不断延伸，成为全省规模最大的竹具产品加工基地。随着美丽乡村的建设石圳村喜事一桩接一桩：采摘基地有了收成，1千克生态葡萄卖到40元；村里添了农家乐、烧烤区、农家酒庄；县里着手打造"白茶小镇"，云根红、隆合等几家茶企在石圳设立展示中心；全球首座朱子书院动工……。村里外出打工的年轻人开始回流，2015年下半年就有32人向理事会报名，要求回村创业。如今，周末和节假日前来石圳的游客最多可达上万人。2015年石圳入选省级传统村落，评上了国家3A级景区，下一步就是冲刺4A。

资料来源：汉良子. 承载乡愁的地方——白茶小镇政和石圳村（美丽乡村之五）[DB/OL]. 美国中文网 http://photo.sinovision.net/home/space/do/blog/uid/376953/id/278278.html）[2017-04-07]

2.3 乡村森林旅游

"十年树木，百年树人"，人与树木永远有着解不开的生命之缘。人与树的血脉联系与历史渊源，在于"树文化"高古沉厚、悠久深远的精神内涵。"古树"是大自然经过漫长的历史变迁，留给人类的宝贵遗产。在同种树木中，它们寿命长、树体大，是经历了百年、数百年乃至上千年风雨沧桑的"老寿星"，成为大自然和人类历史发展的见证，是有生的文物。如湖北沙市的楚梅、浙江天台的隋梅、湖北黄梅县的晋梅、昆明和杭州的唐梅、杭州超山的宋梅、云南昆明的元梅等。这些古梅已经和当时的政情人事紧紧融合在一起了。"名木"或为国内外的历史人物亲手种植（如黄帝手植的轩辕柏），或与某一历史事件相联系，成为一个城市或地方的一段历史纪实的象征；有的是当地自然分布的稀有、濒危的或表现民族风情特色的树种，如银杏、杪椤等。古往今来，上至帝王将相，下至寻常百姓，无不尊神拜树。贵州高原，尤其是苗岭山区，竹木葱茏，绿染长天，森林覆盖率一直很高，至今许多苗侗村寨仍高达75%以上。苗侗民族的"树文化"内涵十分丰富，表现在珍惜天然森林、酷爱植树造林和师承自然创造文化、崇拜树木视同命根等许多方面。苗侗民族特别珍惜天然森林，在众多的乡规民约碑中，都有保护森林的条款，对违规者处分极严。由于祖祖辈辈自觉不自觉形成珍惜名木古树的传统，许多大树被视为有灵的"风水树""保寨树"。被作为露天民俗博物馆对开放的雷山县郎德寨，其保寨树不仅是一棵棵，一窝窝，而且是一坡坡。凡是被视为保寨树的所有林木，一概不能砍伐，甚至枯枝败叶都不能扛回家烧。苗侗民族普遍酷爱植树造林，农历二三月间，各地村民踊跃过"买树秧节""讨树秧节"。未婚青年男女，则互讨树苗，将其作为恋爱信物。更为有趣的是，婚后哪家出生一个婴儿，不论是男是女，全寨都要为其种100棵小杉树，18年后，孩子长大，杉树成材,即以其杉为其办婚事,称此习俗为"种十八杉"。

2.3.1 乡村森林与传统村落的保护

传统村落是与物质与非物质文化遗产大不相同的另一类遗产,它是一种生活生产中的遗产,同时又饱含着传统中国传统村落的生产和生活。传统村落的精神遗产中,不仅包括各类"非遗",还有大量独特的历史记忆、宗族传衍、俚语方言、乡约乡规、生产方式等,它们作为一种独特的精神文化内涵,因村落的存在而存在,并使村落传统厚重鲜活,还是村落中各种"非遗"不能脱离的"生命土壤"。

传统的乡村是以氏族和血缘为联系纽带的聚落,以农耕经济为主体经济。传统的乡村文化是农耕文化与儒道文化的融合,体现在物质和精神两个层面。物质层面包括了村落形态、建筑形式和空间环境的形态等,精神层面则包括了人们的生活方式、风俗习惯、价值取向、文化观念和宗教信仰等。现存的传统村落反映了古人追求的理想居住环境,这些居住环境在景观上的表现通常是"山川秀发""绿林阴翳"的山水胜地。风水学里所说:"山为骨架,水为血脉,草木为毛发,烟云为神采"总体环境观。其中,自然景观的要求至为重要。宋代理学家程颐说过:"何为地之美者?土色之光润,草木之茂盛,乃其验也。"由此可见程颐亲近自然之美的渴望程度。所以很多先贤往往"慕山水之胜而居之"。古人选址何尝不为美景而动情?群山绵延的白鹭村,奇石秀峰的周田村,青翠欲滴、古木参天的培田村等客家村落,都是南方青山绿水的典型代表,都体现了卉木菀倩、夕樵言归、土衍草肥、牧笛横秋的江南秀美之景(图2-2)。

图2-2 福建连城培田古民居
图片来源:360图片

乡村的人居环境建设是传统乡村文化变迁的物质呈现。联合国的文化遗产分类中并没有传统村落一类,它是我国自己确立的一个类别,表现出我国对自己所拥有的七千年农耕社会文明历史的独特而深刻的认识。村落文化遗产有其独特性,它并非物质和非物质文化遗产的简单叠加。传统村落集体有宽广的土地,通过高价值的珍稀植物种植,土地得到全面利用,能有效提升绿化效果,维护生态平衡,发展生态文明。对古村落的山地开发,首先要落实造林主体,大力提升造林绿化效果。

【拓展阅读2-4】

"民间故宫"福建连城培田村:中国最美村镇之一

培田村,位于福建连城县宣和乡。福建西部山区的这个客家小山村,仅仅聚居着三百多户人家、一千多人口,却在2006年荣登由中国百家地方媒体推荐、公众投票产生的十大"中国最美的村镇"排行榜。榜上有名,是因为培田的祖先给这个小小村落留下一笔巨大的遗产:三十幢大宅,二十一座祠堂,六处书院,一条千米古街,两座跨街牌坊,四处庵庙道观,迄今犹存,总面积达到七万平方米。其建筑之博大,保护之完好,藏品之多,文化底蕴之深,在它被发现后素为外界所叹服。

培田村距今有八百多年的历史。冠豸山、笔架山、武夷山余脉自北向南直落此地,好像三龙怀抱;村外五个山头,又像是五虎雄踞,风景宜人。据载,明、清时期培田村处于长汀、连城两县官道的驿站上,同时又是汀州、龙岩等地竹、木、土纸及盐、油等日用百货的水陆中转站。清代邮传部官员项朝兴在"至德居"留写的题联"庭中兰蕙秀,户外市尘嚣",就可得见当时培田村庭内的优雅和街市的繁华。

培田古居民群以"大夫第""衍庆堂""官厅"等为代表,占地都在六千九百平方米以上,是著名的"九厅十八井"式客家乡土建筑。"大夫第"又称"继述堂",建于一八二九年,历时十一年才建成。因主人吴昌同荣膺奉直大夫、昭武大夫之位而得名。"衍庆堂"为明代建筑,建筑结构与"大夫第"大体相同,但门外荷塘曲径,门前石狮威镇。一对"门当户对",喻示着客居异地的中原移民,在聚族而居中对宗族延绵的展望和追求。"官厅"原称"大屋",因吴氏接待过往官员而称"官厅"。高墙耸立,四周封闭,墙内特开宽约三尺水圳,专供妇女洗涤。"官厅"布局独特,设计精巧,正厅设置"泰阶",对不同级别的官员有不同的约束和规定;中厅梁柱间、枋枋间的雕花,全为双面对称镂空雕,工艺之精湛令人叹为观止;后厅为宗族议事厅,左右花厅则专供主人休闲会友;楼下厅为学馆,楼上厅为藏书阁,曾藏有万余册古籍。以千米古街为界,内侧大多是祖祠。祖祠建筑十分重视门庐构造,斗拱雕刻,木漆绘画,都极为富丽堂皇。如继承北京午门法式的"衡公"祠和"久公"祠,其工笔彩绘"三娘教子""状元游街"图,线条明晰,人物栩栩如生,色调经久不褪,称得上是难得的珍品。

如今,一切散尽,物是人非。络绎不绝前来的游人,让培田沉寂多年后又热闹了起来。斜阳中,青砖、黑瓦、石门、深宅、幽巷,在蓝天白云下、青山环抱间,依然无声地讲述着培田的古老、恬静与闲适。

资料来源:中新网 蒋祎."民间故宫"福建连城培田村:中国最美村镇之一[DB/OL]. http://www.chinanews.com/sh/news/2007/05-19/938773.shtml. [2017-09-28].

2.3.2 乡村森林与美丽乡村建设

一段时间以来，在新农村建设和美好乡村建设中，有些地方只注重房屋、道路、路灯及地下管网等硬件设施建设，而忽视林业在建设中的作用，造成林业资源匮乏，森林生态功能与社会需求不相适应的现状，没有充分发挥林业建设、绿化环境在人居环境中的重要作用，甚至还出现了破坏生态环境的现象，导致人与自然不和谐。人们对林业在新农村建设或美好乡村建设中的重要作用认识不清。美丽乡村建设从"林"开始，在美丽乡村建设中发展林业能够起到含蓄水源、调节气候、减少粉尘的作用，同时林业的发展还有利于保持生物的多样性。因此，在美丽乡村建设过程中发展林业，是形成适宜居住环境的重要措施。在建设美丽乡村的过程中发展林业还有利于提高农民的经济收入。一是发展景观林。营造良好的生态环境，为休闲旅游农业的发展打好基础；二是发展经济林。提供木材等林业副产品，让种植户获得较高的经济收入；三是发展果树林。提供水果，开展林业养殖等项目。通过林业发展增添体验新时期农民生活的良好场所，充分发挥前来观光、旅游的作用，满足人们回归自然，体验农村田园生活的需求。不仅让居民调整产业结构，增加收入，而且还促进城乡交融和和谐发展。

【拓展阅读2-5】

福建省第五批省级"历史文化名村"、福建美丽乡村——剧头村

剧头村隶属于延平区樟湖镇，地处镇东南方2千米处，位于316国道116k北侧，距南平市区53千米、福州116千米。与尤溪、古田毗邻。剧头古称极头，在历史变迁中又曾称为乔峰、剧峰、梅花村等。境地面积16平方千米，林地面积1400公顷，耕地面积113公顷。

自唐至宋年间，曾有陈、章、吴、肖、杨、林、罗等姓氏散居其间。吴姓始祖吴凤孙公，宋咸淳年间，由现延平区南山镇入赘极头，随着他姓的淡出，这里逐渐成了吴姓族人聚居地，至今已有七百余年历史。现有人口943人，215户。数百年来剧头村形成了淳厚纯朴的民风，古韵的民俗，积淀深厚的传统文化。位于南平至尤溪和古田的必经之路上，地理位置相对优越，是当时集商贸、交通中转的重地。村中现有古道仍可通达，称"官道"。至今保存有唐桥、唐石板曲埕、宋"陈桥"、清泉井、古建筑、古民居或古迹地等。村落建于元代和清代的古民居有16座，中华民国以来的古民居53座。村里的小桥、水井、樟树和榕树的历史可追溯到700多年前。至今这里的古桥、古巷、古树、古碑刻、古祠堂和古民居等保存最为完好。剧头村为盆地地貌，群山环抱，呈梅花五瓣之形。村中千亩盆地田，一条涧水流穿越，流水潺潺，风光秀美，小桥数架横跨，真有"小桥流水人家"之境地。

历史文化，底蕴深厚。这里保存较完整的"家祭、祖厝祭、祠祭、墓祭和墓亭祭"传统祭祖文化。有始建于元朝中期的祖厝，明代"吴氏宗祠"和现今全闽北乃至全省唯一的"墓祠"。现墓亭有两层台基，每层高3.5米左右。底层块石挡墙上建两落"回"字形布

局房屋，下落为门亭、天井、厨房，上七级石板台阶为正堂厅，面阔六柱长 15 米左右，进深五柱 7.5 米。房屋为土木结构，斜山顶坡屋面，四周土筑墙。屋后三层花廊岭，每层约 1.2 米。屋墙外东、西方向有大排水沟。墓亭内正厅堂壁上残留有族人升任官员等官府的恭报多幅，因年代久远而无完好。其中有一副依稀辨认一些，文云："恭报吴大老爷……庆陛奉旨补授福建延平协标右营……一府兵部尚书闽浙总督部……护理延平城守中军都阃府……荣任高升督辕公报"。厅堂神龛前柱有楹联曰："明堂敬慎衣冠旧，清廊雍容姬豆新。"廊前柱楹联曰："桃李欣承新雨露，箕裘丕振旧家风。"正堂厅后端为祖先牌位神龛，有牌文称："延陵堂（上端）左昭　第陆世祖考吴公魁妣黄老孺人，第柒世祖考吴公润妣王张老孺人，第捌世祖考吴公廷成妣陈二老孺人、考吴公廷基妣俞老孺人，历代祖灵位　右穆"。墓亭的背后，为于明代弘治十年逝世的吴姓长房祖先吴魁公的墓。墓手两翼各装饰有花卉鸟兽砖雕 33 块，兽有麒麟、大象、金鹿、梅花鹿、翔鹤、跃浪鲤鱼，花卉有莲花、牡丹等，图案清晰，造型美妙。据说，墓室内都是此类砖雕装饰。墓台前坪有四个矮石柱，前有两道石板阶梯，前有弧形小平台。墓正下方既是墓亭。墓与亭构成一体。其墓左下方 50 米处有魁公之子吴润公之墓，原墓造料胜过其父墓。右下方 80 米处有吴润公之子墓。祖孙三代墓的位置从高向低，体现尊祖敬宗的观念。墓上、左、右三面为古树群风水林。形成方圆百亩陵园景区。当地老者说，墓陵所处的山为虎形，其对面一小山为猪形，以虎吞猪，象征着风水好。好风水，出好人才。历史上出现过祖孙三代为延平府千总、百总的武官世家。去年南平市唯一一个参加北京"中国人民抗战胜利 70 周年阅兵式"的抗战老兵，就是剧头村人。

古韵民风，积淀。剧头村元宵"青竹蛇"巡游活动，已有 700 多年历史，其竹蛇灯独具特色。蛇灯穿梭于村庄或田野，别有一番田园风味的赏灯乐。"青竹蛇灯"一板三盏灯，用夜间叶子会发光的"竹蛇花"树枝插围成圈，数十灯板连接一条有头有尾的青竹蛇灯。夜幕时分，竹蛇灯中间点上蜡烛，烛光一亮，透过叶面晶莹剔透，"青竹蛇"沿着村庄或田野间穿梭，或盘旋，或穿洞，时起彼伏，喷火吐雾，神态栩栩如生，整条青竹蛇活灵活现。那壮观、动人的场面构成了一幅欢乐祥和的闹春画卷。蛇灯预示着来年添丁添福、平安顺利。"灵佑侯王"在元宵节时大显神灵，巡游活动留下"游神之谜"，至今如往神秘，令人感受神灵所在。神游到一定的时间地点能自行左右摇摆，速进速退，左旋右转的神功。抬神之人完全受控于"灵佑侯王"，东西南北任逍遥，并非凡人所掌握得了，此时响铳震天，鞭炮齐鸣，焰火腾空，喝彩高亢，"灵佑侯王"更是黄天喜地，狂奔起舞，似乎通于人性，与民同乐，尽心金星，观赏之人无不心花怒放，欢呼雀跃。真是妙趣横生，其乐无穷，神麻蒲荫，精神依托。

剧头村有明初始建"泗洲佛"庙，庙存石雕高为约 70 厘米，石香炉的正面浮雕双龙图案，香炉两侧放有一对实心花瓶，两根石柱上阴刻"南天映月泉，西土云随锡"对联。文物专家的鉴定，这尊"泗洲佛"的年代大约是元末明初时期所制。"泗洲佛"在南平市内并不多见，而这尊泗洲佛不仅时间久且保存如此完整，更为难得，这对研究泗洲民俗和宗教文化具重要的历史、文化价值。

资料来源：樟湖陈氏人家. 福建省第五批省级"历史文化名村"、福建美丽乡村——剧头村[DB/OL]. http://blog.sina.com.cn/u/2249752964[2017-09-23].

2.4 乡村森林文化保护与传承

2.4.1 乡村森林文化发展

乡村森林文化是乡村森林的生态整合和文化提升，它传承了中国传统的山峦文化、风水文化、名木古树文化、宗教文化、民俗文化，又弘扬了现代自然保护区文化、森林公园文化、森林休闲文化、野生动物文化、荒野文化的文化内涵，构成别具一格的森林文化形态。乡村森林文化是生态文化的重要源泉。乡村森林文化倡导顺应自然的循环型生活方式，固守敬畏森林和自然的生态伦理思想，有着深刻的自然保护意义。这是一种文化的生命原动力，它不因时代的改变而改变，却需要随着时代的进步不断传承和发展。这在城市化进程飞速发展的今天，显得尤为重要。随着城市化进程的加快，中国乡村的文化生态发生了巨大的变化。"乡村文化价值体系的解体，利益的驱动几乎淹没一切传统乡村社会文化价值，而成为乡村社会的最高主宰。"乡村文化生活缺失，文化载体单一，文化组织松散，文化建设严重滞后于经济发展，农民精神生活十分贫乏。要改变这种状况，在充分发挥新文化作用的同时，还应该向优秀的传统文化寻求灵感，尤其要重视发挥乡村森林文化在重构乡村文化生态中的特殊作用，用最贴近自然、最贴近民众的乡村森林文化来丰富农民的精神世界。乡村森林文化倡导人与自然、人与乡村、人与人、人与自我之间的和谐共存。在对待人与人的关系上，它强调一种公共、人本的理念；在处理人与自然的关系上，它强调和谐、循环、共生的理念。乡村森林文化倡导的这种"天人合一"的文化生态，蕴含着自然、淳朴、和谐的文化品格。这对增强乡村社会凝聚力，提升乡村文化软实力，推进社会主义新农村建设，具有极其重要的现实意义。

2.4.2 乡村森林文化研究的最新成果

在我国广大农村、山区，尤其是少数民族地区，由于传统文化或宗教信仰的原因，以乡规民约和宗教信仰方式自觉管理森林的现象比较普遍。他们普遍认为，神山、神林是神灵栖居的地方，也是神的家园，是不能侵犯的，人们要尊重和崇拜，以求得神的保护，消灾免难，从而使得许多森林得以保存下来。例如，梅州市五华县双口镇的军营村是一个普通的客家村寨，明确规定：谁砍了风水林里的树，大家就把谁家的猪宰杀并分而食之，并且砍树的人还要掏钱为大家放一场电影。这种规定对保护当地风水林起到了积极的效果。再如云南的布朗族将榕树作为神树，许多村头的大树特别是榕树得以完好保存就是因为当地村民将这些大树崇拜为"树公"，认为"树公"可保佑小孩平安无病，若谁家的小孩生病，家人就会在"树公"下祷告求福，一般"树公"下长年香火不断。这些传统管理方式在一定程度上促使乡村人居林得以完整保存下来。国内许多学者还开展了对乡村人居林传统森林文化的研究，主要集中在乡俗民约管理，寺庙宗教管理，神山、神树和风水林管理等方面。研究内容主要涉及传统乡村森林文化与林业管理的关系。比较有代表性的有裴朝锡等研究了我国南方侗族神山、神树、坟场森林文化和乡规民俗对乡村林地管理的促进作用；程庆荣等研究了广东乡村风水林、神树和乡规民俗与当地林业管理的关系，并指出这种管理经验和方式值得推广。另外，苏淑琴还研究了传统森林文化与建设模式的关系，指出土族、回族村民种植村寨树以满足生产生活需要和庭院种植果树的发展模式值得借鉴。有学者在分析总结少数民族经营管理乡村森林的有效形式后指出，要继承少数民族管理乡村林业的好传统好经验，完善管理措施，使传统经验在乡村林业管理中发挥更大作用。随着科技的进步和研究的深入，未来我国乡村人居林建设要特别增加对村民的关注，尊重村民意愿，充分考虑村民的利益与要求，立足农村实际需要做好乡村人居林工作。研究重点应逐渐由重视理论性向注重实用性转化，重点加强乡村人居林构建技术体系和评价支撑体系的研究，为我国乡村人居林合理构建提供必要支撑。同时，研究切入点需要创新，由重视生态效益逐步转向关注村民健康和改善居住环境，不断加强乡村人居林建设与农村人居环境改善的关联性研究。另外，研究方法上也应由单纯调查方法逐步转向借助"3S"技术、数学模型等多种技术手段综合解决乡村人居林建设中存在的问题，为我国乡村人居林科学发展提供技术支撑。

目前，建设生态文明先行示范区已经上升为国家战略。生态最大的主题是林业，在建设全国生态文明先行示范区的新征程中，林业在经济社会发展全局中的地位更加重要、责任更加重大。建设乡村风景林是林业生态建设的重要一环，与全国生态文明先行示范区建设一脉相承。要通过乡村森林建设，切实保护好青山绿水，巩固好生态根基，以一流的空气、一流的水质、一流的环境和一流的生态，为生态文明建设提供潜力和后劲，让祖国大地林茂粮丰，天空清新蔚蓝，群众安宁幸福。

小 结

乡村森林文化，是指以乡村森林为背景的文化现象，森林文化的一种重要形态。乡村森林文化与城市森林文化共同组成森林文化并行的双翼。乡村森林文化具有原生性、民族性、乡土性、地域性、多样性等特征，主要形态有乡村人居林文化、乡村风水林文化、名木古树文化、乡村防护林文化等。乡村森林文化是生态文化的重要源泉，倡导顺应自然的循环型生活方式，守敬畏森林和自然的生态伦理思想，着深刻的自然保护意义。乡村森林文化倡导的这种"天人合一"的文化生态，增强乡村社会凝聚力，进行社会主义新农村建设，有极其重要的现实意义。

自主学习资源库

中国乡村旅游网：http：//www.crttrip.com/

吴章文，等. 森林旅游学(2版)[M]. 北京：中国旅游出版社，2017.

刘世勤. 中国森林旅游论[M]. 北京：中国林业出版社，2016.

吴楚材，吴章文. 森林环境资源与森林旅游产品开发：理论与实践[M]. 北京：中国旅游出版社，2017.

思考题

1. 简述乡村森林文化的内涵。
2. 简述乡村森林文化的形态。
3. 请说明乡村森林文化在新农村建设中的作用。

第三章　城市森林文化

学习目标

【知识目标】

(1) 了解城市森林文化;

(2) 熟悉城市森林的内涵,掌握其功能;

(3) 熟悉构建城市森林文化理念,掌握构建城市森林文化的原则。

【技能目标】

(1) 提升学生对城市建设中森林作用的认识;

(2) 激发学生对城市之美的认识。

【引文】

深圳向"国家森林城市"迈进！让你呼吸更新鲜空气

深圳正在积极创建国家森林城市，目前深圳森林覆盖率已达40.92%，各项森林资源和生态指标均位列国内大中城市前列。"九城同创、森林惠民"创建国家森林城市群主题宣传活动今日在笔架山公园举行。

此次主题宣传活动由省林业厅和深圳市城市管理局（深圳市林业局）主办，深圳作为分会场之一，主要活动内容包括科普创森知识展览、绿道徒步健行、森林植物认知、亲子环保活动等环节。目前，广州、惠州、东莞、珠海、肇庆5个城市已成功创建国家森林城市，佛山、江门、深圳、中山、汕头、梅州、茂名7个市正在积极创建，全省掀起了森林城市建设的热潮。

目前深圳森林覆盖率已达40.92%，建成区绿化覆盖率达到45.08%，人均公共绿地面积16.8平方米，森林公园（含郊野公园）17个，市级湿地公园8个，自然保护区4个，公园总数921个，各项森林资源和生态指标均位列国内大中城市前列。

下一步，深圳还将通过开展"大众创森、街道接力"的形式，在全市40余个街道开展创森宣传活动，让建设世界级森林城市、打造世界著名花城的理念深入人心。

资料来源：南方都市报．深圳向"国家森林城市"迈进！让你呼吸更新鲜空气[N]．记者张小玲．2017年04月10日．

3.1 城市森林的发展历程

人类从迁徙转为定居、聚集、走向城市历经5000多年，如今城市已成为人类主要的聚居地。目前，全世界有一半以上的人口居住在城市中，一些发达国家的城市化水平已经达到或超过70%。我国城市化发展迅速，截至2016年末，中国城市数量达657个，常住人口城镇化率已达57.4%，比2012年末提高4.8个百分点。其中，直辖市4个，副省级城市15个，地级市278个，县级市360个。

中国城市群发展格局初步形成。传统的省域经济和行政区经济逐步向城市群经济过渡，城市的集聚效应日益凸显。2015年，京津冀、长江三角洲、珠江三角洲三大城市群，以5.2%的国土面积集聚了23.0%的人口，创造了39.4%的国内生产总值，成为带动我国经济快速增长和参与国际经济合作与竞争的主要平台。由于城乡人口数量对比的变化，城市经济在国民经济中的主体地位更为强化。在未来的几十年，全球正向"城市世界"方向发展。

城市是一种以人为主体、以自然环境为基底、以经济社会活动为载体的有机系统，它是自然、经济、社会、文化和信息的实体。它具体表现为人口、经济、知识和信息的高度聚集，这种高度聚集使城市具有高效性、综合性和开放性等一系列特征，从而为人类带来较高的生产、生活水平，并使人们享受到更加便利的生活和发展空间。但是，这种高度的聚集在促进发展的同时，也产生了诸如人口密集、交通堵塞、环境污染、生理紧张等一系列"城市病"。这使人们不得不进行反思，要建设什么样的城市人居环境？使之既能保持高水平的城市生产与高度文明的居民生活，又能克服上述一系列的弊病，进而保证城市的可持续发展。人们怀念过去"日出而作，日落而息"，向往回归自然，远离城市的喧嚣，期望与自然融为一体。但是社会与经济的发展，人们已经离不开城市。城市是人类文明的集中体现，也是国家和地区社会经济发展的中心。城市建设的本身不可能自发地朝着可持续的方向健康有序地发展，只有借助外部力量指引才能创造一个良好的人居环境。这外部力量是一种思想、一种理念、一种共识，它既要符合城市发展的实际需要，又要满足人们亲近自然的心理要求。既然放弃城市、回归自然不可能，那么人们只能将自然引入城市，使城市自然化、生态化。使城市建设朝着"生态城市"方向发展。

生态城市作为一种理念有着较长的历史。中国古代的"风水"思想就提倡"人之居处，宜以大地山河为主"，主张与自然融为一体，筑屋建房之前，须"相上尝水"观察基地环境，使居住点与自然山水有机结合。古罗马建筑师维特鲁威的"理想城"，霍华德的"田园城市"，卡尔维诺的"看不见的城市"等设想都含有一定的生态城市思想。

城市森林是生态化城市的重要支撑系统。从森林养育了人类，到人类破坏了森林，再到人类恢复了森林，把森林引入城市，使城市建设成为林木葱郁、四季常青、繁花似锦、虫鸣鸟语、水源丰沛、气候宜人、诸业兴旺、宜居宣行，具有城市和森林两方面特点的生态化城市。把森林引入城，建设风景式园林、池泉回游式庭园、自然山水园林等是封闭式的，专供少数人所享，王公贵族、文人墨客建造的传统园林就是城市森林的最初雏形。

城市森林发展的第二阶段，是始于19世纪后半叶的"城市公园运动"。工业化大生产导致城市人口急剧增加，使城市的人居环境严重恶化。欧洲、北美洲掀起了城市公园建设的第一次大高潮，它给城市居民带来了出入便利、安全、空气清新的集中绿地，建设由建筑群密集包围着的一块块十分有限的绿地，形成城市公园。如我国第一个城市公园，上海的"黄增公园"、无锡的"锡金公园"，这类公园老百姓可以自由出入，为公益性公园。近几十年来，我国以大面积的人工林和天然林为主体而建设的城市森林公园发展迅猛，大力建设各类公园、植物专类园、城市森林公园。包括各类公园、林荫大道、活动广场在内的城市公园，是城市森林的新形态。形成开放型、为大众休闲和户外娱乐服务的场所。

城市森林发展的第三阶段，即当下的城市森林阶段。城市森林的概念最早出现于20世纪60年代，之后美国、加拿大等发达国家先后开展了"城市森林"的实践。中国林学会成立了城市林业专业委员会，将"城市林业""城市森林""城郊森林""城乡绿化""都市林业"等概念统一定义为"城市森林"，旨在指导各城市正确处理城市建设与森林生态保护之间的关系。

3.2　城市森林

城市森林是森林的一个专门分支，是一门研究潜在的生理、社会的经济福利学的城市科学，目标是城市树木的栽培和管理，任务是综合设计城市树木和有关植被以及培训市民。城市森林包括城市水域、野生动物栖息地、园林、城市污水循环、树木、花草和碳循环。城市森林可理解为是被城市利用或影响的森林，是指城市范围内与城市关系密切的、以树木为主体的生物群落。它包括各种类型(乔、灌、藤、草、水生植物等)的森林植物、栽培植物和生活在其间的动物、微生物以及它们赖以生存的气候与土壤等。城市的园林（人文古迹和园林建筑除外）、水体、草坪以及凡生长植物的其他开放地域均应纳入城市森林总体。因此，城市森林是一个与城市体系紧密联系的、综合体现自然生态、人工生态、社会生态及经济生态和谐统一的庞杂的生态体系。

3.2.1 城市森林内涵

"城市森林"可以概括为城市市区范围内已有的自然森林，以及新建的模拟自然森林的大面积人工森林。

"自然森林"，是指部分城市内的原始森林，或者是已经生长多年的近自然林。"模拟自然森林的大面积人工森林"既不会和大众心目中对"城市园林"的认知发生冲突，又引出了针对目前城市发展不足之处的三个重要内涵。

1) 模拟自然森林，强化城市绿地的基本生态功能

目前很多城市的绿地建设还停留在形象工程上，重点在城市人流密度高的区域，打造精品工程，甚至继续片面运用"大树引进城市"策略，把大批乔木削头去枝往城市中心区搬，导致市域的整体生态环境水平下降。城市绿地优化城市生态环境，其基本生态功能主要有维持碳氧平衡和大气稳定、调节气候、净化空气、降噪防尘、保持水土等。要凸显城市绿地强大的生态功能，大面积的人工森林才是主力军。因此，必须引导城市加强大面积人工森林建设。上海就已经制定了城市森林发展规划，提出了"三网、一区、多核"的布局结构。"三网"即水系林网、道路林网和农田林网；"一区"是指在淀山湖、黄浦江上游及太浦河等支干流、佘山集中连片的重点生态建设区；"多核"是指在林网水网中构建达到一定规模、能构成森林环境的各种核心林地。2004年上海市将绿化局和农林局的林业部分合二为一，更有利于城市森林的建设。

2) 模拟自然森林，保护和改善生物物种多样性，充分发挥乡土物种的作用

由于缺乏保护的意识和人类阶段性发展的需要，当代的大拆大建殃及到原生自然环境，会对自然环境造成很大影响，例如，在上海这样经济已经比较发达的城市，仍然无法保全江湾湿地。同时，在新建过程中，植物品种的贫乏，求新求异，乡土树种不受重视，盲目引进过程中还常常给本地植物造成巨大危害，在人的生存质量都堪忧的城市环境中，又能留下多少动物？生物多样性是人类赖以生存和发展的基础。所以，城市要注重对自然的植物群落和生态群落的保护，更要在建设中提高生物多样性的水平。上海市出台《新建住宅环境绿化建设导则》对不同绿地面积的楼盘提出植物品种的数量要求，也在城市中心区公共绿地建设中积极拓展植物品种，吸引鸟类等。自然森林是生物多样性的摇篮，师法自然，营建大面积人工森林将是恢复上海生物多样性的重要阶段。

3) 模拟自然森林，注意丰富人工造林的层次结构

我国城市绿地中乔草或灌草的双层结构、纯林或纯草的单层结构比例很高。特别是广场热建设中,为了追求开敞和气派,出现了大广场大草坪的现象。大面积草坪绿量小,生态效果差;浇水防病养护成本高,经济效益差;遮阳避风之处缺乏,使用效果差。即便是采用了乔灌草结构的绿地,各层的植物品种往往也很单一。自然森林是包括乔木层、灌木层、草本层、层间植物等的混交复层结构,其生态结构稳定,同样的绿地绿量较大,值得借鉴。例如,上海市在绿地群落生态化工作中,加强了适合上海生境和功能的植物群落种类组成和结构特征研究,探讨现有绿地优化调整和改善的群落技术途径,研制绿地群落评价体系,开展稳定、高效、健康和低维护的绿地群落的构建示范。

城市森林的范围包括以下3个方面的内容:

(1)城市园林

含城市公园、儿童公园、小游园、植物园、动物园、寺庙园林以及各种纪念性园林的绿化部分,这些园林产业从属城市绿化系统工程和建设城市森林的专业化部门。

(2)城市绿化

含道路绿化、水域绿化、公共场所绿化、居民区绿化、庭院绿化、各种范围的垂直绿化、屋顶绿化以及市内风景林、环保林和功能区之间的绿化隔离带等,这是全方位、多跨度营建城市森林的主要方面。

(3)城郊森林

包含环城林带及其他防护林、市郊人工林(果园、经济林、用材林等)、森林公园、自然保护区、风景林、公墓绿化区等,这是城市森林的外围部分。

3.2.2 城市森林功能

人类文明总的发展趋势是城市化,人类的财富、信息、文化、教育乃至全部生活方式都以城市为中心汇集了起来。丰富多彩的城市生活吸引了人们从四面八方拥入城市,从而使只占世界陆地面积0.3%的土地上集中了世界总人口的50%以上。人类在这狭小的舞台上,运用现代化的手段创造出人类所享用的绝大多数财富,发展着人类的文化和文明。但是,伴随着城市化带来的巨大繁荣,城市变得越来越不适宜人类居住、工作与休闲。人们在享受着城市化所带来的丰富的物质和精神生活的同时,却不得不面对着日益恶化的人居环境。城市热岛效应、水污染、空气污染、噪音污染、交通拥堵,无不时时威胁着城市居民的身心健康和生命安全。人们开始认识到城市森林的重要性,"城市必须与森林共存""缺少树木的城市是没有竞争力的城市",城市森林对于维护城市生态系统稳定、改善城市生态环境质量以及美化景观等方面,具有不可替代的作用。

1)生态功能

城市森林是城市生态系统的重要组成部分,城市森林、树木、绿地和水系等广泛参与城市生态系统中物质、能量的循环利用和社会、自然的协调发展,在城市生态系统的动态自我调节中,特别是在改善城市小气候、减轻大气污染、杀菌防病、净化空气、降低噪音涵养水源等方面发挥着重要的作用。

城市森林能够净化空气,起到杀菌防病的作用。城市森林对空气的净化作用,主要表现在能杀灭空气中分布的细菌,吸滞烟灰粉尘,稀释、分解、吸收和固定大气中的有毒有害物质,再通过光合作用形成有机物质。森林释放的负氧离子,对人体呼吸和血液循环十分有益,并能调节人体的生理机能。据测定,城市中一般场所的空气负氧离子含量为每立方厘米1000~3000个,在城市污染较严重的地方,空气负氧离子含量只有40~100个,城市林带中的空气负氧离子含量是室内的200~400倍。乔灌草结构的复层林中空气负氧离子浓度最高,空气质量最佳,空气清洁度等级最高,而草坪的相关指标最低,说明高大乔木对提高空气质量起到主导作用。此外,许多树木花草在其生长过程中能分泌出各种植物杀菌素,具有杀灭病原菌和原生动物的作用。每公顷阔叶林一昼夜能产生植物杀菌素2千克,针叶林能产生5千克以上。1升水通过30~40米宽的林带后,其中所含的细菌数量比不经过林带的减少1/2。

城市森林能有效改善城区内的碳氧平衡。植物通过光合作用吸收二氧化碳,释放氧气,在城市低空范围内从总量上调节和改善城区碳氧平衡状况,改善城区空气质量。国内学者对北京近郊建成区城市森林的研究表明,城市森林日平均吸收二氧化碳3.3万吨,释放氧气22.3万吨。

城市森林被誉为"城市的肺叶",对空气中的粉尘、飘尘及烟尘有滞留、吸收作用。据测定,北京市绿化覆盖率每增加一个百分点,每平方千米可降低空气粉尘23千克、飘尘22千克。绿化地段的大气含尘量比未绿化地段减少56.7%。另外,每公顷12年生旱柳每年可滞尘8吨,每公顷20年生家榆每年可滞尘10吨。

城市森林可以调节城市小气候,降低气温,增加空气湿度,使空气更加清爽宜人。有关研究表明,植物通过蒸腾作用可吸收环境中的大量热能,同时释放大量水分。一公顷绿地在夏季可从环境中吸收81.8兆焦耳的热量,相当于189台空调机全天工作的制冷效果。森林能使当地气温降低3~5℃,最大可降低12℃,增加相对湿度3%~12%,最多可达33%。测定表明,广州市内大型公园绿地日平均气温比未绿化居民区低2.1℃,日最高气温低4.2℃,而绿化区相对湿度比未绿化区平均高出9%~15%,最大可达23%。

城市森林可减弱噪音。树木的粗糙枝节和茂密的叶片,具有散射和吸声作用。当声波穿过林带,各种树木的枝叶相互搭配成为无数弯曲小孔,树木叶片表面又有无数更小的气孔,这些气孔能够吸收和减弱声波,从而起到消声防噪作用。据调查,没有行道树的城市主干道,其上空噪音要比种植树木的城市街道高5倍以上。在城市中栽植以乔木为主、灌木为辅的树木林带,4米宽林带就可以减少噪音5~7分贝。林带树木越高,宽度越大,降低市区噪音的效果也就越明显。营造城市森林,利用林木的消声降噪作用,可以让我们的城市更安静,生活更舒适。

城市森林可以减少地表径流,涵养地下水源,改善城市水资源状况。在城市森林及绿地内,有10%的降雨被树冠截留,10%被地面蒸发,5%形成地面径流,有75%渗入到土壤中。按北京市现有森林及绿地面积计算,每年可减少径流5.7亿立方米,涵养水源5.3亿立方米。

城市森林有利于维护生物物种的多样性。城市森林的建设可以提高初级生产者(树木)的产量,保持食物链的平衡,同时为动物、昆虫和鸟类提供了栖息场所,使城市中的生物种类和数量增加,保持生态系统的平衡,维护生物物种的多样性。

2）经济功能

城市森林不仅有巨大的生态效益，而且经济价值也十分显著。一座具有城市林业特色的城市，可以为城市居民提供50%的薪材、80%的干鲜果品。一个完好的城市防护林体系可以使郊区粮食增产10%~15%，降低能源消耗10%~15%，降低取暖费10%~15%。

城市森林旅游已成为城市居民重要的休闲方式之一，已逐渐成为城市居民休闲旅游的理想胜地。我国新建立森林公园，年接待游客5亿人次以上，直接旅游收入超过1000亿元。

城市森林建设还可带动房地产业的发展。一所建在城市森林中的住宅，估价要比一般住宅高，周围有树木的房屋价值增加10%以上，在公园或公共绿地附近的住宅价值增加20%以上。良好的绿化环境、花园式的住宅区已成为都市人们首选的目标。

3）社会功能

城市森林的社会效益也是十分显著的。城市森林是一座丰富的知识宝库，例如，一座公园、一条林带或一处公共绿地，包含有许多生物种类，它们具有不同的形态特征、生态习性、市关价值、生物多样性价值，并且包含着自然界的许多未解之谜，都具有研究价值。在文学艺术方面，城市森林除了为文学家、艺术家提供宁静、舒适、优美的创作环境外，还能激发他们的艺术与创作灵感。城市森林和绿地还为人们提供了良好的社交场所和游憩空间，有助于人们扩大交往，增进友谊，消除居民间的隔膜和孤独感。

营造城市森林可以控制城市化规模，疏导交通，美化市容。由于城市边缘地区的经济快速发展，城市规模也随之不断扩大。发展城市林业，特别是在城乡结合部大力营造城市保护林带、隔离片林，能够有效地控制城市化规模，防止城市无序地快速扩张，也有利于推动旧城改造。城市森林能美化市容，为市民带来精神享受，让人们在城市的绿色中减轻或缓解生活的压力。以树木花草植被为基调，形成五颜六色、多姿多彩的城市景观，为城市增添自然美，提升了城市的品位。此外，城市行道树如果设计合理，树种选择得当，还可发挥疏导交通、减少交通事故发生的功能。

【拓展阅读3-1】

纽约中央公园：全世界大都市中最美的城市公园

纽约中央公园：全世界大都市中最美的城市公园，世界上最大的人造自然景观之一。有湖、树、花、鸟等。位于纽约曼哈顿岛的中央。340公顷的宏大面积使她与自由女神、帝国大厦等同为纽约乃至美国的象征（图3-1）。

中央公园很大很大。说中央公园很小的人，有两种可能：要么只是在地图上看了看中央公园，没有进入中央公园内走走，地图上确实显得很小。要么只是在中央公园四周的高楼上看一看，因为中央公园四周全是高楼大厦，中央公园完全被包围在高楼中间，空中看中央公园，确实显得较小。

图 3-1 纽约中央公园
图片来源：360图片

中央公园究竟有多大呢？标准长方形，南北长约2.5英里（约4千米），东西宽约0.5英里（约0.8千米），总面积340公顷（3.4平方千米）。北京的朝阳公园大吧？但朝阳公园面积只有2.78平方千米，中央公园比朝阳公园要大20%。天安门广场大吧？但天安门广场面积只有44公顷，中央公园相当于8个天安门广场。

资料来源：bjcps. 纽约中央公园：全世界大都市中最美的城市公园［DB/OL］. http://blog.sina.com.cn/s/blog_ 900bf9780101hsz8.html［2013-09-03］.

3.2.3 城市森林组成

城市森林建设应切合实际，自然与人文相结合，历史文化与城市现代化建设相交融，城市森林布局合理、功能健全、景观优美；以乡土树种为主，通过乔、灌、藤、草等植物合理配置，营造各种类型的森林和以树木为主体的绿地，形成以近自然森林为主的城市森林生态系统；按照城市卫生、安全、防灾、环保等要求建设防护绿地，城市周边、城市组团之间、城市功能分区和过渡区建有绿化隔离林带，树种选择、配置合理，缓解城市热岛、浑浊效应等效果显著；江、河、湖等城市水系网络的连通度高，城市重要水源地森林植被保护完好，功能完善，水源涵养作用得到有效发挥，水质不断改善；提倡绿化建设节水、节能，注重节约建设与管护成本。城市森林要求森林覆盖率南方城市达40%以上，北方城市达30%以上；城市建成区绿化率达35%以上，绿地率达33%以上，人均公共绿地面积9平方米以上，城市中心区人均公共绿地达5平方米以上；城市郊区森林覆盖率因立地条件而异，山区应达60%以上，丘陵区应达40%以上，平原区应达20%以上（南方平原应达到15%以上）；积极开展建筑物、屋顶、墙面、立交桥等立体绿化。建设较为完整的生态网络，连接重点生态区的骨干河流、道路的绿化带达到一定宽度，建有贯通性的城市森林生态廊道；江、河、湖、海等水体沿岸注重自然生态保护，水岸绿化率达80%以上。

在不影响行洪安全的前提下，采用近自然的水岸绿化模式，形成城市特有的风光带；公路、铁路等道路绿化注重与周边自然、人文景观的结合与协调，绿化率达80%以上，形成绿色通道网络；城市郊区农田林网建设按照国家要求达标。城市森林是主要由庭院附属林、道路林、风景游憩林、生态公益林、水网水系、花园草地等森林类型组成。

3.3 城市森林的文化形态

建设城市森林，其宗旨是在尊重自然的基础上，营造人与自然和谐的空间，构建近自然的、功能齐全的森林生态系统，创造人类宜居环境。目的在于改善城市的生态环境，彰显城市的魅力，提升城市的文明品位。因此，城市森林不单是一种自然形态，更应是一种文化形态，是人类对城市生态恶化的自觉反省，是对与人类朝夕相处的森林的重新认识，是人类对自身生产、生活环境的重新认识，是人类自我文明意识的全面提升。文化是城市战略的核心元素，城市森林是文化的重要载体，第三届中国城市森林论坛以"城市·森林·文化"为主题，清晰表明了城市森林的文化定位。人们给予城市森林更多文化表明形式，融入城市人的生活。城市森林文化形态主要有以下五种表现形态。

3.3.1 市树

树木有各自特性、形象和性格，人们选择一种树木来彰显城市的品格。市树是代表城市形象，象征一座城市精神风貌，代表一座城市文化品格。市树与一般树木相比，具有更多的人文价值和文化价值。市树的确定，不仅能代表一座城市独具特色的人文景观、文化底蕴、风范品格，而且能激发广大市民热爱大自然、热爱家乡和居民自豪感，通过大力种植市树，不断优化城市生态环境，提高城市品位和知名度，增强城市综合竞争力。

"市树"必须具有一定的历史渊源性、代表性、乡土性和文化内涵。市树一般是当地栽培历史最悠久的树种之一，分布广泛，种植数量多；树种形态美观，观赏性强，深受市民喜爱；符合当地自然条件，有地方特色，能体现城市的自然风貌；有一定的历史和文化内涵，有象征意义，能代表城市形象，彰显城市特色。

市树能为人们的生活创造美好的环境，也给城市带来勃勃生机。我国已有许多城市把市民喜爱的、具有地方特色的树种定为市树。例如，东北的丹东、西南的成都、长江流域的扬州，都把银杏定为市树。水杉被称为"活化石"，被武汉市定为市树。雪松被南京市民们选为市树。杭州、长州、无锡都以香樟作为市树，福州因城市广布榕树，别称榕城。一千多年来，榕城民众在同榕树的相处中，将敬榕、崇榕、植榕、护榕融入社会生活的方方面面，形成具有闽台特色的榕树文化，形成以榕树为主要绿化树种的城市森林格局。凤凰木枝叶秀美，夏日开花荫凉满城，红花簇簇，象征厦门市如火如荼的繁荣景象，体现厦门城市的风貌和特色，凤凰木故而被选为厦门市树。被评为市树的树种还有很多，又如天津的白蜡树，重庆的黄桷树，南宁的扁桃树，乌鲁木齐的大叶榆，济南的柳树，大连的龙柏，北京和兰州的国槐，沈阳和呼和浩特的油松等。有的城市还以两种树木作为市树，如北京，除了评选国槐作为市树外，还把侧柏定为市树；扬州也把银杏和柳树两种树木同时定为市树。

3.3.2 市花

花卉多姿艳丽，象征着美好、富贵。市花代表着一个城市独具特色的人文景观、文化底蕴、精神风貌，也是城市形象的标志。我国花卉栽培已有2700多年的历史。赏花踏花，探花咏花，已成为中华传统文化的一个部分。春日桃红李白，牡丹富丽；夏日荷花玉立，茉莉香浓；秋日菊傲霜，桂含芬芳；冬日寒梅吐蕊，水仙凌波。

"市花"必须具有物种代表性，有地方特色，有一定的历史和文化内涵，能够形成良好的景观效果。作为一种市花，不仅因为花之色、貌、香味和神韵，更主要地是因为它具有文化上的象征意义。例如，南京市花梅花，象征着不畏严寒、独步早春的坚贞不屈的品性。洛阳市花牡丹，千百年来被当作富贵、吉祥的象征，一直受到人们的钟情和喜爱。太原市花菊花，傲霜而开，以素洁淡雅、坚贞品质深受人们喜爱。济南市花荷花，素有"出水芙蓉"之称，常用来比喻出淤泥而不染的纯洁品性。漳州市花水仙，花质冰清玉洁，风姿潇洒飘逸，盈盈水上，宛如"凌波仙子"，把它看作是纯洁、幽雅、高尚、吉祥的象征。贵阳市花兰花，姿色俊秀，幽香沁人肺腑，兰叶潇洒矫健，风雅超俗。北京市花月季，花姿秀美，花色绮丽，素有"花中皇后"之美称。厦门市花三角梅，花色鲜艳，像熊熊烈火，光彩夺人。三角梅刚柔并济，朴实无华，易于栽植，美化城市环境，深受市民喜爱。

【拓展阅读3-2】

市花、市树

我市近年广泛栽植美人蕉于游园、隔离带及小区绿化，并且准备在今后大力推广栽植。

根据美人蕉的习性，将其特点概括为：无论身处怎样的环境，都会傲然绽放，彰显出她强烈的存在意志；艳丽娇美的外观，彰显出她的超凡脱俗，雍容典雅；愈到酷暑，愈发耀眼夺目，彰显出她的勃勃生机和富贵吉祥；秋意愈浓，愈以她坚挺的叶片，纯正的花色，彰显出她的亲和友善和坚实的未来。

根据美人蕉的特点，将其品质概括为：意志顽强，生机勃勃。

我市的气候条件和地质条件适合五角枫生长。早在上个世纪50年代便进行了人工栽植。该树2年生，广布于我国东北、华北及长江流域各省。我市红叶岭公园五角枫人工纯林面积在全省乃至东北三省首屈一指。

根据五角枫的生长习性，将其特点概括为：无论根植怎样的土地，都会顽强生长，彰显出她的坚韧毅力；清朗大气的外观，彰显出她的挺拔高贵；愈到深秋，愈要扬起精神的旗帜，尽展独有的风采神韵，用纯粹的"红"装点世界，彰显出她的浩然正气。

根据五角枫的特点，将其品质概括为：风骨奇伟，正气浩然。

因此，结合市民投票结果，经专家初评、复评和政府七届七次常务会议、辽源市委2013第八次常委会讨论，最后确定，辽源市树为五角枫，市花为美人蕉。

资料来源：辽源市方志委. 市花、市树[DB/OL].
http://www.liaoyuan.gov.cn/ztzl/yk/yjly/shss/201709/t20170928_194649.html

3.3.3 园林文化

园林是城市森林的重要组成部分。园林是人们模拟自然环境,利用树木花草、山、水、石和建筑物,按一定的艺术构思而建成的人工生态环境,是融建筑、树木、花草、雕塑、绘画、文学、书法、金石等艺术为一体的综合艺术品,具有观赏游览、修身养性、休闲娱乐、陶冶情操的功能,达到了美的境界,以园林为载体表达的文化现象和意蕴的园林文化,是城市森林文化的一种形态。

例如,苏州园林是中国园林的杰出代表。苏州的造园家运用独特的造园手法,在有限的空间里,通过叠山理水,栽植花木,配置园林建筑,并用大量的匾额、楹联、书画、雕刻、碑石、家具陈设和各式摆件等来反映古代哲理观念、文化意识和审美情趣,从而形成充满诗情画意的文人写意山水园林,使人"不出城廓而获山水之怡,身居闹市而得林泉之趣",达到"虽由人作,宛若天开"的艺术境地。

中国现代园林既继承了中国古典园林的精致典雅,又接纳了西方园林的自然野趣,在保留皇家园林、私家园林、寺观园林、名胜风景区园林的同时,又发展更趋接近自然的各类公园,如植物园、动物园、世界公园、游乐园、森林公园等。

中国园林艺术源于自然山水,师法自然、融于自然、顺应自然、表现自然,中国园林艺术体现了"天人合一"的中国传统文化,体现了生境、画境、意境三种艺术文化境界。

3.3.4 公园文化

城市公园随城市的发展而兴起,较早的北京中山公园,上海黄埔公园、虹口公园,广州越秀公园,汉口市府公园,南京玄武湖公园,杭州中山公园。较现代的有北京陶然亭公园、哈尔滨文化公园、上海东安公园、广州流花湖公园和深圳"世界之窗"中国现代公园,按管理体制来分,有全市性公园和区域性公园两类;按公园性质来分,有综合公园和专类公园两类,专类公园包括儿童公园、纪念性公园、动物园、植物园、花园、体育公园、游乐公园和森林公园等多种形式。城市公园是为广大市民生活休闲、文化福利服务的,体现了它的实用性、艺术性、科学性和社会公益性。随着城市生态环境的改善和人民生活水平的提高,城市公园在质量上、内容上都随着时代的发展不断创新。在继承我国古典园林造园传统的基础上,又吸收了国外造园的经验,创造了我国城市公园的新风格、新风貌。既有山水、植物为主体的自然景观,又有各具特色的历史人文景观,在布局上,自然式与规划式相结合,使我国城市公园发展到了一个新阶段。城市森林公园都是以特定城市为依托的,这不同于自然保护区和森林公园。由于城市森林公园较其他森林区域有更强的保护生态系统和满足目标客源市场游憩、体验等活动的使命,所以城市森林公园体现地带性森林的自然特征,是城市生态系统的组成部分,同时城市森林公园必须具有公园的基本属性,要为公众亲近自然,在森林环境中休息娱乐提供必需的设备、设施,必须运用一些传统的造园手法和成功的城市公园管理办法,充分体现城市森林公园的观赏性、艺术性和文化内涵,进一步提升城市森林公园的文化品位和使用价值。

3.3.5 国家森林公园文化

国家和省级植物园是我国新兴发展起来的公园类型，以国家法律的形式，区划定界，最大限度地减少人为干预和影响，维持自然状态以保护物种多样性和维持自我演替能力的森林生态系统为主要目的，进而改善我国乃至全球生态环境，同时提供与森林生态过程相和谐的科考、研究、休闲、生态体验等活动的公共公林。

世界最早的国家公园，即黄石国家公园，世界上的国家公园，一般都具有两个比较明显的特征：一是自然状况的天然性和原始性，即国家公园通常都以天然形成的环境为基础，以天然景观为主要内容，人为的建筑、设施只是为了方便而添置的必要辅助；二是景观资源的珍稀性和独特性，即国家公园天然或原始的景观资源往往为一国所罕见，并在国内、甚至在世界上都有着不可替代的重要而特别的影响，国家公园主要的意义和作用是景观资源的保存与保护、资源环境的考察与研究、旅游观光业的可持续发展。国家森林公园是各类别森林公园中的最高级。中国的森林公园分为国家森林公园、省级森林公园和市、县级森林公园等三级，其中国家森林公园是指森林景观特别优美，人文景物比较集中，观赏、科学、文化价值高，地理位置特殊，具有一定的区域代表性，旅游服务设施齐全，有较高的知名度，可供人们游览、休息或进行科学、文化、教育活动的场所。国家公园发展到现在已经成为一项具有世界性和全人类性的自然文化保护运动。

【拓展阅读3-3】

长春净月潭国家森林公园简介

净月潭国家级风景名胜区位于吉林省长春市东南部，占地面积百余平方千米，森林覆盖率达96%，素有台湾日月潭姊妹潭之称，被誉为"亚洲第一大人工林海"。风景区内潭水碧透，林海莽莽，大岭纵横。亚洲最大的人工森林与山、水、林相依的生态景象构成了净月潭四季变幻的风情长卷。

净月潭风景区处处皆景致，四季貌不同。春天，草木青绿，生机盎然。夏季，水波涟涟，云白风清。秋天，层林尽染，山水写意。冬季，千里冰封，雪域豪情。自然赋予净月美的色彩，净月为自然梳理情之神韵。净月潭风景名胜区已经成为春踏青、夏避暑、秋赏景、冬玩冰雪的理想去处。

净月潭国家级风景名胜区始建于1934年，是以百平方千米的人工林海环抱一潭秀水而形成的自然风光，雄厚的旅游资源和优越的生态环境闻名中外。1988年净月潭被国务院批准为国家重点风景名胜区；1989年被林业部批准为国家森林公园；2000年被评为国家AAAA级旅游景区，已通过ISO9002国际质量管理体系认证和ISO14001环境管理体系国际认证；2009年被国家三部委授予"全国文明风景旅游区"，又被评为"吉林八景"之一，被誉为"净月神秀"；2011年正式被国家旅游局授予"国家AAAAA级旅游景区"（图3-2）。

净月潭不仅是生态休闲中心，更是体育健身的中心。因其优越的地理环境净月潭成

图 3-2　长春净月潭国家森林公园
图片来源：长春净月潭国家森林公园官网

为了长春市消夏节和冰雪节的主场地。此外在瑞典有近百年历史的瓦萨国际滑雪节也于 2003 年正式落户长春净月潭。现在，长春净月潭瓦萨国际滑雪节已经从单一的体育赛事发展成为体育、经贸、旅游观光等多元文化繁荣发展的国际盛事。近年来，越野跑步赛、森林徒步节、户外露营大会、帆板赛、龙舟赛等赛事活动纷纷在净月潭开展，倡导的是健康、时尚、休闲的生活方式，打造国际知名旅游文化活动的聚集地，净月潭国家风景名胜区已然成为国内外游人的向往之地。

自然赋予净月美的色彩，净月为自然梳理情之神韵。百年沉淀的生态之美，关东大地的绿色明珠。净月潭，自然之子，生态家园，山水永恒，唯美净月。

资料来源：长春净月潭国家森林公园．公园简介[DB/OL]．http://jytfp.forestry.gov.cn/11064/73659.html 2013-03-25．

3.4　城市森林文化发展趋势

现代城市森林发展方向主要包括近自然林、保护和使用原生森林植被、林网化与水网化、大乔木树冠空间占有率、城郊及远郊绿化隔离带和"绿道"建设等方面。

3.4.1　构建城市森林文化理念

城市森林文化是城市森林与文化的有机结合，是以森林为载体体现出来的物质文化和精神文化的总和。城市森林文化作为一个时代产物，必然贯穿有绿色、环保、生态理念。森林城市绿树成荫，一片生机，人人都得到绿色的滋润。森林城市的能量输出与输入达到平衡，废物进行循环再生利用。城市森林能自我更新、自我修复、生机勃勃、自养自立、生态平衡、物质良性循环，生生不息。而绿色，环保，生态所表达的是生态学理论。在生态学领域中，城市森林文化表达的是一种公共、人本、循环、平等、和谐的理念。

1）公共理念

城市森林文化首先要表达的应是公共理念。城市森林不论是园林或森林公园、原生森林植被、林网、水网、绿化隔离带和"绿道"，均属城市全体成员的公共资源。构成城市的生态背景和自然基础，具有整体性和不可分性。人们可以共同观赏它，享用它，属于共有财产。公共理念体现为共享，城市森林的滋润和恩泽总是公平地降临给每一位市民，同顶同样的晴空、绿荫，同吸一样的空气。公共理念还体现为人们对城市森林建设的参与性和亲近性，如果你参与城市森林建设，精心呵护花草、树木和森林，你就可能多一份分享，多一个美好的记忆。

2）人本理念

城市森林文化又表达了人本理念。城市森林为人提供良好的生存环境。以人为本，构建城市森林，恢复城市生态，其目的在于为人提供生态服务。城市森林生态系统虽然没有直接的物质生产目标，但它能减弱噪音，净化空气，缓解热岛效应，改善生态景观，生产公共的生态产品。城市森林通过陶冶人的情操、培育人的品格、提高人的创新能力、推进人的全面发展，把人作为转变经济增长方式的中心环节，充分体现科学发展、和谐发展和可持续发展的思路。

3）循环理念

现代城市的建设与发展，不可避免地吞噬农田、湿地、森林；同时在生产和消费中大量排放废弃物，产生垃圾，污染空气，玷污水源，消耗水量，城市生态系统恶性循环。城市的生态系统依赖性很强、自我调节和自我维持能力较弱，只有通过人们的正确参与才能维持。森林既能自行接纳太阳能，不需要人为补充能源；又能自行分解剩余物，构成一个完整的生物链，从而保证系统的多样、稳定和有序。城市森林与城市园林、城市水体、城市基础设施结合起来，相互协调，融为一体，传达的正是循环这一理念。森林城市要师法自然，要像自然生态系统那样，逐步实现城市物质生产和消费的生态化，从而建立城市循环型经济和循环型社会。

4）平等理念

在生态系统中，人与万物一体，众生平等，所有生命都有平等的生存权利。这种平等的理念，在一定的空间内，万物同享一片阳光、同立一块土地、同喝一处水源、同吸一样空气。森林有其独立性，但人类可以影响森林，人与自然是互依关系。森林之美是人与森林之间生命互动的结果，人以忘情的状态投入森林世界，用心理解和关爱森林，森林才会以其最真实的美丽展示给人，达到物我交融的境界。城市森林给了现代都市的人们不用远行就能亲近自然的机会，也提供一个关爱自然的可能。人们要走出户外，感受自然，接纳万物，博爱众生，去实现一种天地大背景下共享自然的爱。生态平等意识教人对自然亲近、仁爱和善，不是无顾忌地索取和占有自然，而是把自身融入其中，以平等的心态为自然的多样和完整多做点什么。

5）和谐理念

城市森林文化还表达和谐的理念，何为"天人合一"？天，就是大自然。就是影响我们城市的整个生态环境。天人合一的核心是和谐，是都市人与城市生态环境的协调，是人与自然的和谐。和谐的外在形态，城市应为森林覆盖，城市为田园环绕。实现城在林中、林在城中、绿荫掩映、花香鸟语；城外山峦叠翠、蓝天碧水、牧童短笛、一片田园风光。不要试图去征服和主宰自然，而以平等意识善待自然万物。把自身融入自然之中，万物一体，协调和谐，便能进入天人合一的境界。生态视域中的城市森林，不是一座绿色孤岛，而是把城市隐入郊野森林和乡村田园之中，是工业文明以一种崭新姿态接纳农耕文明。让我们的脚踏着祖辈留下的田园大地，我们的头顶着上苍恩赐的万里晴空，我们的呼吸系统吐纳着天地正气。

3.4.2 建设城市森林文化的原则

城市森林作为城市生态系统的一部分，具有一定的野生性，能够自我维持，不但可以为动植物提供良好的栖息和繁殖场所，而且能够通过自身的力量，实现森林生态系统的能量流动和物质循环。城市森林不是传统意义上的城市绿化，城市森林需要的不是孤立的草坪、行道树、公园和农田。城市森林要求绿色作为一种基质成为城市功能体的"溶液"，渗透到城市各个机体之中，它们都将作为城市生态系统的一个分子，共同构建一个完整的生境。城市森林的主要特点是突破了长期以来以城市市区绿化和美化为目标的狭义的城市绿化，发展成为城市生态系统服务的森林生态体系。为此，城市森林文化建设必须遵循以下原则：

1）生态优先

城市森林生态体系应遵循生态功能优先的原则，对绿地整体空间进行合理生态配置，发挥城市森林调节城市水文系统的功能，提高绿地对水分的吸收、贮存和渗透功能，减少地表径流。通过乔、灌、草复合群落结构，提高群落光合效率，最大限度地吸收二氧化碳、吸尘、减噪和充分发挥绿色植物放出氧气、调节小气候的功能，促进城市的生态平衡。

城市森林建设应以提高单位绿地的生态功能主线。一是以森林为主体，向结构要效益，主要采取乔、灌、草结合的复层模式，在有限的土地上发挥森林的优势，产生最佳的生态效益；二是以乔木为主体，向空间要效益。乔木树种具有高大的形体，可以形成庞大的树冠，其所形成的遮阴环境有利居民的休憩，有利于空气流通，有利于减缓热岛效应，发挥更大的生态功能。城市森林既要立足于优化城市的生态功能，还应着眼于区域大环境的优化，成为大区域森林的一个有机组成部分，纳入到整个国家的生态环境建设当中，构建点、线、面相结合的全国森林生态网络体系，为保障国土生态安全和保护生物多样性作出贡献。

2）师法自然

城市森林"师法自然"，城市森林的主体应该是自然和近自然的森林绿地。因此，除保护原有的森林资源外，对于新增的森林绿地的主要树种选择和模式配置上提倡近自然的配置模式。近自然的森林绿地建设模式，要考虑城市的特点和居民身心健康的需求。一方面强调模拟自然植被结构，提高森林绿地结构的多样性和系统的稳定性；另一方面突出乡土植被在城市森林建设中的地位和作用，体现地方特色。城市森林体系建设的总体目标就是要实现城区园林化、郊区森林化、道路林荫化、庭院花园化，把森林引入城市，让城市坐落在森林之中，恢复森林与人类和谐的本来面貌。

3）因地制宜

城市森林建设要根据不同城市的自然景观和人文景观的特点，因地制宜地创建各具特色的城市森林体系，形成自然植被的生物多样性和人文景观多样性有机镶嵌组合。追求城市绿化的个性与特色是城市森林建设的重要目标。地区之间因气候条件、土壤条件的差异造成植物种类的不同，乡土树种是表现城市森林特色的主栽树种更为可靠、廉价和安全，它能够适应本地区的自然环境条件，抵抗病虫害和环境污染的能力强，能尽快形成相对稳定的森林结构和发挥多种生态功能。建群种是森林植物群落中在群落外貌、土地利用、空间占用、数量等方面占主导地位的树木种类。建群种可以是乡土树种，也可以是经过长期栽培、已适应引入地自然条件的外来种。建群种无论在对当地气候条件的适应性，增加群落的稳定性，还是在展现当地森林植物群落外貌特征等方面都有不可替代的作用。

城市绿化也不宜只选择常绿树种，常绿、落叶都应兼而有之。落叶乔木冬季有利于透光增温，落叶又有很强的改良土壤的功能，应根据当地实际情况选择落叶树种，创造夏天可以降温、冬天可以充分享受阳光的城市休闲环境。我国植物种类丰富，经过开发，很多植物都可以引入城市，形成每个城市各具特色的绿化环境。

3.4.3 森林城市与海绵城市、智慧城市、生态城市的交融

随着时代的进步，森林城市建设将不断融入科技进步和时代的气息。海绵城市、智慧城市、生态城市理念将深刻影响着城市森林文化。

1）海绵城市

海绵城市是新一代城市雨洪管理概念，是指城市在适应环境变化和应对降水带来的自然灾害等方面具有良好的"弹性"，也可称之为"水弹性城市"。构建低影响开发雨水系统，达到降水时吸水、蓄水、渗水、净水功能，需要时将蓄存的水"释放"并加以利用。海绵城市建设是遵循生态优先原则，将自然途径与人工措施相结合，在确保城市排水防涝安全的前提下，最大限度地实现降水在城市区域的积存、渗透和净化，促进降水资源的利用和生态环境保护。城市建设，路面硬化，城市自然生态严重的失衡，改变了原有自然生态本底和水文特征，解决自然渗透、延缓雨水径流、降水蓄留、水质净化、降水排放和降水资源利用等问题，可以有机地和城市森林相结合，通过城市森林提高水资源的渗、滞、蓄、净、排用功能。海绵城市建设也是城市生态系统完善的重要组成部分，对城市森林文化建设起到积极的促进作用（图3-3）。

2015年4月2日，海绵城市建设试点城市名单正式公布。根据地区得分，排名在前16位的城市（地区）分别是（按行政区划序列排列）：迁安、白城、镇江、嘉兴、池州、厦门、萍乡、济南、鹤壁、武汉、常德、南宁、重庆、遂宁、贵安新区和西咸新区。

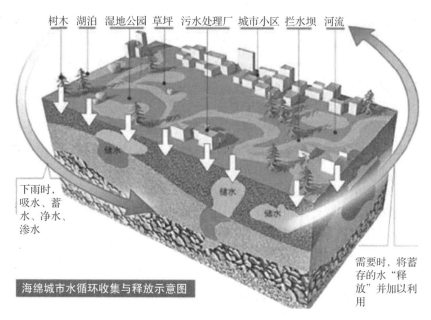

图 3-3 海绵城市

图片来源：360 图片

【拓展阅读 3-4】

海绵城市工程案例详解系列——公园绿地的海绵化改造

导读

由于城市土地大部分被硬化铺装，阻碍了水的自然循环，降水季时大量降水只能通过道路汇聚到排水管道排放到附近水体中，我国城市中这种普遍以"排"为主的降水管理方式，严重忽略了对宝贵降水资源的利用。城市内星星点点密布的公园和绿地作为海绵城市建设中的重要承载部分，除了满足市民休闲娱乐，改善城市环境等传统功能外，其实还可以承担解决城市的降水管理问题，即作为一个个大的绿色海绵体在"涝"时吸水，在"旱"时又可以释放水源。

一、传统的公园绿地规划方式面临的问题

1."大水面、大广场"绿地规划思想陈旧

在我国城市公园绿地建设中，过度追求大水面、大广场的现象屡见不鲜。这些城市绿地与"海绵城市"建设的基本理念背道而驰，使城市失去透水性下垫面功能。

2."重排轻蓄"的"伪生态"思想

在我国绿地管理中，"重排轻蓄"现象较为严重。传统的城市排水方式不注重绿地与水系连通性，采用快排模式，依靠管渠、泵站等设施，追求"快速排出"和"末端集中"控制，却忽视了绿地在排水中削峰减流、控制径流污染的重要作用。

3. 忽视水资源利用

城市绿地不仅没有成为城市生态系统中的"生产者"，反而因为需要人工灌溉而形成了高耗水、高耗能的"水资源消费者"。这种绿地建设模式对城市水资源、土地资源、人力物力等造成一定程度上的浪费。

二、公园绿地"海绵化"改造具体方式

根据城市绿地分类标准，可以分为综合公园、居住区公园（雨水花园）、带状公园、街旁绿地，对不同的绿地类型进行海绵化改造的方式大体相似，只是在细节上略有差异。

1. 综合公园广场采用透水砖，车道采用生态碎石铺装，植草格停车场，车慢跑道采用透水混凝土，建立海绵化排水净化系统。利用自然湿地及乡土水生和湿生植物群落构建水质净化→蓄滞水→地下水回补多级多功能湿地系统。地下水回补是采用人工措施将地表水或其他水源的水注入地下以补充地下水。改善天然水体循环、用生态滤池净化初期降水，保障水质。

2. 带状公园。将湖泊与池塘连成生态廊道，构建雨水花园、街旁绿地，构造小型生物滞留设施

三、公园绿地"海绵化"改造案例

1. 青岛浮山生态公园

浮山生态公园（崂山区）立足"生态、休闲、健身、便民"的规划定位，浮山是青岛中心城区内面积最大的山林绿地。今年年底即将建成的浮山生态公园，将为青岛人打造一座"山海城"融为一体的高端生态公园，给市民提供家门口休闲、健身的好去处。全力打造城市中地标性生态公园，争创"海绵城市"岛城示范样板。

生态边沟：收集降水，涵养水源

生态边沟位于山地慢跑道一侧，在降水自然重力溢流的基础上增加降水虹吸效应，最大程度导流降水，在满足暴雨行洪的前提下，最大限度地使降水下渗，回补地下水，最大限度的涵养山体地下水源。

雨水花园：生态净化，涵养水源

雨水花园位于山地低洼地处，主要功能用于汇集周边绿地径流降水，雨水花园底层铺设碎石及黏土层，面层散铺种植土，并种植半湿生植物，通过低洼地势汇集周边径流降水，形成雨季池塘景观，旱季湿地景观，在保证降水下渗的前提下，通过汇集降水改善局部小气候、小环境从而带动山体公园整体生态系统建立。

植草沟：降水收集，净化过滤

植草沟位于道路绿化带、坡地边缘或山地绿地中，主要功能用于汇集道路和绿地自身径流降水及瞬时暴雨截留功能，具有滞留、净化、蓄存和下渗功能，起到缓减雨涝、涵养地下水源、改善生态环境的作用，造价低、景观效果好、生态效益高。

拦水坝、溢流堰：滞留降水，美化环境

拦水坝、溢流堰位于山地主汇水廊道下游，主要功能用于汇集径流降水及缓冲山体瞬间暴雨，滞留山洪携带泥沙净化水体。种植半湿生植物，降水量大时可形成叠溪小瀑

效果，降水量小时可形成池塘水景效果，旱季形成湿地景观，将山体大流域降水尽可能长时间滞留，保证雨水下渗回补，同时净化水体缓冲流速，减少山体水土流失。

旱溪水道：雨水净化，雨洪调节

旱溪水道分布于公园的山体之上，用于收集、输送和排放径流雨水，配合生态堰，达到泄洪及雨水净化的效果。两侧配置植物、配合周边的垒石水岸打造天然原石景观溪床，打造在旱季有景观，雨季有功能的生态水道。

湖泊：蓄积降水，涵养水源

湖泊选址位于浮山与城市交界处，利用山体原有采石坑，主要功能为对原有采石坑进行生态利用，同时收集山体径流降水用于浮山日常山体养护用水及消防用水，同时利用湖泊周边湿地种植湿生、半湿生植物，形成水体型生境。

透水铺砖：增加渗透，减少地表径流

铺装使用原生透水做法，在满足铺装透水下渗的前提下，铺装中混播草种，使广场铺装更具生态效应，与山体环境融为一体。

2. 南宁森林公园

雨水花园（渗、滞、净）：东南雨水花园由原来一个老旧泉眼改造而成，总面积为1776平方米，用于处理石门森林公园围墙外的四个生活小区和一个公共建筑的雨水客水以及明湖北侧的雨水。南门雨水花园由南门区谷地改造而成，总面积为1964平方米，用于滞留、缓排和净化降水及汇入的客水。

旱溪（渗、滞）

主要功能为传输两个雨水花园的净化出水和暴雨期间的溢流出水。旱溪的路径根据微地形适当弯曲，以降低流速。

雨水湿地（渗、净）

通过叠瀑跌水、植物塘、梯级湿地，形成梯级降水湿地净化系统，为多种生物的繁衍创造了良好的生态环境，并提高了降水的净化能力。

生物滞留设施（滞、净）

将停车场绿化带改造为生物滞留设施，可滞留、净化公园入口道路和停车场地面形成径流而进入绿地的降水。

透水铺装（渗、净）

对入园道路和入口广场原有的水泥路面改造为有效孔隙率不小于10%的红色透水沥青铺装，与周围景色相得益彰；对于停车位采用有效孔隙率不小于8%的透水砖铺装。

资料来源：【深度剖析】海绵城市工程案例详解系列——公园绿地的海绵化改造[DB/OL]. 海绵城市网 http://www.calid.cn/2017/04/24825.[2017-04-28].

2）智慧城市

智慧城市就是运用信息和通信技术手段感测、分析、整合城市运行核心系统的各项关键信息，从而对包括民生、环保、公共安全、城市服务、工商业活动在内的各种需求做出智能响应。其实质是利用先进的信息技术，实现城市智慧式管理和运行，进而为城市中的人创造更美好的生活，促进城市的和谐、可持续成长。随着人类社会的不断发展，未来城市将承载越来越多的人口。目前，我国正处于城镇化加速发展的时期，部分地区"城市病"问题日益严峻。为解决城市发展难题，实现城市可持续发展，建设智慧城市已成为当今世界城市发展不可逆转的历史潮流。智慧城市通过物联网基础设施、云计算基础设施、地理空间基础设施等新一代信息技术以及维基、社交网络、Fab Lab、Living Lab、综合集成法、网动全媒体融合通信终端等工具和方法的应用，实现全面透彻的感知、宽带泛在的互联、智能融合的应用以及以用户创新、开放创新、大众创新、协同创新为特征的可持续创新。

3) 生态城市

生态城市是建立在人类对人与自然关系更深刻认识的基础上的新的文化观，是按照生态学原则建立起来的社会、经济、自然协调发展的新型社会关系，是有效的利用环境资源实现可持续发展的新的生产和生活方式。简单地说就是按照生态学原理进行城市设计，建立高效、和谐、健康、可持续发展的人类聚居环境。生态城市是社会、经济、文化和自然高度协同和谐的复合生态系统，其内部的物质循环、能量流动和信息传递构成环环相扣、协同共生的网络，具有实现物质循环再生、能力充分利用、信息反馈调节、经济高效、社会和谐、人与自然协同共生的机能。生态城市包含社会生态、自然生态、经济生态三个方面，社会生态是以人为本，满足人的各种物质和精神方面的需求，创造自由、平等、公正、稳定的社会环境；经济生态是保护和合理利用一切自然资源和能源，提高资源的再生和利用，实现资源的高效利用，采用可持续生产、消费、交通、居住区发展模式；自然生态是给自然生态以优先考虑最大限度地予以保护，一切开发建设活动都保持在自然环境所允许的承载能力内，同时减少对自然环境的消极影响，增强其健康性。森林城市是生态城市的基础，生态城市是森林城市的高级发展阶段。

3.5 未来森林城市发展

出于人的自然本性，人类意识到绿色是他们生活中不可缺少的组成部分。绿色，代表自然，象征生命。绿色空间，能给城市和建筑带来舒适、优美、清新的环境。千百年来，一直在追求着身居城市和享受"山林之乐"的生活理想。倡导"让森林走进城市、让城市融入森林"成为保护城市生态环境、提升城市形象和竞争力、推动经济持续健康发展的全新理念。"生态城市"被公认为今后世界城市建设的模式。城市森林建设是生态化城市发展的重要内容，也是新时期我国城市林业发展的新方向。

生态城市首先应该是一座绿色的园林城市。城市森林和绿地覆盖率较高，市区内遍布公园、街心花园和草坪广场，住宅庭院化，街道林荫化，绿地点、线、面连接成片；市区周围也为绿树环绕，海滨、湖滨和河流旁形成绿色廊道，二者共同组成统一的绿化网络。

生态城市又是一座环境质量良好的城市。空气清新，有害气体的含量保持在最低水平，不对居民的健康带来危害；无酸雨、扬沙之虑；河水清澈、水质优良；城市垃圾无害化处理后被安全输出；城市通风良好，排水顺畅。

生态城市同时是一座"低碳城市"。城市基础设施健全，公共交通网络完善，土地利用节约集约；具有合理的低碳化能源结构，利用新能源和革新能源利用方式，实现传统能源的清洁、安全、高效利用；实行循环经济模式，淘汰落后产能，实现城市生产过程的低碳化；发展绿色建筑，推广节能建材和节能设计，同时倡导居民在日常生活中选择低碳产品，减少化石燃料，实现城市生活消费的低碳化。

生态城市还是一座宁静的城市。生产和车辆发出的噪声被严格控制在允许范围内，噪声源和居民区之间被森林、高墙等隔开，不给居民的工作、生活和学习带来影响。生态城市的建筑风格应与周围的自然环境相协调，并具有浓厚的文化品位；建筑密度较低，留有充分的空地，高层建筑被严格控制，保证城市的通风和采光条件。

在欧美等发达国家，以及我国的许多城市都是建设在森林之中，体现城中有森林，森林包围城市的特点：

(1) 美国城市森林

森林与现代建筑群交相辉映，从天空俯视城市，三分之一是树冠，三分之一是花草，三分之一是建筑，构成了城市及城市森林的格局。许多城市都建有以河流或沟谷为本底的野生动物迁徙或栖息地，并有半野化灌丛和草地作为人与动物的生态过渡区；多数城市都在城区建设有一定规模的森林绿岛，纽约市的中央公园就是一个典型。

(2) 德国城市森林

城市森林建设是以乔木为主体，尊重自然本底，按自然布局，用近自然经营管理，城乡一体，人与自然高度融合。其特点是：一是城区绿地多样化且与真水活水相伴；二是小城镇密集，分布均匀，构成大城市与农村之间的桥梁；三是自然村或零散个体户大多被成片森林环抱，呈现美丽的田园风光；四是大量的人文遗迹多分布在城郊、峡谷山顶，建筑与环境被整体保护，成为森林旅游名胜区。

(3) 澳大利亚森林城市

澳大利亚城市为典型的城在林中，林在城中，城郊原生态化，没有明显的农村田园生态圈。其特点是：一是城区绿量高且分布均匀，统一规划；二是城市大量种植地标性乡土树种；三是人与自然和谐，本地野生动物袋鼠和考拉在城郊林缘和草原大量出现；四是远郊地形地貌、古树、沿海森林、内陆原始林与野生动物栖息地均呈原生态，生物多样性得到良好保护。如澳大利亚首都堪培拉就有"森林之都"的美称，整个城市都处于森林的意境之中，庄园式的建筑与四周的森林、水面和谐配置，给人一种自然清新的感觉，城市森林处于自然或近自然的状态。

(4) 中国森林城市

①杭州市 坚持"环境立市"的城市发展战略，大力推进森林城市建设，创建了独具特色的杭州城市森林建设模式。"杭州模式"的核心就是生态经济共赢、人文景观相融、城市乡村互动。在森林城市建设中，一是注重自然景观与人文景观相融合，充分挖掘历史文化遗迹，延续历史文脉，把城市历史文化融入城市绿化和城市森林建设之中，凸显杭城个性与特色；二是注重城市绿化与城市文化相结合，把城市绿化、城市森林作为城市文化的重要组成部分，通过园林小品、花卉盆景、木竹雕刻、雕塑、壁画、水景等形式，展现杭州历史场景，提升城市森林文化品位，丰富群众的精神文化生活；三是注重森林城市与生态文明相结合，坚持以生态文明理念引领森林城市建设，积极倡导生态伦理和生态道德，树

立全新的生态价值观、生态审美观、生态责任观、生态消费观；大力发展森林文化、山水文化、竹文化、茶文化、花文化、森林休闲旅游等新兴文化产业，完善生态文化基础设施，让民众共同建设森林城市，共同享受生态文明。

②广州市　全力实施"森林围城、森林进城"战略，2003年开始启动"青山绿地、蓝天碧水"工程，以"林带+林区+园林"模式，全方位构建广州城市森林生态体系。

③厦门市　提出的"一心两谐五湾多点"，拉开了厦门森林城市的建设框架。"一心"是指厦门本岛的城市森林生态系统建设；"两带"是指岛外海沧、集美、同安、翔安等地区的山地森林屏障带和山前城市扩展带的森林与湿地建设；"五湾"是指厦门市的海沧湾、马密湾、杏林湾、同安湾、翔安湾的滨海森林和湿地生态系统建设，每个湾区都拥有一个湿地公园；"多点"是指市域范围内呈点状分布的生态游憩和生态文化载体系统，包括城市公园、森林公园、湿地公园、森林文化教育园区、湿地文化教育园区、岛屿生态文化园区、森林城镇、森林人家等生态游憩和生态文化基地等。厦门这座海滨风景旅游城市，通过森林这条绿色纽带，让山海相融，城景相依，岛内岛外一体，如日月合璧；新城、新区镶嵌式布局，似七星连珠。

小　结

"城市，让生活更美好"，每个人心中都有一座理想城。未来的城市，是全球化时代的城市，是注重生态环境与人类社会协调发展的城市。生态城市是生态完整性和人与自然的生态连接，生态城市理念所包含的可持续发展特征和城市与自然平衡的目标，在当今科学技术发达、人类改造自然即干预自然的能力远远超出以往的情形下，人类必须意识到任何人居环境（包括城市）的人类活动都是全球生态系统的一部分，存在着人类活动的生态上限。人类必须克制自身的某些行为，将海绵城市、智慧城市充分地融入到森林城市之中，真正实现可建立生态城市的根本目标。

自主学习资源库

袁继池，秦武峰. 生态文明简明教程[M]. 武汉：华中科技大学出版社，2015.
但新球，但维宇. 森林生态文化[M]. 北京：中国林业出版社，2012.
苏祖荣，苏孝同. 森林文化学简论[M]. 上海：上海学林出版社，2004.
苏孝同，苏祖荣. 森林文化研究[M]. 北京：中国林业出版社，2012.

思考题

1. 什么是城市森林文化。
2. 城市森林的内涵是什么，有什么功能？
3. 阐述构建城市森林文化理念和原则。

第四章　名木古树文化

学习目标

【知识目标】

(1) 了解名木古树资源分布概况，了解名木古树种类和等级，掌握名木古树的内涵；

(2) 了解名木古树文化特征，掌握名木古树文化的内涵；

(3) 了解名木古树文化的综合价值，掌握名木古树的文化遗存和在现实环境的主要应用。

【技能目标】

(1) 培养提升学生名木古树文化内涵和修养；

(2) 培养学生了解名木古树文化的综合价值，掌握名木古树在现代环境中的开发应用。

【引文】

故宫里的名木古树:"活的文物"也是"国之瑰宝"

明清时期,故宫有四大花园:御花园、建福宫花园、慈宁宫花园以及乾隆花园,民国时期建福宫花园被大火焚毁。如今,故宫的名木古树,大多都集中在剩下的三个花园里。

故宫是我国明清两代的皇宫,也是世界上现存规模最大,保存最完整的宫殿群。它不但以巍峨壮丽、金碧辉煌的宫殿古建和馆藏丰厚的珍宝文物享誉世界,而且故宫内的"活文物"——名木古树,也因树龄古老、姿态奇绝而备受关注。

明清时期,故宫有四大花园:御花园、建福宫花园、慈宁宫花园以及乾隆花园,民国时期建福宫花园被大火焚毁。如今,故宫的名木古树,大多都集中在剩下的三个花园里。这些古树背后留下了诸多传奇的故事。

御花园里的"连理柏"

然而御花园里的古建精巧,花木扶疏,奇石假山玲珑剔透,犹如人间仙境。园内的古柏很多,而且大多是桧柏。因桧柏成树后,姿态古朴虬蟠,为皇家园林所青睐。

御花园内最著名的一棵古柏是位于天一门内久负盛名的"连理柏",它为清乾隆年间种植。这棵"连理柏"是由两棵古柏组成,双柏的主干跨在北京的中轴线上,双干相对倾斜生长,上部相交缠绕在一起,成为一个巨冠。而且树干相交的部位已融为一体,成为一棵树。人们历来视树木的连理为忠贞爱情的象征,唐代大诗人白居易有脍炙人口的佳句"在天愿作比翼鸟,在地愿为连理枝",因此这棵树备受帝后们的喜欢,末代皇帝溥仪和皇后婉容曾在"连理柏"前照过合影。如今,很多游览故宫的情侣们,都会在"连理柏"前留念。

在"连理柏"上还有一绝妙景观:从树的北边看,树上西侧的一个大枝,其扭曲处很像一只猴头。这棵连理柏是乾隆皇帝受意所植,其双柏的连理也是经人工整形而致。而有趣的是,在天一门正南的大铜鼎前,也有两棵古柏,它们相对倾斜向上的两个大枯枝远看仿佛相交,不过近看其实并未相交。另外,在故宫东部的景福宫里,南北两个月亮门前各有一棵清乾隆年间的"连理柏",这两棵"连理柏"分别和月亮门融为一体,成为独特的景观。

御花园内其他的古柏大都植于明代,距今四五百年。其中名柏有摛藻堂旁有"遮阴侯柏",相传它也曾随清乾隆皇帝下过江南,并为其遮阴。乾隆在《古柏行》中诗云:"摛藻堂边一株柏,根盘大地枝擎天。八千春秋仅传说,阙寿少言四百年"。万春亭北有古藤缠古柏的"驼峰柏",这棵驼峰柏也是一棵连理柏,为明代所植,但双柏早已枯死。在双柏的北侧种植一棵古藤,这棵古藤已三百多年,是北京最古老的古藤之一。古藤的枝干爬满双柏的巨冠,在夏秋时节绿叶满树,远远望去,整个树冠很像骆驼的双峰。万春亭西有"凤凰柏",园北的延晖阁旁有"大肚罗汉柏",园西边从南到北一字排开,矗立着18棵"十八罗汉柏"。这些古柏棵棵都雄伟壮观,气宇非凡。

御花园的坤宁门前有两棵明代的古楸树,在春季紫花盛开时节,分外绚丽。园东南角和西南角各有一棵巨大的龙爪槐,尤其是东边的一棵,是北京的"龙爪槐之最",其主干周长达3米,它的数条大干沿水平方向弯曲伸延,如巨龙飞舞。无数的小枝下垂如钩,似虬爪拿空。此槐的姿态奇绝、情趣盎然,人称为"蟠龙槐"。园东北的堆秀山上高耸着一棵清乾隆年间白皮松"堆秀松",此松遍身银白,树姿挺拔,它与周围的假山、方亭等搭配的相得益彰,自成一景。

在天一门里的钦安殿前也有两棵清代白皮松,其中东侧的一棵名"卧龙松"。园东部降雪轩前的平台上有一棵清代的太平花,为北京的"太平花之最",太平花象征有"天下太平"之意。园西南的两棵清代龙枣为"北京的龙枣"之最。园中的牡丹、玉兰等,都是宫中的奇花异木。

古华轩因古楸树而得名

乾隆花园里有百余棵古树,有古楸、古柏、古松、古槐以及丁香等。这些古木中,尤以古华轩前的"古华楸"名气最大。它在明朝嘉靖年间种植,距今已四百多年。

楸树因其花呈紫红色,有"紫气东来"之寓意,一直被道教视为"仙木",并在道观中广泛种植楸树。而嘉靖皇帝崇信道教,因此,他下旨在宫内广植楸树。乾隆花园的古华轩正是乾隆皇帝下旨为宫内的古楸树"古华楸"而修建,乾隆还为"古华楸"写有楹联一副和题匾诗四首。楹联为"清风明月无尽藏,长楸古柏是佳朋"。题匾诗之一云"树植轩之前,轩构树之后。树古不记年,少言百岁久……"对联和匾额诗至今悬挂在门前和轩内。

古华楸高矗在古华轩的门西侧,它的主干向东倾斜,如今已用一根长长的铁管支撑起来,正好和古华轩融成一景。在古华轩的西侧假山石上,也挺立着两棵古楸树,它们比古华楸还粗大。

园中一殿院内有一棵清乾隆年间种植的白丁香,高达二层阁楼,是北京的"古丁香之最"。宁寿宫的门里东西各有古松9棵,被称为"十八罗汉松",其中以"迎客松"和"矬松"为最。

慈宁宫花园里也有百余棵古树,花园门内的两棵明代古银杏是北京市区内最古老的银杏。院内的紫、白玉兰是慈禧心爱之物,咸丰皇帝曾给园内咸茗馆前的玉兰题诗云:"咸茗馆前三月半,紫云白雪玉玲珑……"

故宫建福宫花园建于乾隆年间,以牡丹和古松著称,在延春阁殿前是一大片牡丹。春天是牡丹盛开的时节,姹紫嫣红,满园春色,那时,帝后们不但携皇子、公主们前来游玩,也赐请皇亲国戚、文武百官来园观赏。在建福宫内有一清澈湖水,湖南岸有一古松,古松倒影在湖水内,故名"一泉松"。可惜花园在民国时被大火焚毁。

在故宫的其他地方,也有很多名木古树。因自周代起,我国的皇宫里就开始种植吉祥昌瑞的槐树,故槐树又有"宫槐"之称,所以故宫里古槐很多,最著名的是武英殿断虹桥畔的18棵元代"紫禁十八槐"。据《旧都文物略》记"桥北地广数亩,有古槐十八,排列成荫,颇饶兴致"。因在宫内到处是宫殿房屋,而这里是难得的一块有自然野趣的开阔地,尤其到盛夏,满眼青翠,宫里的人们来到绿冠如茵的古槐下。在明清两代,王公大臣们出入西华门都要路过十八槐,慈禧去颐和园来回也路过这里。

英华殿种有菩提树

故宫的英华殿是宫内从事佛事活动的主要地方，所以这里植有两棵明代的佛门圣树"菩提树"（它们也是北京的"古菩提树之最"）。这两棵树相传为明万历皇帝生母慈圣李太后（即京剧《二进宫》中的李艳妃李娘娘）所植，其中碑亭东边的一棵，因在弯曲的横干上，又向上生长着九个大枝，故名叫"九莲菩提树"。

李太后在宫中好佛事是出名的，她把自己比喻为"九莲菩萨"的化身，经常到"九莲菩提树"下祈福祷告。据《清宫述闻》载"明代英华殿，有菩提树二，慈圣李太后手植也。高二丈，枝干婆娑，下垂着地，盛夏开花，作金黄色，子不于花瓶生，而缀于背。深秋叶下，飘扬永巷……"在《天启宫词》中有句"依殿荫森奇双树，明珠万颗映花黄。九莲菩萨仙游远，玉带王公坐晚凉"。乾隆皇帝写有《英华殿菩提树诗》，并刻在碑上立于殿内，今诗碑仍在。后来，乾隆皇帝又在乾隆二十六年（1761年）写下《英华殿菩提树歌》。

海棠和梨花等是宫中的名卉。在妃嫔们居住的西六宫之一——永寿宫海棠院内，还有两棵清代的海棠。每年春天，海棠花盛开时，满树粉红。海棠是我国名贵的花木，和玉兰、牡丹、桂花有"玉堂富贵"之称，乾隆曾写有"御制海棠诗"。东六宫之一的承乾宫梨花院有两棵明代梨树，春天梨花盛开，如玉砌冰雕、洁白如雪。承乾宫在清初为顺治爱妃董鄂妃的住所，梨花为董鄂妃心爱之物。承乾宫的梨花也会使人想起《红楼梦》中的"黛玉葬花"，因黛玉葬的就是梨花。

以上所述，只是故宫内名木古树的一部分。它们大多种植于明清两代，但至今仍枝繁叶茂，生机盎然。尤其是宫内的古柏群和散株古柏遍布各殿，把故宫点缀得古香古色。又因它们是有生命的机体，也给故宫增加了神秘色彩。这些"活的文物"和故宫里的宫殿、珍宝文物一样，也是"国之瑰宝"。

资料来源：张宝贵. 故宫里的名木古树："活的文物"也是"国之瑰宝"[N]. 北京晚报. 2016年12月28日

4.1 名木古树文化概述

名木古树，是指人类历史发展过程中保存下来的年代久远或具有重要科研、历史、文化价值的树木。自古以来，我国人民对名木古树含有一种特殊的情感，人们尊敬它、崇拜它，绵延了数千年。它与中华民族的生存和发展结下了不解之缘，并在中华民族的文明进步过程中具有不可替代的作用。

4.1.1 名木古树的自然属性

我国地域辽阔，地形复杂，气候差异大，从南到北依次分布着热带雨林、亚热带常绿阔叶林、暖温带落叶阔叶林、温带针阔叶混交林、寒温带针叶林，植物资源极其丰富，种类繁多，木本植物资源尤为丰富。植物学家威尔逊曾表示，世界上很少有国家能像中国那样对多年生植物古树有如此浓厚的兴趣，没有别的国家能成功的保养植物到达如此久远，而具有不间断的历史。

全国绿化委员会、国家林业局于2001年9月启动了全国范围内的一次大规模的名木古树普查建档工作,以下数据均是按照全国绿化委员会对名木古树的分级标准得出的。目前全国共有名木古树2853107株。其中,古树2847349株,占全国名木古树总量的99.8%;名木5758株,占全国名木古树总量的0.2%。按照全国绿委的古树分级标准,国家一级古树51107株,占全国古树总量的1.8%;国家二级古树1042945株,占全国古树总量的36.6%;国家三级古树1753297株,占全国古树总量的61.6%。从区域分布看,我国名木古树资源分布极不均衡,主要集中在北京、吉林、浙江、福建、江西、山东、湖北、湖南、四川、陕西、青海11省(自治区、直辖市)。其中,湖北、山东最多,分别占全国名木古树总量的27.5%和23.4%。国家级名木主要分布在重庆、北京、江苏、四川、河北、浙江等省(自治区、直辖市),其中以重庆最多,拥有2107株,占全国名木的36.6%。

图4-1 福州森林公园大榕树
资料来源:360图片

1)名木古树定义

我国在1963年提出,名木古树必须满足以下条件:①有纪念意义;②树形奇特、有历史传说;③国内或世界上稀有;④年代比较悠久。此后,各级政府相关部门,出台了一系列关于名木古树的技术规范和管理条例。建设部在2000年出台的《城市名木古树保护管理办法》中规定:古树是指树龄在100年以上的树木;名木是指国内外稀有的,以及具有历史价值和纪念意义及重要科研价值的树木。全国绿委、国家林业局在年全国名木古树普查时,下发了《全国名木古树普查建档技术规定》的通知,其中规定:名木古树,是指人类历史发展过程中保存下来的年代久远或具有重要科研、历史、文化价值的树木;古树是指树龄在100年以上的树木。香港大学詹志勇教授认为,名木古树具有一个或多个如下的特征:树龄100年或以上;具有高度、冠幅或胸径的优势,是某一树种的可能达到的最大尺度;罕有的品种、与众不同的树型、异常精力充沛和健康的生长、不寻常的位置或生活环境、与著名的历史、文化或人物有关或者其他特殊特征和事项（图4-1）。

从以上资料可以看出，对于古树的定义各方观点较为一致。对于名木的定义，基本方向一致，但定义均较为笼统。在我国，"古树"和"名木"这两个词语，通常被连用组成"名木古树"一词。从字面分析，"名木古树"一词可以涵盖三种树木：①古老但无名的；②有名但不古老的；③既古老又有名的。按全国绿委对名木古树认定标准，得出的调查结果显示，全国的名木数量只占全国名木古树总量的0.2%，其余均为单纯的古树。但是，我国地域广阔、历史悠久、文化灿烂，许多古老的树木都是历史的见证者和文明的传承体。它们或许并不珍稀濒危，也非名人所植，可是它们所记载的历史，传承的文明却不容忽略。从某种角度上来说，绝大多数的古树都可以被认为"名木"。如果将"古树"和"名木"的概念割裂开来，不利于全面认识名木古树文化。

2）名木古树等级

我国出台的一些名木古树的相关法规和条例中，对古树的级别进行了划分。北京市在1998年出台的《北京市名木古树保护管理条例》中规定：凡树龄在200年以上的树木为一级古树，其余的为二级古树。全国绿委、国家林业局在年全国名木古树普查时，下发了《全国名木古树普查建档技术规定》的通知，其中规定：古树分为国家一级（树龄≥500年）、国家二级（500年＞树龄≥300年）和国家三级（300年＞树龄≥100年）。国家级名木不受年龄限制，不分级。2007年出台的《名木古树评价标准》为古树的分级提供了两种方法：对于可以确定树龄的古树，划分为一级古树（树龄≥300年）和二级古树（300年＞树龄≥100年）；对于不能确定树龄的古树，按胸径确认分级。同时，特别指出，普遍种植以采果为目的的经济树种和无突出历史、文化价值的速生杨属、柳属树种不确认为古树。目前，应用较为广泛的为《全国名木古树普查建档技术规定》分类标准。

4）名木古树种类

我国古树数量众多，种类丰富（图4-2），且大部分属于乔木类。乔木类树身高大，由根部发生独立的主干，树干和树冠有明显区分。乔木按冬季或旱季落叶与否分为落叶乔木和常绿乔木。常见的落叶乔木品种有银杏、法桐、杨树、柳树、榆树、槐树等。常见的常绿乔木有樟树、榕树、柏树、马尾松、广玉兰等。由于每种古树都有其自身生长特点和用途，所以下面重点介绍7种常见的和具有代表性的古树。

（1）古银

银杏树又名白果树，古又称鸭脚树或公孙树。银杏树为高大落叶乔木，躯干挺拔，抗病害力强、耐污染力高，寿龄绵长，几达数千年。银杏树以其俊美挺拔、叶片玲珑奇特而受到人们的钟爱和青睐，因而其有极高的观赏价值。它与雪松、南洋杉、金钱松一起，被称为世界四大园林树木。我国园艺学家们也常常把银杏与牡丹、兰花相提并论，誉为"园林三宝"，并把它尊崇为国树。此外，银杏的果实、根、叶、皮都具有很高的药用价值。

（2）古榆

古榆属榆科，落叶乔木，树干直立，枝多开展，树冠近球形或卵圆形。树皮深灰色，粗糙，不规则纵裂。古榆适应性很强，根系发达，抗风力、保土力强，且抗污染、叶面滞尘能力强。其果实(榆钱)、树皮、叶、根可入药。榆树是良好的行道树、庭荫树、工厂绿化、营造防护林和四旁绿化树种,产于我国东北、华北、西北、华东等地区。

(3)古槐树

槐树树冠球形庞大,枝多叶密,花期较长,绿荫如盖。速生性较强,材质坚硬,有弹性,纹理直,花蕾可作染料,果肉能入药。是防风固沙,用材及经济林兼用的树种,也是城乡良好的遮阴树和行道树种。该物种为中国植物图谱数据库收录的有毒植物,其花、叶、茎皮和荚果有毒。

(4)古樟

樟树别名香樟、木樟、乌樟、芳樟,属常绿大乔木。樟树皮灰黄褐色,细纵裂;叶近革质,具樟脑味。其花、叶、皮均可入药。樟树适应性强,高可达50米,树龄成百上千年,可称为参天古木,主要分布于长江以南各省区,为常绿阔叶林的代表,也是优秀的园林绿化树种。

图4-2　成都杜甫草堂古树
图片来源:李霞 摄

(5)古榕

古榕,隶属桑科榕属,喜好温热多雨气候,多分布于中国南方地区。古榕树冠舒展,干粗壮且多分枝;因深根性强,所以具有很强的适应性,易于与不同科、属的各种树木共生而组合成景。且皮枝可入药。

(6)古松

古松是针叶树的一种,既高且瘦,遮阴性不佳,属于南美杉族群。树皮多为鳞片状,叶针形,果球形,种子叫松籽可以食用。木材和树脂用途很广。松树的品种在全世界有100多种,全是阳性速生树种。我省原有的乡土品种有华山松、油松、白皮松、马尾松、巴山松和杜松。它们既是荒山造林的主要先锋树种,也是营造风景林,疗养林的良好树种。

(7)古柏

古柏,属裸子植物门,松杉纲的一种。常绿乔木或灌木。叶小,呈鳞形或刺形。柏树斗寒傲雪、峰毅挺拔,乃百木之长,素为正气、高尚、长寿、不朽的象征。自古以来柏也是悲哀和哀悼的情感载体,所以柏树总是出现在墓地。在我国的园林寺庙、名胜古迹处,常常可看到古柏参天,荫蔽全宇。

4.1.2　名木古树文化内涵

《辞海》对"文化"概念的解释有三种:一种为从广义来说,指人类社会历史实践过程中所创造的物质财富与精神财富的总和;从狭义来说,指社会意识形态及与之相适应的制度和机构组织。第二种为泛指一般的知识,包括语文知识在内。第三种指中国古代封建王朝为维护其统治的所谓文治和教化。从《辞海》对"文化"的解释不难看出,它有广义和狭义之分,广义的概念不仅包含精神财富,同时也包含物质财富的内容。狭义的概念是特指精神财富或社会意识形态的内容。相对于名木古树这一特定类别的植物而言,需要经过历史长河的洗礼,并经过人们长期的物质生活和精神生活而形成的一种文化体系。哈佛大学人类学家 N·格拉泽 D·P·莫尼汉归纳了一些学者的讨论,如果定义某种特征成为文化,则应具有四个属性:第一,拥有这种文化的民族或群体是文化的主体;第二,从地域上说,这种文化有一定的覆盖面;第三,这种文化具有整合性;第四,这种文化具有鲜明的特质。古树所体现的文化具有以上四个条件,因而古树文化的形成合情合理。

名木古树文化可以概括为名木古树给人类物质文明和精神文明带来的作用和影响。名木古树文化是"以名木古树为表现对象的文化形式和文化心理的总和"。大致说来,名木古树本身是物质文化的范畴,以名木古树为表现对象的文化和文化心理是精神文化的范畴。名木古树的文化属性是通过一定的物质形态、文化形式和文化心理表现出来的,大致包括实用、审美、象征性这三方面。从名木古树文化的表现形式看,由古树的枝、杆、根制作成的工艺品和由古树花果主要体现古树的实用功能;以名木古树为表现对象的文化形式主要体现古树的审美功能;以名木古树为表现对象的文化心理主要体现古树的象征功能。

4.1.3 名木古树文化属性

我国人民自古以来对名木古树含有一种特殊的情感,人们尊敬她,崇拜她,延绵了数千年。以古树为题材的神话传说、人物事迹、历史典故、诗歌及绘画作品构成了我国丰富的人文资源。在中华民族数千年的历史长河中,名木古树,作为树木的"长者",是树木文化的重要组成部分。在人们的日常生活中,名木古树是物质生产的重要资源,同时它也丰富了中国文化的内涵,形成了别具一格的文化特征。

1) 名木古树的历史性

名木古树历史悠久。据说,世界上现存最古老的树是波利尼西亚群岛上的龙血树,有9000多年的历史;我国现存最古老的树要数陕西黄帝陵轩辕庙的柏树,高14米,胸径9米,称为"黄帝手植柏",亦称"挂甲柏",距今已有4千余年,堪称中国古树之冠。其次是台湾省山林中的红桧,有3000多年的历史。

名木古树具有珍贵的历史价值。金学智在《中国园林美学》中说:"古木的空间体量、形态似乎只是它的外观形式美,而悠久的时间价值则是其深厚的内涵美。"名木古树是一种"活文物",它历经数百年的风雨沧桑,经历了岁月的风云变幻。时代的吉光片羽都深深地烙在它们的年轮中,成为大自然和人类历史发展的见证,它们是有生命的文物。它的存在常与文化古迹、名人逸事、神话传说、历史典故相联系,因而具有文化考古、历史考证的价值。祖辈留传下来的民间古树故事,每每涉及朝代和历史名人,以树比物,以树喻人,生动具体,活灵活现。例如,河南新野县沙堰镇的汉桑,旁有碑文记载,当年关羽督工建造拦河工程,桑树下就是他指挥工程的联络处。关公白天河上监工,夜晚桑下住宿,便留下了"三宿桑下"的美谈,历史沧桑的"关宿桑"至今让人浮想联翩。安徽省凤台一中有一古银杏是三国时东吴大将周泰的花园观赏植物，树龄1800多年。这棵老枝盘曲，遒劲苍老的古树历尽了世态沧桑，经历了坎坷的折磨，三国争雄、吴楚争霸、逐鹿中原、两晋纷争，历代王朝的更替，记述了近两千年的史实。现在它位于凤台一中庭院中，清晨早读，白果树下书声琅琅，老树劫后余生，又焕发了青春。正是："劫后春又生，银杏强不阿。青春枝叶茂，默默抚沉疴。落红洒园圃，爱苗护花棵。生机天难老，何惧苦难多。"可以说每一棵树就是一段历史，承载了一种文化。湖南岳麓书院里的古树凝结着浓浓的湖湘文化，同时也见证了湖南大学80多年来的办学历程。

2）名木古树的宗教性

树神崇拜在世界各地非常普遍。并且在不同的历史时期不同的民族都有一定的树种。虽然内容极其多样，精神则相似。如墨西哥的印第安人有"世界生命树"的崇拜，欧洲雅利安人的各氏族都崇拜神树，古罗马城中的一株山茱萸被视为最神圣的东西，西非所有部族视高大的木棉树为神灵。中国自古以来，就有树神崇拜的传统。我国古代有许多小国，以树木为国名或地名者颇多，如春秋时"杞国""棠""北杏""桃""栎""柽"等，均为当时之国名或地名。且这些树木多为该地的社木树种，如"夏后氏以松，殷人以柏，周人以栗"。这些社木代表了土地之神，各国均设坛祭祀之。

古树与人们日常生产生活极其密切。在农村或许多少数民族地区，上百年的老树，常被人们当作"神木"来崇拜。人们敬畏它，祭拜它，其原由主要有两方面：首先，古树曾是人类生命的庇护所。兵荒马乱的年代，古树的果实是农民食物之源。如在张家门马兰村有几株300多年的古榆，在灾荒战乱年代，村民都以榆叶、榆钱充饥，村民称之为"度荒榆"。当战乱过后，村民们建庙来祭祀之，以报答古榆对他们的救难之恩。其次，古树以其古老的树龄、寓意的冠名和独特的身姿而具有象征意义。第一，古树枝繁叶茂、根深蒂固是文化繁荣昌盛、社会和平安定的象征；第二，古树具有传承意义。我国祠堂历来有建祠植树、以树育人的宗德。如福建蓝田古村现存有李、余、彭、林四大宗祠，均选址在古树葱郁、环境优雅之地；第三，古树具有各种纪念、寄托意义。如古松柏，中国有"松柏常青"的佳话，往往栽植于陵墓、社坛、皇家园林和寺庙观宇中。古榆树，有"年年有余（榆）"之意。古枣、古桂树，有早生贵子之意。

3）名木古树的文学性

在我国文学史上，描写树木的诗歌很多。如春秋时期的《诗经》："昔我往矣，杨柳依依。"宋·欧阳修《秋声赋》："丰草绿缛而争茂，佳木葱茏而可悦。"清·顾炎武《又酬傅处士次韵》："苍龙日暮还行雨，老树春深更著花。"

在古诗中，诗人借助树木树种的典型季节特征、或树种的寓意或雄姿等的描写来抒发某种感情是常见的手法。陆机在《文赋》中有"悲落叶于劲秋，喜柔条于芳春"，不同的景物通常对应着特定的情感体验。"春色满园关不住，一枝红杏出墙来"，表达了诗人面对满园春色时那种溢于言表的喜悦之情。由于受古树苍老的外在形象的影响，诗歌中对苍老古树的描写，多将之与周围环境联系起来以表达哀愁伤感、追忆缅怀之情。如马致远的《天净沙·秋思》："枯藤老树昏鸦，小桥流水人家，古道西风瘦马。夕阳西下，断肠人在天涯。"勾勒出深秋季节傍晚时分无比萧瑟的景观，表现出了天涯沦落人的彷徨、孤独、感伤。如王维的《老将行》中有"苍茫古木连穷巷，寥落寒山对虚牖"，诗人用"古木""穷巷""寒山""虚牖"四稀景物组合成一个清冷萧条的环境，衬托出老将被弃后的清苦生活。在许多古代山水诗中，诗人常常通过描写古树茂林来渲染幽深寂静的环境，用以寄托隐逸思想情怀。如王维的《过香积寺》有："不知香积寺，数里人云峰。古木无人径，深山何处钟。"诗人描绘游中所见，从侧面交代了香积寺的位置与环境，即寺院位于云峰深处，周围古木环绕，宁静而幽深。

此外，古代也有许多诗人咏颂过古树那顽强的生命力和那拔地参天、苍郁葱蔚的雄姿。如清代张元奇曾写诗赞曰："木奇真个木能奇，一路秋林尽入诗。别有边关佳丽气，霜大九月发奇姿。"这些都是表达了诗人对古树顽强生命力的赞美之情。

4）名木古树的艺术性

古树是我国传统绘画艺术的重要题材。古树根深叶茂，浑朴高迈的气象外表常常激发艺术家的创作灵感。遗存在地表的千年古木，其姿态万千，美不胜收。有的挺然高昂，意气凌云；有的虬枝横空，龙翔凤舞；也有的叶张翠盖，荫及四方。这些古代劳动人民精心培育的树木，既匠心独运地映衬着巍峨的宫阙寺观和明丽的绿水青山，装点了祖国的大好河山，有包孕着"前人栽树，后人乘凉"的高贵思想，至今令人低回仰止。在我国人民心目中，这些古木已不是无情的草木，而是老而弥坚、苍而愈茂、永远自强不息的自立于世界民族之林的崇高象征。在历代画家的古树绘画作品，一方面再现了古木自然美的风采；另一方面艺术家通过托物抒怀，反映了人民群众的情感、意志和愿望，在一定程度上表现了民族精神和时代气息。明代后期著名书画大师董其昌，其山水系列画中所绘的树木，枯荣相杂，不求逼真写实，只注重其意象的表达，通过娴熟的笔墨表现山水的神韵。20世纪我国著名书画大师齐白石的《古树归鸦》，作品用笔简练，墨色讲究，以独特的大写意困画风格，笔墨干湿浓淡的变化强化了晚噪的鸦群和幽静的山村之间动与静的对比，表现出秋冬山野清旷悠远的景色。

4.2 名木古树承载文化遗存

"森林既是人类之前途，也是维护地球生态平衡之保障。"森林是地球绿色世界的主体，它在人类生存繁衍和不断发展的过程中发挥着生态、经济、社会和文化等多方面的作用。作为树木中的寿星、明星的名木古树，其有着特殊的作用。

4.2.1 名木古树是活标本、活记录

马克思说过：植物性物质和动物性物质的"成长生产，必须服从一定的有机界规律，要经过一段自然的时间间隔"。林业生产的时间间隔特长，因树木生长要几十年甚至更长时间才能成材，这就给林业生产的决策带来了困难。一旦失误不仅劳民伤财，还将遗患多年。然而，名木古树的存在则把树木个体生长发育在时间上的顺序展现为空间上的排列，使研究者能对不同生长发育阶段的树木同时进行研究，从而了解掌握该树种生长规律及对生态环境的要求，为林业建设的决策提供依据，进而转化为林业生产力。

名木古树的发现，有一定的学术价值，它可以为树木分类及亲缘关系的研究提供资

料。2003年在陕西一株开花结实的长序榆，说明陕西大巴山特定的地史及为植物区系研究上中间的洲际间断分布提供了新的佐证，并把陕西省原有2种濒危植物增加为3种。名木古树还可以说明林业史中一些问题。如引种城镇常用行道树悬铃木，是"20世纪50年代由南京引种来的，其原产于欧洲东部，我国引入3种，城镇均有栽培"。我国是在清道光二十二年从上海引进，但由于陕西户县罗曾生长过一株"净土树"，就将悬铃木引入我国的时间推前了1400多年，最早的种源可能源于西亚。此外名木古树在研究自然史上也具有一定价值。研究名木古树年轮，对治理现代工业污染、防治疾病具有重要意义。据报道，我国西北某工业区，通过对柳树年轮中含镉的含量测定，发现其逐年上升。后来，经过相关部门综合治理，7年后，柳树中含镉量下降了44%。

4.2.2 名木古树是活文物

名木古树（作为活文物）生长历程的史料及其有关的传说、轶闻、神话故事等，都打着历史烙印、反映时代文化的"遗迹"，能直接或间接地服务于历史学、考古学及部分经济学的考证和研究。

中国的上古史，自汉司马迁览尽石室金匮，广采民间遗存，网罗天下放佚旧闻，著成中国最早的通史《史记》，提出中华文明自黄帝始，都留下了与名木古树相关的文化遗迹。《史记》中把黄帝视为古史中的最早圣王，教人"时播百谷草木，淳化鸟兽虫蛾"。尽管时至今日有关黄帝遗迹的实物已近荡然，但是其陵、庙俱在，尤其那株传说为黄帝手植的古柏及没于清代的神木县的"帝植神松"等，保留着中华民族的始祖开拓文明时代的遗迹。还有黄帝陵的古柏林分，千年以上树龄众多，耸挺参天，历史悠久，岁月不衰，彰显了中华民族坚韧不拔的性格。春秋战国时期，老子西游秦国，来到函谷关。函谷关令尹喜陪他来到"草楼观"，请为著书，老子于是述道德之意五千言以授之。在楼观台的宗圣宫遗址以东有一株古柏，人称"系牛柏"。据《古楼观台志》记载，此树系过老子入关时驾车的牛。秦朝焚书坑儒的坑儒谷遗迹，坑旁有棵毁于近代的古杨树，当地传为树洞里藏过一儒生的书，而受人崇敬的古树。汉代开国丞相萧何在圣水寺内植一桂花树，此"汉桂"不仅古、名，而且奇。桂花，"花冠四裂"，它却"每年开花两次，花为五至八瓣，以复瓣朵大，……飘香数里"，成为该胜迹的一大景观。唐朝是中国历史上繁荣的朝代，现存的名木古树最多。散生于全国多地的"唐槐"，大量为唐代交错呈现尊道或崇佛大搞寺观建筑的后果。此外，现存的古树还有不少与唐代名人有关。如唐玄宗的"太上槐"及华清池的皂角树，诗人王维手植银杏，闻名遐迩。宋至清，名木古树相对减少。值得一书的是宋初华山道士的"陈抟老祖"手植的玉泉院的"无忧书"和4株莎萝树。传说此位对宋代理学有影响的道士与赵匡胤在华山下棋，赢了座华山。至今华山仍流传"山是道家山，树是皇王树；华山不纳粮，不得乱砍树"的信条。在1947年，毛泽东到达佳县后游白云山，此山道院有株380的侧柏，毛泽东就是在这棵柏树下站着和群众观看了剧团演出的《反徐州》。此树记录了革命领袖与人民群众共渡黎明前的黑暗艰苦生活。

【拓展阅读4-1】

古树"金钱松"的传说

　　在卢湖之南，无量溪河上游的丁冲东山边有棵古树——金钱松，当地居民称之为剑松。古树气势雄伟磅礴，主干挺健笔直，宛如一把利剑直插云霄。

　　树高35米，仰头都看不到顶；树粗四米多，三个大人合抱才围得过来。更令人称奇的是这么高的一棵树，其内心却是空的。

　　原来这棵大树已有600多岁了，据说此树全省最大（国家级二级保护植物，已收录《安徽名木古树》一书中），全国也不多见。六百多年来，金钱松饱经风霜雨雪，历经酷暑炎夏，见证了人间历史沧桑。我多次乘车从村边路过，可从来不曾关注过它，今天骑车跟随朋友特绕道前来一睹大树的风采，一下就被大树的气势震撼了。

　　关于这棵大树，当地一直流传一段动人的故事。

　　相传地藏王菩萨从天目山带众生灵到广德建平灵山听经，一时间龙狮虎象、飞禽走兽，浩浩荡荡，好不热闹。但也有一些孽障趁此作恶作歹，危害百姓，一路上闹得鸡犬不灵，民不聊生。尽管百姓奋力反抗，但也无济于事。话说大明皇帝朱洪武与军师刘伯温，为保大明天下，破龙帝斩龙妖，私访周游天下，曾来到东山边，见这里山川风水正是一个好地方，东有将军山，北有笄山，西有乌云山，南有桃花山，无量溪河绕山而流，山清水秀，人勤地沃。这里本应是块风水宝地，可怎么终日乌云密布呢？刘伯温拿出罗盘，对好子午线，仔细观察，发现无量溪河和粮长河里两条水怪相争斗气，正要兴风作浪，危害百姓。于是刘伯温拿出腰间挂的姊妹双锋宝剑，在空中一舞，只见两道寒光一闪，一把插在曹冲岭，一把插在丁冲东山边。顿时风雨大作，雷声四起，顷刻间雨过天晴，空气清新，又是一派生机。

　　又过了几百年，那把宝剑神秘地消失了，剑鞘永远留存下来，后来化成了金钱松，长成了两棵参天大树。曹冲岭的那棵大树于戊子年夏遭雷击不幸陨故。

　　据村民们介绍，东山边的这棵古树特别有灵性。当年戴笠在王岭设忠义救国军特务训练班时，想锯掉这棵大树做课桌用时，刚下锯就听见雷声隆隆，下锯处流出血浆，再加上当地老百姓的强烈反对，戴笠只好作罢。日后大炼钢铁，修桥盖房，架线总有人想锯掉大树，可冥冥之中总有一些说不清的原因保护着这棵大树。前几年村里一位小伙子看大树上枝桠有些碍事，便爬上去将枝桠砍掉了，后来这个小伙子刚刚三十多岁，就出车祸而亡。

　　如今这棵金钱松已由当地政府挂牌保护，老百姓的保护意识也越来越强，大树正顽强地生长着。回首仰望大树，我们默默地祝福它健康长寿，造福一方百姓。

　　资料来源：高天流云. 古树"金钱松"的传说 [DB/OL] http://blog.sina.com.cn/s/blog_7160f9c20101150j.html. [2017-09-23].

4.2.3 名木古树是独具特色的自然资源

旅游，是当前一种世界范围的社会现象。随着人类生态、环境意识的觉醒，以"回归大自然"为主旨的森林旅游已成为当今的时尚。全国众多景区森林景观独特，特别是古朴优雅的名木古树，为自然景观或人文景观增添美的品味。

名木古树的形态、色彩、风韵等，不仅使人赏心悦目，还引发情思（图4-3）。如陕西保存量最多的"汉柏""唐槐"饱经风霜而枝叶丛翠，苍劲冲霄，雄风犹在，动人思念；栽培最多的银杏，有"活化石"之称，可见其起源古老，那巍然耸立的干躯，器宇轩昂的冠盖，造型典雅的叶形，令人仰止。现有的名木古树，在多数情况下，与名山大川、风景名胜、古代建筑等共同构成自然景观。名木古树的作用，可为其增态添美。华山有龙钟松柏傲立于悬崖兀峰，方显其雄、奇、险、秀的形象；中华民族始祖的黄帝陵所在地桥山为"远望郁苍连，抱岭环川，成林古柏势参天；"那"僧占

图4-3 台湾阿里山神木
图片来源：陈少英 摄

多"的名山上的寺观，名木古树更是俯拾皆是。名木古树作为自然景观，与景区当地特有的人文景观交织在一起时，使美成为一种心境，可为风景名胜区生辉。当每一位炎黄子孙前来祭奠黄帝陵时，庙门内的轩辕古柏，巍然耸立，直插云天，不能不见物思人，想起中华民族"人文初祖"，开古国、创华夏文明，除暴举贤以化天成。再有就是仓颉祠墓中的汉柏，除纪念这位黄帝时代的文化大师外，还铭刻着一件现代史料。1948年彭德怀将军率兵南下，曾驻防于此。当他得知警卫员砍了"二龙戏珠柏"的一部分枝条，严厉批评并写下了"保护文物，人人有责"的指示，革命前辈的这一举止，不能不令人赞叹，身体力行，保护好祖先留下的珍贵遗产。

总之，保护、研究、开发利用名木古树这一特殊旅游资源，其经济效益、社会效益、环境效益是无法估量的。

4.2.4 名木古树在现代开发中保护的原则

我国名木古树，由于其散布性，增大了保护难度。关于名木古树的保护，各地都设置了相应的法律法规，古树在每一个城市的绿地系统规划中都是要建立古树的保护名单、GPS坐标定位、树木年龄鉴定、树种名称鉴定等来进行建设保护，综合各地法律法规，结合本文论述范围，将古树在现代环境中保护的原则总结归纳为以下几点：

①通过园林部门确认和公布古树的种类和年龄；
②以物业部门或街道办指定专人对古树进行管护为主，群众或个人管护为辅；
③古树的管理费用由管理单位或个人承担，抢救、复壮费用如管理单位或个人确有困

难的由园林行政部门给予补贴；

④加强对古树保护的科学研究，推广运用科学成果，普及保护知识，提高保护和管理水平；

⑤对破坏古树的行为，有权劝阻、检举或控告；

⑥定期对古树的生长或管护状况进行检查，对长势濒危的古树提出抢救措施，并监督实施；

⑦建设项目涉及古树的，在规划、设计和施工安装中，应当采取避让保护措施，避让保护措施由园林行政部门批准，未经批转，不得施工。

具体到景观设计中，古树保护应遵循如下原则：

①划定保护范围。规定古树保护范围的划定必须符合下列要求，一是成行地带外绿树树冠垂直投影及其外侧5米宽和树干基部外缘水平距离为树胸径20倍以内；二是保护范围内不得损坏表土层和改变地表高程，除保护及加固设施外，不得设置建筑物、构筑物及架(埋)设各种过境管线，不得栽植缠绕古树的藤本植物；三是保护维护附近，不得设置造成古树的有害水、气的设施；四是采取有效的工程技术措施和创造良好的生态环境，维护其正常生长。

②古树应设围栏保护。古树应设围栏保护，在易受破坏的地方更应设栏。孤立树或树群围栏与树干的距离应不小于3米，围栏以人摸不到树干为最低要求。

③建设工程不得对古树产生影响。新建、改建、扩建的建设工程影响古树及古树后续资源生长的，建设单位必须提出并采取避让和保护措施。城市规划、建设行政主管部门在办理有关手续时，应当征得市古树行政主管部门的同意。生产、生活设施等产生的废水、废气、废渣等影响、危害古树及古树后续资源生长的，有关单位和个人必须在限期内采取措施，消除影响和危害。

【拓展阅读4-2】

福建保护名木古树"树王"可认养

位于福建省福州市永泰县同安镇境内、群山环抱的芹草村，遍植油杉，有近百棵百岁以上老树盘踞在此。其中，一棵油杉已有960多岁高龄，被称为"福建油杉王"。

油杉属濒危物种，在中国仅存于福建、广东、江西等地。记者13日从福建省林业厅了解到，芹草村的这棵"油杉王"，上榜最新出炉的第二批福建"十大树王"。

历经六个月的层层考察和选拔，第二批福建十大"树王"评选结果揭晓，涉及罗汉松、油杉、水松、圆柏、长苞铁杉、枫香、木荷、秋枫、紫薇、荔枝十树种，具体包括漳州市台商投资区角美镇福井村培厝的"荔枝王"，泉州市永春县蓬壶镇观山村致云庵旁的"圆柏王"，莆田荔城区新度镇凌厝村仙教祠的"秋枫王"等。

评选"树王"是福建保护名木古树的行动之一。福建省林业厅表示，将给予每个被评为"树王"的名木古树管理单位10万元人民币专项保护资金，并鼓励公众认养"树王"。

名木古树是自然界和前人留下的宝贵遗产。2005年，《福建省名木古树保护管理办法》颁布实施，依法规范名木古树保护管理制度。同年，福建公布了第一批城市一级名木古树名单，各设区市相继制定城市名木古树管理规定，为名木古树建立档案，并设立标志或挂牌，使城市名木古树得到有效保护。

守护着芹草村的"油杉王"和其他百岁老树留存至今，就是福建精心保护名木古树的最好见证。芹草村村民告诉记者，村民护树的意识特别强烈，把"树王"当成自己生命一样来呵护，村里每年正月初九、初十两天举办"树王节"。

据了解，福建省绿化委员会、福建省林业厅还将对新出炉的"树王"进行授牌。"树王"所在地将对"树王"进行重点保护，并负责开展形式多样的"树王"认养和推介活动，促进名木古树的保护。福建在2013年评选了第一批十大"树王"。

资料来源：余婷. 福建保护名木古树"树王"可认养[DB/OL] http：//news.sina.com.cn/o/2014-10-13/154830981714.shtml[2017-09-23].

4.3 名木古树文化的现实应用

4.3.1 名木古树景观资源的应用

1) 科学移植名木古树，再创佳景

在遵循市场价值规律和满足景观生态需要的前提下，现代设计师采用科学移植技术和养护技术对散生在荒山野地的古树进行保护性移栽，使古树的景观价值、生态效益和自然效益得到更充分的体现。设计师主要通过以古树为主景和以古树为衬景这两方面，根据古树树种、树形、四时之景以及它独特的人文气息，对景观环境进行空间的塑造和场所精神的营建。在现代城市景观环境设计中，以古树为主景，主要是以点景的方式来塑造空间，形成视觉焦点。它们一般运用在城市道路、住宅公共区、建筑入口、公园入口等地，既为城市增添特色景观，也为城市居民提供一个清凉而优美的休闲处所。俗语说："牡丹虽好，也要绿叶扶持"。为了能突出主体，或渲染末体，用古树作陪衬，使主景形象更加鲜明，给人以深刻的感受。例如，苏州博物馆，其入口厚重而气派，作为陪衬的古柏树叶深绿、树形低矮，与入口风格和谐统一。既不喧宾夺主，又点缀了建筑入口空间。

2) 原生地名木古树景观的开发应用

原生地名木古树景观的开发应用主要包括三个方面：城市名木古树景观的开发、风景名胜区名木古树景观旅游项目的开发应用、乡村旅游中的名木古树景观。

首先是城市名木古树景观的开发，城市中的古树，在历代城市营建中发挥着重要的职能。一方面表示了城市道路的位置；另一方面又装点美化了城市环境。它们历史悠久，古劲沧桑，是积淀历史风云的活化石，是城市兴衰的见证者。它们不仅有着珍贵的历史文化价值，还具有潜在的旅游价值。一棵棵名木古树构成了城市一道道靓丽的风景线，为城市景观增添了魅力。近些年来社会各界已逐渐意识到名木古树的珍贵，并以实际行动来保护和开发城市中留存的古树资源。城市街道名木古树景观的保护性开发、名木古树主题公园、城市遗址公园的建立等，既保护了城市历史性环境，也极大地保护了名木古树，延续了城市历史性景观，体现了名木古树的潜在景观价值，满足了不同层次旅游者的不同需求。

其次是风景名胜区名木古树景观旅游项目的开发应用，风景名胜区的名木古树资源是名胜古迹不可或缺的有机组成部分。它们枝叶繁茂，或古朴虬劲、或枯木逢春、或旁逸斜出，极具有审美价值；同时，名木古树常常有一段动人传奇的故事，让人深思遐想。充分保护利用这些资源，挖掘与古树景点有关联的人文史料，可以使景点的内容更加丰富，同时增加旅游景点的文化意义。如扬州八怪纪念馆旁的唐槐，游人在游玩八怪纪念馆后，再领略一下千年古槐，追索昔日的槐古道院风采，体会"南柯一梦"的意境，定会余味不穷。同时，在旅游区开展专线古树旅游线路，结合开展与名木古树品种相关的文化节活动，以满足不同层次旅游者的不同需求。如在福州的荔枝节，集采摘、品尝游赏于一体，使人们在取得乐趣的同时对荔枝相关知识有了更深刻的了解。

最后是乡村旅游中的名木古树景观，随着人民生活水平的提高和带薪休假的出现，人们旅游需求日益多样化，而乡村旅游品种的多样性、内容的丰富性和体验差异性满足了旅游者需求。乡村旅游中名木古树作为一特殊景点，除了具有极强的观赏性之外还具有浓厚的地域人文色彩。名木古树景观资源在我国农村分布比较多，尤其是在一些古村落遍布风水林，它们都有上百年甚至上千年的历史，充分开发和利用这些名木古树景观资源，围绕其营造乡村旅游景观，对提升村落景观环境以及保护古树群落有着十分重要的现实意义。如安徽古村落的风水林，现在已经是村落水口公园，无论是村里还是前来参观旅游的客人都无不在水口公园停留观看、欣赏。

3）名木古树盆景

我国盆景起源于东汉时期华北平原地区，已有2000多年的历史。我国的盆景是以树、石等为主要素材，经过艺术加工，合理布局和精细的养护管理，同时运用美学法则，借鉴画理，融以诗情，在小小的盆景中再现大自然名木古树、秀山丽水的一种活的艺术品。讲究"诗情画意""主题思想"是中国盆景区别于其他国家盆景的最为重要的特征。我国树木盆景，种类繁多，许多是经过前辈精心养护遗留下来的优秀作品，盆龄已上百年的盆景称为古树盆景。优秀的盆景作品，能振奋精神，激发人们的爱国主义热情。当我们看到危崖挺生、雄踞高岗的松柏和古朴苍劲、姿态优美的梅桩时，常常为其坚贞高洁的形象所激励；当看到咫尺盆中的"山峡风光""桂林山水"时，就会更加热爱祖国的锦绣河山，提升我们的民族自豪感；而当看到山崖叠嶂、碧水浅流时，又能平抚人躁动的心灵。现代公园景点设计中尤其是在植物园或花卉景园中，古树盆景是一大景点。欣赏者往往为作品的大效果、大气势、虬拙苍古所吸引而驻足欣赏，进而流连忘返，反复观赏、比较，并将自己的人生经验、艺术素养与作品进行交流融合、补充修正，在同化与顺化中完成美的欣赏活动。

4.3.2 枯死名木古树景观的利用与景观再造

由于自身衰老死亡或其他原因致死的名木古树，仍有景观和科研价值，因此，枯死名木古树景观的利用与再造也是名木古树景观再生的一项工作内容，利用枯死古树来进行景观再造，通常作法有：

就地建亭保存，福州市雪峰寺枯木庵就是一处成功范例。寺东南方数百步处的枯木庵，为重檐九重顶二层建筑。庵内一株枯水树龄已3000多年，树腹中空，可容10余人。南面开一门洞，相传是义存初入山时的栖身之处。枯木内外原有唐、宋、明题刻20多处，多已风化剥蚀，仅存唐代题刻一条19字，在国内独一无二，称"树腹碑"。制作成城市雕塑，如墨西哥城的白雪松雕塑"缅怀自然"；培育残余萌芽或进行组织培养，克隆成材，再生其树木景观，如湖南福严寺的古银杏；建立名木古树博物馆。目前，广东东莞市观音山古树博物馆是全世界迄今唯一的古树博物馆，收藏了近几年来出土的有研究价值和观赏价值的古树42棵。古树根雕，以树木为选材的根雕，是以树根的自生形态及畸变形态为艺术创作对象，通过构思立意、艺术加工，创作出人物、动物、器物等艺术形象作品。枯死古树的树根，往往更具备根雕创作价值的先决条件。因为被水、淤泥淹没的死根，经数百年碳化形成的古老阴沉根木，其质坚几乎接近化石、木质细腻、木性稳定、不易龟裂变形、不蛀不朽能长久保存，如黄杨、檀木、榉木、柏木、榆木等是根艺的佳材；根雕艺术是发现自然美而又显示创造性加工的造型艺术，所谓"三分人工，七分天成"，其构思是最大限度地保护自然之形，溢自然之美，而一切人为艺术的再创造的痕迹需藏于不露之中。十一届三中全会以来，根艺也到了一个蓬勃发展的时期。而且已在全国各地发展了四十多个根艺团体。此外，它以其独具匠心、妙趣天成的艺术感染力，受到越来越多人的喜爱。

4.3.3　仿真名木古树的运用

近几年来，国内对仿真古树的运用日益渐浓。仿真古树一般按树种来仿造，如仿真古榕、香椿树、棕榈树、椰子树等，拟木仿木，造型美观大方，是室内外装饰造景的很好选择。人们对仿真古树的运用，主要是运用在茶馆、餐厅用以营造一种山林野趣的意境，或者运用在室外，创造出一种奇特景观，吸引人们驻足观赏。

小　结

名木古树以其优美的形态、丰富的人文内涵，被人们尊称为"凝固的诗，动感的画"。它为现代环境设计提供了丰富的素材。自古以来，我国人民对名木古树含有一种特殊的情感，人们尊敬它、崇拜它。以古树为题材的神话传说、人物事迹、历史典故、诗歌及绘画作品构成了我国丰富的人文资源，它与中华民族的生存和发展结下了不解之缘，并在中华民族的文明进步过程中具有不可替代的作用。尊重自然规律，减少对自然的人为干扰，保护、恢复并展示国土的地域性植物景观类型，是现代植物景观设计者们应该着重考虑的问题。对名木古树景观的考虑，不仅要重视名木古树景观的形体、姿态、花果、色彩等视觉效果方面的展示，尊重其自然生长规律，充分开发古树的人文景观与旅游资源，使名木古树景观成为一个城市，乃至一个地区的主要景观特色。

自主学习资源库

牛建忠. 天坛古树[M]. 北京：中国林业出版社，2016.

莫容，胡洪涛. 北京名木古树散记[M]. 北京：北京燕山出版社，2015.

司马贞，张守节译. 史记[M]. 北京：中华书局，1982.

北京市公园管理中心，北京市公园. 名木古树故事[M]. 北京：中国林业出版社，2014.

思考题

1. 列举名木古树的种类和等级。
2. 名木古树定义及文化内涵。
3. 名木古树综合价值和文化传承。
4. 名木古树开发原则及应用。

第五章 动物文化

学习目标

【知识目标】

(1) 了解动物文化内涵,熟悉动物的行为文化;

(2) 熟悉不同动物的文化类型,思考动物与人类文明的关系;

(3) 熟悉动物崇拜的原因,动物崇拜有哪些著名的节庆活动,掌握动物崇拜的表现形式。

【技能目标】

(1) 培养和提高学生对动物文化的认知能力;

(2) 提高学生野生动物保护意识,能主动成为野生动物保护者。

【引文】

> **樟湖镇：举办崇蛇文化旅游节**
>
> 　　每年的农历七月初七，延平区樟湖镇都有崇拜蛇神的传统，今年的8月28日是农历七月初七。当日上午6时许，樟湖镇蛇王庙里外人山人海，大家都翘首以盼着最为精彩的崇蛇巡游活动。经过一系列的传统祭祀仪式，崇蛇巡游队伍从蛇王庙出发了。
>
> 　　在崇蛇巡游队伍中，各种仪仗队伍之后，紧跟着游蛇队伍。队伍中每人手中握着或身上缠着一条活蛇，任蛇盘其身或缠其头；人蛇纠杂，或行或止，轮换着持蛇，还做出一些令外人失色的危险动作。
>
> 　　"这些蛇不咬人！"已经连续好几届参加巡游活动的陈杰告诉记者。巡游队伍绕着街区游行，在经过家门时，当地人纷纷鸣炮、上香，热闹非凡。
>
> 　　"这是个很特别的七夕！"来自福州的林芃夫妇表示，没有玫瑰花与巧克力，有的是与蛇亲密接触以及当地的特色小吃，也是个很不错的体验。
>
> 　　据了解，今年的"崇蛇文化旅游节"为期两天，活动内容丰富。在七夕前一天还举办了敬奉蛇王大典。为了迎接本次的祭祀大典，今年蛇王庙前还新建了一个300多平方米的祭祀台。祭祀台以天圆地方、8根蛇神柱构成，蛇神柱每根直径0.7米，高6.8米，分别雕刻闽、蛇、祥云、水浪等图案。"希望通过庄严肃穆的祭祀大典，让来宾感受到浓厚的闽越族人崇蛇遗风。"樟湖镇文化站站长王商书说。
>
> 　　除了崇蛇、祭祀之外，今年的旅游文化节还举办了特色美食展、绿色生态游活动。樟湖周边的蛇王庙、胡厝林、香山美丽乡村、牛戴帽生态采摘园等景点都迎来了不少的游客。本次文化节还举办了首届闽越崇蛇文化研讨座谈会，邀请数十名省内外著名的民俗专家、学者，共同研讨樟湖镇崇蛇文化的发展、保护、传承和利用。希望能够通过对蛇文化的深入挖掘，助推本地区的旅游发展。
>
> 资料来源：陈冰倩. 樟湖镇：举办崇蛇文化旅游节[N]. 闽北日报. 2017-08-30

5.1　动物文化内涵

　　人类出现大约距今240万年，甚至更早。人类无疑是地球上迟到的物种，在人猿作别之前，各类动物已经在地球上生存繁衍几亿年了，它们是环境造就的，既适应也依存于环境，那时在地球生物圈这一舞台上，动物是真正的主角，动物与环境之间有着和谐的关系。人类的出现改变了动物主宰地球生物圈的格局，但这一格局的改变，同时经历一个漫长的过程。

　　恩格斯在《家庭·私有制和国家起源》中，从社会经济关系角度，根据历史学家摩尔提供的材料，把人类历史进程分为蒙昧时代、野蛮时代和文明时代三个时期。认为"蒙昧时代"是以获取现成天然物为主的时期，这一时期，通常称为原始文化时期或渔猎文明时期。而"野蛮时代是学会畜牧和农耕的时期"。这就是说，人类在未进入农耕文明社会之前，人类尚处于蒙昧时代,即原始文明时期或称之为渔猎文明时期,其时的情况是兽多人少,茹毛饮血,在众多不同的动物群落中,人类群落尚处在守势和弱势。

也许正是这种弱势守势的地位,逼使人类以群体协作的形式,拿起工具,与人以外的动物竞争。当时,人与动物的关系,既是敌对的又是依赖的。所谓敌对,指兽多人少,人类手中虽有简陋工具,可作防御,但不敌猛兽的攻击,以致不得不迁徙和避入洞穴。所谓依赖,指人类用木叉叉鱼,用弓箭射杀鸟兽,把动物作为食物的主要来源,偶尔,还会在被焚烧过的森林迹地上,寻找到被烧死的动物,享受到熟食的美味,并慢慢学会使用和保留火种。

人与动物的这种既敌对又依赖的关系,一直延续到农耕文明时期。此时,人类已以农耕为主,驯养猪、狗、羊、牛、马、鸡、鸭、鹅等家畜家禽为辅,而在牧区依然以游牧为主,是农耕经济与畜牧经济并存,动物作为人类食物的主要来源,占据越来越重要的位置。

人与动物之间密切关系,决定了人类既敬畏和崇拜动物,又亲近和依赖动物。在中华文化、古巴比伦文化、印度文化、玛雅文化和墨西哥文化中,都能看到人类敬畏和崇拜动物的踪迹。中国的阿尔泰山、阴山、贺兰山遗存的岩画中,有大量动物形象和人类狩猎的壮观场面。西班牙旧石器时代的阿尔塔米拉岩洞中,有被射杀的野牛的图案,一些少数民族把某一动物作为民族的图腾,把动物的头骨、壳等作为装饰,既表明了人类对动物的审美情趣,也表达了对动物的敬畏崇拜。

中华民族同其他民族一样,敬畏和崇拜动物。中国人称自己是龙的传人,虽然龙是一种理想化的动物,但对动物的敬畏和崇拜,则是不容置疑的。福建简称"闽",汉代许慎所作《说文解字》中说:"闽,东南越,蛇种。"定义闽人是崇拜蛇的种族。最早的闽人,是七支以蛇为图腾的部落,生活在现在的武夷山市一带。福建多山、各类资源丰富,先民们捕蛇、食蛇、用蛇,并赋予蛇以文化的内涵,自在情理之中。

此外,动物被赋予文化内涵的还有"喜鹊登枝",以喜鹊表示吉祥;蝙蝠蜜桃组合为"福寿双全",蝙蝠表示礼福;松树与鹤组合为"松鹤延年",鹤表示长寿。鹤形超脱,举止优雅,视为长寿仙禽,鹿、他在民间则被称为神兽,如"鹤鹿同春""龟鹤延年"等。而在藏区,牦牛被视为仙兽,沙漠地区的人们则把骆驼看作神兽,等等。

随着农耕社会的进步,人们的衣食住行与动物关系日益密切。如饮食方面的"六畜",出行方面的马、骡、牛等畜力,利用动物皮毛制作的服饰用品。以及利用动物捕鱼、狩猎、看守等。中国人还用鼠、牛、虎、兔、龙、蛇、马、羊、猴、鸡、狗、猪十二种动物,与年份相合,某人在某年份出生,便附上某一动物的属性。如在龙年出生,便属龙,兔年出生便属兔,如此等等,称之为十二生肖。

人类与动物的紧密交集,也衍生出了许多富有内涵的动物文化。

5.2 动物的行为文化

5.2.1 动物行为文化概述

动物的行为主要分为动物的觅食、动物的性行为、动物的爱与动物的婚姻制度。

1）动物的觅食

觅食是动物的本能和本性。所谓"食色，性也"。食指的是觅食，是动物生命赖以存在的第一需要。哺乳动物可分为草食动物、肉食动物与杂食动物。羊、鹿、熊猫等，属草食动物。草食动物通常有蹄，牙齿不锋利，但耐磨，肠子较长。狮、虎、狼等，属肉食动物，通常牙齿锋利，肠子较短，因为猎物营养丰富，无需太长肠子便能吸收。杂食动物如熊、猪、鼠之类，介于它们两者之间，既掠取植物，又捕食动物。

草食动物啃食树木的叶、茎、花、果实、根块等，这显然会造成对森林植被的破坏，例如，一只熊猫一天大约要吃掉几十斤的巴山木竹或秦岭箭竹，一个猴群往往能把一处林果啃光。大自然产生的绿色食物由它们享用，这是理所当然的，这不但促进植物的自然更新，还通过对动物的消化系统和身体移动，撒播种子，使植物群落不断向外扩张。

草食动物以植物为捕食对象，其自身又是肉食动物的捕食对象，且在肉食动物之间，在昆虫之间，不但异类相食，同类相食情况时有所见。瓢虫的幼虫经常相互残杀；大虫吃小虫；还有一些种类，不仅捕食蜂类，也会同类操戈，大虻吃小虻。在鬣狗、狮子和黑猩猩中，也偶见同类相食，主要是食用幼兽。

在自然界，杀婴行为备受关注。有些鼠类产仔后会把最弱小的幼鼠吃掉，以保证其他幼鼠的成长。新狮王入主狮群后，第一件事就是杀婴。但只杀雄性幼狮，不杀雌性幼狮，幼年的雄狮非死即逃。这样，就有效避免了可能出现的近亲繁殖。

一般认为，猫科动物是食肉的，而猿猴类则完全是素食的，但事实并非如此。懒猴和金熊猴是专食昆虫而不食植物；松鼠猴、蜂猴和倭蜂猴既食植物也吃昆虫；藏酋猴以植物为主，也吃昆虫和其他肉食；大猩猩、金丝猴、黔金丝猴、滇金丝猴则完全是素食主义者。

在杂食动物中，有些种类以动物排泄物为食，如屎壳郎。屎壳郎是自然界第一号清道夫，作为生物链的一环，屎壳郎的重要性不容低估。鬣狗和兀鹫，能食用腐食食物，这对于清洁自然界环境作用巨大。

2）动物的性行为

动物的性行为是动物的本能本性之一（图5-1），大约除了觅食，居于第二位就是性行为。动物一要生存，即觅食；二是发展，即是性，是繁殖。

动物的性行动（交配）通常是有季节性的，即发情期，这就是说雄性动物不可能在任何时候与雌性动物进行交配。环境是制约交配的极主要因素，因为动物的生仔、育幼都需要食物和环境的配合。例如，日照短的秋冬季发情的动物鹿、羊等动物，它们的怀孕期长，产仔期在次年的春夏之交；日照长的春季季发情的鸟类和一些兽类，其怀孕期短，同样要求在春季或夏季产仔，此时气候回暖，食物丰富，利于幼仔的生长和发育。

动物的发情期雌雄同步，并伴随着特殊气味和体征。在哺乳动物中，成熟的雄性只有嗅到雌性发情气味时，才会产生性行为。它们对性爱有特殊的敏感性，只要嗅一嗅，看一看，就知道对方是否情窦已开。雄性老鼠尿液散发出来的化合物，能唤醒处于休眠状态的雌性老鼠，使之发情。在许多情况下，动物的交配权是借体力争得的，发情期的争斗是常见的现象，尤以哺乳动物为甚。据报道，雄性麝牛有5%～10%死于激烈的争偶战斗，雄

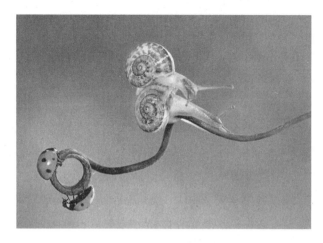

图 5-1 动物性行为
资料来源：360 图片

性独角鲸唯一战斗武器——长牙、有 60% 以上是折断的，大多数身体上都有伤痕。

综观动物的性行为，绝大多数是雄性主动，而雌性常常观望、等待、慎重从事，特别是哺乳动物。从生物学观点，这是一种适应。但哺乳动物中，薄情郎多，只有少数雄兽例如山羚、合趾猿、非洲猎狗、豹等参加抚育幼仔或待看幼兽，多数哺乳动物约占 70% 的雄兽对雌兽始乱终弃，在交配之后，一走了之。

3) 动物的爱

爱也是动物的本性之一，包括"性爱""母爱"和"同类之爱"。"爱"与"性"虽然不是同一概念，但在爱中，"性爱"无疑占有十分突出的位置。当成熟的雄性公鸡找到食物，准备让性伴侣享用时，发出的"咯咯咯"叫声，可谓色迷迷和极尽其所能。曾有人在青海湖边，看见一只雄雁为求爱，便缓缓向雌雁游去，围着她转圈子，点头伸颈发出求爱的鸣叫，而雄雁则害羞伏在水面，一动不动，把头部埋入水中，任其轻薄。黑天鹅的婚恋以及白颈凤鹛、银耳相思鸟、红嘴鸥在枝头或山野间并头交颈，唧唧喳喳同样动人心弦。

大雁和天鹅是人类心目中一夫一妻制的楷模。天鹅在伴侣死亡时，会久久不肯离去；大雁甚至会长期独居，与其他同类保持距离（图 5-2）。

爱在动物中是普遍存在的。一般认为，雄性动物的爱主要是"性爱"，而雌性动物则主要表现为"母爱"。为了保护幼仔，野生动物都会置自身安危于不顾。疣猪在发现猎豹靠近其幼崽时，会奋不顾身地发起冲锋，把敌人引向相反的方向，鸟类发现蛇类接近幼崽的窝巢时，会冒着生命危险，引诱蛇类扑向自己。在动物诸多的爱中，母爱始终是第一位的。穿山甲背着幼仔爬行，猕猴、金丝猴对幼儿的关爱，连小小的蟹蛛母亲，产卵后也会趴在卵上守护，直到小蛛孵化后离开。在动物界，也有雄性来抚育幼仔的，例如，蒙古矮仓鼠，在雌鼠生育时，雄鼠会帮助把幼鼠拖出产道，舔干净其身体，开启其鼻孔，使之能呼吸空气。

4) 动物的婚姻制度

动物的进化受诸多环境因素制约，其婚姻制度（两性关系形式）多种多样，例如，群婚

图 5-2　动物的爱情
资料来源：360 图片

型、一夫多妻制、一妻多夫制、一夫一妻型、孤独型等。

群婚型在哺乳动物中较为常见，如黑猩猩、狼、长鼻猴和猕猴属中的短尾猴及其他种类等。群婚就是混交，没有固定的配偶，雌雄聚居，交配自由。在群婚型的猕猴群体内，雄性为性主动一方，常有换群现象。换群时间为交配前后，换群实际就是换配偶，性无疑是主要动力。换群对于群体间的基因交流和防止近亲交配是有好处的。

一夫多妻型主要见于猿猴类，如黑叶猴、赤猴、金丝猴、山魈和大猩猩等。此类动物通常雄性个体明显大于雌雄，有能力保卫和控制群体内的妻小，雄性个体实际上是一个王者，具有绝对权威。群体中的雄性个体，待时机成熟时，方可挑战王者位置，并最终取而代之，成为新王。鸟类中一夫多妻较为少见，只占约 2% 的比例，如红翅黑鹂、环颈雉、鸵鸟和美洲鸵鸟等。一妻多夫型在动物界较为罕见，主要见于昆虫，如蜜蜂、蚂蚁等，一妻即指"蜂王"或"蚁后"。鸟类中一夫多妻型约占 0.4%，如美洲水雉、铜翅水雉等。

独居型的哺乳动物有东北虎、豹、美洲狮、美洲豹、黑犀、黑熊、棕熊、大熊猫、食蚁兽等。夜行性的狐猴类如鼬狐猴、倭狐猴等也是如此。大熊猫一年四季独居，只在发情时，雌性聚集在特定场所进行交配，交配季节为春季。

5.2.2　蛇文化

1) 蛇图腾

(1) 以蛇为图腾的原因

人类的祖先古猿还在树上生活的时候，是有机会遇到树栖的蛇的。后来森林逐渐稀疏衰落，古猿被迫下地，遇到蛇或接触蛇的机会就更多了。原始人类在与各种动物的斗争中，蛇必然也是一个重要的对手。他们捕捉蛇作为食物，或者被蛇咬而发生伤亡。在《韩非子》五蠹篇中记述，认为"上古之世，人民少而禽兽众，人民不胜离兽虫蛇"。在中国猿人化石的产地，曾经发现了蛇的遗骸，这也表明当时猿人与蛇有着密切的关系。这种生活和生产斗争的实践，势必会在原始人类的头脑中留下深刻的印象，很可能由此产生对蛇的畏惧和崇敬的心情。氏族在其形成的过程中，往往采用一种和它最有利害关系的自然物作为本氏族的名称或标志，这就是图腾。

（2）中国的蛇图腾崇拜

在中国的传说中，人类的始祖伏羲和女娲是人面蛇身。《山海经》记载着中国古代有58个信奉图腾的部落，其中有8个以蛇为图腾，另外书中所传故事里的夸父、大人、载天、延淮等神祇，他们或蛇身，或双手操蛇，或由蛇环绕，都与蛇有难解之缘。中华民族的图腾——龙，也是以蛇为身。

传说中的汉族祖先，亦有不少是蛇的化身。据《列子》中记载："疱牺氏、女娲氏、神龙（农）氏、夏后氏，蛇身人面，牛首虎鼻"。《山海经》里有"共工氏蛇身朱发"之说。在伏羲部落中有飞龙氏、潜龙氏、居龙氏、降龙氏、土龙氏、水龙氏、赤龙氏、青龙氏、白龙氏、黑龙氏、黄龙氏11个氏族，它们可能是以各种蛇为其图腾的氏族。

中国人崇拜的龙实际上也是蛇的衍化和美化，我们自称"龙的传人"，其实未尝不可说是"蛇的子孙"。这一切都折射着远古蛇图腾崇拜的信息。成书于战国时代的《左传》《孟子》常言"龙蛇"之举，其实在甲骨文中龙蛇的写法几乎没有什么区别。至汉代，人们仍习惯上并称龙蛇，如《洪范·五行传》郑玄注："蛇，龙之类也。"蛇图腾崇拜在我国原始社会中也同样存在，在仰韶文化的陶器上有蛇的图像，这些图像有些可能就是当时的氏族图腾。

2）蛇的象征含义

远古时期人类由于对自然界认识的匮乏，出现对植物、动物、神灵等的崇拜。当然蛇作为一种神秘的动物自然也在崇拜范围之内，世界各地普遍具有与蛇相关的神话传说、宗教信仰、图腾崇拜。蛇在古代就被视为有魔力的动物，人类始祖伏羲和女娲是人首蛇身形状的，古埃及的依祝女神是以眼镜蛇为象征神祇，印度人、马来西亚人、非洲人也是以蛇为崇对象，因此在各个不同时期，我们都能看到众多的以蛇为主体形态的图案和雕塑作品。

情欲：欧洲文化中，蛇常常是情欲的象征，弗洛伊德在《梦的解析》中就把蛇作为男性生殖器的象征，羽蛇在著名的以写作情爱场面的作家劳伦斯的作品中更是频繁出现。在中国古代《周公释梦》中认为如果一个男人梦见蛇，就该有艳遇发生，如果梦见蛇盘在自家床上，就该怀疑妻子是否红杏出墙。在我国古代神话的众多天神中，传说女娲和伏羲这兄妹俩都是人首蛇身的神，当人类只剩下他俩而面临绝种时，两人不得不"观烟势而合"，从此延续人类繁衍。

诱惑：中国民间有美女蛇诱人的诡异传说。基督教的《圣经》描述了蛇是怎样诱惑人类始祖亚当和夏娃偷吃善恶树上的禁果，被上帝逐出乐园的过程。古往今来的西方艺术家，以绘画的形式表现"原罪"教义的时候总不会忘记蛇。在希腊神话中美杜萨是一个满头以毒蛇为发的美丽女妖，有致命的诱惑力，谁看上她一眼，就会瞬间化为石头。

权势：在古埃及，蛇是一种代表王权的动物，所有法老形象的头部冠上都有一件处于攻击状态的眼镜蛇造型饰物，法老王的手杖上也总是盘踞着一条蛇。法老用黄金和宝石塑造了眼镜蛇的形象，并饰进皇冠，作为皇权的徽记。公元前的欧国家使节把两条蛇的形象雕刻在拐枝上作为国际交往中使节专用的权杖把又成为国家和权威的象征。

死亡：蛇与死亡的联想是必然的。中国的《封神演义》中残暴的商纣王处死数千名宫女，就是把人推入有千万条毒蛇的坑中。看过举世著名的《拉奥孔》雕望的人，一定不会忘记拉奥孔父子在两条巨蛇的缠绕下苦苦挣扎时的恐惧和绝望表情。

富饶与创造：在南亚和南美蛇都被视为水神、创造神和富饶神。在印度教的神话中，眼镜蛇蛇形的"纳卡"就是水神、富饶之神和生殖之神。

巫蛊：用蛇的毒汁调配毒药和致幻剂是古代巫师一种普遍的做法。非洲丛林中的土著武士抓住毒蛇之后，取其毒汁用来浸蘸茅锋和箭族，成为致命的武器。在一些崇尚巫蛊和降头术的民族，毒蛇常用来帮助施法，这种威慑力甚至可以超越时空作用于被施术者身上。在伊斯兰世界，很多神秘的占星术里也有很多以蛇作为表现星象图形的例子。在土耳其切斯塔比迪图书馆收藏的十六、十七世纪占星书中，有用环状的蛇象征无限天际和用蛇形表示星座的手抄本插图。

3）与蛇有关非物质文化遗产

"龙去人间多悲怨，蛇来世界盼太平。"蛇年是思考的一年，适于订计划和寻求答案。追溯历史，我们发现蛇年从未平静过。也许因为它在十二属相中是阴性最强的一个，并紧跟在十二属相中阳性最强的属相——龙的后面。龙年的许多灾难苗头在蛇年达到高峰。蛇年的灾难往往产生于龙年的暴行。然而蛇年是充满生气和浪漫色彩的一年。这一年文学、艺术将有辉煌的成就。有关蛇的对联最少，原因之一就是"蛇"与"折"（即蚀）同意，是个不吉利的词，故忌用。

成语联：引蛇出洞，调虎离山。银蛇献瑞，金龙呈祥。

名胜联：广州真武庙有一副对联，是北宋大文学家苏东坡去海南岛，路过广州时，在真武庙看了塑像及旁边的龟蛇，有感而发所作：逞披发仗剑威风，仙佛焉耳矣？有降龙伏虎手段，龟蛇云乎哉。

故事联：巧对太守。于谦少年时代，才思过人。一日穿着红衣去上学，在骑马过桥时，恰与太守相遇。双方各不相让。太守出上联戏言道：红孩儿，骑马过桥。于谦答下联，随口回报：赤帝子，斩蛇当道。太守一听小小孩儿自比赤帝，正想发怒，又转言一想，此小孩才华出众，将来非等闲之辈，于是忙下轿，让于谦骑马先过了桥。

数字联：尺蛇出洞：七鸭浮江，数数三双多一只；尺蛇出洞，量量九寸零十分。

集句联自题：清操厉冰雪，赤平捕长蛇。此是邓中夏就读于北京大学时所书之联。[清操]一词出自文天祥《正气歌》："或为辽东帽，清操厉冰雪。"原句赞扬管宁的清高节操。辽东帽指三国魏人所管宁，他因政局混乱，隐居辽东，着帽力田，终身不仕。[赤平]一词出自唐孙樵《与王霖秀才诗》"读之如赤手捕长蛇，不旋控骑生马。"原句比喻优秀诗文读后之感。

嵌字联：斗对：清道光年间，平江举人李元度与四川才子刘乃香斗对，联语不仅要求嵌入典故，而且要嵌入自己的姓。李元度出上联：骑青牛，过幽谷，老子姓李；刘乃香接下联：斩白蛇，入武关，高祖是刘。上下两联既嵌入老子出函谷关、刘邦斩白蛇的历史典故，又嵌入"李""刘"二姓，堪称妙联。

互嘲联：河北人对山东人。有一个山东人与河北人相遇，以对对子取乐，河北人念了上对："人心不足蛇吞象。"借后羿斩巴蛇于洞庭的典故，嘲刺山东人是"人心不足"。山东人立即领悟，应声对下，"天理难容獭祭鱼"。借用山东海边多鱼的事实，活用了"獭祭鱼"一典，经引出"天理难容"，成为绝妙下联。

5.2.3 虎文化

1）虎图腾

虎，很早就成为中国的图腾之一。就我们中华民族而言，把自然界的动物作为神灵加以崇敬、祭拜的，最具代表性的莫过于老虎了。《说文解字》称："虎，山兽之君也。"《风俗通义·祀典》曰："虎者，阳物，百兽之长也，能执搏挫锐，噬食鬼魅。"虎在中国文化中不仅成为刚勇威猛、驱凶避邪、镇鬼驱灾、吉祥如意的象征，有关虎的图腾崇拜和文化传说更成为中华民族沟通人神、联系自然、祈福辟邪、生生不息的最具特色、最为长久、最有影响力的一种文化现象。

1987年河南省濮阳西水坡一带发掘出土了一对蚌塑龙虎，距今大约6000年，它伴于一位祖先遗骨的东西两侧，依照方位，恰与后世盛行的"东青龙、西白虎、南朱雀、北玄武"相吻合，被誉为"中华第一虎"。著名的司母戊大鼎鼎耳外廓饰着一对虎纹，虎口相向，口中含着人头。《周易·乾卦文》也说："云从龙，风从虎。"因为龙飞于天，虎行于地，所以龙虎相合成为雄伟强盛的象征。汉朝时，人们就开始在除夕之夜在门上画虎以驱鬼魅，以后最正宗的门神画上，都绘有老虎。

2）虎文化表现种种

中华虎文化源远流长。中国人深爱老虎的勇猛和力量，尊称其为百兽之王；"龙生云，虎生风"，更爱其八面威风，常借以形容勇猛善战的将领为虎将，三国时期的关、张、赵、马、黄就被誉为五虎上将。乃至将门虎子、虎女，连调兵的信物也称虎符。中国人名里带虎字者多矣，喜爱其虎虎生气；小孩子戴虎帽、穿虎头鞋、睡虎形枕，也是希望他长成健壮的小老虎。韩国、新加坡、马来西亚、台湾、香港因经济起飞而被称为"亚洲五小虎"。中国有了"两弹一星"和载人宇宙飞船，更被说成"如虎添翼"。中国的书法家、画家，写虎绘虎，创作出许多艺术珍品。自古以来，人们就习惯用"生龙活虎""龙腾虎跃""虎背熊腰""藏龙卧虎""如虎添翼""虎头虎脑""将门虎子""虎老雄心在""虎虎有生气"等词语，赞扬生活中的人物和事物，表达中华民族的精神面貌、民族性格和民族自我意识，逐渐形成了独特的虎文化。

在上古的甲骨文中，"虎"字就是一只造型优美可爱的象形虎。从殷商、西周、春秋、战国，到秦朝、汉朝的石雕、石刻和画像石，以及青铜器、铁器、金银器、玉器、瓷器中，以虎为原型的艺术品的纹饰、造型更加丰富。在青铜器中，商代的龙虎尊的主题纹是"虎口衔人"；妇好墓出土的铜钺上也有"虎钉衔人"纹；特别是一件名叫"虎食人卣"的商代作品，卣的三个支点是虎的两条后腿和尾巴，虎的前爪抱持一人，张口欲唉人首，形象生动，撼人心魄，反映了古代人对虎的崇拜。

我国历史上，以虎为题的工笔画、写意画等不胜枚举，虎在文学、雕塑、绘画、戏曲、民俗，以及更为广泛的民间传说、神话、故事、儿歌等传统文化的各个领域出现，成为中华文明不可或缺的一部分。

【拓展阅读 5-1】

中国·双柏 2017 彝族虎文化节开幕

3月7日，中国·双柏 2017 彝族虎文化节在云南楚雄双柏县开幕。

双柏旧属古滇国，位于云南地理中心，是红河源头的重要生态屏障，是哀牢山国家级自然保护区的核心区域。同时，双柏也是查姆故地，中国彝族虎文化故乡，彝族"三笙"文化的重要发源地。

2007年，双柏县委、县人民政府举办首届"中国双柏彝族虎文化节"。自此，每年农历二月初八至初十期间，双柏县都在县城举办一年一届的"中国·双柏彝族虎文化节"。

今年中国·双柏 2017 彝族虎文化节以"养生福地 生态双柏"为主题，以政府主导、部门引导、群众参与、节俭办节的方式，推进招商、经贸和文化旅游业发展，节庆期间主要开展13项系列活动。

现场，在开幕式暨祭虎大典上，以古朴神秘"老虎笙傩舞"为代表的"中国彝族虎文化"和云、贵、川彝族毕摩传奇的祭祀文化为八方宾朋展示了独特的彝族虎文化。同时还表演双柏县独具特色的"老虎笙""大锣笙""小豹子笙""等彝族原生态民俗歌舞，该舞蹈被称为彝族古傩仪的"珍存"和彝族虎文化的"活化石"，是世界上最古老的彝族图腾舞蹈。此外，首届旅游产品推介会也同期举行，进一步展示了"养生福地 生态双柏"的品牌形象，推介双柏县以查姆文化为品牌、以虎文化为元素，开发设计的创意文化旅游产品以及8个乡镇特色旅游产品及农特产品。并把虎系列刺绣挂饰、三笙抱枕、妥甸酱油、白竹山茶、"查姆泉"土法酿制小灶酒、密架山猪等一批绿色、生态的旅游产品和农特产品推向全州、全省、全国。

据了解，双柏彝族同胞崇拜虎，自诩是虎的民族、虎的后代。至今还保留着6500多年前的虎崇拜现象，并完整地传承着老虎笙等众多的民族民间舞蹈以及保留着众多价值不菲的彝族古彝文典籍。其舞蹈"老虎笙"体现的是一种"生龙活虎"的形状，整套舞蹈模仿虎的生活习性和人类生产、生活的一系列动作，具有神秘的图腾崇拜意味，同时也反映了彝族同胞认识自然、改造自然的朴素的世界观。

现如今，当地彝族人的生活中处处都留下了对虎的崇拜。建寨选址，寨门口要安放两只石虎；建盖杆栏式房屋，横梁上要雕刻老虎，房顶上要安放石雕老虎；妇女和男子的着装上也要刺绣老虎。有的家庭，墙上画着虎，工具上打着虎，木雕上刻着虎，小孩的帽子形状是虎，穿的鞋子形状是虎，睡的枕头形状是虎。

资料来源：中国日报网.中国·双柏 2017 彝族虎文化节开幕[DB/OL].
http://cnews.chinadaily.com.cn/2017-03/08/content_28472591.htm[2017-08-08].

5.2.3 鹤文化

1) 鹤文化的发展

鹤，总是与人们美好的期望相伴，是吉祥、长寿、忠贞、仙雅、健美的象征。历经几千年，鹤文化已渗透到中华文明的许多领域，水乳交融，构成我国民族文化整体的一个组成部分。

作为一种珍贵的鸟类，鹤文化内涵极为丰富。我国关于鹤与鹤文化的研究、记载很古老，也很普遍。追根溯源，鹤文化大约萌芽于3000年前。《诗经》中就有《鹤鸣》一章，用鹤栖息于野草之中并善于鸣叫，比喻隐居山野而品德高尚的贤能之人，教诲统治者任用他们。这是可以查阅到的最早在古文献中出现的鹤的艺术形象。现在收藏于故宫博物院的文物珍品——莲鹤方壶，建造于春秋时代，是我国现存以鹤为造型的最早的青铜工艺品。有趣的是，那只鹤竟傲然立于莲花之中。莲花几乎是中国人心目中圣洁、高雅的代名词。因此鹤在设计者眼中的品格，已不言而喻。在这个时期，尽管鹤刚刚开始融入文化，就被赋予了一层神秘的色彩、高贵的品质。但是，作为艺术，这些作品，都显示出一种古朴原始，未能脱离作为自然物——鹤本身的范畴。

由自然物转向神化，是鹤文化的第一次飞跃。汉朝以后，在艺术作品中，鹤已真正成为天国仙禽，被完全神化。随着东汉末年道教的产生，宫廷对道教的尊崇，鹤渐渐成为神仙和道士的化身。有长沙马王堆出土的"T"字形西汉帛画为证：5只鹤仰首而鸣，与女娲娘娘相依相伴。到了唐宋时期，不少文人、雅士、学者、高僧、道士，借鹤抒怀，促进了文坛、画苑鹤艺术的繁荣。鹤的形象美，也日趋多元化。这些都标志着鹤文化经历了由神化而进入艺术化的新阶段。明清两代，由于人口骤增，生产活动范围日益扩展，鹤的栖息地随之缩小，鹤已成为难得的珍禽，身份愈显得高贵。这一时期，鹤不仅被饲养于皇家园林之中，而且其艺术化造型，如铜鹤、仙鹤图案等，也成为帝王殿堂、皇家亭阁上的吉祥物、装饰品。清代更将一品文官补服的徽识，定为仙鹤，将丹顶鹤的地位提高到仅次于龙凤的崇高程度，而与一品武官司徽识——神话中的麒麟分庭抗礼。这是鹤的文化地位又一次腾升，即"贵族化"了。

在民间，鹤的形象艺术，则出现了一些与朝廷对峙的流派，表现出独有的文化内涵，具有较高的思想艺术价值。

2) 鹤的体态、生活习性引发的文化艺术

鹤的饲养历史，已很久远，最早的记载见于《左传》。《左传·闵公二年》载：狄人爱甲者，皆曰："使鹤，鹤实有禄位，余焉能战！"北宋诗人杜甫，曾隐居西湖孤山，养鹤赏梅，不仕不娶，因有"梅妻鹤子"之称。据说有时杜甫外出，家里来了客人，家人把鹤放出去在天空盘旋，杜甫望见，就摇船回家。

鹤有许多种，最著名、最常见的一种是白鹤，最初命名为白鹤，是从《诗经·大雅·灵台》"麀鹿濯濯，白鸟翯翯"而来的。《文选》何晏《景福殿赋》作"睢睢白鸟"。睢睢，形容洁白的样子，与翯翯音义皆同，故"白鸟翯翯"同于"白鸟睢睢"，白鹤之名，即来源于"白鸟睢睢"。白鹤除了羽毛洁白这个特征以外，其顶有一块红色的皮肤，朱红颜色，鲜艳欲滴，因此又称为丹顶鹤。丹顶鹤和洁白的羽毛互相映衬，显得格外鲜艳，备受文人赞誉。白居易《池鹤诗》"低头乍恐丹砂落"，刘得仁《忆鹤》诗："白丝翎羽丹砂顶"，都是对这一点的精湛描写。

鹤的长喙、长颈和长胫，都是生活环境和取食习性所造成的。《淮南八公相鹤以》说：鹤"食于水，故其喙长；……栖于陆，故足高而尾雕。"意为鹤吃水中之物，所以它的嘴长……栖息在陆地上，所以腿脚高而尾巴短。鹤休息时，常常直立身体，伸起长颈，向四方瞭望，故有"鹤望""鹤立鸡群"等词语，并引申比喻到人的身上。如《晋书·嵇绍传》说："或谓王戎曰：昨于稠人中始见嵇绍，昂昂然如野鹤之在鸡群。"这是用以比喻他才能出众。但这也反映了晋代社会的讲究门第，轻视民众的意识，是不足取的。与此有别，也有人视鹤的舒展独立为一种美姿，堪与其舞姿相比。如白居易诗《鹤》云："人各有其所好，物固无常宜。谁谓尔能舞，不如闻立时。"既赞扬直立之美，又借以申明自己怀有与众不同的志向。

鹤能生活数十年，是一种比较长寿的鸟类，所以又有"鹤寿"这一词语。在绘画上，鹤常与松、竹、灵芝配在一起，称为"松鹤延年"。崔颢《黄鹤楼》诗中"昔人已乘白云去，此地空余黄鹤楼。黄鹤一去不复返，白云千载空悠悠。"等诗句，更是借追忆黄鹤化仙来抒发失落心情的佳句，为历代广为传诵。

鹤的项颈长，故气管也长，气管又在胸腔里盘曲几转，增加了长度，像喇叭管子一样，加强共鸣作用，因此，鸣叫起来，声音就显得格外嘹亮。关于鹤的鸣声，《诗经·小雅·鹤鸣》就有"鹤鸣九臯，声闻于野"之句，意为白鹤在深远的沼泽中鸣叫，声音嘹亮传遍四野。朱熹《诗集传》对其注说："闻八、九里"，也是说它鸣声响亮，很远就可听到。白居易《答裴相公乞鹤》诗："警露声音好，冲天相貌殊。终宜向辽廓，不称在泥涂。"则是对鹤的鸣声、姿貌、高翔、珍洁的全面赞美。

5.2.4 熊文化

8000年前，中华龙文化尚未诞生之时，熊文化早已蓬勃发展。《山海经》载：熊山有穴，恒处神人，夏启冬闭！冬闭，指熊入穴冬眠；夏启，则指熊在春夏之际走出洞穴，甚至带着在冬眠时生育的熊宝宝，重返自然！熊在漫长的冬眠期不吃不喝，却依然孕育生命，被上古先民视为拥有神奇的力量而顶礼膜拜，中华熊图腾、熊文化应运而生！

《史记》载："人文始祖"黄帝，在继承继承父亲少典有熊国氏氏族部落首领职位后，以熊为图腾，号轩辕氏，并自称熊的孩子。在河南新郑轩辕祠大门两侧，镇祠之兽即为石熊，而非常见的石狮！黄帝的哥哥炎帝，以牛为图腾，号神农氏。相传先有神农尝百草，而后才有我国最早的中药学典籍《神农本草经》，这其中便有"熊白脂"入药的记载。

上海博物馆藏战国竹简《容成氏》篇讲禹听政三年后"始为之号旗"，制作了东、西、南、北、中五方之旗，其中将熊作为最重要的"中正之旗"的标志。这暗示了熊在夏文化中的图腾地位。因此，专家学者认为：中华熊文化和中医药文化同宗同源、相伴相生。中医药文化更是打开中国传统文化的一把钥匙！探索传统中国文化，熊文化不可或缺。《左传》记载：晋灵公因厨师烹饪熊圣餐不当，施以严惩。视熊为祖先，芈姓熊氏的楚成王临死前，向儿子，同时也是叛军首领的商臣，提出要食熊掌的要求。

《孟子》曰："鱼,我所欲也,熊掌,亦我所欲也,二者不可得兼,舍鱼而取熊掌者也。"今人多误解为鱼与熊掌皆为珍饭局馐美食,二者不可同时获得。

随着国学的复兴,越来越多的研究发现,在古代,食熊圣餐,作为精神层面的要求,是对熊图腾的崇拜,而绝非食鱼者贪图口腹之欲世俗饕徒的举动,是我们误解了孟子先贤的本意。楚成王之举也是为了体面地谢幕,或许还有利用"熊圣餐"神圣的仪式,让儿子播然悔悟的用意。

熊既具有经济价值,又具有观赏价值,因而被驯养于苑囿之中。《周官·地官·囿人》郑注:"囿游,囿之宫小苑观处也,养兽,以宴乐视之。"是古代很早已设有为观赏而养兽的苑囿。至少在商周时代,方国已向王朝献熊罴。苑囿之设,虽使观赏与射猎合为一体,但主要目的还在于为通过射猎方式利用禽兽的经济价值提供一种方面。与此同时,人们对熊的某些活动的模仿,也有所受益。《庄子·刻意》:"吹响呼吸,吐故纳新,熊经鸟申,为寿而已矣。此导引之士,养形之人,彭祖寿考者之所好也。"马王堆汉墓出土的帛画"导引图"中,确有"熊经"图,绘一人直立抬臂,像熊一样动摇腰身。后来华佗所创五禽戏"三曰熊"。熊的活动成为养生健身方面的模仿对象。

熊作为猛兽,其雄壮勇武被赋予人类精神品格上的价值意义,因为它成为勇猛精神的化身。其次,熊作为百兽之雄的象征。《诗·小雅·斯干》:"吉梦维何,维熊维罴,维虺维蛇。大人占之,维熊维罴,男子之祥。"古人以梦见熊罴为生男的征兆。

由于熊在古代很早被人们视为珍禽猛兽,因而不仅已同人们的生活产生密切联系,而且在一些方面给人们思想带来较多影响,被人们给以较高评价,并由此产生对它的感情上的崇拜。所有这些,实际在古代狩猎经济的长期活动中,早已孕育发生。考古学证明,熊崇拜在旧石器时代晚期已存在。东北地区的狩猎民族鄂温克、鄂伦春、赫哲等,十分盛行熊崇拜之风。此崇拜很早就存在于东北地区的狩猎先民之中。

5.2.5 鹿文化

中国鹿文化约始于先秦,兴于汉,盛于唐宋,明清继而不衰。经历史长河中众多出身、地位、身份不同的人士们的观察、提炼、加工,从而广泛渗透于哲学、宗教、文学艺术、体育及日常生活中,其表现形式纷繁,内涵丰富,形成了具有我国特色的人文习俗和强烈文化氛围,对民族性格的形成有着一定的影响。它的辐射范围远及日本、朝鲜、韩国及东南亚等诸多东方国家。

1)鹿与人类的衣食住行

鹿是动物界最有经济利用价值的类群之一,自古以来,鹿和人类生活的衣、食、住、行、游乐、药用等都有着密切的联系,鹿肉具有高蛋白、低脂肪,胆固醇含量低的特点,至今许多北方民族对鹿肉的食用还具有特殊的偏爱。

历代帝王都珍视鹿肉的食用,相传唐代的宫宴即称为"鹿鸣宴"。鹿鸣宴是科举制度中规定的一种宴会。起于唐代,明清沿此,于乡试放榜次日,宴请新科举人和内外帘官等,饮宴之中必须先奏响《鹿鸣》之曲,随后朗读《鹿鸣》之歌以活跃气氛,显示某公才华。《鹿鸣》原出自《诗经·小雅》中的一首乐歌,一共有三章,三章头一句分别是"呦呦鹿鸣,食野之苹"。"呦呦鹿鸣,食野之蒿"。"呦呦鹿鸣,食野之芩。"其意为鹿发现了美食不忘伙伴,发出"呦呦"叫声招呼同类一块进食。古人认为此举为美德,于是上行下效,天子宴群臣,地方官宴请同僚及当地举人和地方豪绅,用此举来收买人心,展示自己礼贤下士。

鹿茸和麝香是历史上著名的贵重药材,鹿皮是制革的高级原料,鹿皮夹克,不仅美观柔韧,而且能抗宇宙辐射;工业上鹿皮还可用作高级汽油滤具和精密仪表的擦巾,时至今日,一些边远林区的少数民族,仍有穿用鹿皮缝制的衣服者,如我国大兴安岭林区的鄂伦春人就食其肉、饮其乳、衣其皮、戴其行,人们的生活也按季节随鹿而迁移,真可谓"人鹿一家"!

2)鹿的象征意义

(1)鹿是爱情的象征

《诗经·召南·野有死麕》:"野有死麕,白茅包之。有女怀春,吉士诱之。林有朴樕,野有死鹿。白茅纯束,有女如玉。舒而脱脱兮,无感我帨兮,无使尨也吠!"据研究者考证,麕指小獐,是鹿一类的兽。而李善《文选》注认为,麕也就是鹿,"今江东人呼鹿为麕"(程俊英《诗经注析》)。故"野有死麕"与"野有死鹿"是一回事。《野有死麕》是一首描写青年男女恋爱的诗。写恋爱,为何要以"野有死麕"起兴?今天看来,"野有死麕"和"野有死鹿"不仅与爱情无关,而且"死麕"和"死鹿"这样的字眼,甚至让人觉得不美、不吉利。但是,在古代却不然,因为鹿是与爱情婚姻相关的一种礼物。古人婚礼纳徵,用鹿皮为贽,是年轻人结婚时少不了的东西。

(2)鹿是德音的象征

《诗经·小雅·鹿鸣》:"呦呦鹿鸣,食野之苹。我有嘉宾,鼓瑟吹笙。吹笙鼓簧,承筐是将。人之好我,示我周行。呦呦鹿鸣,食野之蒿。我有嘉宾,德音孔昭。视民不恌,君子是则是傚。我有旨酒,嘉宾式燕以敖。呦呦鹿鸣,食野之芩。我有嘉宾,鼓瑟鼓琴。鼓瑟鼓琴,和乐且湛。我有旨酒,以燕乐嘉宾之心。"

鹿是一种温顺可爱的动物,今人形容女孩子温顺可爱,会说这女孩像一只温顺的小鹿。古人早就发现鹿有胆小易惊的习性,因此创造出"鹿骇"这个词,以状人惊惶纷扰之态。《鹿鸣》这首诗,就是从鹿的温顺可爱、喜欢群聚这一点着眼。在岁月的长河中,《鹿鸣》以其称颂德音的正面主题,成为后世统治者藉以弦歌纳贤、传布德音、装点门面的绝好材料。

鹿在古人心目中的美好形象,还表现在古代风俗文化的许多方面,象征着"美丽、富有、和平、长寿",在古代只有王室权贵才能观赏鹿,自然是一种奢侈的享受,一些佛堂寺院为了增加和平静穆的气氛也在养鹿。鹿的寿命较长,在神话传说中,常与鹤同被"仙化",有仙鹤、仙鹿之美称,为仙人的坐骑或与老持星为伴,是为长寿的象征;又因鹿与禄字谐首,人们祈求升官晋级常又因"有鹿"以为吉兆,后又与福寿合称"福禄寿",从民间到历代皇帝都深信不惑,故朝殿内外屋顶上面满蝙蝠(福),厅世里陈列着铜鹿(禄)铜鹤。

从自然界的生灵到"信而应礼""恳诚发乎中"的"仁兽",鹿在古代文化中的寓意不断丰富发展。在佛教故事中,鹿也经常以正义、善良、吉祥的化身出现。在《九色鹿》故事中,救人于溺反而恩遭仇报的九色鹿是菩萨的化身。可见,鹿在儒道释三种文化以及古代民间信仰中，都是极受青睐的动物，它是人们心目中的灵兽，是美好愿望的象征。

（3）鹿是权力的象征

在中国古代文化中，鹿还是权力的象征。《汉书》卷四五《蒯通传》："且秦失其鹿，天下共逐之。"又有《晋书·石勒载记》下："勒笑曰：'朕若逢高皇，当北面而事之，与韩彭竞鞭而争先也。脱遇光武，当并驱于中原，未知鹿死谁手。'"在这两个典故中，鹿由人们追逐的对象，演变成权力的象征。《春秋》成公十八年有"筑鹿囿"的记载。晋杜预注曰："筑墙为鹿苑。"有了鹿苑，王公贵族们想吃鹿肉、剥鹿皮乃至需要指鹿为马的时候，也就方便得多了。

由于鹿是人们经常追逐捕猎的对象，于是，当人们目睹统治阶级对权力的追逐时，便很自然地联想日常生活中逐鹿捕猎的情形，并以此为喻，使鹿具有象征的意义。至此，"鹿死谁手"中的鹿，就再也不是一只自然的鹿，而是政治权力的代名词了。鹿与古代人的关系那么密切，因而也就很自然地融入古代文化。

5.3　动物文化类型

5.3.1　动物与文学

1）动物与成语

成语是人们长期以来在生产和生活实践中形成的具有的固定词组或短语形式，具有简洁而意思精路的特点。据上海辞书出版社出版的《中国成语大辞典》收集有成语18000条，内容涵盖社会生活的方方面面，其中含有野生动物的，至少有数百条，很多成语具有深厚的历史和文化渊源，蕴藏着精彩的寓言故事和典故，如"狐假虎威"出自《战国策·楚和》，"鹬蚌相争"出自《燕策》，"画蛇添足"出自《齐策》，"一箭双雕"出自《北史·长孙晟传》。

与虎有关的成语有：生龙活虎；虎背熊腰；虎视眈眈；卧虎藏龙；龙吟虎啸；龙争虎斗；龙腾虎跃；与虎谋皮；如虎添翼；调虎离山；谈虎色变；骑虎难下；狼吞虎咽；狐假虎威等。

与猴有关的成语有：猴年马月；沐猴而冠；尖嘴猴腮；杀鸡儆猴等。

与狼和狐有关的成语有：狼心狗肺；狼狈为奸；兔死狐悲；亡羊补牢等。

与野兔有关的成语有：狡兔三窟；守株待兔；兔死狗烹等。

与鼠有关的成语有：鼠目寸光；投鼠忌器；獐头鼠目；过街老鼠；胆小如鼠等。

与鸟有关的成语有：鸟语花香；鸟尽弓藏；鸟为食亡；小鸟依人；笨鸟先飞；作鸟兽散；惊弓之鸟；一石二鸟；鹤立鸡群；风声鹤唳；闲云野鹤；雁足传书；鸿鹄之志；鹏程万里；鸢飞鱼跃；南鹞北鹰；一箭双雕；莺声燕语；草长莺飞；劳燕分飞；鸦雀无声；鹊巢鸠占；哀鸿遍野；门可罗雀；鹦鹉学舌等。

与蛇有关的成语有：蛇蝎心肠；画蛇添足；龙蛇杂处；佛口蛇心；牛鬼蛇神；打草惊蛇等。

有关鱼的成语有：鱼水相逢；沉鱼落雁；鱼目混珠；鱼米之乡；如鱼得水；殃及池

鱼；浑水摸鱼；缘木求鱼等。

动物成语有褒（龙腾虎跃），有贬（狐假虎威），有告诫（兔死狐悲），有哲理（一石二鸟），表达丰富的文化内涵。

2) 动物与诗词

《诗经》是我国第一部诗歌总集，它收录了西周初年至春秋中叶约五百年间的诗歌作品305篇。《诗经》第一首《关雎》堪称中国爱情名篇。"关关雎鸠，在河之洲"指雎鸠鸟在河中小洲上，关关鸣叫，叙说爱情。《诗经》之后，历朝历代的诗词中借动物以表现人类情感的诗篇比比皆是。

东晋的陶渊明在《归田园居》中写道："少无适俗韵，性本爱丘山。误落尘网中，一去三十年。羁鸟恋旧林，池鱼思故渊。"诗人在为实现"大济苍生"的理想抱负而不断尝试、不断失望、终至绝望后，决定不与上层统治阶级同流合污，不为五斗米折腰，他以笼中之鸟和池塘之鱼借喻自己辞官归里、向往"躬耕自资"生活的决心。除了借物抒情外，亦有很多诗人在诗中表达对大自然的热爱。白居易有首广为流传的诗《鸟》："莫道群生性命微，一般骨肉一般皮。劝君莫打枝头鸟，子在巢中望母归。"作为唐代伟大的现实主义诗人，白居易借助人类母子亲情，将发自内心、感人肺腑的情感融入质朴通俗的诗句，来提倡和教化民众保护鸟类，堪称千古绝唱。

在古代诗词中，我们还能看到很多有关动物迁徙的描述。白居易的《钱塘湖春行》写道："孤山寺北贾亭西，水面初平云脚低。几处早莺争暖树，谁家新燕啄春泥。"陆游的《鸟啼》则可谓是"候鸟大聚会"："野人无历日，鸟啼知四时。二月闻子规，春耕不可迟；三月闻黄鹂，幼妇闪蚕饥；四月鸣布谷，家家蚕上蔟；五月鸣鸦舅，苗稚忧草茂。"

谈到与动物有关的诗词，自然要数一数明星动物：鸟、兽、两栖、爬行、鱼，即便是最不起眼的昆虫也流传千古："春蚕到死丝方尽，蜡炬成灰泪始干。"鸟类中的明星尤其多，鸳鸯、白鹭、黄鹂、家燕、鹰、鸿雁等，不胜枚举。白居易的《正月三日闲行》中"梧桐相待老，鸳鸯会双死"的鸳鸯；杜甫的《绝句》中"两个黄鹂鸣翠柳，一行白鹭上青天"的白鹭；刘禹锡的《乌衣巷》中"旧时王谢堂前燕，飞入寻常百姓家"的燕子；杜牧的《鹭鸶》中"雪衣雪发青玉嘴，群捕鱼儿溪影中"的鹭鸶；王勃的《滕王阁序》中"落霞与孤鹜齐飞，秋水共长天一色"的孤鹜；还有比翼鸟，此鸟仅一目一翼，雌雄须并翼飞行，故常比喻夫妻恩爱情深，有诗为证："在天愿作比翼鸟，在地愿为连理枝。"

为何会有如此多诗词涉及动物？其实，这与动物坚强坚韧的品性和高超的生存智慧有关，骆驼可以依靠自身的耐力穿越茫茫沙漠；大雁可以不借助任何器材飞越珠穆朗玛峰；即便是细微的蚂蚁也能创造奇迹，修筑起堪比人类大都市的"宫殿"。野生动物身上这种对生活永远保持乐观和美好憧憬的境界、面对困难所表现出的智慧和勇气，正是人类所追求的真谛，由此也激发了古今中外文人墨客无数的灵感和想象。

5.3.2 动物与舞蹈文化

1) 自然界中的动物舞蹈

自然界中不乏"舞蹈家"，很多动物都会用舞蹈表达想法和心意，在它们的生活中，通过特定的动作来表示特定的含义，动物们的翩翩起舞较常出现在雄性动物向雌性动物求偶的过程中。

红冠侏儒鸟是自然界会跳太空舞的一种动物，它们生活在美国中部和南部，当雄性求偶时会跳"太空舞"来吸引雌性注意。体型迷你的雄性孔雀蜘蛛形如其名，身披明艳的蓝、绿、黄色绒毛，体长仅有 55 毫米，却能做出一些复杂的舞姿，例如，旋转、弯曲身体，其腹部可呈现一个绚丽彩色扇面，主要在求偶中。有些鹦鹉能够很好地把握音乐的节奏韵律翩翩起舞。蜜蜂能够上演绚丽的"摇摆舞"，它们搜寻花粉来源时，会通过舞蹈的形式告诉自己的同伴需要去哪儿采集蜂蜜。新几内亚岛屿上的彩色天堂鸟会一种独特的舞蹈——芭蕾舞，踮着脚趾翩翩起舞，吸引同伴们的注意。艾草松鸡是北美洲最大的松鸡，它们以复杂的求偶舞蹈仪式著称。雄鸟在求偶时，直立扇形尾羽，膨胀胸部形成两个气球一样的黄色气囊，昂首阔步向雌鸟炫耀。自然界中最为著名的舞蹈家就是六羽极乐鸟，它们色泽艳丽，体态奇异，求偶期间雄鸟会挑选一块干净的地方作为舞台，甚至会将雌鸟可能落座的观众席打扫干净，暗藏在台上撒上彩色的浆果，以提高求偶竞争力。雄鸟将身体上的羽毛打开成伞形，一展喉部色彩明艳的羽毛。

自然界中最完整的要数鹤舞了。鹤舞的主要动作有伸腰抬头、弯腰、跳跃、跳踢、展翅行走、屈背、鞠躬、衔物等。鞠躬一般表示友好和爱情，沙丘鹤的鞠躬点头，却表示屈服而又愤怒；丹顶鹤似乎是全身绷紧的低头敬礼，表示自身的存在，有炫耀、恐吓之意；弯腰和展翅则表示怡然自得、闲适消遣；亮翅有时表示欢快。鹤舞是几十个、几百个舞蹈动作的连续变幻，妙不可言（图5-3）。无怪南朝宋文学家鲍照在《舞鹤赋》中赞美鹤舞"众变繁姿""态有遗妍，貌无停趣""轻迹凌乱，浮影交横"。那"始连轩以凤跄，终宛转而龙跃"的舞态，使得风流善舞的"燕姬色沮"，相形见绌。鹤舞如此动人，自然要引起艺术家们的喜爱。

图 5-3　鹤舞
资料来源：360 图片

2）人类社会中模仿动物的舞蹈

自然界中动物们舞姿，特殊的动作、造型，常常被艺术家们运用到民间舞蹈的编排中，模仿动物设计舞蹈动作，表达对动物的喜爱之情，更代表一种吉祥之意。在节日喜庆活动中，各地的民众载歌载舞，其中最大量、最特别的表现形式便是模拟动物的民间舞蹈，除了最普遍的舞龙、舞狮外，还有麒麟、牛、马、骆驼、狗，以及鹤、孔雀、鳄、鱼、虾、蟹、蚌等舞蹈，包括蜈蚣舞、双咬鹅舞、鳌鱼舞、骆驼舞、龙虾舞、布马舞、鹤舞、舞九鳄等形式，有地方性与开放性、传承性与创新性、象征性与隐喻性、精细性与粗犷性等诸多特点，多为广场舞蹈，这一现象在广东省尤为普遍，它们体现了岭南文化的特色，既传承了中原文化，也和当地远古的习俗高度完美结合。民间动物舞蹈表现的主题有祈愿风调雨顺、镇魔祛邪，国泰民安、五谷丰登、六畜兴旺等各方面，寄托了人们的美好愿望。从这些舞蹈中，人们可以看到远古图腾的遗迹。

（1）汉民族民间动物舞蹈

仔狮舞：是由机灵的孩童掌握道具，在广东汉乐的伴奏中，变化出各种仔狮戏球仪态的舞蹈。仔狮舞吸取了大埔提线木偶的技艺，使狮与球连成一体。仔狮的活泼可爱，被这些充满童真童趣的孩子们表现出来了。

麒麟舞：麒麟是虚拟的动物，它是传说中的瑞兽。黄阁麒麟舞代表广东首次荣获全国民间艺术最高奖——"山花奖"，广东麒麟舞作为著名文化品牌走向了全国。

舞狮：在人们眼中，狮子是辟邪兽。"醒狮"舞是南派狮子舞最具有独特风格的民间舞蹈。"醒狮"分为文狮、武狮。以刘备、关公、张飞脸谱作区别。表演时，雄狮的醒、惊、疑、盼、寻等动态表现得淋漓尽致，融舞蹈、武术、杂技、力学、美学等为一体。

舞龙：舞龙在南方较为流行，元宵节之时，由身手矫健敏捷的小伙子欢舞着，娇柔婉转，潇洒自如。表现了"站、蹲、跪、团、骑、坐"等独特的舞技和"刚中带柔，柔中寓刚、刚柔相济"的特点。它既适于在山乡表演，又宜于在城区举行的活动中展现，表现出喜庆的氛围，群众常常围观，以期盼来年的好彩头。

（2）少数民族民间动物舞蹈

我国的少数民族的舞蹈中，有很多创作灵感源于对动物的模仿。

白族模拟鸟兽舞有生产劳动歌舞和宗教祭祀歌舞两种类型，有道具舞和模拟鸟兽舞的区分，模拟鸟兽舞的跳法形态较多，几乎在所有的白族民间歌舞活动中，都能找到模拟鸟兽舞的痕迹。"击石拊石，百兽率舞"是古代舞蹈的特征，其中的"百兽率舞"实际是指模拟鸟兽跳的舞蹈。这种古舞的特点，在白族舞蹈中，有强烈的表现，同时也是白族民间舞的一大特色。原始古老的狩猎生活，在鸟兽舞中得以记录；"霸王鞭""八角鼓""田家乐""栽秧会"反映出民族文化相互交融、影响的痕迹，在歌舞中承传历史，在歌舞中传授生产劳动技艺，寓教于娱乐之中是它们的共同点。

傣族孔雀舞是我国傣族民间舞中最负盛名的传统表演性舞蹈，流布于云南省德宏傣族景颇族自治州的瑞丽、湘西及西双版纳、孟定、孟达、景谷、沧源等傣族聚居区，其中以云南西部瑞丽市的孔雀舞（傣语为"嘎洛勇"）最具代表性。2006年5月20日，傣族孔雀舞经国务院批准列入第一批国家级非物质文化遗产名录。傣族民间传统的孔雀舞有着很长历史，并被纳入了宗教的礼仪之中。在傣族一年一度的"泼水节""关门节""开门节""赶摆"等民俗节日，只要是尽兴欢乐的场所，傣族人民都会聚集在一起，敲响大锣，打起象脚鼓，跳起姿态优美的"孔雀舞"，歌舞声中呈现出丰收的喜庆气氛和民族团结的美好景象。

朝鲜族鹤舞主要流行于吉林省延边市，其历史悠久，是朝鲜族独有的一种舞蹈表演形式，2008 年被列入国家级非物质文化遗产名录。朝鲜族自古以飞鸟为民族图腾，在道教文化的影响下，他们把"鹤"视为在天界与仙界相依的飞鸟，故称作"仙鹤"。鹤舞主要通过模拟鹤的悠闲动作，搭颈、啄鱼和摆臂等动作，描绘出人们向往美好生活的心态，形象地表现了朝鲜族人民崇敬仙鹤的精神信仰和对善与美的强烈追求。

塔吉克族鹰舞主要分布在新疆维吾尔自治区塔什库尔干塔吉克族自治县，2006 年被列入国家级非物质文化遗产名录。塔吉克族视鹰为大自然的强者，是天地间的英雄。人们称赞塔吉克族为"鹰之族"，他们对鹰有特殊的感情。他们把鹰的动态，甚至鹰的习性，编成舞蹈表达独特的思想感情。

瑶族猴鼓舞主要流行于贵州省荔波县，2008 年被列入国家级非物质文化遗产名录。瑶族猴鼓舞瑶语称"玖格朗"，源自传说。猴鼓舞人数多寡不限，有铜鼓、皮鼓、小锣等乐器以及金箍棒、芭蕉扇等辅助道具。舞姿粗狂质朴，却不失灵动巧妙，随着浑厚洪亮的鼓声复沓、跳跃、节奏韵律感极强。

彝族老虎笙主要流行于云南省双柏县，2006 年被列入国家级非物质文化遗产名录。彝族"老虎笙"又称"虎舞"，是彝族民间一种自娱性很强的舞蹈，既古朴又原始，是彝族虎图腾的"活史料"。彝族每年的正月初八到十五，都要举行历时八天的"虎节"。虎节期间，"祭虎""接虎""跳虎""送虎"有一套完整的程序。举行祭祀仪式时，用画有虎头的葫芦来象征自己的祖先，正月初八"接虎祖"，正月十五"送虎祖"。期间，跳老虎笙、祭虎祖、祈福消灾，合族同乐。

藏族螭鼓舞主要流行于青海省循化县，2008 年被列入国家级非物质文化遗产名录。藏族螭鼓舞流传在青海循化地区，以集体舞形式，表现请神、敬神、送神、降魔等，反映了当地藏族的宗教信仰、劳动和生活情趣及审美观念。"螭"是传说中的龙生九子之一，嘴大，能吞海。表演"螭鼓舞"就是对水龙的祭祀。目前，流传下来的 13 套动作，完整规范，以雄健粗犷的跳跃击鼓动作，以及模仿的雄鹰、骏马、海螺、太极等形象，都以请神、降魔等祭祀内容为主。螭鼓舞对服饰要求很高，舞蹈者须身着艳丽的民族服装，手执绘有吉祥彩绘图案的羊皮鼓，脚系响铃，边鼓边舞，起舞时铃声和鼓点合拍，发出铿锵清脆的声音，气势宏大，震慑人心。

5.3.3 动物与电影文化

自 1943 年第一部动物题材电影《灵犬莱西》问世以来，动物电影已诞生 70 多年。文学作品中以动物视觉为叙事角度进行创作的作品不胜其数，动物电影与文学作品中的动物叙事有着异曲同工之处，都是通过动物的视线，从人所以为的"动物眼中的人"的崭新角度进行描绘和叙事，动物成为作品中的主要"人物"。《动物世界》《侏罗纪公园》《狮子王》《功夫熊猫》等众多以动物为主角和题材的电影、电视专题片，风靡全球，拉近了人们与动物之间的距离。

1) 动物主题电影发展原因

动物电影能够随着电影业的发展不断推陈出新、票房叫好、吸引观众的根本原因，一是动物有着与人类共同的特征——生命，有生命才能让电影不再沉闷，而是真实的动起来。人类偏爱于自身特点相近的物种，人类可以透过动物世界对生命的坚持感受生命的可贵；二是技术的发展使动物电影成为可能。动物不同于人类，我们缺乏与之最基本的语言沟通，在荧幕上对动物的控制力难以估算，但在技术得到尽可能完善的情况下，动物就有可能活灵活现的出现在荧幕中；三是借动物之身抒发人性之情。动物渐渐成为人类借之表达情感的最佳电影形象载体，动物电影不仅能寄托人类的情感，还能升华人类的精神，让观众重新对生活、对自身进行深刻的反思与再认识；四是对大自然的敬畏。人类长期将自身作为世界的主体，将人与自然形成对立的模式，然而在社会发展进步的艰难历程中，人类逐步对意识到应当承担更多的责任，恢复人与自然的平等关系。正是这种变化，使得动物电影越来越成为大众"新宠"，迪斯尼新作《疯狂的动物城》在世界各地攻城拔寨的市场表现便是最好的例证；五是作为动物表意的文化场域。人类生存环境的特性使得其与动物间缺乏有效的沟通交流媒介与途径，除了与家养宠物的接触之外，人们与其他动物接触的机会甚少甚至没有。动物电影则成为沟通的桥梁，动物将电影作为表意的文化场域，可以塑造人类对动物的感觉和行为。从动物视角进行描述的文学和影视作品的问世，丰富了世界电影人物形象类型，也产生了不同时期代表作的问世。

2) 动物主题电影发展历程

人类与动物的关系源远流长，从第一部电影《工厂大门》到第一部动物电影《忠犬莱西》历时48年，这48年包含着人们对动物、对大自然态度的转变。在20世纪40年代，随着现代技术革命的诞生，社会充满了世俗和功利，人们的生活方式也随之改变，人们慢慢隐藏自己内心最敏感脆弱的部分，当人们的精神和情感在生活中得不到补偿时，便开始将情感寄托于生活在同一片蓝天下的其他生命身上，于是动物便成为人类的朋友和亲人。正是这种大背景下，《灵犬莱西》出现在观众面前并在美国风席一时，被认为是"首次将动物对人类的忠诚"推上炎幕的电影。《灵犬莱西》标志着第一部动物电影的问世，随即带来了人们对动物的关注，也拉开了动物登上电影这个大舞台的序幕。

动物电影经历了从1944—1990年的漫长发展期，在《灵犬莱西》之后，英美法的剧情类动物电影都有长足发展，从《鹿苑长春》《狮子与我》《企鹅岛》《蛮荒惊异》四部片子可以看出，动物形象的选取变得更开阔，不仅仅局限于宠物狗。这一阶段动物电影一直缓慢发展，虽有动物电影作品的出现，但产量不高。1963年希区柯克的《群鸟》和1975年斯皮尔伯格导演的《大白鲨》开创了世界灾难动物电影的先河，中国第一部动物电影《赛虎》，苏联第一部动物电影《白比姆黑耳朵》，以及感动世界的日本动物电影《犬八公物语》都在此期间问世，各国动物电影的前赴后继标志着动物电影开始迈步稳步发展期。

2000年至今，是动物电影爆炸式发展的时期。法国导演雅克·贝汉的"天地人三部曲"中的《微观世界》和《迁徙的鸟》让世界震惊，人们通过电影对动物的了解越来越趋于成熟化，便开始期待并且创作出更多的不利用编造剧情便展现动物实际生活和心理变化的纪实型动物电影。在这一阶段，动物电影创作进入数量上的高潮期和艺术上的巅峰期，法国的《帝企鹅日记》、日本的《导盲犬小Q》、中国动物电影《英与白》《狼图腾》，以及华人导演李安的《少年派的奇幻漂流记》都堪称此一阶段的代表作。

越来越多的动物电影在电影界开始得到学界和业界的认可并大面积走进观众视野，这是动物电影发展的必然结果，也是全世界动物电影创作者共同努力的结果，他也从另一个角度和层面证明了动物电影确实是表现人与动物关系的最佳载体、媒介。

【拓展阅读5-2】

动物凶猛！《疯狂动物城》票房逆袭登顶

凭借着居高不下的口碑，在今天凌晨出炉的单日票房榜中，《疯狂动物城》逆袭《叶问3》，以6900万元的成绩登上了单日票房冠军的宝座。在《疯狂动物城》的强势带领下，三八妇女节内地电影票房创下了1.71亿元的全天票房，这一成绩与去年妇女节档1.76亿元的票房相差无几。

在《疯狂动物城》的强势发挥下，妇女节档斩获了1.71亿元的票房成绩，而单日6900万元的票房成绩，也让该片首度压倒《叶问3》，成为了妇女节档的票房冠军。较之周一的3613万，该片周二单日的票房6900万元提升了90.98%，这一成绩让累计票房达到了2.6亿元的高度。值得一提的是，这也是迪士尼所发行的所有动画电影在中国市场工作日拿下的最高单日票房。业内人士预测，周三周四《疯狂动物城》单日票房将稳定在4000万元的高度，在本周，《疯狂动物城》就将实现5亿元的票房目标。

与中国市场一样，北美市场也是同时开画。在上周末的北美电影市场排行榜中，《疯狂动物城》以三日7506万美元的成绩，成功将此前一直保有周冠军位置的电影《死侍》和新上映动作电影《伦敦陷落》拉下马，夺走冠军位置。这一成绩不仅超越了《冰雪奇缘》和《恐龙当家》等电影，成为了迪士尼动画部门的最佳开局。在口碑上，《疯狂动物城》也是一路上扬。除了在烂番茄上依然保持着99%的高好评外，在IMDB上，《疯狂动物城》的评分从初期的8.0上涨到中期的8.2分，而最新打分已经上涨到了8.4分，成功杀入了IMDB的TOP250的行列。包括《波士顿邮报》在内的多家报纸坦承，《疯狂动物城》已成为了明年奥斯卡最佳动画长片奖的大热门，甚至有可能向多个其他奖项发起冲击。

电影的火爆，也让观众对于《疯狂动物城》的续集有了更多的期待。很多观众也坦承，希望能在这个充满奇迹的动物大都会里看到狐尼克和兔朱迪更进一步的发展，甚至能看到他们跨越物种的结晶。业内人士分析，《疯狂动物城》除了续集电影以外，相关的动画连续剧也应该会列入计划。

不过，《法制晚报》记者发现，在2020年以前的迪士尼动画档期安排之中，并未出现《疯狂动物城》后续作品的身影，这也意味着我们想要在大银幕上再一次目睹兔朱迪和狐尼克的故事，至少要等到2021年。

资料来源：新浪网．动物凶猛！《疯狂动物城》票房逆袭登顶[DB/OL]http：//ent.sina.com.cn/m/f/2016-03-09/doc-ifxqaffy3807727.shtml

3）中外动物主题电影的追求

"真善美"是动物主题电影长期以往的审美追求，电影艺术是三者的统一体。

法国动物主题电影力求真知，无论是对极地动物、经济动物、海洋动物还是爬行动物的表达方式，都蕴含着法国人文关怀的浓郁气息，法国动物电影用一种用极具文艺气息和人文情怀的方式为观众打开了一扇通往大自然的大门，成为人类探索自然真知的桥梁。法国对动物电影的重视还体现在专门为动物电影工作者举办的电影节——梅尼古特动物国际鸟类电影节，但现在电影主题已不仅仅局限于鸟类而扩展到海洋动物、陆地动物，以及所有与自然生态相关的选题。

日本动物主题电影为求体现真情。日本动物电影以"萌"为中心，是人与动物之间或者动物与动物之间的真情吐露，每部作品不仅能将人内心软化还能起到催泪效果，往往让人产生动物是我们生活中必不可少的好伙伴的感觉。《导盲犬小Q》《狐狸的故事》等日本动物主题电影在展现人与动物、动物与动物之间的情感之时，也隐含着日本民族的东方文化，在展现真情的同时映射的也是整个日本民族的价值观。

中国动物主题电影在动物电影界一直处于不温不火的状态，此类题材尚未完全渗透进中国观众的视野。中国动物电影虽然发展缓慢，但其扎根中华民族传统文化，从1982年的《赛虎》到2015年上映的《狼图腾》都映射着中国的璀璨文明，是接近动物本性和自然真实的文化艺术，电影开始渐渐亲近生态，还原自然真实的面貌和情况。在平淡无奇的生活中发现人性之美，也发掘了不被重视的社会问题，他们自如的运用电影语言将故事讲的绘声绘色，这就是中国动物电影的最大魅力。

5.3.4 动物与医药文化

中国土地辽阔，地形复杂，气候多样，因之有许多居世界首位，或为中国所独有的珍稀动物物种。中国医学所应用的药材，大多为取之于动、植、矿的天然药物，动物医药伴随着中医的发展而壮大。

1）药用动物类型

中国的药用动物种类繁多，资源丰富。

按入药的部位来划分，可分为全身入药的，如全蝎、蜈蚣、海马、地龙、白花蛇等；部分的组织器官入药的，如虎骨、鸡内金、海狗肾、乌贼骨等；分泌物、衍生物入药的，如麝香、羚羊角、蜂王浆、蟾酥等；排泄物入药的，如五灵脂、望月砂等；生理的、病理的产物入药的，如紫河车（人的胎盘）、蛇蜕为生理的产物；牛黄、马宝为病理的产物等。按药用动物的物种来划分，我国已知可作药用的动物已达900余种，跨越了动物界中的11个门动物，从低等的海绵动物到高等的脊椎动物都有。从分布来看，从东到西，自北向南；从高山到平原；从陆地到海洋，均有分布。特别是我国海岸线长，海洋药用动物无论从种类到产量，都有很丰富的资源。而且像金丝猴、大鲵、黑颈鹤、华南虎等，不仅属于国家珍稀动物，并且也有很高的药用价值。列举部分动物入药，如下。

(1) 鹿与中药

鹿茸和麝香是历史上著名的贵重药材，我国最早的药书《神农本草经》对鹿茸的药用已有详细记载，此外，鹿血、心、肾（鞭）、胎、筋、骨、皮、角、尾等皆可入药，汉墓马王堆出土的《五十药方》就有磨鹿角治肿痛的记载。我国传统药用鹿产品有44种之多，其药性偏温，药效分为三类，一则补虚，补肾壮阳，填精补血，主治肾虚精亏之阳痿腰酸，漏下遗精；二则消肿散结，托毒外出，生肌敛疮，治阴疽结肿；三则祛风散寒除湿，主治风湿痹痛。其擅补肾壮阳，填精和血，可使男精足，女血调，而益于交孕娠子，且子嗣体壮。所以，古人对鹿有生殖崇拜，主要以药物功效角度得到了较合理的诠释。

(2) 蛇与中药

蛇的一身都是宝。中医药典记载："蛇性温、归肝、脾二经，治诸风虚症、疱、疮、顽癣"等。《本草纲目》记载了17种蛇的形态和药用功效，蛇胆可清肝明目、去脂降压、降火除痘；蛇蜕可祛风、解毒、明目、杀虫；蛇鞭可壮阳补肾、填精益髓、强身固本；蛇油可柔嫩肌肤、去皱防衰、防冻治烫；蛇毒可治疗瘫痪、小儿麻痹症；蛇酒可治疗肿痛风湿、通栓降压、舒筋活络；纯蛇粉可嫩肤养颜、去皱除斑、强身健骨；蛇参可滋阴补阳、祛病强身。

(3) 蚯蚓与中药

蚯蚓俗称曲蟮，中药称地龙，地龙性寒味咸。功能：清热、平肝、止喘、通络。主治高热狂躁，惊风抽搐，风热头痛，目赤、半身不遂等。地龙提取液有良好的定咳平喘的作用。蚯蚓灰与玫瑰油混合能治秃发。近年来发现，蚯蚓含蚓激酶，对心血管疾病有较好的治疗效果。蚯蚓酶不仅能激活纤维蛋白溶解酶而溶解血栓，更可直接溶解纤维蛋白。临床治疗血栓病有效率达80%以上，蚯蚓酶还有降低血液黏度，抑制血小板凝集、抗凝血，促进血流通畅等作用，对中风后遗症、动脉硬化、高血压和高粘血度症等有治疗作用。

(4) 乌龟与中药

龟板和龟掌加工后，可治疗肾亏精冷、失眠健忘、眼肿、腹痛、肝硬化和高血压；龟肉加工后，可治疗气管炎、哮喘、干咳；龟肝煮食后，可治疗慢性肠出血；龟蛋煮粥食用，可治疗痢疾；龟油外敷，可治疗水、火烫伤；龟胆汁对肉瘤有抑制作用。

(5) 蟾蜍与中药

蟾蜍是一种药用价值很高的经济动物，其全身是宝，蟾酥、干蟾、蟾衣、蟾头、蟾舌、蟾肝、蟾胆等均为名贵药材。

蟾蜍的耳后腺、皮肤腺分泌的白色浆液的干燥品称蟾酥，是珍贵的中药材，内含多种生物成分，有解毒、消肿、止痛、强心利尿、抗癌、麻醉、抗辐射等功效，可治疗心力衰竭、口腔炎、咽喉炎、咽喉肿痛、皮肤癌等。目前德国已将蟾酥制剂用于临床治疗冠心病，日本以蟾酥为原料生产"救生丹"。我国著名的六神丸、梅花点舌丹、一粒牙痛丸、心宝、华蟾素注射液等50余种中成药中都有蟾酥成分。蟾蜍除去内脏的干燥尸体为干蟾皮，性寒、味苦，可用于治疗小儿疳积、慢性气管炎、咽喉肿痛、痈肿疔毒等症。近年来用于多种癌肿或配合化疗、放疗治癌，不仅能提高疗效，还能减轻副作用，改善血象。蟾衣是蟾蜍自然脱下的角质衣膜,对慢性肝病、多种癌症、慢性气管炎、腹水、疗毒疮痈等有较好的疗效。此外,蟾蜍的头、舌、肝、胆均可入药;同时蟾蜍的肉质细嫩,味道鲜美,还是营养丰富的保健佳肴。

(6)鲍鱼与中药

鲍鱼味咸,性平,可平肝潜阳、熄风镇静、解热明目、通淋、止血。用于头晕目眩、骨蒸劳热、青盲内障、淋病、吐血、失眠等。

(7)鳖与中药

鳖味甘、咸,性平。主治滋阴益肾、补骨髓、除热散结。用于骨蒸劳热、肝脾肿大、崩漏带下、血瘕腹痛、久疟、久痢等。

(8)草鱼与中药

草鱼味甘,性温。主治暖胃和中。用于消化不良、伤风感冒、头痛、高血压等。

(9)淡菜与中药

淡菜为贻贝科动物厚壳贻贝和其他贻贝类的肉,性味咸,性温。主治补肝肾、益精血、消瘿瘤。用于虚劳羸瘦、眩晕、盗汗、阳痿、腰痛、吐血、崩漏、带下、瘿瘤、疝瘕。

(10)鹅肉与中药

鹅肉味甘,性平,主治益气补虚、和胃止渴,用于消渴、气短、乏力、虚羸,具有治糖尿病功效。

(11)鸽肉与中药

鸽肉味甘、咸,性平。主治滋肾益气、祛风解毒。用于虚羸、消渴、久疟、妇女血虚经闭、恶疮疥癣。鸽肉含粗蛋白质、粗脂肪等,具有滋补气血作用,是较理想的食物补品。

(12)蛤蜊与中药

蛤蜊味咸,性寒,富含蛋白质、脂肪、碳水化合物、钙、磷、铁、碘及多种维生素和尼克酸,具有化痰软坚作用,主治滋阴、利水、化痰、软坚。用于消渴、水肿、痰积、瘿瘤、崩漏、痔疮。

(13)狗肉与中药

狗肉味咸,性温,含蛋白质、脂肪、嘌呤类、肌肽、肌酸、钾、钠、氯等。具有安五脏、壮元气、御寒冷、补血脉作用,主治补中益气、温肾助阳。用于脾肾气虚、腰膝软弱浮肿、胸腹胀满、寒疟、遗精遗尿。

(14)海参与中药

海参味甘、咸,性平。主治补肾益精、养血润燥。用于精血亏损、阳痿、梦遗、小便频数、肠燥便秘等症,具有抗肿瘤、促进和恢复癌症患者的免疫功能,促进骨髓造血功能,并增加癌瘤组织的血流量,提高药物在癌瘤组织中的浓度。

(15) 海马与中药

海马味甘、咸，性温。主治补肾壮阳、温通任脉、调气治血、散结消肿、止咳平喘。用于阳痿、遗尿、虚喘、妇女难产、症瘕、疔疮肿毒、淋巴结核、甲状腺肿。

(16) 海蜇与中药

海蜇科动物味咸，性平，含蛋白质、脂肪、碳水化合物、钙、磷、铁、硫胺素、核黄素、尼克酸及碘等，具有扩张血管降压作用，主治清热解毒、消肿降压、软坚化痰、有抑癌作用。用于高血压、妇人劳损、带下、小儿风热、气管炎、哮喘、胃溃疡等。

(17) 鸡肉与中药

家鸡的肉味甘，性温。主治温中益气、补精充髓。用于虚劳羸瘦、胃呆食少、泄泻、下痢、消渴、水肿、小便频数、崩漏、带下、产后乳少、病后体虚。

(18) 鲤鱼与中药

鲤鱼味甘，性平。含蛋白质、脂肪、多种氨基酸、多种维生素、蛋白酶以及钙、磷、铁等成分。具有显著的利尿消肿作用，主治健脾开胃、消水肿、利小便、通乳，用于胃痛、水肿胀满、脚气、黄疸、咳嗽气逆、乳汁不通。

(19) 鲈鱼与中药

鲈鱼味甘，性平。有滋养五脏作用，益脾胃、补肝肾、消食化痰。用于水气、风痹、小儿百日咳、消化不良、习惯性流产、妊娠浮肿。

(20) 猫肉与中药

猫肉味甘酸，性温。含蛋白质、脂肪等，具有滋阴补肾功效，可补虚养血、通经活络、消痰散结。用于风湿痹痛、瘰疬、恶疮、血小板减少性紫斑等。

(21) 牡蛎(蚝)与中药

牡蛎味咸，性平。主治益阴潜阳、安神定惊、软坚化痰散结、涩精敛汗。用于惊痫、眩晕、自汗、盗汗、遗精、淋浊、崩漏、带下、瘰疬、瘿瘤。

(22) 泥鳅与中药

泥鳅味甘，性平。主治暖中益气、壮阳、解渴、祛湿邪。用于消渴、阳痿、传染性肝炎、痔疮、疥癣、痈肿等。

(23) 墨鱼(乌贼)与中药

墨鱼味咸，性微温。主治养血滋阴、益胃通气，墨鱼骨和胃制酸、收敛止血。用于血虚经闭、崩漏带下、吐血、便血、目翳、遗精、胃痛吐酸，外用治湿疹、溃疡久不收口，乌贼墨治功能性子宫出血、支气管扩张出血、胃出血、尿血、宫颈癌出血。

(24) 螃蟹与中药

螃蟹味咸，性寒。可养筋益气、理胃消食、清热散血瘀、通经络。用于筋骨损伤、郁结淤血、斜面肿、疥癣。

(25) 蝎子与中药

蝎子是名贵中药材，有息风止痉、通经活络、消肿止痛、攻毒散结等功能。可用于治疗风湿顽症、半身不遂、四肢麻木、中风、瘰疬、破伤风、无名肿毒、癌症、性病、艾滋病等。全蝎入药的中西药约150余种。

(26) 熊胆与中药

熊胆，是指棕熊或黑熊的干燥胆汁，有清热、定惊、明目的善用，尤其是护肝解酒毒功能，在朝酒晚舞的当代社会大受青睐。对于急性肝坏死的重症患者，是能救人性命的良药。猪胆、蛇胆是有类似功用的替代物，但效力还是有差别。

(27) 麝香与中药

麝香是稀有动物成熟雄麝香囊中的分泌物，干燥后呈颗粒状或块状，有特殊的香气，有苦味，性辛、温、入心、脾、肝经，可开窍，活血，散结，止痛，是中枢神经兴奋剂，外用能镇痛、消肿。

(28) 蝉蜕与中药

蝉蜕性咸、甘，较寒，无毒，疏风散热。主治小儿惊痫，妇人生子不下、麻疹透发不畅、咽喉肿痛以及音哑、目赤肿、翳膜遮睛、破伤风、小儿惊风、夜啼等症。

(29) 羊肉与中药

李时珍在《本草纲目》中说："羊肉能暖中补虚，补中益气，开胃健身，益肾气，养胆明目，治虚劳寒冷，五劳七伤。"但羊肉的气味较重，对胃肠的消化负担也较重，并不适合胃脾功能不好的人食用。羊肉能御风寒，又可补身体，对一般风寒咳嗽、慢性气管炎、虚寒哮喘、肾亏阳痿、腹部冷痛、体虚怕冷、腰膝酸软、面黄肌瘦、气血两亏、病后或产后身体虚亏等一切虚状均有治疗和补益效果，最适宜于冬季食用，故被称为冬令补品，深受人们欢迎。

2) 药用动物保护

近年来由于生态系统平衡失调，药用动物资源已遭到不断地破坏，野生药用动物日益减少，某些珍稀药用动物已濒于绝迹，一些地区大量捕杀野生药用动物，致使要收集少量的样品也难于得到。为了更好地保护药用动物资源，1988年11月8日，通过了《中华人民共和国野生动物保护法》，国家对野生动物实行加强资源保护，积极驯养繁殖，合理开发利用的方针。1989年1月14日，林业部和农业部联合发布了"国家重点保护野生动物名录"，规定了各重点保护的野生动物所属的纲、目、科、中文名、拉丁学名，以及保护的级别。这对于野生药用动物的保护和合理开发利用，从法律上给予了保证。同时，要合理地使用药用动物资源，在适当的地区建立某些种的药用动物的自然保护区，以保存药用动物的物种。对于用量大，而医疗上又急需的药用动物品种，若仅依靠野生不能完全满足供应的，可进行人工驯化、饲养。

5.3.5 动物与雕塑文化

1) 动物雕塑发展历史

在人类的艺术活动中，关于动物题材的艺术作品有大量的遗存，它们涉及艺术的各个门类，如绘画、雕塑、宗教仪式、戏剧、巫术等，动物雕塑仅仅是其中的一小部分，但这一部分就足以让我们领略到人类艺术活动中动物的风采，了解动物在人类生活中地位的重要性。

中国动物雕塑作品最早出现于新石器时代早期，多属陶塑、石雕，也有少量牙雕和木雕。在河南裴李岗文化遗址出土有陶塑猪、羊头，距今约7000多年。辽宁东沟后洼遗址出土有很多滑石雕成的虎、猪、狗、鸡、鹅、鹰、蝉、鸟、昆虫、鱼等形象，造型单纯而生动。其中一件屈身、阔口、大眼、有角的龙，为已知最早的石雕龙的形象。浙江余姚河姆渡遗址也出土有陶塑和牙、木雕刻的猪、羊、鱼、鸟、蜥蜴等动物形象，形体不大，已具备圆雕、浮雕、线刻等不同表现形式。其中一件陶猪，高4.5厘米，长6.3厘米，作低头疾走的动势，体肥、口方，腹部肌肉松弛，将一头老母猪的形态，概括而传神地表现了出来。

在新石器时代中晚期的文化遗址中发现了更多的陶制动物雕塑作品。仰韶文化的半坡遗址出土有狗首鸟尾的陶塑器柄。湖北天门出土的湖北龙山文化时期的一群人与动物陶塑，数量众多，除羊、狗、鸡等家畜家禽外，还有大象和乌龟。华县出土的一个陶猫头鹰首器物盖，眼圈与头顶琢出成排的羽毛纹，圆圆的眼睛与勾喙强韧有力的轮廓线，也很好地表现出猛禽的特征。江苏吴江梅堰遗址所出的良渚文化陶水鸟壶，则光滑细长，眼小而机警，尾部为流口，微微上翘，既便于注水，又显示出水鸟翔于水边涯际的感觉。大型动物泥塑的残迹发现于辽宁牛河梁红山文化女神庙遗址之中，有神话动物猪龙和禽鸟。

玉石雕刻动物的最早出现，是在河南濮阳仰韶文化墓葬发现的3组用蚌壳摆塑而成的龙、虎图案，最大的一组，龙长1.78米，虎长1.39米，皆侧置背向主人。最怪异的是龙的形象竟与后世流行的龙的样式十分接近。红山文化遗址还出土有玉和绿松石雕刻的鸟、龟、虎形和鱼形石坠等小型的动物形象作品。

秦汉时期的雕塑空前繁盛，最具典型意义的是秦始皇陵兵马俑雕塑群，这数以万计的兵马俑，显示出对人的力量的肯定。人物、战马都与真实的一样大小，毫无夸张之处。以体量的巨大、数量的众多、形象的真实，产生着震撼人心的艺术魅力。

现代的动物雕塑则是更侧重于吉祥之意，例如，银行、学校门口常常摆放石狮子、麒麟，取其威严祥瑞之意，还有一些造型各异的动物雕塑艺术品，出现在学校、公园等公共区域供民众欣赏，或是制作小型动物造型雕塑，作为旅游纪念品。

2）动物雕塑类型

（1）陵园动物雕塑

在中国古代，陵墓观念、制度、形态是人们生活中不可忽略的重要内容。石象生是陵园中独有的动物雕塑，始于秦汉，兴于唐宋，盛于明清，是帝王陵墓前主要供祭仪物之一，为石雕人物、动物成对立于神道两侧，一些圣人墓前亦有。神道两旁排列着一群石兽，它们按照一定的次序在特定的方向排列，石兽如同一批"卫士"护卫着皇陵。这些石兽又名"石象生""石翁仲"或"石兽群"，是陵墓的装饰性建筑。设立石象生的目的有两个，一是显示墓主人的身份等级地位；二是有驱邪、镇墓的含义。

孔林中的石坊上雕有盘龙、舞凤、麒麟、骏马、斑鹿、祥云等，中间雕二龙戏珠，旁配丹凤朝阳纹饰，石雕线条细腻流畅，造型生动，整座石坊气势雄伟、端庄、古朴，给人以自然之美之感。

(2) 宫殿动物雕塑

铜龟、铜鹤：龟、鹤是我国象征长寿的神兽，故宫太和殿前铜龟与铜鹤就是典型代表。龟与龙、凤、虎合称为代表天下四方的"四神"。龟的特性是长寿，能负重。鹤被视为长寿、仙鹤。两对铜龟铜鹤都置设在底平的须弥座上，抬头昂颈，一爬一立，一低一高，颇有情趣。巧妙的是龟、鹤的身上都开有一个洞口。每当太和殿举办大典时，与台基上下的香炉一样，龟、鹤腹中也点燃香料，龟、鹤嘴里会冒出一缕缕青烟，为大典增添了几分神秘的色彩。当然，龟、鹤作为宫殿前的吉祥物，除了具有象征意义外，也是供人观赏的珍贵工艺品。

吻兽：中国古代木构建筑屋顶在正脊、垂脊、岔脊之上，置有大小不等、形状各异的吻兽。正脊两端，面朝里、口衔正脊的，名正吻，亦称大兽。在垂脊上有垂兽，在岔脊上有戗兽，这些统称"兽头"。在兽头前面，垂脊和岔脊的末端，常常排着一队小兽。其中有一种说法，领头的是一个仙人，而后依次为"龙、凤、狮子、天马、海马、狻猊、押鱼、獬豸、斗牛、行什"。它的安装数量依建筑物的等级高低和规模大小而定，太和殿上十样俱全（仙人不计在内），其他地位和规模稍低的殿堂，则相应减少。这些小动物一般称为屋脊走兽、檐角走兽、仙人走兽、垂脊吻等，故宫太和殿级别最高，达10个，更显尊贵，这在全国是独一无二的。

(3) 建筑装饰中的动物雕塑

建筑装饰雕塑历史上出现很早，据刘敦桢主编的《中国古代建筑史》说，商代的建筑可能有某些雕饰。明清时代建筑装饰雕塑以狮子和龙的造型最多，狮子应用最普遍且数量多，一座卢沟桥的石栏望柱上就雕有485个石狮子。龙的形象是帝王的专利，是北京紫禁城宫殿的主要装饰题材，华表、望柱、栏板、御道、屋顶、门窗以及殿内天花、藻井等等，到处是龙形雕刻，有人统计，里里外外共有12654条龙。在民间有些宫观、神庙、牌坊上也有龙形纹饰，但规模气势远远不及宫廷装饰雕刻。

(4) 宗教动物造型雕塑

在佛经中，龙是守护介佛法的八部之一。在诸尊龙王中，以五大龙王及八大龙王最为著称。象，在佛教中是高贵的象征，常以象王来比喻佛的举止，如象中之王。在佛菩萨造像中，我们经常能看到众多的菩萨坐骑皆为动物，如普贤菩萨的坐骑为六牙白象，文殊菩萨的坐骑为青狮，观音菩萨的坐骑为金毛吼，地藏王菩萨的坐骑为形似狮子的谛听兽。这些动物坐骑的象征意义都不一样，被赋予了符合它们各自守护的菩萨类似的神通法术和意义，以协助菩萨传经说法，普度众生。

中国本土宗教道教中也有丰富的动物形象出现。被奉为道教祖师的老子，在传记中曾有记载，老子西出比函谷关，而后作《道德经》，因而在首都庙宇中常有供奉老子骑牛的雕塑，在民间雕刻中也有不少以此为题材的佳作。在道教体系中，还有为人熟知的动物形象，如四灵、二十八星星宿，以及十二生肖，这些本是用于古代观测星象、算命、占风水等，因道教崇奉星神，善观星象，将四灵二十八星宿作为神灵护卫而得以出现在道教的庙宇中。在山西晋城玉皇庙有一套完整的二十八星宿及十二生肖的雕塑，为元代民间艺人刘銮之作，在全国已发现的古代塑像中尚属孤品。

(5) 民间动物雕塑

民间动物雕塑主要特点是体现民俗性。根据文献记载，最晚在宋代主要传统节日里就有民间雕塑作品的出现。如"立春时节有泥制小春牛，清明时节家家蒸面燕插于柳枝上悬于门首，名曰子推燕，重九节又在重阳糕装置面做的蛮王骑独身。"民间动物雕塑具有民俗性的同时还注重娱乐性，在以前传统的农村庙会上也常有泥塑或瓷塑的玩具出售，这些玩具大多表现吉祥的观念，与民间的神灵祭祀以及祈求平安的心理有关。如辽宁省旅顺博物馆馆藏的"白釉褐花虎哨"，属于儿童音响玩具，且因为虎为瑞兽，有吉祥之意，故为儿童的保护神，因此颇受青睐。

除此之外，在民间雕塑中，还有不少以动物为造型的随身配饰、工艺品、玩偶等。如红山文化遗址出土有玉龙、玉蝉、玉猪等配饰，西汉出土的虎噬鹿铜扣竖牧牛、木制仙人骑兽等，这些都是古代手工艺制品的佳作。

5.4 动物与崇拜

5.4.1 动物崇拜

以动物或幻想中的动物作为崇拜对象，是自然崇拜之一。中国古代曾经盛行过动物崇拜。据《山海经》记载，所有的神灵，无论是历史传说人物或各地区的神灵，都被描写成与动物有关。

根据考古发现，世界上所有的原始部族几乎都有过动物崇拜。例如，在位于法国南部的德鲁瓦·弗雷尔山旧石器时代遗址洞穴里，发现了半人半兽形状的"兽主"像；在位于小亚细亚的萨勒特·许余克新石器时代遗址里，也发现了七千年前的原始祭台及壁画中的雄牛和兀鹰。

1) 动物图腾崇拜形式

图腾崇拜，是发生在氏族公社时期的一种宗教信仰的现象（图 5-4）。一般表现为对某种动物的崇拜，其也是祖先崇拜的一部分，图腾崇拜首先要敬重图腾，禁杀、禁捕，甚至禁止触摸、注视，不准提图腾的名字，图腾死了要说睡着了，且要按照葬人的方式安葬。

(1) 旗帜、族徽

中国的龙旗，据考证，夏族的旗帜就是龙旗，一至沿用到清代。古突厥人、古回鹘人都是以狼为图腾的，史书上多次记载他们打着有狼图案的旗帜。东欧许多国家都以鹰为标志，这是继承了罗马帝国的传统。罗马的古徽是母狼，后改为独首鹰，东罗马帝国成立后，又改为双首鹰。德国、美国、意大利为独首鹰，俄国（原始图腾为熊）。表示为东罗马帝国的继承人。波斯的国徽为猫，比利时、西班牙、瑞士以狮为徽志。这些动物标志不是人们凭空想象出来的，它原于原始的图腾信仰。

(2) 服饰

瑶族的五色服、狗尾衫用五色丝线或五色布装饰，以象征五彩毛狗，前襟至腰，后襟

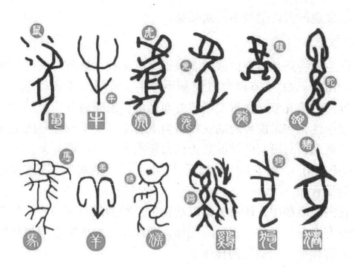

图 5-4 图腾崇拜

图片来源：圜道. 中国宗教思想史——图腾崇拜 [DB/OL]. http://lebensweg. blog.163.com/blog/static/1785924622011228326353/ [2011-03-02].

至膝下以象征狗尾，同样的对狗崇拜的还有畲族，特制狗头帽。布依族则在服饰、蜡染中体现鱼图腾崇拜。由于鱼产仔多，其腹内多子，因此鱼的原始寓意是象征生殖，对鱼的崇拜是对鱼的生殖能力旺盛的崇拜。

(3) 纹身

台湾土著多以蛇为图腾，有关于百步蛇为祖先化身的传说和不准捕食蛇的禁忌。其纹身以百步蛇身上的三角形纹为主，演变成各种曲线纹。广东蛋户自称龙种，绣面纹身，以像蛟龙之子，入水可免遭蛟龙之害。吐蕃奉猕猴为祖，其人将脸部纹为红褐色，以模仿猴的肤色，好让猴祖认识自己。

(4) 图腾舞蹈

即模仿、装扮成图腾动物的活动形象而舞。塔吉克人舞蹈作鹰飞行状，朝鲜族的鹤舞、龙舞、狮舞等。

2) 我国少数民族的动物崇拜

中国各少数民族也有很多动物崇拜，大多以图腾崇拜的形式留存。例如，赫哲族有鹰神、虎神、狼神、犬神、龟神、虾神和金钱豹神；鄂温克族有熊神；而在满族的宗教信仰中，对狗和鹰、乌鸦特别崇拜和尊敬；傣族崇拜野象、马鹿和孔雀；藏族崇拜牦牛，在藏族原始宗教本教占据统治地位，牦牛曾一度被称之为"神牛"，是朝野、政教神圣的供奉之物；中国南方地区的少数民族，又对鸟、虎、龙、竹鼠等动物倍加崇拜。

3) 福建的动物崇拜奇俗

(1) 福建的"蛇"崇拜

福建简称闽，《说文解字》并不把它归为"门"部，却归之"虫"部，"闽"的意义就是门内供着一条蛇。《说文解字》对"闽"释义是:"东南族,蛇种。"因为原居福建的闽越族,生活在多蛇地区,便以蛇为本氏族的象征,或作为本氏族的祖先。因此,闽越族在很长一段时间保留着崇蛇风俗。闽越人都有断发纹身习惯,他们把蛇形刻画在身上,以祈求避免遭受凶流动物侵害。汉唐以后,中原衣冠望族南迁,这种蛇形纹身之俗才渐渐淡化。

(2)福建的"猴"崇拜

福建自古是多猴之地,远在明代小说家吴承恩《西游记》问世百年间,这里普遍有崇猴之俗。唐宋时期,福建就流传神猴的传说,唐人撰写《异苑·白猿传》记述,南梁欧阳统将军率师南下,行至福建长乐,他的美貌妻子被猿精捕去。宋代莆田籍著名诗人刘克庄《释老六言十首》中有"取经烦猴行者"的诗句。明人洪梗《陈巡检梅岭失妻记》,记载在福建不远的梅岭的一个猿猴精的故事。古代福建民间流传一个尊称为"丹雷大圣"的神猴紫拜,八闽各地都建有丹徽大圣的庙宇,亦称"齐天府"。

福建有许多与猴关系密切的民物风俗,厦门市鼓浪屿藏庄公园有"猴洞",福州动物园有"猴山",福清城内的明代内阁首辅叶向高的花园,有一石直立如柱,高一丈多、围粗约三尺,柱上有天然疙瘩,看上去像一群栩栩如生的猴子,共81只,人称"百猴石"。太楚山有"玉猴观海"永春有"猴拳"等。在闽南一些地方,人们用布缝成猴子模样,并在金猴的四个角又缝上扫帚图挂在星棉下,随风摆动,因"蜂猴"与"封侯"惜音,含有避恶驱邪之意。在泉州仁寿塔后草坪,屹立一堵清代所建著名"山腾壁"上,还有陶土烧制成的猴子在树上捅蜂窝的吉祥图,也有意"封侯"吉祥。闽南南靖县等地的畲族的堪称"紫猴圣地",这里畲族村建有"大圣庙",庙中供奉神像是"孙大圣",此像造型严谨。每年六月初,畲民们都要举行了隆重祭祀活动,演戏庆祝,烧香祭拜,祈求平安。

(3)福建的"鱼"崇拜

在中国传统化里,由于"鲤"与"利"谐音,象征生活中受益或赢利,民间张挂画有两条鲤鱼的吉祥图,寓意"年年有余";鲤鱼跳龙门,还喻为科举考试获得成功。福建周宁县城附近的浦源村,自古就有崇组鱼习俗。相传远在宋代,郑氏先祖到此开基居住,见村前有一条溪流,溪中有很多鲤鱼。为了让鲤鱼在溪中永远落衍,郑氏先祖就讹称自己是鱼神。从此,这里村民从不捕鲤鱼,形成崇鲤鱼之俗。如果鲤鱼自然死亡,村民要隆重举行"鱼葬",将"鱼尸"捧到溪边的鱼陵,人们在刻有"鱼冢"的墓碑前焚香祭把后,才安葬"鱼尸"。

5.4.2 动物崇拜节庆活动

1)福建樟湖蛇王节

农历七月初七,是中国传统的"七夕",喜鹊搭桥,牛郎织女相会。而在南平市延平区樟湖坂镇,这天却是古老的"蛇王节",并且还保留着真蛇坐轿出巡等传统习俗。蛇王节的傩俗活动,既反映了古人对动物(蛇)图腾的崇拜,也显露出人类与动物(蛇)之间建立和谐、友好关系的朴素愿望,以及对自然生态环境,包括对生物物种链条免遭破坏的关怀。自1991年8月恢复举办"崇蛇"文化节以来,"蛇文化"活动弘扬了闽越文化,振兴了地方经济。1995年蛇王庙(福庆堂)被列入南平市级文物保护单位,将"崇蛇"活动冠以"樟湖镇蛇文化节"。1998年樟湖蛇文化节纳入"大武夷旅游"系列,举办了规模宏大的"南平市樟湖首届蛇文化旅游节"。近年来,樟湖蛇文化的独特罕见性,备受世人瞩目,特别是日本、中国台湾及东南亚地区的社会人类专家学者的关注,使樟湖蛇文化驰名中外。蛇王节当天,人们奉蛇王出巡境内。清早在庙前排长队,鸣锣开道,号声铳声阵阵,旗幡招展,游行队伍人手一蛇,或将蛇握于手中,或缠绕在臂上,盘绕于胸前、颈前,更有甚者与蛇亲吻,千姿百态,其情景十分惊险、动人。游蛇结束,人们把蛇放归大自然。

2)彝族跳老虎

云南省双柏县的彝族阿罗支系每年都要"跳老虎"。彝族支系阿罗人传说:阿罗人祖先居住在深山密林里,常常被豺豹、蟒蛇等猛兽侵扰,庄稼被野狗毁坏,山外人也来骚扰,防不胜防。由此可见,当时人类在自然界面前还是十分的弱小。后来,阿罗人把老虎皮披在身上,跳起虎舞,守卫村寨。得到兽中之王的威力,村寨安宁了,牛羊平安了,从此,彝族就每年都"跳老虎"。"跳老虎"仪式在每年的农历正月初八举行,在云南省双柏县,都会举行"跳老虎"民俗活动。"跳老虎"开始时由8只老虎参加,以后每天增加1只老虎,到正月十五增加到15只老虎。跳完古朴的舞蹈以后,"老虎"们逐家逐户除鬼驱祟。每到一家,"老虎"们一边念着"金银财宝要进来,一切疾病要出去"等祝福的话,一边舞蹈。每家则拿出猪肉、红糖作酬谢。到正月十五的晚上,15只老虎都出场后,全村摆酒庆贺,整夜狂欢。此时全村男女老少一齐参与,从月亮出来一直跳到午夜,把"老虎"送出村外,然后一起在村外煮饭吃,共同祈祷来年风调雨顺、五谷丰登、幸福安康。

3)侗族祭牛节

"祭牛神"的活动是新晃县内侗、苗所共有的一种祭事活动。原因在于他们都是敬牛的民族。农历四月初八或六月初六祭牛神,称为"牛辰节"或"洗牛身"。传说这一天是牛王的生日,这天,家家吃"牛王粑"和糯米饭,同时还要把这些好吃的食品拿一部分给牛吃,给牛放假休息一天。这一天,各家停止役牛,让牛好好休息,并杀鸡鸭、备酒饭到牛栏前祭牛神,继而用糯米饭喂牛,以示酬谢。生产中担负主要劳动力的耕牛成为人们崇敬的对象,许多的节目与牛相关呈现出多姿多彩的民族风情(图5-5)。

4)二月二龙抬头

龙抬头龙抬头是每年农历二月初二,又被称为"春耕节""农事节""春龙节",是中国民间传统节日。最早起源于伏羲氏时代,伏羲"重农桑,务耕田",每年二月初二"皇娘送饭,御驾亲耕"。到周武王时,每年二月初二还举行盛大仪式,号召文武百官都要亲耕,以示敬龙祈雨,让老天佑保丰收。

在北京民间,二月二有很多习俗,这一天民间饮食还多以龙为名,以取吉利,如吃水饺叫吃"龙耳",吃米饭叫吃"龙子",吃馄饨叫吃"龙牙",蒸饼也在面上做出龙鳞状来,称"龙鳞饼"。这一天妇女忌动针线,为的是免伤龙的眼睛,不磨面,不碾米,不行大车,怕"砸断了龙腰、龙尾"。《析津志》在描述大都城的风俗时提到,"二月二,谓之龙抬头"。这一天人们盛行吃面条,称为"龙须面";还要烙饼,称作"龙鳞";若包饺子,则称为"龙牙"。总之都要以龙体部位命名。

图 5-5　侗族祭牛节
图片来源：竹风萧萧. 黔东南之行. 侗族祭牛节[DB/OL].
http：//blog. sina. com. cn/s/blog_ 3daa7b8a0102vpdh. html[2015-11-09].

5.5　动物文化与野生动物保护

　　动物与人的关系密切，一些地区或民族常把某一动物作为民族的图腾，表达人类对动物的敬畏崇拜。在中国传统的儒家仁学理论中，以"孝"为核心，由己及人，由人及物，把道德关怀推向社会和自然界，而最早受到人类关爱的正是动物。孟子说："君子之于禽兽也，见其生，不忍见其死；闻其声，不忍食其肉，是以君子远庖厨也。"(《孟子·梁惠王上》)出于人类恻隐之心和对鸟兽同情的道德心理，儒家主张不杀生，倡导"时禁"和"节用"。佛教践行素食，因为动物受到损害，其中很重要的一条原因就是被人类吃掉了。佛教倡导"放生"，许多寺院专门建有"放生池"，供动物栖息。

　　进入现代社会，由于生产力的极大发展，保护动物尤其是野生动物面临严峻形势，但不能否认的事实，动物以前所未有的广度和深度进入人类生活，动物不但是人类最主要食物来源，且作为人类的助手参与社会的不同部门，成为人类的朋友和伙伴。动物形象更是无所不在，从幼儿、小学读本、卡通玩具，到动漫、电影、电视、网络，动物形象处处可见。一些国家，还推选国鸟，作为一个国家标志性象征。我国的藏羚羊、朱鹮、丹顶鹤、金丝猴等珍稀动物备受关注，国宝大熊猫已走出国门，成为联系各国人民和平友谊的纽带，在新的历史时期，动物文化可谓独领风骚。

小　结

　　随着农耕社会的进步，人们的衣食住行与动物关系日益密切，人与动物之间密切关系，决定了人类既敬畏和崇拜动物，又亲近和依赖动物。在中华文化、古巴比伦文化、印度文化、玛雅文化和墨西哥文化中，都能看到人类敬畏和崇拜动物的踪迹。动物的行为文化、人对动物的崇拜、动物题材的文化研究，都体现了人们对动物文化的探索。动物的觅食、性行为、爱、婚姻制度等行为也传达着动物文化。人们自古以来就对动物有较深的感情，常常将动物融入到文学作品、舞蹈、电影、医药、雕塑等各种文化中，用不同的文化形式展示动物的美。人类对动物的崇拜，大多是以图腾崇拜的形式留存的。图腾崇拜是发生在氏族公社时期的一种宗教信仰的现象，其也是祖先崇拜的一部分，图腾主要出现在旗帜、族徽、柱子、衣饰、身体等地方，有旗帜、族徽、服饰、纹身和图腾舞蹈等表现形式，同时人们还通过开展各类节庆活动表达对动物的崇拜，如福建樟湖蛇王节、侗族祭牛节、彝族跳老虎以及二月二龙抬头等。动物文化的传播也促进和影响了野生动物保护。

自主学习资源库

苏孝同，苏祖荣. 森林与文化[M]. 北京：中国林业出版社，2012.

千奇百怪的动物节日（组图）_ 新浪旅游_ 新浪网　http://travel.sina.com.cn/world/2009-07-30/115898409.shtml

思考题

1. 详述蛇文化。
2. 举一例说明动物与舞蹈文化的联系。
3. 动物崇拜有哪些形式？

第六章 竹文化

学习目标

【知识目标】

(1) 了解中国的竹传说,熟悉竹子民俗文化;
(2) 了解竹与文化,熟悉竹子与诗词书画、园林文化的特点;
(3) 了解竹文化产业特点,熟悉竹乡旅游资源,掌握竹产品类型。

【技能目标】

(1) 培养提升学生的竹文化内涵和修养;
(2) 培养学生利用竹文化、传播竹文化的能力。

【引文】

第九届中国竹文化节在四川眉山开幕

10月12日，第九届中国竹文化节在四川省眉山市开幕。本届竹文化节以"弘扬竹文化、发展竹产业、共圆中国梦"为主题，由国家林业局、四川省人民政府、国际竹藤组织主办，四川省林业厅、眉山市人民政府、中国竹产业协会承办。

开幕式上，国际竹藤组织和中国竹产业协会分别授予青神县"国际竹编之都""竹编艺术传承国际范例奖"称号；授予青神县南城镇兰沟村"中国竹编第一村"称号。国家林业局授予眉山市"全国竹编产业创新创业示范市"称号。眉山市荣获"全国绿化先进集体"称号，青神县国际竹艺城荣获"国家AAAA级景区"称号。

国际竹藤组织总干事费翰思致辞表示，青神的竹手工艺历史悠久，高超的技艺和精妙的产品达到了非常高的艺术水准，尤其是青神竹编享有世界级声誉。今年，青神第一次主办了商务部面向INBAR成员国的培训班，他期待与眉山、与青神有进一步合作。

国家林业局党组成员谭光明在致辞中表示，中国竹文化节的举办，对于弘扬竹文化，发展竹经济，推动生态文明建设，促进中国乃至世界竹产业发展发挥了重要作用。他希望参会各方以竹文化节为平台，深入推进供给侧结构性改革，加强竹林资源培育，提高竹产品科技含量，将竹产业打造成农民增收、财政增长、企业增效、生态增量、旅游增点、文化增色的支柱产业，把我国由竹资源大国建设成为竹经济强国。

在开幕当天的竹产业投资推介暨重点项目签约仪式上，成都市、眉山市、泸州市、乐山市、宜宾市、雅安市、自贡市、南充市、广安市、达州市等市（州）和四川省林业科学研究院、四川农业大学签订了四川省竹产业发展联盟战略合作协议，签约项目21个。

据悉，本届竹文化节共八项主体活动，包括开幕式、种植纪念竹、竹文化竹产业成果参观、竹文化竹产业招商推介及项目签约、国际竹子研讨会、中国竹产业协会第五届会员代表大会暨中国竹产业发展经验交流会、第六届中国竹种园联席会议、竹文化民俗表演。值得一提的是，在国际竹编展览馆内展示了42个国家的竹编产品，把竹与人类生活的历程清晰展示，这是仅此届文化节中才有的展馆。

此外，本届竹文化节参与主体范围广、竹文化交流丰富，将有来自国际国内300家竹企业、100家电商、100家工艺品店采购商、200个代理经销商、10个相关行业商业协会负责人、20家商场负责人参加为期3天的竹制品交易品博览会。

眉山是大文豪苏东坡的故乡，享有"千载诗书城"的美誉，是四川最具活力的开放高地和最富商机的投资热土之一。眉山市青神县，先后被命名为"中国竹编艺术之乡""中国特色竹乡""全国绿化模范县"，被授予"国际竹藤组织培训基地""中国竹编制品出口基地"和"国家级非遗生产性保护基地"等称号。同时，"青神竹编"还被列入中国国家级非物质文化遗产保护名录、原产地证明商标和中国国家地理标志保护产品。

资料来源：中国日报网．第九届中国竹文化节在四川眉山举行[DB/OL] http://news.163.com/16/1012/23/C37D1FAL000146BE.html[2017-09-30]．

6.1 竹文化历史概述

竹为速生的木本科植物，茎为木质，全世界约有10属1100多种，中国有39属约500种。竹杆挺拔修长，四季青翠，凌霜傲雪，有"梅兰竹菊"四君子之一，"松竹梅"岁寒三友之一等美称。

在中国悠久的文化发展史上，竹子扮演着极其重要的角色。著名史学家陈寅恪先生认为，中国文化是"竹的文化"；英国的李约瑟博士也认为，中国的文明是"竹子的文明"。

中国是竹的故乡，备受中国人民喜爱，历来种竹、用竹、爱竹、咏竹、画竹之风长盛不衰，形成了内容丰富和内涵独特的竹文化，对中国文学、绘画艺术、工艺美术、园林艺术、音乐文化、宗教文化、民俗文化的发展，有着极其重要的促进作用。中国历代文人雅士对竹子更是怀有一种特殊的感情，赞其"未出土时便有节，及凌云处尚虚心"的高尚情操。以竹为乐，爱竹成癖，以竹咏志，借竹抒怀，成为诗词、歌赋、绘画、音乐、园林等的重要题材。竹子，在中华民族数千年的历史长河中，作为物质文明建设的重要资源，并渗透和凝聚于社会精神文化之中，丰富了中国文化的独特色彩，从而形成了别具一格的中华竹文明，积淀成为源远流长的中华竹文化。

"断竹、续竹、飞土、逐肉。"一首古老的民歌《弹歌》将7000年前我们的祖先用竹子制作箭头、弓等等武器，用于娱乐、捕猎或战争的场面描述的淋漓尽致。"后羿射日"神话中可以看见远古时代人们用竹制弓箭；女娲神话传说中女娲开天辟地创造人类时就用竹制笙簧。1954年在西安半坡村距今约6000年左右的仰韶文化遗址中出土的陶器上，有"竹"的象形符号，说明在此之前，竹子已为人们所研究和利用，这就是说，我国人民研究和利用竹子的历史可追溯到五六千年前的新石器时代。汉字起源于原始社会崩溃的仰韶文化，而"竹"字的原始符号则应在此之前就已出现了。7000年前的浙江余姚县河姆渡原始社会遗址内也发现了竹子的实物，在甲骨文、金文中都有"竹"的象形符号和与竹有关的文字，可见在原始社会时期竹子和人们的生活有了密切关系。1954年在西安半坡村发掘了仰韶文化遗址，其中出土的陶器上可辨认出"竹"字符号。

商代，古人已经知道竹子的各种用途，其中之一就是用作竹简，即把字写在竹片（有时用木片）上，再把它们用绳子串在一起就成了"书"。竹简和木简为我们保存了东汉以前的大批珍贵文献。如中国最早的历史文献《竹书纪年》以及《尚书》《礼记》《论语》等经典，都写在竹简上。由于竹简的利用，使中国文字记载的历史可上溯到殷商时代。从汉字中竹部文字的情况来分析，可看出中国竹子利用的古老历史。东汉许慎《说文解字》第五"竹部"中，提出了竹类的名称，分类位置以及各种形态术语，反映了当时的用竹程度。我国辞海(1979年版)中共收录竹部文字209个，如笔、籍、簿、简、篇、筷、笼、笛和笙等等，历代各类字典收录的就更为可观。而诸如"竹报平安""衰丝豪竹""青梅竹马""日上三竿"一类的成语也都包含着与竹子有关的有趣典故。这些竹部文字和成语涉及社会和生活的各个领域，一方面反映了竹子日益为人类所认识和利用；另一方面反映了竹子在中国几千年的历史上，在工农业生产、文化艺术、日常生活等多方面起着重要作用，为中国文化的发展及历史文献的传承立下了不朽的功绩。

在中国浩如烟海的文化历史典籍中,不仅有专论竹的书,且在史籍、典故、古考、农书、志书等古籍中,都有大量用竹种竹活动内容的载述。《尚书·禹贡》中记载了中国古代竹资源分布的情况,是关于竹分布最早的史籍。《尔雅》的《释草》中对竹类的形态特征进行了描述,并记载了几种竹类的名称、特征,还对竹笋进行了描述,《战国策》之《燕策》中记载了我国历史上最早的南竹北移的历史活动。《史记》中提及西汉皇家为管理竹林而设置司竹都尉、司竹监和司竹长丞职官,提及关中地区"洞川千亩竹"的竹林经营的经济效益。南朝宋戴凯之撰《竹谱》是我国古代第一部全面研究竹类植物的专著。

竹,秀逸有神韵,纤纤柔美,长青不败,象征青春永驻;竹子空心,象征谦虚,品格虚心能自持;竹子弯而不折,折而不断,象征柔中有刚的做人原则;竹子生而有节,竹梢拔高,比喻高尚不俗,高风亮节,视为气节的象征。唐张九龄咏竹,称"高节人相重,虚心世所知"(《和黄门卢待郎咏竹》)。元杨载《题墨竹》:"风味既淡泊,颜色不妩媚。孤生崖谷间,有此凌云气。"竹之淡雅、清高、虚心、正直,正是中国文人对理想人格的追求。竹既有美的意象,又与士大夫文人的审美趣味、伦理道德意识契合。因此,自魏晋以来,竹就成为风流名士的理想的人格化身,敬竹、崇竹蔚为风气。中国古今文人墨客,嗜竹咏竹者众多。从《诗经》时代开始,历代皆有咏竹赋竹的诗文佳作,创作了难以计数的文学作品,构成了中国独特的竹文学,在中国文学中独树一帜。成千上万的竹子神话、诗歌、书画,成为中国竹文化的一个重要组成部分。《诗经》以后,各朝代各种典新中都有竹诗画记载。苏东坡写道:"食者竹笋,庇者竹瓦,载者竹筏,炊者竹薪,衣者竹皮,书者竹纸,履者竹鞋,真可谓不可一日无此君也","可使食无肉,不可使居无竹。无肉令人瘦,无竹令人俗。"郑板桥一生画竹最多,留下了《竹石图》等诸多名作,赞颂竹子"咬定青山不放松,立根原在破岩中。千磨万击还坚劲,任尔东西南北风"。体现了竹子高风亮节、坚贞正直、高雅豪迈的气韵。明张风题《竹林高士图轴》:"一竿二竿修竹,五月六月清风。何必德祥世外,只须啸咏林中。"竹,成为隐者名士的代名词、名士风雅的标志。

在中华民族的历史发展中,在服饰、饮食、交通、农业生产、人类的生活环境等方面,竹子都发挥了重要作用,作出了较大的贡献。竹文化渗透的领域之所以如此广泛、所凝聚的民族精神之所以如此之深厚,是因为竹的某些特征与中国传统哲学思想"异质而同构"。竹文化兼收并需地融合了中国古代诸家的思想。

6.2 竹与民俗传说

自古以来,在中华民族的日常衣、食、住、行中,竹的应用随处可见。各类竹的神话传说、竹民俗、竹制品、竹工艺品、竹诗画、竹工具、竹建筑,既历史久远、内涵丰富、又形式多样,精彩纷呈。

6.2.1 竹传说

1)竹神的传说

很久以前,浮流国(即福建永安)出了位叫"衍公"的奇人,他生性爱竹,终日徜徉在竹林，以竹为伴。衍公在竹乡所作所为体现其非一凡人，连玉皇大帝也感叹道："这个在竹林出没的不是凡人，只能是竹神啊！"永安人把衍公尊为"竹神公"，将他供奉起来，以纪念这位解永安于倒悬的奇人。

2）竹生人的神话传说

在中华民族的神话传说中，不乏竹生人的神话传说，认为人类诞生于竹，竹与人类有血缘关系。文献中记载最早是东晋常璩《华阳国志·南中志》："汉兴遂石宾。有竹王者，兴于遯水，有一女子，浣于水滨，有三节大竹，流入女子足间，推之不肯去。闻有儿声，取持归，破之，得一男儿，长养有才武，遂雄夷狄。氏以竹为姓。捐所破竹于野，成竹林，今竹王祠竹林是也。"《后汉书·南蛮西南夷列传》《蜀王本纪》《水经注·温水注》《述异记》中均有其记载。这些神话表明古夜郎民族在氏族形成时期、竹图腾崇拜的史实。从本质上看，竹王神话同其他民族关于人类起源的神话或创世神话是一致的。西南地区的彝族人崇拜竹，有竹生人的神话传说；台湾高山族人也崇拜竹，亦有竹生人的神话传说。竹生人的传说还是很多东亚、东南亚国家的普遍现象。

3）孟宗哭竹

这是《二十四孝》中的一个故事。相传古代有一个名叫孟宗的读书人，幼时从师学习，读书不懈，而且对待母亲也非常孝顺。他的母亲对他和学友们关怀备至，看到"学者多贫"，她还特意制作了"广被厚褥"，让孟宗与学友们共同御寒。有一年冬天，孟宗的母亲病了，想吃竹笋。但寒冬腊月，哪里去觅笋呢？孟宗只好扶着锄头，在竹林中哀哀地叹息，当他含着眼泪继续寻找时，发现在他刚才哭过的地方竟然迸出了笋尖。他赶紧把笋挖回家烧给母亲吃，孟母因吃到了鲜嫩的笋，胃口大开，病也慢慢痊愈了。据说人间从此有了冬笋，乡里人都称赞孟宗是孝子，是感动上天所致。

4）洞庭斑竹

娥皇和女英，是舜帝的妃子，为了寻找南巡的舜帝，千里迢迢找到潇湘。得知舜帝死在苍梧，守着潇湘竹，泪如湾沦。"斑竹一枝千滴泪"，至今的洞庭湖君山岛，满山尽是湘妃竹，还是点点斑斑的泪。明代王象晋的《群芳谐》记载说，娥皇和女英闻讯前往，一路失声痛哭，其情形很像孟姜女和韩娥，而她们的眼泪洒在山野的竹子上，形成美丽的斑纹，世人称之为"斑竹"。她们在哀哀地哭泣了一阵后，居然飞身跃入湘江，为伟大的夫君殉情而死，其情之壮烈，其爱之坚贞，旷世罕有。

6.2.2 竹子民俗文化

1）竹与地方婚俗

晋江婚礼"撒缘"之俗。在福建晋江一带，男女婚嫁时，总少不了一个重要的角色，那就是在新娘入洞房之前的向导。这个角色俗称"随嫁姆"，她通常由年纪大的老大娘担任。成亲那天，她跑在新娘前头，健步如飞，身上还带了一个包包，一到男家，她便频频伸手从包包里掏出一大把切得碎碎的青竹叶屑，这里撒撒，那里撒撒，往往弄得人们满头皆是。她尤其要将竹叶屑撒到新郎身上，口中喃喃道："竹心切成缘，夫妻恩爱到百年。"她还得将竹叶屑撒到新娘床上，念道："竹叶色青青，新娘今年入门，明年抢阿图。"等，这就叫"撒缘"。随嫁姆切青竹叶"微缘"，有祝愿新婚夫妇永缔良缘的意思。此习俗，至今仍在晋江一带流行。

苗族竹婚俗。在众多的少数民族婚俗中，苗族的婚俗与竹的关系最为紧密。

沅湘间苗族结婚送礼时，队伍前面往往有两个童子各举一杆竹枝"花树"，礼盒上也往往插一支"花树"。除此以外，竹在苗族婚俗中还有以下几种主要的表现：其一，彩礼刻竹。云南苗族婚姻的彩礼钱多少是用刀刻在竹片上，以竹片上的刀痕传递；其二，接亲送竹。贵州省贵阳市乌兰区苗族，在婚姻的头天，男方媒人带着新郎和伴娘到额娘家去接亲，要用红纸包一对竹子到女方去接新娘；其三，嫁姑娘送竹。湘西苗族有一种独特嫁妆——竹嫁妆。苗族姑娘出嫁时，娘家除送柜子、箱子、桌椅等木器和被子、帐子等细软物品外，还必须同时送两连根带叶完整的小竹。新娘要离家时，新娘的兄弟必将事先挖好的两小竹郑重其事地交给管亲郎。管亲郎小心翼翼地抬到新郎家，亲手交给新郎，再由新郎亲手将两竹子栽在自家的园圃或屋前屋后的空地里。

土家族婚礼中也有"甩筷子"之俗。土家族新娘上轿前，须"掷筷子"，行"甩筷子"的仪式。有哭词曰："手拿筷子十二双，前甩六双婆家发，后甩六双娘家旺。"筷子者，快生贵子也，以甩筷子来祈求人丁兴旺。在土家语中，做筷子的竹谓"母"，被尊为圣物。甩筷子，也当有祈求庇护，为娘家留下财气。土家族姑娘出嫁，娘家要打发一个精致的竹花背笼，回门那天再把背笼由新郎背着去看望岳父岳母。

"拿篮子"是流行于湖南江华瑶族自治县平地瑶族的恋爱社交活动。节假日或秋后之圩场日，男女青年聚集于圩场。姑娘们手提用新枕巾盖着的竹篮，含情脉脉地等待情人拿篮子。男青年若相中某一姑娘，便拿去她的篮子，买好点心装入篮中，双双隐于林中，边吃点心，边对歌谈情说爱。第二个圩场日，姑娘用竹篮送来五双布鞋，寓意情长久之意。第三个圩场日，男青年提着竹篮与姑娘至圩场挑选嫁。经三次约会，双方满意，然后约定好日子，男青年至女方求婚。

白裤瑶族嫁娶仪礼简朴、风趣。送亲队伍接近男方寨子后鸣枪报讯，然后就地休息，待到夕阳西下方可进寨，接亲客引导新娘跨过几块一尺多长的竹片弯弓制成的、用白纸糊面、粘有鸡毛的"送花轿"，之后送亲。

有的地方实行"鞋定亲"，即青年男女产生爱慕之情后，各自去拜见对方的父母和兄嫂，认识对方的妹妹和弟弟，叫"定亲"。"定亲"时，女方必须送给男方家庭成员一双鞋，叫"定亲鞋"。在做鞋前，往往先将男方家庭主要成员了解清楚，给每人做一双不同图案、表示不同意思的鞋。如送给男方弟弟的鞋，鞋底要纳一株竹笋，意为视弟弟像竹竿一样长大成人。

瑶族男女双方离婚也很容易，手续很简便。主要有两种，其中一种是男女双方自己办理，即把竹饭碗劈成两半，各持一半，便宣布离婚有效。广西环江县毛南族青年男女的定情物通常是男方送给女方的一顶花竹帽。湖南新晃侗区，新娘子出嫁坐的花轿挂着竹筛，新娘子进门要从竹筛上走过。

【拓展阅读6-1】

扬州婚俗：女儿出嫁送"对竹"

按照扬州的民俗，女子出嫁时，除了嫁妆外，娘家必须送一副"对竹"。嫁妆可多可少，"对竹"是万万不可没有的。

同一块根上生出来的两竿竹子，相依为命地同步向上长，每一个竹节都相齐平，粗细基本相同，就像双胞胎一样，此即为"对竹"。

新鲜"对竹"的颜色是碧绿的，象征婚后生活美好旺盛。"对竹"长短一样，竹节数一样，意味着夫妇举案齐眉、白头到老。"对竹"总是成双成对，就像并蒂莲、比翼鸟、鸳鸯鸟一样，比喻夫妇出双入对，长相厮守。除了美好的象征意义，"对竹"的实际作用是用来撑蚊帐的，因此也称为"帐竹子"。

女儿出嫁前夕，父母非常慎重地选好"对竹"，小心地锯下来，认真数好竹节，虔诚地将这对两米多长的竹竿用砂纸磨光竹节部分，再用红头绳扎好，两头包上红纸，就完成了外包装，只待佳期了。一般三年以上的竹子才能作为陪嫁的"对竹"，太嫩的竹子是不能当此重任的。因此，有竹园的人家，女儿长到十几岁，父母便开始留意竹园里的"对竹"了。较大的竹园，每年往往能长出两三对"对竹"，父母总是好中选优，优中选"最"，把最满意的给女儿留着。许多家中没有竹园的人家，在女儿待嫁的年龄，就要跟有竹园的亲朋好友讨要"对竹"。因为这是成人之美的善事，亲朋好友往往能慷慨应允。当然，在拿走"对竹"的时候，红包的价值肯定会远远超过一般竹子的价钱。男家迎接嫁妆时，"对竹"随着嫁妆，由两个青年人抬着，一路风风光光地从娘家来到婆家。从此，"对竹"就不离不弃地陪伴在一对新人的身旁。

资料来源：养生之道网. 扬州婚俗：女儿出嫁送"对竹"[DB/OL]. https://www.ys137.com/xiuxian/1595630.html[2017-08-24].

2）民间竹占卜

占卜是一种古老的文化习俗。我国以竹为卜具的卜术起源甚早，既有以竹为卜具的竹卜、竹占、竹卦、竹签卜，又有以竹为卜具的鸡骨卦，还有以竹为卜具的巫占。最早见于史书的竹卜当算楚国民间的竹卜。《楚辞·离骚》载："索琼茅以筳篿兮，命灵氛为余占之。"王逸注："楚人名结草折竹以卜曰篿。"竹为卜具，卜具容易得手，而且可以进行不同的占卜方法。

台湾高山族的竹占有两种：一种是把竹节拿在火上烧烤，根据加热后竹节爆裂的痕迹判断吉凶；另一种是拿一节小竹，在中间凿一个三角洞后，把竹折断，根据其断口竹丝的状况来判断吉凶。竹占在阿美人和卑南人地区很普遍。

土家族梯玛用以占卜的工具不少，其中包括筷子卦，即以筷子落地交隔式态占卜。

苗族也行竹卦之俗。用竹筶一付或三付，先用口诵咒语，祷告吉凶，叩请祖师及神灵，于阴中助之；再将竹筶抛之于地下，看管末尾阴阳朝东朝西之方位如何，遇吉则吉，遇凶则凶。

云南白族有竹签卜。壮族的鸡骨卜和伍族的鸡卦都要用竹签。独龙人常用简单的竹卜方法，卜问渔猎、农事、副业、婚姻、生育、交友、病疼、生子等事项。

3) 祭竹与葬竹

在夜郎民族代代相承的竹文化中，竹作为竹王的衣胞，其自然就依附有神的魅力。

在古夜郎县——湖南新晃，侗家人千百年来的生育、婚嫁以竹庇佑、辟邪。男孩出生，公婆、父母为了其不生病和长命富贵，在男孩洗三朝的日子里，于屋边选一块好地，栽上一根金竹，父母对金竹（陪竹）的护理格外小心，让竹陪伴男孩快快成长。要是出生双胞胎的男孩，如其中一个不幸死了，那就非得栽一根金竹陪伴活着的男孩不可。侗乡哪家若有小孩体弱多病，父母就到竹林中选择一根长势粗壮的大竹子，择吉日祭拜，在竹根上烧香烧纸，摆上酒肉粑粑等供品、挂红布、报孩儿的生辰八字，此竹从此成为该小孩的寄父寄母(公竹为"寄父"、母竹为"寄母")。竹神自然会保护小孩逢凶化吉，祛病成人。

在新晃侗乡，安葬死者，要看日子，若死者生辰八字与安葬时辰不合，哪怕停棺三五个月，绝对不能马上入土安葬。遇此，为不让灵枢久停家中，就用四块竹块放入墓穴的四角或用两根竹子放入穴底，把棺材放在所垫竹之上然后安葬死者，待到时辰，将竹抽出，适时超度亡灵入冥。葬竹中还有另一种做法，凡人死了，死者的亲儿子每人必备一根竹棍，称为孝棍，也称哭丧棒，祭祀死者或出起时，孝子要一直拿着竹孝棍，死者下葬后，竹孝棍摆放在墓前，以示其子孙陪伴亡灵。

6.3 竹与文学

6.3.1 竹子与诗词书画

1) 与竹相关的诗

自古咏竹之诗甚多，内容丰富多彩，大致可归为神话传说、赞美品格、抒情言志和记载用途等各类。

(1) 竹与神话

晋代张华《博物志》记载："尧之二女，舜之二妃，曰湘夫人。舜崩，二妃啼，以涕挥竹，竹尽斑。""斑竹"之名即由此而来，它其实是桂竹的一个变型。由此出现了不少以此为题的咏竹诗。例如，"血染斑斑成锦纹，昔年遗恨至今存。分明知是湘妃泣，何忍将身卧泪痕。""云起苍梧夕，日落洞庭阴。不知蕴竹苦，唯见泪斑痕。"毛泽东同志在《答友人》这首诗里写道："九嶷山上白云飞，帝子乘风下翠微；斑竹一枝千滴泪，红霞万朵百重衣"。唐代诗人高骈曾有"当时珠泪垂多少，直到如今竹尚斑"的诗句。

(2) 赞美竹的品格

借竹表现虚心、气节、坚韧和友情等方面，现略举如下：

虚心：唐·薛涛《酬人雨后观竹》："南天春雨时，那鉴雪霜姿。众类亦云茂，虚心宁自持。多留晋贤醉，早伴舜妃悲。晚岁君能赏，苍苍劲节奇。"

气节：邓拓《题画诗》："阶前老老苍苍竹，却喜长年衍万竿。最是虚心留劲节，久经风雨不知寒。"

坚韧：宋·楼钥《题徐圣可知县所藏杨补之画》："梅花屡见笔如神，松竹宁知更逼真。百卉千华皆面友，岁寒只有此三人。"

友情：唐·钱起《释春归故山草堂》："谷口春残黄鸟稀，辛夷花尽杏花飞。始怜幽竹山窗下，不改清阴待我归。"

（3）借以抒情言志。

竹趣：唐·王维《竹里馆》："独坐幽篁里，弹琴复长啸。深林人不知，明月来相照。"

竹景：唐·张南史《竹》：

"竹，竹，

披山，连谷。

出东南，殊草木。

叶细枝劲，霜亭露宿。

成林处处云，抽笋年年玉。

天风乍起争韵，池水相涵更绿。

却寻庾信小园中，闲对数竿心自足。

抒情：唐·杜甫《严郑公宅同咏竹》："绿竹半含箨，新梢才出墙。色侵书帙晚，阴过酒樽凉。雨洗娟娟净，风吹细细香。但令勿剪伐，会见拂云长。"

言志：清·李方膺："波涛宦海几飘蓬，种竹关门学画工。自笑一身浑是胆，挥毫依旧爱狂风。"

感情：清·郑板桥："乌纱掷去不为官，囊橐萧萧两袖寒。写取一枝清瘦竹，秋风江上作渔竿。"

（4）叙述竹类特点

韩愈《谢郑公惠簟》："蕲州笛竹天下知，郑君所宝尤环奇。体坚色净又藏节，满眼凝滑无瑕疵。青蝇倒翅蚤虱避，肃肃疑有清飙吹。倒身甘寝百疾愈，却愿天日恒炎曦。"

薛纪如《咏竹》："茎竹鞭兮横地生，枝成秆兮独指天。叶变箨兮抱青笋，花难遇兮自成仙。"

从文学艺术的角度来讲，自《诗经》中开创颂竹的诗句以来，几乎没有一个文人墨客不咏竹赞竹，传世佳句，数不胜数。《诗经》是我国第一部诗歌总集，其中就有大量竹诗，直接提及的有5首，出现7次，间接提及的有几十首之多。如《诗·卫风淇奥》曰："瞻彼淇奥，绿竹猗猗。"《卫诗》曰："翟翟竹竿，以钓于淇。"《诗经》编成于春秋时期，此后各朝代各种典籍中都有竹诗画记载。

我国伟大的爱国诗人屈原在《离骚》中有"余处幽篁兮终不见天，路险难兮独后来"的诗句，幽篁，即竹林也。王维在《竹里馆》一诗中有"独坐幽篁里，弹琴复长啸"的诗句，咏及的是竹林。唐代诗人韦应物的"新绿初苞结，嫩气笋犹香"；杜甫的"远传冬笋味，更觉彩衣春"，赞美的是新竹嫩笋。韩翃《在秋斋》里有"山月皎如昼，霜风时动竹"，说的是竹子在霜风中的动态描写。柳宗元的"今日南风来，吹乱庭前竹。萧然风雪意，可折不可辱"，把竹子坚韧挺拔、不畏风雪的铮铮傲骨表达得淋漓尽致。此外，李峤的"开门复动竹，疑是故人来"；白居易的"举头忽看不似画，低耳静听疑有声"；李白的"萧萧见白日，汹汹开奔流"等，都是赞美和描写竹子的不朽佳句。

方志敏烈士曾自撰对联挂于卧室以自勉："心有三爱奇书骏马佳山水，园栽四物青松翠竹白梅兰。"他的儿女也以松、竹、梅、兰命名，并写下了气贯长虹的诗句："雪压竹头低，低下欲沾泥。一轮红日升，依旧与天齐。"足见竹子在他心中的地位。

【拓展阅读6-2】

郑板桥与竹及竹子诗

郑板桥（1693—1765年），原名郑燮，字克柔，号理庵，又号板桥，江苏兴化人。进士出身，学闻渊博，工诗词，善书画。因为他在所作的书画下款都题"板桥郑燮"的字样，后来人就逐渐称他为郑板桥。与当时聚居扬州的另七位画家一起切磋画艺，开一代书风画风，史称"扬州八怪"。郑板桥，以画寄情，托物言志，用兰、竹、石之香、节、骨及其经得起考验之坚贞，作为自己修身的追求。

郑板桥与竹及竹子诗

"咬定青山不放松，立根原在破崖中。千磨万击还坚劲，任尔东南西北风。"这是清代郑板桥的一首著名的咏竹诗。历代文人画士之中，爱竹的大有人在，竹诗竹画也多得不可胜数。然而无论数量之多，还是格调之高，都莫过于郑板桥。

郑板桥，早年家贫，应科举为康熙秀才、雍正举人，乾隆进士。曾任山东范县、潍县知县，因助农民胜讼及办理赈济得罪豪绅而罢官。郑板桥的咏竹之诗，写竹之画，许多与他的从政经历有关。他为官清正，关心人民疾苦。做官时，"衙斋卧听萧萧竹，疑是民间疾苦声。些小吾曹州县吏，一枝一叶总关情。"罢官时，不恋荣华，一身正气。"乌纱掷去不为官，囊橐萧萧两袖寒。写取一枝清瘦竹，秋风江上作渔竿。"视功名如粪土，以清白为自豪。弃官后，"宦海归来两袖空，逢人卖竹画清风"，定居扬州卖画，自食其力。

郑板桥的竹诗竹画，无一不是他那刚直不阿、宁折不弯的人格的写照。对于恶势力，他以竹自况，大义凛然。"秋风昨夜渡潇湘，触石穿林惯作狂，唯有竹枝浑不怕，挺然相斗一千场。"在"千磨万击"之中，"咬定青山"，毫不动摇；于霜欺雪压之际，守常有节，"挺直又婆娑"。他自甘淡泊，从不攀附权贵，像竹那样"一节复一节，千枝攒万叶，我自不开花，免撩蜂与蝶"；"雨晴风定亭亭立，一种清光是羽仪。"真可谓人竹相辉，肝胆相照。

郑板桥不但以竹自况，还以"竹"待人。对于后学，他乐于奖掖，尽力扶持，言传身教，寄予厚望。他曾写道："新竹高于旧竹枝，全凭老干为扶持。明年再有新生竹，十丈龙孙绕凤池。"他又写道："且让青山出一头，疏枝瘦干未能遒。明年百尺龙孙发，多恐青山逊一筹。"他一生笔耕不辍，诗、书、画被时人称为"三绝"。其创作态度和创作方法也与竹大有关系。他曾对友人说，画竹要经历三个阶段，达到三种境界。一是"眼中有竹"，要仔细观察，反复临摹。他年轻时画竹竟到了废寝忘食的地步，年老时曾无限感喟地说："我为这竹君，不知磨秃了多少毫锋，消损了多少精神啊！"二是"胸有存竹"，即在创作前对要画的竹了然在胸。"我有胸中十万竿，一时飞作淋漓墨"。三是"胸无存竹"，即在挥写的过程中，又不为胸中之竹所束缚，只根据表达主题的需要，创造出新的形象。他曾用诗总结自己画竹的经历："四十年来画竹枝，日间挥写夜间思。冗繁削尽留清瘦，画到生时是熟时。"竹之于郑板桥，真可谓相得益彰，人竹合一。

郑板桥一生喜竹爱竹，痴竹迷竹，指竹作诗，写竹入画，咏竹言志，画竹传情。是郑板桥画出了竹的人格，又是竹成就了郑板桥的声名，常言道"竹毁节存"，板桥虽死，其"竹魂"犹在。

资料来源：亦呼．郑板桥与竹及竹子诗［DB/OL］．http://blog.sina.com.cn/s/blog_4a968148010007nj.html［2017-09-23］.

2）与竹相关的画

我国传统的绘画艺术自古就重视画竹，这不是偶然的，竹子高尚的精神风貌和特殊的审美价值，不但激发艺术家的创作灵感，而且也成为艺术家表达的对象。

唐代画竹已形成专门的绘画题材，国画中的墨竹就是唐代创始的。

宋代以后画竹更具成就，画竹名家层出不穷。北宋文同开创了"湖州竹派"，被后世人尊为墨竹绘画的鼻祖。大诗人苏东坡是画竹的艺术大师，诗画具全，才华横溢。他的墨竹多仰枝垂叶，笔势雄健，墨气深厚。他的传世佳作《枯木竹石图》作枯木一株，树干掘顽孤傲，枝梢凌空舒展，树根处作一特大怪石，占据了画面的垂心，旁生竹子几株，稀疏的枝叶，显示出委曲寻生的活力，给枯木和怪石注入了新的生命。他的次子苏过是画竹名手，他的至友文与可更是在画竹方面有高超的技艺。苏东坡的《墨竹图》被称为奇作，能得"富潇洒之姿，逼檀栾之秀，疑风可动，不笋而成"的绰约风姿。他的著名文章《文与可画赏笛谷偃竹记》是一篇传颂千古的佳作，文章说："画竹必先得成竹于胸中。""胸有成竹"的绘画理论，为千古墨画家所趋尚，传统绘画创作所遵循。

元代的柯九思、高克恭、倪瓒，明代的王绂、夏昶、徐渭，清代的石涛、郑板桥、蒲华、吴昌硕，都是树一代画竹新风的画竹大家，促进了画竹艺术的发展，对画竹技法和理论的发展、完善作出了重要的贡献。清代杰出艺术家"扬州八怪"之一的郑板桥，特别喜爱和擅长画竹，他题于竹画的诗也数以百计，丰富多彩，独领风骚。

时至今日，中国的画竹艺术仍保持长盛不衰的势头，成为中国特有的文化现象。

3）竹子与音乐文化

竹与中国的音乐文化有着重要的联系，竹是制作乐器的重要材料，是中国音乐文化中不可替代的物质载体。中国传统的吹奏乐器和弹拨乐器基本上是用竹制造的。竹子对中国音律的起源产生了重要影响，历史文献和考古资料证实，自周朝以后历代使用定音律。晋代就有以"丝竹"为音乐的名称，有"丝不如竹"之说，唐代演奏乐器的艺人称为"竹人"。

6.3.2 竹子与园林文化

在园林应用领域，竹子造景的历史可谓源远流长、丰富多彩。竹子是我国古典园林中不可或缺的部分，早在周朝时，就有竹子应用于皇家园林的记载。到了秦代，秦始皇修建"虚明台"，从山西云岗将竹子引种于咸阳宫廷园林。汉代的上林苑、永安宫等皇家园林亦有种竹的记载。魏晋南北朝时期，文人隐士建造自然山水园，竹子就融入了造园之中。竹子在唐宋两代运用较为广泛，从南宋周密《吴兴园林记》也可了解到吴兴的宅园"园园有竹"，竹子造园进入了一个全盛时期。明清时期计成的《园治》、文震亨的《长物志》，都对竹子造园作了详尽、精辟的论述，为后人推崇、仿效。

1) 园林中的竹应用

竹子"非草非木"，属禾本科竹亚科，其四季常青，姿态优美，或挺拔雄劲，或婵娟清秀，拥有植物的自然之美。我国现有的竹种，大多数都是十分理想的观赏竹种，利用竹子的色彩美、姿态美、声音美和生机美进行造园，具有很高的文化品位和园林美学特征。在中国园林植物造景的史上，有许多竹类应用的成功典范，创造了特有的时空意境，极富诗情画意，形成了丰富的极具中国竹文化内涵的景观形象。

先秦两汉时期，由于原始先民的认识有限，大自然在人们心目中始终是神秘的，人们对大自然山水风光尚处在简单审美意识阶段，对竹子的欣赏处于低级水平，竹子造园还处在萌芽状态。《战国策·乐毅传》载："蓟丘之植，植于汶篁。"这是迄今为止最早记录竹子引种的资料。

魏晋、南北朝时期，竹子造景在皇家园林已相当普高，并逐步扩展到私家园林和寺庙园林。郦道元的《水经注》介绍北魏著名御苑"华林园"称："竹柏荫于层石，绣薄丛于泉侧。"《洛阳伽蓝记》记录了洛阳显宦贵族私园"莫不桃李夏绿，竹柏冬青。"这一时期由于儒、道、佛、玄百家争鸣，形成以自然美为核心的时代美学，游览、观景成了园林的主要功能，人们追求视觉美的享受。如"竹林七贤"等受老庄哲学"无为而至，崇尚自然"的影响，不满现实，隐逸山林，寄情山水，流连自然。这种风尚体现了文人超然尘外的隐逸情调，促进了私家园林的兴起。

隋唐时期，山水田园诗画艺术大行其道，文人把诗情、画趣赋予园林景物，以诗入景、以画成园日渐成为时尚。王维、白居易、杜甫等诗人都曾参与园林的设计与建造，便是为将来退隐林下独善其身打算的。比较有代表性的如庐山草堂、浣花溪草堂、辋川别业等。竹子景观占据相当重要的地位，辋川别业就是唐代著名诗人王维在陕西终南山麓修建的名园，据《辋川集》描述，其中以竹为名、以竹景为主的景区有两个，即"竹里馆""斤竹岭"。文人造园、竹子造景进入了一个成熟时期。

宋代是中国历史上最以绘画艺术为重的朝代，尤其是山水画受到社会上的重视已达到了最高水平，因而在园林中融入诗画意趣比唐代更为自觉，写意山水园发展到顶峰。

明清时期，江南园林成为主体，竹子与水体、山石、园墙建筑结合及竹林景观成为最大特色之一，最能体现江南园林雅秀风格的有个园的"春山"、拙政园的"海棠春坞"、沧浪亭的"翠玲珑"、网师园的"竹外一枝轩"等。

2)园林中的竹人文景观

中国古典园林的设计以"虽由人作,宛自天开"为要旨,非常讲究植物的配置,而竹子则充当了极其重要的角色,几乎所有的中国古典园林都会用竹子造景,以竹造景,竹因景而显灵韵,园因竹而显生机。

(1)竹径通幽

"竹径通幽处,禅房花木深"。竹径构建的宁静清幽的景观,在历代园林中处处可见,如苏州拙政园的"竹径通幽"、杭州西湖小瀛洲的"竹径通幽"、天台山国清寺的"修竹夹道"等。竹径通幽之美包括竹林的静观和动观两方面。"独坐幽篁里,弹琴复长啸;深林人不知,明月来相照"(王维《竹里馆》)享受的是竹林的静观之美。西湖的"曲径通幽",竹径两旁临水,游人漫步其中,感觉清静幽闭;小径两侧绿篱阶草,刚竹林茂,重阳参天,形成富有季节变化的人工植物群落,使人体会到"庭院深深深几许"的园林意境。"叶动花中露,湖鸣固里泉。竹风声若雨,山虫听似蝉"(南北朝·刘孝先《草堂寺寻无名法师》)带来的是动态之美(图6-1)。

图6-1 成都杜甫草堂竹林
图片来源:李霞 摄

(2)竹篱茅舍

"一声画角谯门,半庭新月黄昏,雪里山前水滨。竹篱茅舍,淡烟衰草孤村。"(元·白朴《天净沙·冬》)。佛教传入中国后,竹林精舍之精义广为信奉传扬,中国传统的竹子造景的手法与佛家竹林精舍的建筑风格相互融合,魏晋之后,竹子造园更是在皇家林苑、私家园林兴盛起来。明末文震亨能诗擅画,平日喜游园、咏园、画园,也自造园林,所著《长物志》,是一部以晚明园林构建为核心,涉及士大夫生活各个方面的造物理论书籍。山光水态,林深谷壑,掩映于竹林深处的茅屋既是赏景的佳处,又极富返璞归真的野趣,正所谓"有竹人不俗,无兰室自香。"

(3) 移竹当窗

"江湖放浪水云人,药物枝梧梦幻身。移竹南窗初试笋,扫花北陌旋成尘。穷忙自笑常终日,老健犹能不负春。未遂初心惟一事,乞薪除米恼吾邻。"(宋·陆游《春日杂赋》)。"移竹南窗""扫花北陌"不辜负大好春光,深切地表现了诗人陆游对田园生活的喜爱之情。移竹当窗,是园林造景之取景手法,即用窗、钉、户、墙腊作为取景框对竹子景观进行处理,透过取景框欣赏竹景。开轩面竹,清风徐来,竹影摇曳,独具一番情趣。以竹木为窗,造成含蓄、幽雅、清静的感觉,使小小的窗景摇曳出无尽之意,蕴含丰富的美感。

(4) 粉墙竹影

"回风落景。散乱东墙疏竹影。满坐清微。入袖寒泉不湿衣。梦回酒醒。百尺飞澜鸣碧井。雪洒冰麈。散落佳人白玉肌。"(宋·苏轼《减字木兰花》)这首词创造出了一种超然物外,虚静清丽的艺术境界。

白壁粉墙前修竹几竿或几丛,竹竿摇曳,竹影婆娑,宛如一幅极富诗意的水墨面。粉增竹影是竹子散植为主的造景手法,要求背景单一如面纸,竹则如丹青,有高低、远近、主次、疏密之变化,风拂枝摇,竹影斑驳,勾画出变幻无穷的竹墨面。杭州黄龙洞,林木丰茂,其中竹是一大景观,景致随时令变化而变化,生机盎然,超凡脱俗。

(5) 竹深荷净

白居易的"竹径绕荷池,素回百余步"描写水中荷花满堂,香气连连;岸边绿竹依依,千竿映秀的美景。小径竹林倒映水面,光影变换婆娑,秀美异常;竹叶的声响与水流涓滑,更添幽静风凉之感;驳岸曲折自然,参差错落,虚实相间,丰富了景观层次的变化,增加了自然情趣。

(6) 竹石小品

"一片瑟瑟石,数竿青青竹。向我如有情,依然看不足。况临北窗下,复近西塘曲。筠风散余清,苔雨含微绿。有妻亦衰老,无子方茕独。莫掩夜窗扉,共渠相伴宿。"(唐·白居易《北窗竹石》)白居易是唐代有名的竹痴、石痴,不仅居必植竹,且钟情山石,把石头视为妻与子,与其相伴相宿,共度晚年,一生写了不少关于竹石的诗。

在古典园林的设计中,竹与石都被赋予了深厚的文化内涵:竹子象征清高、有节、坚贞;而山石则象征正直、明朗、刚健。郑板桥语:"竹与石,皆君子也。君子与君子同局。"一动一静,一刚一柔,相映成趣,相得益彰。

6.3.3 竹子与宗教、崇拜

1) 竹子与宗教

竹对中国的宗教文化产生了很大的影响,古代的先民奉竹图腾,视其为图腾崇拜物,把竹作为祭祀的工具和祭品。道教和佛教出于教义崇奉竹子,追求竹子所构筑的环境。

2) 竹子与崇拜

竹子,曾经作为图腾被西南一些少数民族所崇拜。晋·常璩《华阳国志·南中志》载有一则神话:有一女在在溪水中洗衣,忽然飘来三节大竹筒,飘到女子双脚之间推之不去。竹筒发出小孩声音。她取回家,破开竹筒得一男孩,以竹为女生。长大后成为竹王,建立了夜郎国。夜郎国极盛时,疆土所辖大致为今黔中、黔西南和滇东北等处。原族属不详,今为苗、布依、彝、侗等族所聚居。影响所及川、滇、鄂、湘、桂等地皆有竹王庙遗迹。

(1)蒙正苗族竹王崇拜

蒙正苗族不信神,敬奉祖宗竹王,竹王成了维系一个家庭的人身依附。生需要得到竹王的保护,死后也要得到祖宗竹王的承认;因此,男性成人都要举行仪式供竹王,死时用供的竹片陪葬,有了竹片为证,到阴间祖宗才承认。妇女用两块竹片器在头顶上,以示对竹王至高无上的崇拜。

供"竹王"是革利地区苗族男性成年人一生中的大事。男性成年人一生中供竹王最重要的有杀母猪安竹王位、束供"竹王"偶像、死后用供竹片陪葬三个环节。

蒙正苗族的竹王崇拜,已列为省级非物质文化遗产保护(图6-2)。

图6-2　苗族的竹王崇拜
图片来源:搜狐网.蒙正苗族崇拜竹王,吃竹王宴、头戴竹片的秘密
[DB/OL].http://www.sohu.com/a/127191260_488491[2017-07-21]

(2)布依族族徽——楠竹图腾

聚居在云贵高原的布依族,认为人的诞生是因为女祖先偶然感受到某种动植物的灵气,故将竹、牛、鱼等常见动植物假定为祖先加以膜拜。其中,大楠竹是该民族最崇拜的植物之一。族徽上,大楠竹的图腾柱高耸挺拔,气势磅礴,竹体两侧雕饰的盘绕双龙精美异常,象征着布依族人的进取精神和对美好生活的向往。

(3)马打扒

云南傈僳族有一支系为竹氏族,称"马打扒"。他们相信本支系祖先是从竹筒里出来的,号称"竹王"。后改汉姓为祝,竹与祝同音。四川彝族也有一支系为竹氏族,史书称"马胡夷",他们自称是竹王的后代。

(4) 竹子生殖崇拜

由感生神话引发的生殖崇拜是一种自然崇拜，其实质是母性崇拜。彝族认为，自己的祖先是竹子与妇女感生的结果。云南昭通地区彝族的丧葬习俗：母舅家派人去外甥家奔丧时，要带上一棵有根须的活竹。去后立于门边，用枝上的竹叶蘸酒和水，洒在地上为死者祭奠。母舅家来人则将立于门前的竹树，扛到安葬的地方，植在坟旁，象征着死者灵魂将化为长青竹。

在滇桂交界居住着一些彝族支系，每个彝寨都有一块空地。这块空地的中央，种着一丛楠竹，它的长势象征着全村族人的兴衰，这块空地彝族称为"种的场"，寓有种族繁殖地之意。每年四月二十四日举行祭竹仪式。届时，族人都来参加拜竹祈求兴旺。他们认为自己与竹有血缘关系。妇女即将分娩时，她的丈夫或兄弟砍一根约二尺长的楠竹筒。待婴儿生下时，将胎衣放入筒内，筒口塞上芭蕉叶子，送到"种的场"，系在楠竹枝上，表示婴儿是楠竹的后裔。

6.4 竹乡旅游与竹产业发展

6.4.1 竹乡旅游资源

1) 著名竹乡

①江西崇义　地处江西省西南边陲，毗邻广东仁化、湖南汝城、桂东，县城距省会南昌市506千米，至广州417千米，达深圳570千米，到赣州80千米，是全国南方重点林业县、全国森林经营示范县、全国"十大竹子之乡"。

②江西宜丰　宜丰县位于江西省，全国竹子之乡。全县土地面积1935平方千米，活立竹蓄积量7283万根。

③湖南桃江　位于湖南省，是国家命名的"中国竹子之乡"，全县有竹林50多万亩，其中万亩以上的竹林有32处，以独特的竹林自然资源为基础，融山水、佛教、民情、风俗于一炉，是具有旅游、避暑、疗养、野营、度假、科研等多种功能的旅游胜地。

④安徽广德　地处安徽省东南，苏浙皖三省交界处，面积2156平方千米，盛产毛竹、板栗，被誉为竹海栗乡，毛竹位居全国第七位，各种竹工艺产品远销世界各地，并于1999年成功召开了第四届中国竹乡联谊会。

⑤贵州赤水　位于贵州省，有"中国竹乡"之称，全市竹林面积60多万亩，其中楠竹40万亩，杂竹20万亩，有各类竹24种。年产楠竹500万根，杂竹20万吨，竹笋2.5万吨。

⑥广东广宁　是著名十大"中国竹子之乡"之一。地处广东省西北部，北江支流绥江中游，全县总面积2459.32平方千米，全县竹材面积108万亩，竹子种类14属55种，以青竹、茶竹、麻竹、篙竹、文笋竹为主。

⑦福建顺昌　位于福建西北部，是重点林业县和毛竹基地县，有竹子之乡之称，竹类资源丰富，全县毛竹林48.12万亩，有11属100多种，珍贵竹种有福建酸竹、大节竹、

哺鸡竹、黄甜竹、佛肚竹、四方竹等。

⑧福建建瓯　位于福建名胜武夷山东南侧，全市总面积4233平方千米，素有"金瓯宝地""绿色金库""竹海粮仓""酒城笋都"之称，是全国竹林面积最大、毛竹蓄积量最多的县（市）。除毛竹外，还开发和引种绿竹、苦竹、雷竹、操竹、黄甜竹、红哺鸡竹肿节少穗竹等中小竹。

⑨浙江临安　地处浙江省西北部，西接黄山，东邻杭州，先后获得了全国综合实力百强县(市)、浙江省首批小康县(市)、中国竹子之乡、中国山核桃之乡、中国民间书画艺术之乡、全国科技先进市、全国农业开发示范市、首批全国生态示范市、中国优秀旅游城市等一系列殊荣，是全国竹旅游胜地之一。

⑩浙江安吉　中国著名的"竹子之乡"，1996年李鹏同志视察安吉时亲笔题词"中国竹乡"。拥有百万亩竹林，毛竹蓄积量达1.5亿株，年产商品竹2800万株，居全国之首。安吉山青水秀、竹波万里，是一个休闲度假的旅游胜地。有"中国竹乡""心天荒坪电站""黄浦江源""昌硕故里"四大品牌，成为华东黄金旅游圈中的新亮点，都市人向往的绿色之都。

⑪福建永安　位于闽中大谷地南端，处武夷山脉与戴云山脉的过渡地带，"中国笋竹之乡"。目前全市竹林总面积已达82.3万亩，各类木竹加工企业192家，3家企业被列为省级林业产业化龙头企业，2家企业通过ISO9001质量体系认证。

⑫福建沙县　位于福建省中部偏西北，闽江支流沙溪下游，全境总面积1815平方千米，总人口24.3万人，是著名"中华小吃名城"。目前，刨花板、竹胶板、竹凉席、清水笋已成为沙县林竹笋业加工的四大主导产品。竹林面积42万亩，毛竹总立竹量6300万根，年产商品竹200万根，年产鲜笋2万吨。2001年被授予"中国竹席之乡"，2006年被评为"中国竹子之乡"。

⑬福建武夷山　位于福建省北部，全市竹林面积58.4万亩，其中毛竹林占57.4万亩，毛竹林蓄积量达8500万根，年毛竹采伐量680万根，年产鲜笋5.8万吨。武夷山充分利用双世遗产地的优势，大力发展竹林生态旅游和开发竹文化旅游，积极创办"中国竹文化馆"，扩大武夷竹业名牌效应，竹产业将达8个亿。

⑭福建尤溪　位于福建省中部，素有"闽中明珠"之称，是"中国金柑之乡""中国绿竹之乡""中国竹子之乡""全国无公害茶叶生产基地县"。尤溪县以"朱子故里"闻名，又以绿竹久负盛名，是福建省的绿竹主产区，毛竹立竹量6000万株。所生产的"沈鹭牌"绿笋干曾荣获"2001年中国(三明)竹藤交易会"金奖。

除此之外，中国著名的竹乡有浙江省德清县、安徽省广德县、江西省奉新县、四川省长宁县、湖南省绥宁县、湖北省赤壁市、广西壮族自治区兴安县、四川省沐川县、浙江省余杭区、安徽省霍山县、广东省怀集县、安徽省黄山区、湖南省安化县、江西省安福县、安徽省宁国市、湖南省桃源县等，各地盛产的毛竹，不仅为当地居民增产增收带来效益，更促进当地旅游业和竹文化事业的发展。

2）著名赏竹胜地

①蜀南竹海　原名万岭箐，据传北宋著名诗人黄庭坚到此游玩，见此界竹海洋，连连赞叹："壮哉，竹波万里，峨眉姐妹耳！"即持扫带为笔，在黄伞石上书"万岭箐"三字，因

而得名。蜀南竹海境内气候温和、雨量充沛、四季分明。这里不仅是一个天然的大氧吧，也是最大的"换肺工厂"，这里可欣赏到竹根雕、竹簧雕、竹编、竹制家具等品种繁多、技艺精湛的竹工艺品，品尝到竹、竹笋、竹海豆花、竹黑脂肉等天然绿色食品，可谓是度假、休闲、疗养的胜地。

蜀南竹海是中国最壮观的竹林。除盛产常见的制竹、水竹、慈竹外，还有紫竹、罗汉竹、人面竹、鸳选竹等珍稀竹种。在茫茫的竹海中，还生长着彬樱、兰花、楠木、蕨树等珍稀植物；栖息着竹鼠、竹蛙、等鸡、琴蛙、竹叶青等竹海特有的动物；林中除了产竹笋，还有竹称、猴头菇、灵芝、山塔菌等名贵的菌类。据统计，竹海所产的中草药不下200种，堪称一个天然的大药园。

竹海有景点124个，其中一级景点15个，二级景点19个，竹海素以雄、险、陶、峻、秀著名，其中天皇寺、天宝寨、仙寓洞、青龙湖、七彩飞瀑、古战场、观云亭、翡翠长廊、茶化山、花溪十三桥等景观被称为"竹海十佳"。

蜀南竹海景观独特，1988年被批准为"中国国家风景名胜区"，1991年被评为"中国旅游目的地四十佳"，1999年被评为"中国生物圈保护区"，2001年初被评为国家首批AAAA级旅游区。世界"绿色环球21"认证景区，2007年底荣获国家建设部评出的"最受群众欢迎的中国十大风景名胜区"和"最具特色的中国十大风景名胜区"。2009年，蜀南竹海荣膺中国世界纪录协会中国最大的竹林景区，奇氢异笃的竹景与富集配套的山水、湖泊、瀑布、崖洞、寺庙、气象、地质、民居交融，自然生态与历史人文并重，清风摇曳、竹影婆婆、四季宜游，是人们回归大自然的游览胜地。

②安吉竹博园　安吉竹海是浙江省最著名的大毛竹示范基地，是国际国内著名旅游品牌之一，安吉竹子博览园是国家"AAAA"级旅游景区。清代王显承的《竹枝词》写道："遥怜十景试春游，东岭迢通一径脚。记得碧门村口去，篮奥轻度到杭州。"《孝丰县志》记载：港口境内与余杭交界的幽岭，"其岭峻绝，修竹苍翠，扰人衣裙"，峰密绵延起伏，坡陡峻峭，峡谷深邃，故得名"幽岭"。自南宋后与独松、百丈并列为"天目斗关"，形势险要，历史上为兵家必争之地。全景区以浩瀚的大毛竹景观为主体，以神奇的"五女泉"为辅助，观竹王，望竹海，嫁竹泉，赏竹艺，听竹乐，玩竹戏，享竹疗，看竹业，购竹品，食竹宴，住竹居，可在规定区域内自行刻写题味、留言，或自制竹工艺品。在国内首个竹文化主题园内，特色设计了"竹艺坊、竹乐坊、竹宴坊、竹咏坊、竹简坊、竹戏坊"为系列动感体验项目，从视觉、听觉、味觉、触觉等多个方面，使游客全面体验竹文化的精髓。竹博园以产品显著的娱乐性、强烈的参与性、适宜的互动性，创造出令旅游者满意的娱乐体验，尽情享受回归大自然的无穷乐趣。

③庐山胜境　庐山仙人洞北，有一条幽径，这里竹林郁郁葱葱，叠翠溢青，终年不调，风光旖旎，茂林修竹间，泉如韵，溪如诉，琴蛙声声，百鸟歌鸣，是传说中神仙修行的所在地。漫步竹径，犹如置身于奇妙仙境。

④武夷竹筏　武夷漫山皆竹，幽氢如海，连碧如云，竹种多达40余种，有迎风摇曳的刚竹、婀娜多姿的方竹……山中竹径曲折，山下多是以竹装饰的休闲山庄，溪上泛着竹筏。郭沫若游武夷时留下"幽兰生谷香生径，方竹满山绿满坡"佳句，已众口皆碑。

⑤满江两岸凤尾竹　桂林山水之胜在满江，桂林市区与阳朔之间的滴江两岸，遍植凤

尾竹，其中以兴坪段为最多。游客乘舟顺流而下，竹丛村舍，举目皆是修竹翠影，风景如画。

⑥西双版纳竹王国　云南西双版纳堪称竹的王国，这里万竿竹林，翠色满园。这里有宜做工艺品的金竹，有用来蒸竹筒饭的青竹，有极富观赏价值的云竹、凤尾竹等。傣族人住的是竹楼，家里用的是竹桌、竹椅、竹床、竹篮、竹额、竹帘、竹碗柜等，吃的是竹笋饭，弹的是竹琴。到西双版纳，满眼是竹的世界。

6.4.2 竹产品

1) 竹制品

竹制品在我国有悠久的历史，其认可度高，而且竹制品价格低廉、清凉消湿，很受欢迎。从生活器具的使用方面看，早在旧石器时代的晚期和新石器时代的早期，中国古代先民就利用竹制作生活器具。浙江河姆渡文化遗址出土有竹席等竹制品，吴兴钱山漾良渚文化遗址（公元前3300—前2600年）出土有200余件的竹器实物。到春秋战国时期，竹制生活器具已成为当时广大民众生活"养生送死"不可或缺的物品。汉代有竹制生活器具60余种，唐宋时期就近达200种，明清时期达到250余种。如炊饮具的竹釜、竹策、竹笼、竹蒸笼，餐具的竹筷、竹碗、竹勺，家具的竹桌、竹椅、竹床、竹榻、竹屏风，盛物的竹筐、竹篮、竹箱、竹筒、竹扑满，消暑避雨用具的竹席、竹几、竹枕、竹扇、竹伞，装饰用具的竹帘，玩具的竹马、竹蜻蜓、空竹、竹风筝，以及照明用具的灯笼洁具的竹帚、扶老的竹杖等，均离不开竹子。

（1）竹编

数千年来，中国先人们用竹子编织的工艺美术作品，品种极为丰富，并寄寓着福、禄、寿、喜、财、发、顺、吉等吉祥内容的图案，深受群众欢迎。

福建省是我国竹编工艺品的主要产区之一，竹编历史悠久。有实物可考者是3000多年前武夷山悬棺中的竹席残片。先民在长期的劳动中，用竹篾编制一些粗糙的生活日用工具，如筐、箩、篓、簸箕、篮等。明、清之际，宁化、汀州一带有一种编织细腻的竹丝器皿，有的漆面上饰以漆画，题材多为花鸟山水，十分别致。竹编生产地区主要分布在福州、泉州、古田、宁德、漳平、永春、厦门一带。编织技术、造型和装饰，具有浓厚的地方特色，品种有瓶、盘、篮、盂、盒、罐、灯罩、屏风、挂帘、枕席以及各种动物造型等。

泉州竹编源自我国新石器时代，兴盛于唐宋时期，主要是染色竹编，生产各式各样竹家具和生活用品。莆田竹编全部采用改进型竹编。如盘、罐类似染色的极薄极细的竹旋丝编织缀以"喜""福"字图案和不断纹花边为装饰，还有织成"窥布"装潢底部。漳平青丝竹编主要是青丝竹提篮，有百余年历史，以细编六角花篮、绣箩、齐篮为主，编工精细。宁德竹枕是福建名产，早期的竹枕为实心，内填竹丝，外裹一层竹篾，后经艺匠改进，在1920年以后，发展成为外裹双层，编织精美的空心竹枕。闽侯竹编早在北宋时期，就具有很高的工艺水平，是朝廷贡品，南宋以竹木为骨的灯品每年都参加帝都临安的元宵灯展，史载"灯品至多，苏福为冠"，明清时期雕刻有精美图案的层篮、提盒盛行于市，也培训造就了大批民间竹草编艺人。新中国成立后，闽侯竹编涌现出一批技艺精良、造型巧妙的仿古青铜竹编代表作品。现在，竹编技艺已拓展到竹、木、草、藤、铁五大门类。

青神竹编历史悠久，源远流长。据《蚕丛氏的故乡》载："早在5000多年前新石器时代，先民们就活动在这里。"那时，青神的先民便开始用竹编廉箕养蚕、编竹器用于生活。唐代张武率县民编竹篓填石拦"鸿化堰"提水灌溉农田。明代县人余承勋进京考进士后任翰林院修撰，所用书箱、膳食盒系竹丝编织。青神精美的竹编宫扇，被列为清廷贡品。民国时县人将写有"抗战到底"的细竹丝斗签用以慰劳抗日将士。新中国成立后，竹编工艺又发展创新编织名人字画、人物山水、花鸟虫鱼等精美艺术品。如用薄如蝉翼、细如发丝的竹丝编成的《中国百帝图》《清明上河图》等成为竹编艺术瑰宝，多次荣获国际国内金奖。2000年5月，青神县被国家文化部授予"中国竹编艺术之乡"的称号。

东阳竹编在殷商时代已同世，历史悠久。在宋代以编织元宵节的龙灯、花灯、走马灯面著名，到了明清时期，东阳竹编已有高超的技艺和独特的风格。据清朝康熙《东阳县志》记载："笙竹质软可作细腹器，旧以充贡。"可见东阳竹编在清朝以前就被选为贡品而闻名于世。到了清末民初，东阳竹编进入全盛时期。东阳竹编的编织技法现有150多种。竹编工艺品可分为人物、动物、器皿、仿古品、陈设品、家具、灯具、文具、浴具、花具、装饰品、竹丝镶嵌（竹木结合）、竹编书画艺术品、竹艺园林建筑、竹艺室内外装饰、竹编境纸、竹根雕、留青雕等25大类，3000多个花色品种。东阳竹编实用产品有篮、盘、包、箱、瓶、罐、家具等20多种。

成都瓷胎竹编，是用千百根细如发、软如绵的竹丝，均匀地编织于洁白如玉的瓷器之上的一种竹编制品。瓷胎竹编产品技艺独特，以精细见长，具有"精选料、特细丝、紧贴胎、密藏头、五彩图"的技艺特色。瓷胎竹编，清雅莹润的丝竹和洁白如雪的名瓷相映成趣，使它在我国众多的竹编工艺品中卓然独立，别具一格。

邛崃竹编至清朝发明有胎竹编工艺后，声誉远播。邛崃竹编采用的原料是四川省邛崃平乐古镇优质慈竹为原料，加工成细如发丝，薄如蝉翼的竹丝，以古今名人字画为底稿，以景德镇、潮州、宜兴等地优质陶瓷为胎，采用独特的编织技术将各种图案加以编精。邛崃竹编主要有瓶、坛、盒、包、具、屏等品种。

（2）竹雕刻

竹雕刻工艺起源于春秋战国时期的楚国，唐代以后，竹雕刻工艺的名家辈出，见于记载的有宋代的詹成、明代的上海嘉定朱松邻祖孙三代为代表的嘉定竹刻派和金陵的李文甫、濮仲谦等竹刻大家。清代中后期形成了湖南邵阳、四川江安、浙江黄岩、福建上杭等地的竹黄雕刻，成为竹雕刻工艺的主流。清末民国初期，出现北京张志渔开创的北派竹刻。

竹刻主要流行于中国南方各地，明代时的江南竹刻艺术已达到全盛时期，发展为各具特色的两大流派，一派是以南京竹刻为代表的"金陵派"；一派是以上海嘉定竹刻为代表的"嘉定派"。竹刻分为翻簧竹刻、留青雕刻。翻簧竹刻是宁波奉化的传统工艺，始于清光绪年间，翻簧竹刻工艺的器物造型有文具、花插、屏风、宫扇、花瓶、果盒、首饰盒等。留青竹刻始于唐代，到明代后期，竹刻艺术家张希黄发展了前人的刻法，使留青竹刻突破了以往图案形式，达到笔墨神韵和雕刻趣味兼备的境界。

福建竹刻。福建竹刻工艺起于明中叶，盛于清初。福州秀才陈茂才，字步蟾，善刻竹，曾以"雷峰竹"刻陶潜诗，细如发，须在放大镜下方可欣赏。其作品随意点钱，超俗不凡。漳州民间早有竹刻。产品有字联、花联、笔筒、花桶等。

邵阳翻簧竹刻。邵阳翻簧竹刻是我国优秀的民间工艺产品，诞生于清代乾隆年间，迄今已有200多年的历史。在1915年的巴拿马万国博览会上，邵阳翻资竹刻第一次向海内外展现它的艺术魅力。当时5名左姓雕刻艺人精心制作了1只"荷叶花瓶"，获得了博览会银质奖章。

上海嘉定竹刻。嘉定竹刻是中国竹刻的一朵奇能，最早的记载见于南朝梁人萧子显撰的《南齐书》中。嘉定竹刻是我国特有的一门独具风格特征的艺术，2006年被国务院公布为我国首批非物质文化遗产。

宝庆竹刻。宝庆竹刻是从实用竹器工艺中脱胎出来的一种集观赏、实用于一体的民间工艺。清代康熙年间，宝庆竹刻艺人王尚智发明了翻簧工艺和翻簧竹刻。2006年5月20日，宝庆竹刻经国务院批准列入第一批国家级非物质文化遗产名录。

(3) 竹帘画

竹帘是我国的特产，既实用，又是美化生活的装饰品。竹帘画的始创人是清末四川梁平县石柱砰人方炳南。竹帘画，就是在精编的竹丝卷帘上绘画，通常运用具有传统特色的国画技法。

梁平竹帘画。史料记载：早在北宋年间，就被列为皇家贡品，饮誉天下，素有"天下第一帘"之称。《辞海》记载："竹帘画，在细竹丝编织的帘子上加上画的工艺品，产于重庆梁平。"竹帘系将竹片划为发丝一般的细丝，再编织成为织轿帘、灯帘、堂帘，各色俱备，极其精巧。

飞龙竹帘画。"竹丝绣画帘"起源于清末，为四川梁平画家方炳南(1880—1920年)所首创，他先在轿帘、门帘、窗帘等竹帘上作画，后将竹帘进行技术处理，将其漆成朱红色，中部堂心漆白，并在白色堂心上作画。竹丝画帘挂在客厅的粉墙上，显得清新古雅，独具风格，富有浓郁的地方特色和民族风味。

南充竹帘画。南充竹帘画竹帘雅洁，图画富丽，具有浓郁的民族地方风味，被称为"精工画帘"。据《梁平县志》记载，南充县所产竹帘，"细如毫发密如丝"。光绪年间就发展了油漆彩绘的画帘。早期多作轿帘使用；清末逐渐发展成为室内陈设画帘形式。品种有通景屏、单条、斗方、屏风、帐檐、对联、灯罩等百余种。

(4) 竹电子配件

作为文字载体的竹简起源于3000多年前的西周，直至公元4世纪左右，由于纸广泛使用，简牍才为纸抄本所代替。随着科技的进步，中国人对毛竹的开发利用取得新的成果，竹产品涉及传统日用品和工艺品、竹材人造板、竹浆造纸、竹纤维制品、竹炭和竹醋液、竹笋加工品、竹叶提取物等10大类，几千个品种。2009年竹制键盘诞生，开拓了毛竹开发利用的新领域。竹键盘绿色、低碳，敲击声小，天然恒温，防静电，可以延长键盘电子部件寿命。

从古代文字载体的竹简，到现代人书写文字工具的键盘，在人类智慧的引领下，竹子在千年文化传承中走上全球化之路。

（5）竹纤维

竹对中国人的衣饰起源和发展起着重要作用。秦汉时期就出现用竹制布，取竹制冠，用竹做防雨用品的竹鞋、竹斗签、竹伞，一直沿用至今。竹布在唐代曾是岭南地区一些州县的重要贡品之一。

随着科技的进步与发展，20世纪末人类成功的利用竹子生产出竹纤维，竹纤维是一种新的环保型天然面料，是从自然生长的竹子中提取出的一种纤维素纤维，继棉、麻、毛、丝之后的第五大天然纤维。竹纤维具有良好的透气性、瞬间吸水性、较强的耐磨性和良好的染色性等特性，同时竹子里面具有一种"竹琨"的独特物质，又具有天然抗菌、抑菌、除螨、防身和抗紫外线功能。竹纤维已广泛应用到内衣产品、衬衫、T恤、袜子、毛巾、床上用品及运动休闲装等贴身纺织领域。同时，竹纤维还被运用到其他领域。如日本松下电器利用竹纤维振膜设计扬声器、竹纤维制成的洗碗布、竹纤维刷毛的牙刷等。

（6）竹炭

竹炭，原材料取自于三年以上毛竹，高温无氧干馏而成。竹炭含有丰富的矿物质，是木炭的5倍；吸附能力是木炭的10倍以上，能产生负离子，释放远红外线，有自动调湿的作用、有导电和阻隔电磁波辐射的效果。目前竹炭已开发了许多领域的用途，可作燃料、水质净化、居室调湿、吸附异味、保健产品、鲜花水果保鲜、美容养生、食用竹炭粉六大用途。竹炭的产品现在非常广泛，包括竹炭皂、竹醋皂、竹醋牙膏、护足水、竹醋洗发露、竹醋沐浴露、竹醋液、SPA泡澡竹炭浴等。

（7）竹纸

在中国五千年的文明史上，竹作为中国文化传播的载体，对中国文化的积累和发展产生了重要的作用。在9世纪我国已开始用竹造纸，比欧洲约早1000年。关于用竹造纸，明代《天工开物》中作了详细记载，并附有竹纸制造图。实际上在竹纸出现以前，制纸工具也离不开竹子。

（8）竹盐

竹盐，是以含丰富矿物的天然盐为原料，将日晒盐装入三年生的青竹中，两端以天然黄土封口，以松树为燃料，经1000~1500℃高温般烧后提炼出来的物质。竹盐具有解毒、排毒的功效，对人体平衡起着重要作用。目前，市场上已经开发了一些竹盐产品，如竹盐牙膏、竹盐沐浴露、竹盐洁面膏等，为人们生活带来便利。

（9）竹地板

竹地板是采用中上等竹材，经严格选材、制材、漂白、硫化、脱水、防虫、防腐等工序加工处理之后，再经高温、高压热固胶合面成的地面装饰材料。竹地板无毒，牢固稳定，不开胶，不变形。经过脱去糖分、脂、淀粉肪、蛋白质等特殊无害处理后的竹材，具有超强的防虫蛀功能。中国是世界上最大的竹地板生产国，生产技术处于领先地位。2006年8月，浙江省安吉县获"中国竹地板之都"荣誉称号。

（10）竹家具

考古资料证明，旧石器时代晚期和新石器时代早期，古代人民就已开始用竹制造竹器。南方良渚文化地址发掘了大量的竹器纹饰的印纹陶器,浙江吴兴钱山漾遗址发掘有200余件的竹器实物。竹家具有床、榻、席、椅、枕、几、屏风、桌、橱、柜等。

漳州圆竹家具业的历史约有400多年。漳州工艺圆竹家具以毛竹、湘妃竹、黄竹为原料,通过烘、弯、削、凿等工艺程序制作各式各样拼接图案的竹花,然后把各种竹花衔接成格格相连的花屏装饰竹器。

2)竹乐器

竹是制作乐器的重要材料,是中国音乐文化中不可替代的物质载体。中国传统的吹奏乐器和弹拨乐器基本上是用竹制造的。在《汉·律历志》中记载一个传说,黄帝指使一个叫伶伦的人定"音律"。伶伦便去大夏之西,从昆仑山南施取来了竹子,断面节间,长6寸9分,吹之,恰似黄钟宫调,音律优美。从此便有了箫笛等乐器。考古学家在湖北随州曾侯乙慕出土文物中发现了竹制的十三管古排箫实物,是目前考古文物中发现年代最早的排箫。晋代有以"丝竹"为音乐的名称,有"丝不如竹"之说,唐代演奏乐器的艺人称为"竹人"。中国南方有一民间乐器,直接称为"江南丝竹"。晋·王羲之《兰亭集序》:"虽无丝竹管弦之盛,一觞一咏,亦足以畅叙幽情。""丝"指弦乐器,"竹"指管乐器。《庄子·骈拇》:"多于聪者,乱五声,谣六律,金石丝竹,黄钟大吕之声,非乎而师旷是也。"元·无名氏《货郎担》第四折:"又不会按宫商,品竹弹丝。"都提及了竹制乐器。中国传统乐器如笛、箫、笙、筝、鼓板、京胡、二胡、板胡等都离不开竹。

另外,我国用竹制成打击的乐器也不少,例如,具有代表意义的"简板",就是由两块长约65厘米的竹片组成的,以左手夹击发音。我国少数民族也有很多竹制乐器方面的智慧,例如,苗族的芦笙、侗族的侗笛、彝族的箫筒等。

在竹乡,还有很多脍炙人口的以竹为题裁,用竹乐器演奏的音乐作品,如傣族的《月光下的凤尾竹》、伍族的《一棵竹子不成林》《竹林深处》《竹林涌翠》等。这些作品都对于竹文化的传播起到了潜移默化的推动作用。

3)竹类食品

竹子全身都是宝,竹笋和竹荪是极受人们喜爱的美味山珍,竹实是历代救荒的重要作物原料,竹黄、竹药也是治病的良药。竹类食品一直以来深受国人喜爱。

笋燕,素有闽北一绝之称,是南平市延平区最具特色的地方菜肴,有到延平没吃笋燕等于白来之说。笋燕的发明与八王爷巡视江南的一段佳话有关。笋燕以鲜冬笋为原料的季节性特色佳肴,其特点,笋茎带金黄色,香嫩,其味清香,吃口嫩脆。

竹筒饭是古时偏远山区客家人长期从事野外劳动而创造出来的一种野炊方法,多在山区野外制作或在家里用木炭烤制。竹筒饭是傣族、哈尼族、拉祜族、布朗族、基诺族、景颇族等众多民族经常做的一种风味饭食,属绿色食品或生态食品,是一种有民族特色的饮食文化。除了云南的少数民族擅长制作竹筒饭以外,还有阿里山竹筒饭、浙江武义郭洞的竹筒饭、海南黎族竹筒饭、江华瑶族自治县多山的竹筒饭等都十分有名。

竹叶糕为蜀南竹海的传统特色食品。用糯米为原料,辅以红糖、农家鲜猪肉、竹根水,用纯手工精心制作而成

竹筒肉是蜀南竹海的特色美食。竹筒肉选用优质竹子和猪肉,既有翠竹的清香宜人,

又有肉食的鲜香味美，是具有典型我国风味的特色食品。

竹筒酒是居住在云南省西北部贡山一带的独龙族的特产，每当收获季节，家家户户都要酿制水酒。独龙人酿水酒不用土坛而用竹筒。他们将煮熟的大米、小麦或高粱拌上药酒装进竹筒。7天之后，将竹筒盖打开，就可以喝到又醇又香的水酒了。

竹筒香茶是云南西双版纳傣族自治州别具风味的一种茶饮料。居住在湖南中部的瑶族，云南南部的傣族、哈尼族、景颇族人民，有用竹筒茶当菜的食用方法。冲饮竹筒茶，既有清纯的茶香，又有独特的竹香。

竹虫不仅包括竹蛹，还包括竹蛆。竹蛹是生长在竹节内的虫，竹虫酷似冬虫夏草，含有丰富的蛋白质和10多种人体所需的氨基酸，具有养胃健脾的功效，是很理想的保健食品。

竹荪是寄生在枯竹根部的一种隐花菌类，形状略似网状干白蛇皮，整个菌体显得十分俊美、色彩鲜艳，营养丰富，被人们称为"雪裙仙子""山珍之花""真菌之花""菌中皇后"。竹荪是名贵的食用菌，又是医学上的新秀，历史上列为"宫廷贡品"，近代做为国宴名菜，同时也是食疗佳品。竹荪自古就列为"草八珍"之一。福建省顺昌县为国内唯一的"中国竹荪之乡"。

竹笋，别名笋或闽笋，是竹类植物最主要副产品。因竹笋味道鲜美，被誉为"素菜第一品"，既可作为宴席山珍，也可做家常便菜，大炒、拌馅、下汤、腌制，无所不能。著名竹乡福建永安市的笋竹宴一桌16道菜，笋竹宴在第十四届厨师节上，被中国烹饪协会授予"中国名宴"称号。竹乡安吉竹乡的"百笋宴"有近200多道菜，分别以烩、爆、炒、焖、熘、蒸、煮等10余种烹饪方式，或独立成笋；或辅以各种荤素配合成菜。如安吉一品、油焖春笋、鸡汁脆笋、咸肉烧笋、笋饼、双色笋卷等多样品种，让食客们大开眼界。

竹粽古称"角黍"，是端午节的节日食品，传说是为纪念屈原而流传的。现代人都是用箬竹叶包粽子，每年五月初，家家百姓都要浸糯米、洗竹粽叶、包竹粽子，其花色品种更为繁多，其中以浙江嘉兴粽子为代表。吃粽子的风俗，千百年来，在中国盛行不衰，而且流传到朝鲜、日本及东南亚诸国。

据《神农本草经》《名医别录》《本草纲目》等记载，绿竹叶具有去心火、消炎、消除体内烦热、清凉解毒等作用。中国绿竹之乡（朱子故里）——尤溪县运用民间配方，采用复合酶-微波法提取黄酮，引进先进设备运用现代科学方法精制而成的绿竹露饮料，其口感清爽、品质优良、老少皆宜。

竹炭食品指在食物中添加一定量的食用竹炭粉，使食物具有附加营养价值。世界上许多地方，尤其是西方国家在近年内出现了品类繁多的竹炭食品，例如，竹炭面条、竹炭面包、竹炭蛋糕、竹炭饼干、竹炭桃酥、竹炭馒头等。目前市场上最普遍的竹炭食品是竹炭面包，内外均为纯黑色的，吃在嘴里并无异味；入口松软，富有弹性，有嚼劲，却不黏牙，口感细腻，回味绵长。

4）竹建筑

在远古时代，人类从巢居和穴居向地面房居演进的过程中，竹子发挥了重要的作用。江苏吴县新石器时代晚期的草鞋山遗址发现有用竹作建筑的材料。汉代，能工巧匠利用竹子为汉武帝建造的甘泉祠宫，造型美观。宋代大学士王禹仰在湖北黄冈做官时，自造竹楼,并写了《竹楼记》,皆是取竹建造并负有盛名。

竹楼采用干栏式建筑形式,房屋离开地面,建筑在柱桩上,下部架空。上层住人,下层关牲畜和放置东西。竹楼都背负青山、依山而建,具有防潮、通风散热、卫生舒适、防避虫蛇之害的特点。因就地取材、以竹为楼,梁柱、墙壁、屋面、楼梯、楼面都是取竹而建,俗名竹楼。在云南省境内的傣族、伍族、布朗族、基诺族、德昂族、哈尼族、独龙族、怒族、傈僳族、白族、景颇族、拉祜族等聚居区,竹楼是主要的民居建筑形式。

傣族竹楼。为干栏式建筑。傣族竹楼是用竹子建造的二层楼房。柱、梁和屋架结构用粗竹,围墙用竹片编织,剖开的竹子压平做楼板,门、窗也用竹子制作,屋顶盖茅草或葵叶编的草排。底层有的架空,用来饲养耕牛、舂米或堆放杂物,有的用竹墙围作粮仓或厨房。二层设堂屋和卧室供人居住,并在一侧或两侧设有外廊和晒台。屋顶坡度较陡,屋脊两端设通风孔。屋檐低而出挑较长,起遮阳避雨作用。廊下安装楼梯供人上下(图6-3)。

图6-3 傣家竹楼

图片来源:汽车之家. 域虎飞虎队情迷西双版纳[DB/OL]. http://www.autohome.com.cn/dealer/201412/21632412.html[2014-12-17].

畲族"悬草寮"。清代以前,畲族的住房大都是以竹子为架搭成的"悬草寮"。这种茅寮称"千柱落脚"或称"千枝落地",四面通风,呈"介"字形。架料多缚成框格型,寮面的茅草也是打成草匾之后盖上。大多没有隔间。前后开门,不开窗户,没有烟囱。一般占地20平方米左右,寮高3米,墙高2米左右。有的"山寮"成"人"形。仅在寮中央竖1排3至5根树杈,叉上架着横杠,两边斜靠着干木条,扎上横条(竹片),覆盖茅草而成。茅寮结构低矮,阳光不足,泥土地面十分潮湿。高山族的传统住屋一般用竹子做围墙,用木根做立柱与横梁,以茅草盖顶。

黎族竹架棚房子。竹架棚房子状如倒扣的船只,是黎族人的传统住房。黎族称其为"布隆亭竿"。"布隆亭竿"有铺地形、高架形和向金字型过渡三种。这三种建筑的共同特点是茅草覆顶,木头或竹子的梁柱,编竹抹泥墙、竹条墙或椰叶墙。屋内设火灶,灶上方悬挂竹筏,做烤干食物作用,屋顶侧面开天窗。"布隆亭竿"中没有间隔和嘎床,居住者一般在灶旁铺席席地而睡。

瑶族的"叉叉房"。为竹本结构的草顶房，为"天幕系"住屋，主要流行于我国云南的勐腊瑶区，一般为三开间带前廊。前廊是歇息和家人团聚的场所。正房上方设有阁楼。阁楼下有火塘，用于起居和做饭；阁楼上为卧榻，有直爬梯供上下。这种房子受熏烟之苦，但很干燥。

在2010年上海世博会上，"竹元素"已经成了低碳建筑的"明星"。印度馆建造了世界上最大的竹子穹顶，位于欧洲片区的"德中同行之家"展馆8米高的两层建筑几乎完全用竹竿和竹子板材建造，秘鲁馆的外墙体用可再生利用的厚实的竹条横竖交织成了一面"竹墙"，西班牙马德里的城市案例向参观者呈现了为低收入者特别设计的"竹屋"，越南馆竹元素的设计让场馆外观显得自然亲切，又充满着浓郁的越南文化特色。中国的浙江馆有"竹立方"的别称，外墙用竹子制成，取代了原先的透明设计，既体现地方特色，又表达环保概念。

竹材料的运用，不仅低碳环保，符合大众心理，也让建筑产生了全新的视觉美感。

5)竹与宗教建筑

中国佛教建筑采纳了中国传统建筑"院"的形式，建成佛院、寺院。佛院以竹构造而成则被称为"竹院"。唐人李涉《题鹤林寺僧舍》诗曰："因过竹院逢僧话，又得浮生半日闲。"顾况《鄱阳大云寺一公房》诗也说："尽日陪游处，斜阳竹院清。"鲍溶也写有《题禅定寺集公竹院》描绘竹院。

禅房为佛教徒修行禅定和栖息之所，以竹营造者则称之为"竹房"。唐初文人宋之问《游法华寺》诗咏及佛寺的竹房："苔润深不测，竹房闲且清。"刘长卿《将赴岭外留题萧寺远公院》诗也说："竹房遥闭上方幽，苔径苍苍访普游。"李嘉祐还写有《题道虔上人竹房》诗。

佛殿是供奉佛之所，以竹构之则为"竹殿"。唐代贞元年间的栖霞寺的佛殿即由竹营造。张汇《游栖霞寺》描绘到这座竹殿："脐险入幽林，翠微合竹殿。泉声无休歇，山色时隐见。潮来杂风雨，梅落成霜薮。一从方外游，顿觉尘心变。"

在佛教传入中国的两汉之际，中国本土文化同时培植出道教。道教这一本土宗教与竹的关系极为密切，不仅许多建筑以竹建构，而且以竹为崇拜物之一，道教的竹建筑有竹观、竹殿等。

道教供奉太上老君及神仙的殿也有以竹筑就的。杜光庭《题福堂观二首》（其一）曰："盘空蹑翠到山巅，竹殿云楼势逼天。"福堂观的竹殿高大巍峨，气势宏壮。

道教进行宗教活动的法坛也有用竹子搭成的，名之曰"竹坛"。唐代诗人钱起《宴郁林观张道士房》诗说："竹坛秋月冷，山殿夜钟清。"

中国宗法性宗教的建筑亦常由竹材建构，形成了竹宫、竹庙、竹祠等建筑形式。

6)竹制交通工具

交通工具和设施的产生与发展，是中国文明的标志之一，竹在交通方面发挥了重要作用。竹制交通设施有竹单索桥(溜筒)、竹双索桥、竹多索桥和竹梁桥；竹制运行工具有竹筏、竹船、竹车、竹轿。竹筏还是交通史上最古老和使用历史最长的交通运行工具。

6.4.3 竹文化产业

中国是竹类资源丰富，不仅为山区人们提供良好的生态环境，还为森林旅游业和竹文化产业的发展搭建广泛的平台，增添了新的活力。

1) 竹乡旅游

(1) 竹文化产业

动漫作为一种新颖的文化样式，前景广泛。传统竹文化转化为竹动漫作品，是传播竹文化的一种重要方式和途径。竹动漫作品会使更多的人熟悉竹、爱上竹，特别是在对少年儿童的教育上。通过动漫产业的推广和宣传，让更多的孩子了解竹子，了解自然。现在，已经有了以竹为体裁的动漫作品，如竹偶动画、以王维作品改编的动画《竹里馆》等。

今后要更多地将传统的竹体裁诗歌、故事、文化改编为竹动漫作品，如中国的二十四孝中的《孟宗哭竹》等，就有很好的教育意义。

(2) 传统竹文化活动

竹马戏又称马艺、马灯、竹马灯，以竹制马为道具，演出的唱腔为闽南方言歌仔调，对白用顺口溜，有浓重的乡土气息。南靖的竹马戏始于唐朝的马阵，盛行于宋代。早期演的剧目均为"弄子戏"，只有旦、丑两个角色，表演粗犷，且几乎全部是以男女情爱为题材，充满风趣的打评和通俗流畅的韵语以及调情、戏弄的动作，在南宋中叶时，被官方视为"淫戏"加以禁演。随着宋朝的灭亡，竹马戏又在南靖等地山区传播，清朝时进入鼎盛时期。南靖山区还流传着一首"月光光，秀才郎；骑竹马，过池塘……"的古童谣，可见竹马古时在南靖之普遍。

建瓯挑幡是极具福建省民俗特色的传统文艺活动。源于 340 多年前。当时，明朝将领郑成功在闽组织"复明"大军抗清，并筹备收复台湾。建宁府(今建瓯)大州造船工匠纷纷应征入伍。收复台湾战役结束后，凯旋而归的建瓯将士将带回的大旗高挂竹竿上，竞相擎持，以示纪念，久而久之，逐渐演化成"挑幡"活动，流传至今。体现了劳动人民尚武精神和民族气质(图 6-4)。

新晃侗乡代代相传的接竹、吞竹竹技绝活，显现出夜郎竹文化的神秘性。

竹竿舞是中国一些少数民族的传统舞蹈，分为佤族竹竿舞、苗族竹竿舞、黎族竹竿舞、畲族竹竿舞。

佤族竹竿舞。过去是有福分的老人死后跳的一种舞蹈，现已成为一种娱乐性的舞蹈。舞蹈形式与我国海南省黎族竹竿师相同。

苗族竹竿舞。贵州省南部罗甸县董王乡一带，苗族群众在生产生活中自创的一种自娱性舞蹈，主要是表现苗族青年男女对自由恋爱的追求与理想，一般在重大节庆日与迎接贵客时演出。竹竿舞一般由山间偶遇、搭桥过河、相恋、抬新娘回家四个环节组成，各个环节都流露出苗族青年男女真挚的情感与饱含着许多原生态的审美元素，古朴自然。

黎族竹竿舞。又称"跳柴"，原是黎族一种古老的祭祀方式。现在，跳竹竿已经成为"三月三"黎寨山峦节中一项健康的活动内容。青年男女凭借跳竹竿活动，寻找"搭档"，增进情谊。小小竹竿为青年男女架设起了"鹊桥"。

图 6-4　建瓯挑幡

图片来源：福建省摄影家协会 http：//www.fjsy.org/Item/Show.asp? m=1&d=12361

畲族竹竿舞。在立夏或平时均可进行，身着漂亮的服饰的畲族男女青年，跳竹竿舞，其节奏为"开、合、开、合、开开合。"

2) 竹文化节

(1) 中国竹文化节

"中国竹文化节"由国家林业局、所在省人民政府、国际竹藤组织联合主办，所在地政府承办。此前已在浙江省安吉市、湖南省益阳市、四川省宜宾市、湖北省成宁市、福建省武夷山市成功举办了五届。竹文化节活动内容主要包括全国竹业博览会、笋竹产品展示、竹木产业项目推介暨经贸洽谈会，国际竹子研讨会、种植纪念竹及竹文化展、竹产业研讨会等。

中国竹文化节的举办，搭建了中国与世界交流的平台，通过推介竹乡文化旅游资源、竹业经济发展、竹制工艺精品、科技成果荟萃和举办经贸合作恳谈、专题讲座、信息发布等多种形式，充分展示了中国竹文化的深厚底蕴和风采，丰富了中国竹文化内涵及其价值，推动了国际竹业经济技术交流，促进了中国竹文化、竹产业、产竹区的国际交流与合作，为推动中国和世界竹业发展发挥了极为重要的作用。

(2) 永安笋竹节

永安，中国笋竹之乡，是我国多种竹子生长的最适宜中心产区，全市现有乡土竹种15属76种，其中毛竹林面积70余万亩，农民人均拥有竹林面积4.2亩，居全国之首。这里有享誉海内外的"闽西八大干"之永安笋干，其古老的传统生产工艺已有近千年的历史，堪称中国笋干第一品牌。2002年开始举办笋竹节，每年的10月18日确定为笋竹节，增加笋竹节的文化品位与内涵，使永安作为"竹子的故乡"和"竹神"文化得到全方位传播。至2010年，永安笋竹节已成功举办了九届。

(3) 广德"竹旅游文化节"

广德县是国家命名的"中国竹子之乡",拥有竹林 87 万亩,毛竹蓄积量居安徽省第一。2010 年 10 月 20 日,广德县举办了首届竹·旅游文化节。2009 年,该县实现毛竹产值达 24.4 亿元,境内还拥有国家级风景名胜区、国家 AAAA 级旅游景区——太极洞,国家水利风景区——卢湖等丰富的旅游资源。通过旅游文化节,广德县将"竹"和"旅游"两大元素有机结合,以文化立形象,以旅游聚人气,以节育商机,为做大做强竹产业,做优做特旅游业,提供良好的平台。

(4) 中国·重庆永川国际茶竹文化旅游节

重庆永川历史文化悠久,旅游资源丰富,是巴蜀文化的交汇地,长江文化和外来文化的滥觞地,商埠文化的勃兴地,有"亿年恐龙、万年石松、千年古镇、百年茶竹、十年职教"等特色文化资源。风光旖旎的国家森林公园——茶山竹海旅游区以 2 万亩大型连片茶园和 5 万亩天然竹海交相辉映而独具魅力,是张艺谋武侠巨片《十面埋伏》国内唯一外景地。每两年举办一届的茶竹文化旅游节,已成为国内旅游界和茶界的知名品牌,目前已经举办了四届。

(5) 中国竹乡生态旅游节

安吉素有中国竹乡美称,其独特的竹林生态环境孕育了别具风情的民俗文化。每年 9—10 月举办竹乡生态旅游节。竹乡生态旅游节结合亚洲第一的天荒坪抽水蓄能电站、龙王山自然保护区、吴昌硕画展等组织旅游观光活动,以竹筏会、游览大竹海、野营龙王山、竹技表演、民间灯会、书法交流等一系列参与性极强的节目展示竹乡的风土人情。

(6) 上海古漪园竹文化艺术节

上海古漪园,建于明代嘉靖年间(1522—1566 年),原名漪园,取"绿古漪园竹猗猗"之意而名。由明代嘉定竹刻家朱三松精心设计,以"十亩之园"的规模,遍植绿竹,内筑亭、台、楼、阁、榭,立柱、橡子、长廊上无不刻着千姿百态竹景,生动典雅。1999 年,上海古漪园举行了首届古漪园竹文化艺术节。

小　结

在中国悠久的文化发展史上,竹子扮演着极其重要的角色。中国是竹的故乡,备受中国人民喜爱,历来种竹、用竹、爱竹、咏竹、画竹之风长盛不衰,形成了内容丰富和内涵独特的竹文化,对中国文学、绘画艺术、工艺美术、园林艺术、音乐文化、宗教文化、民俗文化的发展,有着极其重要的促进作用。中国竹乡旅游资源丰富,不仅拥有竹电子配件、竹纤维、竹炭、竹纸、竹盐、竹地板、竹家具等手工艺品,还有笛、箫、笙、筝、鼓板、京胡、二胡、板胡等竹乐器,并且利用竹子制作笋燕、竹筒饭、竹叶糕、竹筒肉、竹筒酒、竹筒香茶、竹虫、竹荪、竹笋、竹粽、竹炭食品等各类食品。从古至今,人们就地取材,利用竹子建造房屋,形成了傣族竹楼、畲族"悬草寮"、黎族竹架棚房子、瑶族的"叉叉房"等竹建筑及竹制宗教建筑。中国是竹类资源丰富,还为森林旅游业和竹文化产业的发展搭建广泛的平台增添了新的活力,通过开办竹文化节,促进了中国竹文化、竹产业的发展。在服饰、饮食、交通、农业生产、人类的生活环境等方面,竹子都发挥了重要作用,作出了较大的贡献。

自主学习资源库

  苏孝同,苏祖荣. 森林与文化[M]. 北京:中国林业出版社,2012.

  周小华,苏祖荣. 竹乡旅游资源开发[M]福州:福建科技出版社,2003.

思考题

1. 详述竹与地方婚俗。
2. 谈谈竹子在园林文化中的应用。
3. 列举中国赏竹胜地。
4. 举一例阐述竹产品与人类生活的关系。

第七章 茶文化

学习目标

【知识目标】
(1) 了解中国民族饮茶习俗,了解中国茶文化的功能,掌握茶文化的内涵实质;
(2) 了解茶文化发展历史演变过程,熟悉不同时期茶文化特点、性质、作用;
(3) 了解茶文化表现形式,明确茶道、茶艺内涵;
(4) 了解茶产业发展简史,熟悉不同茶类的起源。

【技能目标】
(1) 培养提升学生的茶文化内涵和修养;
(2) 培养学生了解各大茶类冲泡技法,掌握基本生活茶艺。

【引文】

中国饮茶习俗的演变

中国饮茶历史最早，陆羽《茶经》云："茶之为饮，发乎神农氏，闻于鲁周公。"早在神农时期，茶及其药用价值已被发现，并由药用逐渐演变成日常生活饮料。我国历来对选茗、取水、备具、佐料、烹茶、奉茶以及品尝方法都颇为讲究，因而逐渐形成丰富多彩、雅俗共赏的饮茶习俗和品茶技艺。本文旨在简单叙述饮茶方式和习俗的发展和演变，其大体可分为几个阶段：

春秋以前，最初茶叶作为药用而受到关注。古代人类直接含嚼茶树鲜叶汲取茶汁而感到芬芳、清口并富有收敛性快感，久而久之，茶的含嚼成为人们的一种嗜好。该阶段，可说是茶之为饮的前奏。

随着人类生活的进化，生嚼茶叶的习惯转变为煎服。即鲜叶洗净后，置陶罐中加水煮熟，连汤带叶服用。煎煮而成的茶，虽苦涩，然而滋味浓郁，风味与功效均胜几筹，日久，自然养成煮煎品饮的习惯，这是茶作为饮料的开端。

然而，茶由药用发展为日常饮料，经过了食用阶段作为中间过渡。即以茶当菜，煮作羹饮。茶叶煮熟后，与饭菜调和一起食用。此时，用茶的目的，一是增加营养，一是作为食物解毒。《晏子春秋》记载，"晏子相景公，食脱粟之饭，炙三弋五卵茗菜而已"；又《尔雅》中，"苦荼"一词注释云"叶可炙作羹饮"；《桐君录》等古籍中，则有茶与桂姜及一些香料同煮食用的记载。此时，茶叶利用方法前进了一步，运用了当时的烹煮技术，并已注意到茶汤的调味。

秦汉时期，茶叶的简单加工已经开始出现。鲜叶用木棒捣成饼状茶团，再晒干或烘干以存放，饮用时，先将茶团捣碎放入壶中，注入开水并加上葱姜和橘子调味。此时茶叶不仅是日常生活之解毒药品，且成为待客之食品。另，由于秦统一了巴蜀（我国较早传播饮茶的地区），促进了饮茶知识与风俗向东延伸。西汉时，茶已是宫廷及官宦人家的一种高雅消遣，王褒《童约》已有"武阳买茶"的记载。三国时期，崇茶之风进一步发展，开始注意到茶的烹煮方法，此时出现"以茶当酒"的习俗（见《三国志．吴志》），说明华中地区当时饮茶已比较普遍。到了两晋、南北朝，茶叶从原来珍贵的奢侈品逐渐成为普通饮料。

隋唐时，茶叶多加工成饼茶。饮用时，加调味品烹煮汤饮。随着茶事的兴旺，贡茶的出现加速了茶叶栽培和加工技术的发展，涌现了许多名茶，品饮之法也有较大的改进。尤其到了唐代，饮茶蔚然成风，饮茶方式有较大之进步。此时，为改善茶叶苦涩味，开始加入薄荷、盐、红枣调味。此外，已使用专门烹茶器具，论茶之专著已出现。陆羽《茶经》三篇，备言茶事，更对茶之饮之煮有详细的论述。此时，对茶和水的选择、烹煮方式以及饮茶环境和茶的质量也越来越讲究，逐渐形成了茶道。由唐前之"吃茗粥"到唐时人视茶为"越众而独高"，是我国茶叶文化的一大飞跃。

"茶兴于唐而盛于宋"，在宋代，制茶方法出现改变，给饮茶方式带来深远的影响。宋初茶叶多制成团茶、饼茶，饮用时碾碎，加调味品烹煮，也有不加的。随茶品的日益丰富与品茶的日益考究，逐渐重视茶叶原有的色香味，调味品逐渐减少。同时，出现了用蒸青法制成的散茶，且不断增多，茶类生产由团饼为主趋向以散茶为主。此时烹饮手续逐渐简化，传统的烹饮习惯，正是由宋开始而至明清，出现了巨大变更。

明代后，由于制茶工艺的革新，团茶、饼茶已较多改为散茶，烹茶方法由原来的煎煮为主逐渐向冲泡为主发展。茶叶冲以开水，然后细品缓啜，清正、袭人的茶香，甘冽、酽醇的茶味以及清澈的茶汤，更能领略茶天然之色香味品性。

明清之后，随茶类的不断增加，饮茶方式出现两大特点：一，品茶方法日臻完善而讲究。茶壶茶杯要用开水先洗涤，干布擦干，茶渣先倒掉，再斟。器皿也"以紫砂为上，盖不夺香，又无熟汤气"。二，出现了六大茶类，品饮方式也随茶类不同而有很大变化。同时，各地区由于不同风俗，开始选用不同茶类。如两广喜好红茶，福建多饮乌龙，江浙则好绿茶，北方人喜花茶或绿茶，边疆少数民族多用黑茶、茶砖。

纵观饮茶风习的演变，尽管千姿百态，但是若以茶与佐料、饮茶环境等为基点，则当今茶之饮主要可区分为三种类型：

一是讲究清雅怡和的饮茶习俗：茶叶冲以煮沸的水（或沸水稍凉后），顺乎自然，清饮雅尝，寻求茶之原味，重在意境，与我国古老的"清净"传统思想相吻，这是茶的清饮之特点。

我国江南的绿茶、北方花茶、西南普洱茶、闽粤一带的乌龙茶以及日本的蒸青茶均属此列。

二是讲求兼有佐料风味的饮茶习俗：其特点是烹茶时添加各种佐料。如边陲的酥油茶、盐巴茶、奶茶以及侗族的打油茶、土家族的擂茶，又如欧美的牛乳红茶、柠檬红茶、多味茶、香料茶等，均兼有佐料的特殊风味。三是讲求多种享受的饮茶风俗：即指饮茶者除品茶外，还备以美点，伴以歌舞、音乐、书画、戏曲等。如北京的"老舍茶馆"。

其外，应生活节奏的加快，出现了茶的现代变体：速溶茶、冰茶、液体茶以及各类袋泡茶，充分体现了现代文化务实之精髓。虽不能称为品，却不能否认这是茶的发展趋势之一。

茶之饮，最早的目的在于：解毒、消食、清心、益思、少睡眠；后来有陆羽茶经等等对其方式精益求精，以及少数民族的种种"异样"喝法，都不离其宗；大概宛如诗的雅与风，都值得有心人细细玩味。至若有为"雅"而茶，大概是当今茶艺馆繁盛的原因之一，又或为"道"而茶，如强调"和敬清寂"，大家见仁见智吧。

资料来源：中国网．中国饮茶习俗的演变．china.com.cn

http://www.china.com.cn/aboutchina/zhuanti/cwh07/2007－09/07/content_ 8831996. htm [DB/OB]．2007-09-07

7.1　中国饮茶习俗

7.1.1　汉族茶俗

汉族人民饮茶的历史源远流长。公元前10世纪，人们就开始利用茶。据《晏子春秋》载："婴相齐景公时，食脱粟之饭，炙三弋，五卵、茗菜而已。"公元前59年，西汉王褒的《僮约》中有"烹荼尽具"的约定。在汉族茶俗中，无论婚丧嫁娶、迎来送往等，都浸满以茶为礼的风俗。

(1) 喜庆婚俗

古代的婚俗中，茶多用于聘礼，名曰茶礼。茶礼，是婚俗中必不可少的彩礼，又称为"茶银"，明代汤显祖《牡丹亭·硬拷》中便有对白："我女已亡故三年，不说到纳采下茶，便是指腹裁襟，一些没有。"清代孔尚任《桃花扇·媚座》中也不乏其例："花花彩轿门前挤，不少欠分毫茶礼。"明代许次纾在《茶疏考本》中说："茶不移本，植必子生。"因古人认为茶树只能从种子萌芽成株，不能移植，因此把茶看作是一种"从一而终"的象征。古人结婚以茶为礼由此而来。"三茶六礼"便是整个婚仪的总称。"三茶"，即订婚时的"下茶"，结婚的"定茶"，同房时的"合茶"。"下茶"又有"男茶女酒"之称，即订婚时，男家送上如意压帖，然后回送几缸绍兴酒。婚礼时，举行三道茶仪式。所谓"三道茶"，第一杯白果，第二杯莲子、枣儿，第三杯方是茶。吃第一道茶和第二道茶时，接杯后双手捧之，深深作揖，嘴唇轻轻一触，即由家人收去。第三道茶，作揖后才可饮。这些繁琐的习俗，现在大部分已经取消，但婚礼的敬茶之礼，仍沿用至今。

(2) 年节庆典

汉族人民继承了以茶代礼的传统风俗。南宋繁华之都杭州，每逢立夏，家家烹新茶，配以细果，馈赠亲友毗邻，称为"七家茶"。这种风俗，就是在茶杯内放两颗橄榄或金橘之类"青果"，寓意新春吉祥如意。汉族对春节、中秋、端午茶的配制十分讲究，如太湖的熏豆茶、苏州的香草茶、湖南的姜盐茶等都因不同节日而有所侧重。在祭祀活动中更有讲究，如"三茶六酒"用于祭神仙和祖宗，节庆典礼一般使用当地名茶。

7.1.2　少数民族茶俗

(1) 蒙古奶茶

蒙古族的饮茶传统是喝咸奶茶。在蒙古草原，人们习惯于"一日一顿饭，一日三餐茶"。清晨，女主人第一件事就是先煮一锅咸奶茶，可供全家整天享用。全家趁热喝茶，早上还配有炒米。剩余的茶就放在微火上暖着，可随时取饮。通常一家人只在晚上放牧回家才正式用餐一次，但早、中、晚3次喝咸奶茶一般是必不可少的。蒙古族喝的咸奶茶，选取的多为青砖茶或黑砖茶，煮茶的器具是铁锅。制作时，把砖茶打碎后，将洗净的铁锅置于火上，烧水2~3升，待刚沸腾时，加入25克左右的碎末；5分钟后当水再次沸腾，掺入鲜奶，奶与水的比例是5:1；稍加搅动后加入适量盐巴；等到整锅咸奶茶开始沸腾时，即可盛在碗中待饮。煮咸奶茶的技术性很强，茶、加水、掺奶，以及加料次序的先后都影响到奶茶滋味的好坏，营养成分的多少。茶叶放迟了，或茶和奶的放入的次序颠倒了，茶味就会出不来。而煮茶时间过长，又会丧失茶香味。

(2) 回族八宝茶

回族流行着多样的饮茶方式，而有代表性的是喝刮碗子茶，冲泡所用的茶具是俗称"三件套"的茶碗、碗盖和碗托。茶碗盛茶，碗盖保香，碗托防烫。刮碗子茶选取的多为普通炒青绿茶，还配有冰糖与多种干果，诸如苹果干、葡萄干、柿饼、桃干、红枣、桂圆干、枸杞子等，有的还要加上白菊花、芝麻，通常是8种，故美其名曰：八宝茶。由于"八宝"味道在茶汤中的浸出速度不同，故"八宝茶"的滋味是多种多样的。一般用沸水冲泡后随即加盖，冲泡5分钟便可饮用，第一泡甘润清香，主要是浸透了茶的滋味；第二泡甜香可口，这是糖的作用；第三泡茶滋味开始变淡，各种干果的味道沁人心脾，滋味的不同要依所添的干果而定。大体说来，一杯刮碗子茶，能冲泡五六次，甚至更多。

(3) 藏族酥油茶

藏族发源于西藏境内的雅鲁藏布江流域中部地区，居住的地方海拔高，有"世界屋脊"之称，空气稀薄，气候寒冷干旱，以放牧或种植旱地作物为生，常年以奶肉、糌粑为主食。故"其腥肉之食，非茶不消；青稞之热，非茶不解。"喝酥油茶，便成了如同吃饭一样重要的生活习惯。制作酥油茶时，先将康砖或金尖茶用水煎煮 20～30 分钟熬制成茶汁，再加入适量酥油，还可根据需要加入事先已炒熟、捣碎的核桃仁、花生米、芝麻粉、松子仁之类，最后加上少量的食盐，倒入竹制或木制的茶筒，用一种特制的木棍，其顶端装有圆形木饼，上下不停地抽打，目的是搅匀茶、油和食盐，使之水乳交融，当打茶筒内发出的声音由"咣当、咣当"转为"嚓、嚓"时，表明茶汤和佐料已混为一体，最后加热，便制成了香味浓郁的酥油茶。藏族喝酥油茶有特定的礼仪，不能一口喝干，必须是边喝边添加。待客时，客人的茶碗总是斟满的。假如客人不想喝，就不要动茶碗。如果喝了一半，不想再喝，主人会将茶水斟满，等到告别时一饮而尽，这就符合藏族的习惯和礼仪。

7.2 茶文化内涵

7.2.1 茶文化定义

文化是人类的精神文明的客观表现。按照其内涵和外延，文化就应包括哲学、宗教、美学、伦理、法鲁、文艺、教育、体育、信息传播、休闲娱乐等。茶文化则是生活在华夏大地的中国人，3000 年以来，在发现种植和利用茶作为食品、饮品、礼品、贡品和祭品的过程中，以茶作为载体表达人与人、人与自然之间的各种理念、信仰、情感、爱憎等思想观念的各种文化形态之统称。中国西南是世界茶树原产地的中心。中国巴蜀人首先发现茶的用途；并将之人工驯化，变成一种可以栽培的多年经济作物；并且推广到长江流域级以南大部分地区。因而使茶逐步成了世界上流行的三大无醇饮料(茶、咖啡、可可)之一。根据植物分类学，茶树使山茶科山茶属的一个种。它的学名为 *Camellia sinensis* (L.) Kuntze。

国际上，植物的学名都用拉丁文，由属名和种名组成。*Camellia* 是山茶属，*sinensis* 是中国种，所以茶树学名的拉丁文意思为"原产于中国的一种山茶属植物。"

7.2.2 茶文化性质

茶文化既然包含作为载体的茶和使用茶的人因茶而有的各种观念形态两方面，它就必然具有自然属性和社会属性两者的形式与内涵。即围绕茶及利用它的人所产生的一系列物质的、精神的、习俗的、心里的、行为的表现，均应属于茶文化的范畴。因此，茶文化具有以下4种特性：

1) 社会性

饮茶是人类一种美好的物质享受与精神陶冶。在中国历史上，虽有富贵之家，"牡丹花笑金钿动，传秦吴兴紫笋来"（唐·张文规诗句），而贫困家庭则是"粗茶淡饭"的日子，但都离不开茶。即便是祭天祀地拜祖宗，也得奉上"三茶六酒"，把茶提到与酒饭等同的位置。西藏特殊的自然环境使藏族同胞有"宁可三日无油盐，不可一日不喝茶"的感受。因此，在人类发展史上，无论是王公显贵，文人墨客；还是三教九流，庶民百姓；都以茶为上品，只是饮茶方式和品位不完全相同，对茶的推崇和需求却是一致的。汉代茶已开始进入王公贵族生活，但仍属奢侈之品，民间一茶难求。到了唐代，随着茶叶生产在巴蜀的兴起和向长江中下游地区发展，茶成了社会经济、文化中的一个重要组成部分。饮茶遍及大江南北，塞外边疆。到了宋代民间饮茶之风大盛，宫廷内外，到处"斗茶"。为此，朝廷重臣蔡襄写了《茶录》、宋徽宗赵佶也沉湎茶事，写就《大观茶论》洋洋数千字。皇帝为茶著书立说，这在中外茶文化发展上是绝无仅有的。到了明代，明太祖为严肃茶政，斩了贩运私茶的爱婿欧阳伦，并下诏废团茶兴散茶，有力推动制茶技术改革。而清代，康乾盛世推动华茶大量出口，促进了我国茶叶外贸发展，但八旗子弟饱食终日，以在茶馆玩鸟来消磨时间。所有这些，道出了茶在皇室贵族中的重要位置。而历代文人墨客、社会名流，儒释道诸家弟子，更是以茶洁身自好。他们烹茶煮茗、吟诗作画，倡行"君子之交淡如水"，对推进茶文化的发展也起到了十分重要的作用。至于平民百姓，居家茶饭，一日三餐，不可或缺。因为茶是人民生活的必需。

2) 群众性

茶文化是一种范围广泛，雅俗共赏、受者众者的大众文化。茶文化的发展历史告诉我们：茶的最初发现，传说是"神农尝百草"始知茶有解毒功能和治病作用，但神农并无其人。据考证它只不过是中国南方农耕文明的一个代表而已。在殷周时，茶成为贡品；秦汉时，茶的种植、贸易、饮用已逐渐扩展开来；魏晋南北朝时期，出现了许多以茶为主题的文学作品；盛唐时茶已成了"不问道俗，投钱取饮"之物。由于唐代物质生活的相对丰富，才使人们有条件以茶为载体，去追求更多的精神享受和营造美的生活。随着茶叶生产加工的发展，使茶的精神文化和风俗文化向着广度和深度发展。逐渐形成了一定的礼仪和民俗风情，成为国人精神生活的重要组成部分，并提升到很高的高度。如唐·释皎然首倡之"茶道"后来东渡扶桑、高丽以致影响整个东方文化。由于广大爱茶人的灵感和笔墨，为人们留下了大量与茶相关的诗、词、歌、赋等作品流传人间。所以说，茶文化是一物牵动人心，具有广泛的群众性。

3）民族性

据史料记载，茶文化始于中国古代的巴蜀民族，在几千年发展过程中逐渐形成了以汉民族为主体的茶文化体系，并由此传播扩展。但中国是一个多民族的国家、每个民族，都有自己特有的历史文化传统，生产和生活方式以及独特的民族心理个性、风俗习惯，从而表现出民族茶文化的多样性。在我国，无论属于农耕文化或者草原文化的民族，几乎都有饮茶的习惯。并在长期的生活中，每个民族形成了自己多姿多彩的饮茶习俗：蒙古族和维吾尔族的奶茶和香茶，苗族和侗族的油茶，佤族的盐茶，主要追求的是以茶作食，茶食相融；土家族打油茶，纳西族的"龙虎斗"，主要追求的是强身健体，以茶养生。白族的三道茶，苗族的三宴茶，主要追求的是借茶喻世，寓意人生哲理；傣族的竹筒香茶，傈僳族的雷响茶，回族的罐罐茶，主要追求的是精神享受和饮茶情趣；藏族的酥油茶，布朗族的酸茶，鄂温克族的奶茶，主要追求的是以茶为礼，在于联络交情。中华各民族的茶俗虽有不同，但相同的是，凡有客人进门。主人敬茶是少不了的，不敬茶往往认为是不礼貌的表现。再从世界范围看，各国的茶艺、茶道、茶礼、茶俗，多种多样，既有民族性，又有统一性，统一性就是以茶为礼，客来敬茶。所以说茶文化是民族的，也是世界的。

【拓展阅读7-1】

白族三道茶有什么讲究

白族三道茶，白族称它为"绍道兆"。这是一种宾主抒发感情，祝愿美好，并富于戏剧色彩的饮茶方式。喝三道茶，当初只是白族用来作为求学、学艺、经商、婚嫁时，长辈对晚辈的一种祝愿。应用范围已日益扩大，成了白族人民喜庆迎宾时的饮茶习俗。

偏居于西南一隅的南诏大理国，是一方崇尚佛教的乐土。南诏后期，佛教被奉为国教，寺庙众多，饮茶之风盛行，茶成为寺庙中日常饮用、佛事供奉、招待香客和游人的必备饮品。一时之间，民间争相效仿，使茶饮这一雅事在大理成为一种流行时尚。

岁月蹉跎，沧海桑田，茶饮在大理逐步发展完善，并以一种崭新的方式呈现，"三道茶"这一独特的茶道被赋予了更多的文化内涵。"三道茶"第一道为"苦茶"，制作时，先将水烧开，由司茶者将一只小砂罐置于文火上烘烤。待罐烤热后，即取适量茶叶放入罐内，并不停地转动砂罐，使茶叶受热均匀，待罐内茶叶转黄，茶香喷鼻，即注入已经烧沸的开水。少顷，主人将沸腾的茶水倾入茶盅，再用双手举盅献给客人。因此茶经烘烤、煮沸而成，看上去色如琥珀，闻起来焦香扑鼻，喝下去滋味苦涩，通常只有半杯，一饮而尽。第二道茶，称之为"甜茶"。当客人喝完第一道茶后，主人重新用小砂罐置茶、烤茶、煮茶，并在茶盅里放入少许红糖、乳扇、桂皮等，这样沏成的茶，香甜可口。第三道茶是"回味茶"，其煮茶方法相同，只是茶盅中放的原料已换成适量蜂蜜，少许炒米花，若干粒花椒，一撮核桃仁，茶容量通常为六七分满。这杯茶，喝起来甜、酸、苦、辣，各味俱全，回味无穷。

"三道茶"寓意人生"一苦，二甜，三回味"的哲理，现已成为白族民间婚庆、节日、待客的茶礼。"三道茶"歌舞表演也成了大理旅游的保留节目。

纵观白族"三道茶"的传承发展,是佛教活动的兴盛在其中起到了推波助澜的作用,而"一苦二甜三回味"的人生哲理亦暗合了佛家追求人格完善的境界。

资料来源:360 百科. 白族三道茶[DB/OL]. https://baike.so.com/doc/6289718-6503206.html. [2017-07-13].

4)区域性

俗话说:"千里不同风,百里不同俗。"我国地域宽广,人口众多,由于受历史文化、环境、风情影响,中华茶文化从开始就具有区域性特征。如品茶艺术而言,烹茶方法就有煮茶、点茶和泡茶之分;饮茶方式也有品茗、喝茶和吃茶之别;以用茶目的而论,又有生理需要、传情联谊和追求生活品位之说;又如近代中国人普遍饮茶的方法是直接用开水冲泡茶叶,无需加糖、薄荷、柠檬、牛奶、葱姜等作料,称之为清饮;但在民族地区仍有许多保持在茶叶中加入各种作料的习俗,如打油茶、三道茶、龙虎斗等;对茶叶花色品种的选择在一定区域内,也多相对一致,如南方人喜欢饮绿茶,北方人崇尚花茶,福建、广东、台湾人流行乌龙茶,港澳地区推崇普洱茶,边疆兄弟民族爱喝后发酵的砖茶等。就世界范围而言,东方人时尚清饮;欧美及大洋洲的人们钟情加有奶、糖的红茶;西非和北非的人们最爱喝加有薄荷或柠檬的绿茶等。这些就是茶文化区域性的一种反映。

7.2.3 茶文化的社会功能

1)推动廉政建设

中国人历来有"客来敬茶"的习俗。"清茶一杯""君子之交淡如水"使饮茶过程蕴含了崇尚"节俭,淡泊,朴素,廉洁"的精神。当代已故著名茶学家庄晚芳先生极力提倡"廉美和敬"的茶德精神,意为"廉俭育德、美真康乐、和诚处世、敬爱为人"。96 岁高龄的老茶人张天福提出中国的茶礼为"俭清和静",即"节俭朴素,清正廉明,和睦处世,恬淡致静"。这些都时时处处体现陆羽《茶经》所提倡的"茶之为用,最宜精行俭德之人"的思想,在反腐倡廉形势下,中共中央举办春节团拜会,以清茶招待大家。《人民日报》并以"座上清茶依旧,国家景象常新"为题报道引起整个社会强烈反响。从此以后,上下效仿,蔚然成风。应当看到,作为一个资源并不丰富而又人口众多的国家,经济越是发展,越要提倡勤俭节约。提倡"清茶一盏",既是一种现实的爱国主义教育,也有利于我们反腐倡廉,净化党风、政风、民风,使国家建设如沐春风,蒸蒸日上。

2)促进茶叶经济

在大力弘扬茶文化、宣传茶科学、普及饮茶知识、提倡"多喝茶,喝好茶"的形势下,茶文化事业不仅有力促进了我国茶叶经济的提升和茶文化旅游的发展,它也促进了茶叶的多元消费。城市茶馆业的蓬勃发展和茶饮料的开发,使传统的茶产业成了现代大茶业,使我国茶叶重新跃居世界第一,茶叶年产量跃升进百万吨。而茶文化进一步推动茶的消费、促进茶文化旅游,其深远意义还在它能更有能力促进茶区经济的发展,促进茶区农民增收,摆脱贫困,走上致富之路。

3)增进人民健康

茶在中国,乃至世界,能传承数千年,还因为茶是公认的健康饮品,"茶是万病之药""饮茶有利于健康"。《神农本草》称:"茶味苦,饮之使人益思、少卧、轻身、明目。"现代科学研究发现,茶叶中含有多种有益于人体健康的化学成分。如茶多酚(包括儿茶素、黄酮类物质)、茶氨酸、茶多糖、多种维生素等。这些成分许多为茶叶特有。尤其茶叶中的儿茶素具有抗癌、增强免疫功能、调节代谢能力、清除自由基、降血脂、抑菌、解毒等多种功效。而茶氨酸具有调节神经传递物质,安神、镇静等多种作用。所以茶能使人心情舒畅、使大脑轻松、心情平静。而茶多糖具有非特异免疫功效,在茶中发挥着多种维生素作用,对维护人体健康起着重要作用。因此弘扬茶文化可使茶这种天然纯洁的健康饮料,给广大人民群众带来更多的益处,这无疑会对全面提高国民身体素质产生深远影响。

4)建立和谐社会

茶是人际交往的重要润滑剂,社会生活中无论是朋友相会,亲人团聚,友好往来,招待贵宾,商务洽谈,一般都以茶相待。"清茶一杯",象征着礼貌、纯洁和热情。现在逢年过节,许多单位和部门都要举办"茶话会"。手捧清茶,谈心交流,联络感情,以茶会友,在一杯清茶中诉说人生、倾诉友谊。一杯清茶会给更多的人带来乐趣、带来清净、带来幸福。2002年在马来西亚举行的第七届国际茶文化研讨会上,时任该国总理的马哈蒂尔在献词中说:"如果有什么东西可以促进人与人之间关系的话,那便是茶。茶味香馥甘醇,意境悠远,象征中庸和平。在今天这个文明与文明互动的世界里,人类需要对话交流,茶是对话交流最好的中介。"事实证明,茶,具有重要的社会和谐功能,具有很强的亲和力和凝聚力。它不仅使人感到亲切温暖,它还可以改善人际关系,增进人们团结,消除社会矛盾,营造良好氛围,促进和谐社会建设。

7.3 茶文化历史

7.3.1 茶文化形成与发展

1)酝酿萌芽期

很多的历史典籍,如《尔雅》《礼记》《晏子春秋》《神农本草》《华阳国志》《淮南子》等,在描述古代的一些传说和重大的茶事活动时,古人已有借茶表达某种道德追求或审美情趣的迹象,茶甚至被当作某些美好品格的象征物被人们所歌颂。人类在认识了茶的某种治病功能以后,一些民间传说就赋予茶"济世活人"的品格。如在云南西双版纳茶区就流行这样一个传说:三国时期,蜀国诸葛亮带兵南征,七擒孟获,进军途中经过西双版纳的南糯山,因水土不服,士兵们个个患了眼疾。诸葛亮心急就把手杖插入地里,不料手杖"活"了!并奇迹般的生根、发芽、长叶,变成了一株绿油油的茶树,孔明下令摘下茶树的叶片煮水,让士兵们喝了,失明的士兵们很快就恢复了视力。打那以后,山上便有了茶树。这里的少数民族称茶树为"孔明树"，奉孔明为"茶祖"。每年的七月十六日（即孔明的生日）都要举办"茶祖会"，高悬"孔明灯"。载歌载舞，对月品茶，寄托对孔明的思念。在这个传说中，茶树被赋予了"治病救人"的品格。

西汉中期以后，茶逐渐发展成了一种饮料。魏晋南北朝时期，茶已经广泛地进入到了人们的日常生活中。由于特殊的历史条件，茶在这一时期开始与道家、儒家思想发生了联系，茶被认为具有养生、延年益寿的神奇作用。《陶景弘新录》说："茶铭轻身换骨。昔丹丘子黄山君服之。"茶作为可以延年益寿的药饵服食，表达了当时人们希望健康长寿的愿望，后来慢慢地发展为与修身养性相联系。饮茶不仅仅能满足解渴得到生理需要，同时能满足精神的需要，这时饮茶开始成为一种文化现象。与此同时，饮茶叶与儒家思想有了关联。儒家提倡温、良、恭、俭、让与"以和为贵"，修养途径是穷途兼达、正己正人，既要积极进取，又要洁身自好。官吏及士人皆以夸豪斗富为美，对于这种奢靡的社会风气，一些有识之士提出了"养廉"的问题，茶又与俭这样一种品德建立了联系。陆纳的以茶待客，桓温的以茶下饭，南朝齐武帝萧赜遗诏要求以茶祭祀，这时茶成为表达一种精神、情操的手段，开始发挥其社会工能，使得茶超越其自然功效的范围，进入到人类的精神生活领域。茶在魏晋南北朝时期与儒、释、道诸家思想发生联系，饮茶开始与人的精神追求相契合，茶文化也就开始萌芽。

2）形成发展期

唐代是中国茶文化正式形成和发展的时期。唐代是中国封建社会发展全盛时期。饮茶习俗已由长江以北和塞外边疆，发展成为举国之饮。陆羽（733~804）全面系统的总结了中唐以前茶叶生产技术和饮茶知识，写出了世界上第一部和茶文化专著——《茶经》。《茶经》首次把饮茶当作一种艺术来看待，创造了一套烤茶、选水、煮茗、列具、品饮的中国茶艺，这套茶艺程式规范，技艺精妙，内涵极为丰富。陆羽把中国传统文化中的儒、释、道诸家思想精髓融会于茶事之中，强调茶人的品格和思想情操，把饮茶作为进行自我品德修养、陶冶情操的手段和方法，为后世茶文化的发展奠定了思想基础。陆羽的《茶经》之后，唐代之后还有不少茶学专著和大量的诗词歌赋问世，如张又新的《煎茶水记》、温庭筠的《采茶录》、苏廙的《十六汤品》等，他们分别从不同的角度认识、理解和丰富了茶文化的内涵。裴汶在《茶述》中说："其性精清，其味淡洁，其用涤烦，其功致和，参百品而不混，越众饮而独高。"白居易在诗中写到："酒渴春深一碗茶，每夜坐禅观水月""食罢一觉睡，起来两瓯茶。举头看日影，已复西南斜。乐人惜日促，忧人厌年赊。无忧无乐者，长短任生涯。"表达了诗人不以物喜，不以物悲，随顺自然，无忧无乐的人生理想，这也是当时许多文人想要从茶中寻找的人生境界。集诗人、茶人、僧人于一身的皎然，为陆羽挚友，他认为茶与禅的精神是相同的："九日山僧院，东篱菊也黄。俗人多泛酒，谁解助茶香。"在这里，茶已经超越了它的物质属性，成为与禅境相通的精神媒介。唐末刘贞亮进一步提出茶有"十德"，即：以茶散闷气、以茶驱睡气、以茶养生气、以茶防病气、以茶利礼仁、以茶表敬意、以茶尝滋味、以茶养身体、以茶可雅心、以茶可行道。刘贞亮继承和发展了陆羽的"精行俭德"的观点，提倡在饮茶过程中渗透道德教育，提高品德修养。唐代文人雅士不断开掘着茶文化的内涵，并将这种文化形态烙上民族习俗、民族心理和民族性格的深深印迹，使之成为一种可遗传的文化基因。

【拓展阅读7-2】

陆羽

陆羽(733—804),字鸿渐,汉族,复州竟陵(今湖北省天门市)人,唐代著名的茶学专家,被誉为"茶仙、茶圣"。一名疾,字季疵,号竟陵子、桑苎翁、东冈子,又号"茶山御史"。陆羽一生嗜茶,精于茶道,以著世界第一部茶叶专著——《茶经》而闻名于世,对中国和世界茶业发展作出了卓越贡献,被誉为"茶仙",尊为"茶圣",祀为"茶神"。他也很善于写诗,但其诗作目前世上存留的并不多。他对茶叶有浓厚的兴趣,长期实施调查研究,熟悉茶树栽培、育种和加工技术,并擅长品茗。唐朝上元初年(公元760年),陆羽隐居江南各地,撰《茶经》三卷,成为世界上第一部茶叶著作。《全唐文》中撰载有《陆羽自传》。曾编写过《谑谈》三卷。他开启了一个茶的时代。

资料来源:互动百科.陆羽[DB/OL]. http://www.baike.com/wiki/%E9%99%86%E7%BE%BD. [2017-07-19].

3)丰富成熟期

唐代奠定了中国茶文化发展的坚实基础,历经宋、元、明、清代的发展,中国茶文化不断丰富和成熟。继唐以后,宋代的茶叶生产发展比较快,制茶技术更加精湛,饮茶之风也更加普及。首先是上流社会嗜茶成风,王公贵族经常举行茶宴,连皇帝也常以茶来招待群臣,以示恩宠,宋徽宗赵佶更是嗜茶成癖,自著《大观茶论》一书,大大推动了饮茶之风的盛行。赵佶这位在政治上昏庸无能的北宋皇帝,却是个狂热的爱茶人,也是个修养很高的艺术家,他在其所著《大观茶论》中,系统阐述了他的茶道思想,特别是茶与人的精神世界的关系。他说:"谷粟之于饥,丝之与寒,虽庸人孺子皆知,常须而日用,不以岁时之遑遽而可以兴废也。至若茶之为物,擅瓯闽之秀气,钟山川之灵禀,祛襟涤滞,致清则和,则非庸人孺子之可得而知矣。冲淡简洁,韵高致静,则非遑遽之时而好矣。"按照赵佶的理解,首先,茶不是一种直接与生存相关的物质产品,饮茶并非只为了解渴,而是在人们的物质生活有了保障以后,为满足人的精神世界的需求才得以流行,饮茶是"盛世之清尚"。他认为茶对人的精神世界的作用是"祛襟涤滞,致清导和""冲淡简洁,韵高致静""厉志清白",这是前人在饮茶中所获得的精神体验的高度概括。赵佶在《大观茶论》中提出"清""和""冲淡""简洁""静""韵"等概念,已经基本概括了中国茶道的精神内涵。宋代文豪苏东坡以拟人的手法写《叶嘉传》,讴歌茶"穷且益坚,不坠青云之志"、"猝然临之而不畏,无故加之而不怒"的伟岸品格,赞美茶的"资质刚""风味淡泊""洁白可爱"。

宋代民间盛行的"斗茶",其实质是评比茶叶质量和点茶技艺的一种方式,诗人范仲淹在《斗茶歌》中是这样描述斗茶后的情景的:"胜若登仙不可攀,输同降将无穷耻。""斗茶"的盛行促进了制茶技术的提高和品饮方式的日趋完善。随着饮茶风气的不断兴盛,唐时出现的茶馆雏形到宋代也逐渐成熟,与之相对应的茶馆文化得到发展。

由于明代放弃了团饼茶生产,使得散茶生产技术得到了空前发展的机会,而散茶的生产,又为创制其他茶类提供了契机,明代在制茶技术上达到了古代制茶工艺的高峰,好几类茶的发明都是在明代完成的。首先蒸青散茶的加工技术进一步完善,炒茶青绿茶加工技术大大提高,先后发明了花茶、乌龙茶、红茶等重要茶类的加工技术,并创立了与之相适应的各类茶叶的品饮技艺。

明清时期,用散茶泡饮成为主流,因紫砂茶具其形制和材质迎合了当时社会所追求的平淡、端庄、质朴、自然、温厚、闲雅等精神需要,宜兴紫砂茶具在明代崛起。晚明文人在饮茶中强调的人与茶与环境、氛围的契合,实际上注重的是内在精神的高度和谐,是追求美的一种极致,文人们通过对饮茶环境刻意营造,以此表达他们不同流俗的清节情操。品饮茶"禁忌"的七条是:不如法、恶具、主客不韵、冠裳苛礼、荤肴杂陈、忙冗、壁间案头多恶趣。"茶宜"和"茶禁"反映了明清文士茶道追求风雅,注重环境气氛、人际关系基本精神。朱权在《茶谱》中说:"有裨于修养之道",要求饮茶需与自然环境完全融合,"或会与泉石之间,或处于松竹之下;或对皓月清风,或坐明窗净牖。乃与客清谈款话,探虚玄而参造化,清心神而出尘表。命一童子设香案,携茶炉于前,一童子出茶具,以瓢汲清泉注于瓶而饮之。"在这里,泉石松竹、皓月清风与茶炉香案、瓢瓶清泉等构成了一幅令人神往的文人品茗图。朱权的品饮艺术,后经顾元庆等人的改进,形成了一套简便新颖的散茶烹饮方式,于后世影响深远。

作为茶文化的重要组成部分,宋明时期的茶事文化艺术的题材更加广泛,内容更加深刻,特别是出现了一些反映茶农疾苦、揭露当时茶政的弊端和黑暗的茶诗、茶文,使我们对这一时期的茶叶生产状况有了更加全面的了解和认识。如明代高启在《采茶词》中写道:"归来清茶犹在手,高品先将呈太手。竹炉新焙未得尝,笼盛贩与湖南商。山家不解种禾黍,衣食年年在春雨,"明万历年间,浙江富阳鲥鱼与茶并贡,百姓苦不堪言,韩邦奇了解当地民情,整理了一首民谣《茶歌》,歌词为:"富阳江之鱼,富阳江之茶,鱼肥夺我子,茶香破我家,采茶妇,捕鱼夫,官府拷掠无完肤。昊天何不仁此地亦无辜!鱼何不生别县,茶何不生别郡?富阳山,何日摧?富阳江,何日枯?山摧茶亦死,江枯鱼亦无。呜呼!山难摧,江难枯,我民不可苏。"在一个地方有两种特产,本乃是天之所赐,求之不得的好事,当地百姓应可以借此过上富裕安康的生活。可是在当时,由于朝廷勒贡,丰富的特产并没能给人民带来幸福,反使百姓深受其害,于是愿山摧江枯,茶死鱼无!作者借茶、借鱼表达了对劳动人民深切的同情和对封建统治者的控诉。

总之,历经宋、元、明一直到清代前期,经过千年的发展,中国茶文化已经形成一个博大精深的体系,从茶树的栽培技术到茶的制造、品饮等诸方面都达到了相当高的水准,饮茶作为一种文化的艺能日趋完善,造诣之深、操作之精细令人叹为观止。品茶成为一门独具特色的艺术修养,并形成了不同的茶道流派,如贵族型茶道、雅士型茶道、禅宗型茶道、大众型茶道等。

4) 曲折迂回期

在清代,中国传统茶文化开始从文人茶文化向平民茶文化转变,并最终成为茶文化的主流,饮茶成本的降低和饮茶程序的简化,为茶向民间的普及开辟了道路。茶在民间的普及,与寻常日用相结合,并成为民间礼俗的一部分。明清之际,茶馆发展很迅速,清代可以说是我国茶馆最鼎盛的时期。茶馆变成了一个浓缩了的社会,折射出社会的各个层面。

清朝晚期，政府腐败无能，国势日衰，列强纷纷入侵，战祸连绵，民不聊生。茶文化的发展失去了最基本的条件。这一时期茶文化发展极为缓慢，但作为茶文化传播的重要窗口之一的茶馆在全国城镇仍普遍存在，这对于保存和延续中国传统的茶文化发挥了十分重要的作用。新中国成立后，生产力得到了迅速发展，茶叶生产得到了恢复和发展，茶文化获得了新的发展机遇。但是，接下来的各次政治活动，给我国的传统文化造成了巨大的冲击和破坏，中国茶文化不仅没有新的发展，反而倒退了。

5) 恢复振兴期

改革开放以后，我国茶叶产业发展迅速，一度沉寂的中华茶文化得到恢复和发展。1989年在北京首次举办了"茶与文化展示周"活动，1990年10月第一届国际茶文化研讨会在杭州召开，此后，两年一届的国际茶文化研讨会分别在不同国家举办，逐渐成为国际茶文化界的盛事。特别是近30年来，各地相继成立了茶文化组织，宣传和普及茶文化，出版了大量的茶文化书刊。随着经济的发展和休闲业的兴起，各地茶馆如雨后春笋般涌现，茶文化活动好戏连台，海内外茶事联谊活动频繁，茶艺表演队伍日益扩大，茶业影视艺术兴起。茶文化研究队伍迅速壮大，而且哲学界、文学界、艺术界以及宗教界不同学科间的研究人员加强合作，不断交流，大大加速了茶文化的发展。茶文化研究逐渐走出书斋，与经济建设紧密相连，成为推动新时期茶产业发展的强大动力。茶文化作为中华优秀传统文化的重要一部分，已经成为社会主义文化事业的重要组成部分，必将在新世纪获得新的更大的发展。

7.3.2 茶文化对外传播

茶源于中国，传播于世界。溯本求源，世界各地的茶名、读音和茶树种植、茶叶加工、饮茶方法，都直接或间接的源自于中国。陆、海"丝绸之路"也是茶的传播之路。中华茶文化传播于全世界，与各国人民的生活方式、风土人情，以至宗教意识相融合，派生出世界各民族五彩缤纷的饮茶习俗和各具特色的茶文化。中国的茶文化和饮茶习俗对世界各国茶文化的发展产生了深远影响。

1) 中国茶叶向外扩散的历史

中国茶叶很早就传往世界其他国家。首先是通过来华的僧侣和使臣，将茶叶带往周边的国家和地区，从而使中国茶叶和茶叶生产技术、饮用方法得以在各周边国家和地区流传；其次是将茶叶作为礼品，通过派出的使节，以馈赠形式与各国上层交换；第三，通过贸易往来，将茶叶作为商品输出到国外。

中国茶叶传到韩国大约在唐代初。据薛聪在《花王戒》里有"用茶和酒提起精神来"，可以推测韩国在公元7世纪的宣德王(632—647年)时代就有了饮茶的习惯，茶传入韩国的时间当在此之前。汉武帝东征胜利后，日本派遣使臣到洛阳，向武帝表示敬意，中国政府赠以印绶，此后中日两国经济文化的联系日益密切。中国茶叶最早传入日本，约在西汉时期。自南北朝至宋代，很多遣唐使和留学僧回国时都带去了茶叶和茶籽。

到唐朝时(618—907年)，中国经济文化相当繁荣当时阿拉伯商人在中国购买丝绸、瓷器的同时，也常常带回茶叶，远销波斯(今伊朗)等地。明代，中国郑和下西洋(1405—

1433年),把茶叶传往南洋和波斯湾。1610年,荷兰人直接从中国和日本运茶回欧洲销售。明朝万历四十六年(1618年),当时的中国公使曾携带几箱茶叶馈赠俄国沙皇。1638年,俄国派驻蒙古的使节,也曾携带茶叶返回俄国,此后通过塞外进行的"茶马互市",有相当数量的茶、布、帛等内地商品进入蒙古,或辗转西伯利亚抵达俄国。1644年,英国人在厦门设立商务机构,专门贩运茶叶,以后欧洲诸国商船,纷纷来中国采购茶叶,转道销往欧洲。1715年,英属东印度公司在广州设立商馆,英国商船来华逐年增加,中国茶叶向英国的出口量逐年增大,18世纪时,喝茶已风靡整个欧洲。17世纪中叶,茶叶随同欧洲移民传到美洲大陆。1690年,波士顿有了中国红茶出售,此后饮茶风气陆续传遍美洲各地。美国独立后,茶叶是中美最先通商的货物,1784年2月,美国商船"中国皇后号"远涉重洋来到中国广州,翌年满载茶叶等物资返美,成为美国船只直接来中国输入茶叶的开端。

2)中国茶文化对世界各国的影响

自从两千前中国将茶叶传到日本,中华茶文化的精髓也不断地在日本生根、发芽。宋代时,日本禅师荣西两次来我国学习佛经,熟悉当时寺院的饮茶方法,还研究了中川茶道中的技艺和禅宗茶道中的理论。荣西回国后,根据我国寺院的饮茶方法制订了饮茶仪式,成为日本茶道仪沦规的基础晚年荣西著《吃茶养生记》一书,这是日本第一部茶书,书中称茶是圣药,万灵长寿剂,这时推动日本社会饮茶风俗的流行起了重要作用。15世纪初,中华传统茶文化开始与当时的日本文化嫁接,形成以于利休(1522~1592)为集大成的、传世至今的日本茶道,日本茶道是以中国唐代茶道为基础,结合本民族的特点而创立的,它的一个显著特点就是突显了禅宗的苦寂思想,千里休把寺院中的茶道生活化,并进一步哲理化和艺术化,创造性地把日本民族文化溶于其中,终于成就了以修炼身心为要义的日本茶道文化,后人以"和、敬、清、寂"概括其境界。在日本茶道中,点茶道具的设计与选用、点茶的动作与程序、品茶的方法等包含着"异中求和""阴阳互生"等东方文化的深厚内涵。日本的茶道文化源泉在中国,人们普遍认为,蕴涵在陆羽《茶经》中的中国茶道哲学是日本茶道"和、敬、清、寂"的终极源流。历史上韩国受中华文化的影响较深,中国的茶文化很早就传到了韩国。茶文化是韩国传统文化的一部分,韩国的茶礼包含有深厚的儒家文化意识,经过上千年的流传与发展,近代在西方文化冲击下曾一度沉寂。20世纪80年代以后,韩国茶文化开始复兴,当今的韩国茶文化已形成以"茶礼为主,茶艺为辅"的格局。韩国茶礼以"和、敬、俭、美"为基本精神,茶礼的过程,既规范严谨,又洋溢着清静、悠闲、高雅、文明的气氛,充满东方文化的浓厚氛围。

茶传播到欧洲以后,中国茶文化以其诱人的魅力深深吸引着欧洲人。英国小说家季星曾描绘过吃"午后茶"后舒心自适的美好感觉。大诗人雪莱在他的《为中国之泪水——绿茶女神所感动》诗中写道:"药师医士任狯狯,痛饮狂酣我自吞。饮死举尸归净土,殉茶第一是吾身。"有力地抨击了所谓饮茶对有害健康的谬。英国著名女作家韩素英称赞:"中国茶是纯洁和礼貌的化身。"中国各地和民族的饮茶风俗传到海外以后,与各国、各民族人民的生活方式、风土人情、宗教意识相融合,便在世界各地出现了多姿多彩的饮茶风俗。如在蒙古、俄罗斯、摩洛哥、马里、尼日利亚等西北非国家和中东地区流行在茶汤中添加不同味道的调味料或牛、羊、马、驼奶等营养品德调饮式饮茶法,英国人讲究饮用调味红茶,在美国流行饮用甜味冷饮式的"冰茶"。东方文化圈的国家和地区,以及旅居世界各地的侨胞、华裔家庭和中餐馆则习惯于清饮,日本人喜欢清饮蒸青绿茶,马来西亚、新加坡等东南亚国家习惯冲泡清饮乌龙茶、普洱茶、花茶等。

【拓展阅读7-3】

早午餐下午茶酒吧 聊聊英国人的饮食文化

作为"黑暗料理界"的翘楚,想必大家都不会轻易去触碰英国食物的,但是每当我们想要去大快朵颐一顿美美早餐的时候,你的第一选择绝对是英式的早午餐喽!

100年前的英国人,越有钱吃早餐的时间就会越晚。在清晨英姿飒爽地猎狐后,回到庄园里,一边享受"迟到"的早餐,一边读书、聊天、调情,分享打猎的收获,直到晌午。为了表示吃这顿饭的尊贵性,当时上流社会杂志便专门创造了这个词语——将Breakfast(早餐)和Lunch(午餐)合在一起成了Brunch(早午餐)。

后来,这最初属于王室贵族阶层的绅士淑女们周末猎狐后的丰盛早午餐,慢慢也被普罗大众效仿。这是自然,没有学习与模仿,人类文明不会进步,英国王室自古以来就是大不列颠人民生活方式的典范,只要是王室的生活,上层阶级就会效仿,慢慢的平民百姓自然也会跟进喽。

对于英国人来说,早午餐吃的是一种态度!的确,这个世界上最有腔调和艺术感的东西,基本上都是英国人折腾出来的,这个民族一向被认为"不会做饭",可是,在把吃饭这件事情上升到社交、幸福感、仪式感上,他们真的是无敌!

英式早午餐最经典的饮品当属早餐茶。最适合的英式早餐茶是阿萨姆茶,茶叶外形细扁、颜色为深褐、茶汤浓厚、色泽深红稍褐,带有淡淡的麦芽香和玫瑰香,口味浓烈。味道如何暂且不提,当看到这些琳琅满目的早午餐菜式,你就明白英国人为什么还热衷于下午茶了——普遍的英国人都习惯早午餐(或早餐)吃得很丰盛,导致了中午的时候也不会感觉明显的饥饿,有时就会以几块糕点当午饭;那么这样一来,到了下午三、四点钟左右,就会感到饥饿感十足,对!英式下午茶就这么诞生啦!

英国文学泰斗塞缪尔·约翰逊对品茶的美妙形容,曾经一度自英伦半岛传遍至世界各处。与茶为伴欢娱黄昏、与茶为伴抚慰良宵、与茶为伴迎接晨曦,令其成为一种优雅自在的生活态度、一种风行于世的社交文化,充分表达了英国人对于茶文化的热衷与推崇。

资料来源:新华网.早午餐下午茶酒吧 聊聊英国人的饮食文化[DB/OL].
http://news.xinhuanet.com/fashion/2015-12/01/c_128417148_3.htm.[2015-12-01]

7.4 茶文化的表现形式

7.4.1 茶与文学艺术

(1) 诗词

咏茶诗词在茶事文学中所占的比例很大,上自晋唐,下至当代,不绝如缕。所涉及内容也相当广泛,几乎遍及茶的所有方面,如种茶、采茶、茶具、饮茶、茶的功效、茶的历史、茶的传说等;从作者来看,从帝王将相到平民百姓,从文人墨客到起起赳赳武夫;从体裁来看,有古诗、律诗、绝句、长短句、联句,还有如唐代元稹(779~831)《以题为韵同王起诸公送白居易分司东郡作》"茶,香叶,嫩芽。慕诗客,爱僧家。碾雕白玉,罗织红纱。铫煎黄蕊色,婉转曲尘花。夜后邀陪明月,晨前命对朝霞。洗尽古今人不倦,将至醉后岂堪夸。"这样"宝塔诗"的稀有形式。诗词中的咏茶之作很多,如唐代李白的《答族侄僧中孚赠玉泉仙人掌茶》、刘禹锡的《西山兰若试茶歌》、张文规的《湖州贡焙新茶》,晚唐陆龟蒙、皮日休的"茶具"唱和诗,宋代欧阳修的《双井茶》、苏轼的《次韵曹辅寄壑源试焙新茶》和《试院煎茶》、范仲淹的《和章岷从事斗茶歌》等,都是脍炙人口的佳作。其中宋代陆游有关茶的诗作最多,如《试茶》《八十吟》等。茶诗中,唐代"茶痴"玉川子卢仝(795~835)的《走笔谢孟谏议寄新茶》一诗更把饮茶过程心情各层次的变化生动形象地展现出来,成为茶诗的千古绝唱。

(2) 文赋

散文和赋,较有时代性,文辞优美,意境隽永。唐代开始,茶的散文小品初现,如张又新的《煎茶水记》、王敷的《茶酒论》等。至宋、元、明、清,茶的散文较多,特别是以拟人手法描写茶叶的散文更是脍炙人口。著名的如宋代苏东坡的《叶嘉传》、元代杨维桢的《清苦先生传》、明代徐爌的《茶居士传》等。此外,以小品散文形式来描写品茶境界的也不少,如宋人唐庚的《斗茶记》、元代杨维桢的《煮茶梦记》等。现代的鲁迅和周作人,都有同名《喝茶》的散文,但所表述的内容与趣味则迥然不同。在著名的赋中,有晋代杜育的《荈赋》,唐代顾况的《茶赋》,宋代吴淑的《茶赋》、黄庭坚的《煎茶赋》、梅尧臣的《南有嘉茗赋》,元代赵孟頫的《茶榜》,明代周履靖的《茶德颂》等。赋的特点是讲究对偶、用典、用韵,辞藻华丽,朗读时有很强的节奏感。

(3) 小说

小说的体裁出现于唐代而盛行于明、清,至近现代更有长足的发展。其中有不少与茶叶有关的内容穿插于故事情节之中,贴近生活,非常亲切。其中以明代兰陵笑笑生的《金瓶梅》清代曹雪芹的《红楼梦》最为著名。此外,清代蒲松龄的《聊斋志异》、李汝珍的《镜花缘》、吴敬梓的《儒林外史》、刘鹗的《老残游记》等,都不同程度地写到了评茶论茶、以茶待客、作茶祭祀、聘礼、赠友的情景。当代王旭烽的《茶人三部曲》也是一部较有影响的作品,通过描述清末江南一位茶商世家的变化,反映了近现代中国茶人的命运。

(4) 绘画

绘画艺术最大的特点是有较强的具象性，使读者有较为明确的形象感。中国传统绘画中最主要的一类是"中国画"，简称"国画"。其种类按表现形式有白描、工笔、写意等；按内容分又有花鸟、山水、人物、博古、蔬果；按载体材质分又有壁画、瓷画、屏风画；按画面的开幅分，也如书画一样有扇面、长卷、中堂、立轴、册页等。中国画是表现茶事绘画的主要形式。此外还有漫画、水彩、水粉、油画等西洋画。

以中国画的内容分类来看，茶事绘画作品主要有以下几种：

山水：绘画中表现饮茶环境和饮茶情志的大多以山水为主，有的虽然以人物命名，但表现的却是一种幽静的氛围。以清远山水反映作者对饮茶生活的理解，对某种理想生活的寄托。如《陆羽烹茶图》（元代赵原）、《林榭煎茶图》（明代文征明）。当然由于时代不同，以山水表现茶事的意境也发生着较大的变化。如《狮峰茶讯》（现代陆维钊）表现的则是茶山的蓬勃生气，与以往的"山林气"境界迥然不同。

人物：人物画是茶事绘画中最多的一类，它多表现的是文人和仕女的饮茶，其中有的是表现宫廷仕女饮茶的《调琴啜茗图卷》（唐代周昉）和《宫乐图》（唐代佚名），表现文人饮茶的《文会图》（宋代赵佶），表现特定时代饮茶风俗的《斗茶图》（宋代刘松年、元代赵孟頫），表现饮茶名人的如《卢仝煮茶图》（元代钱选、明代丁云鹏）、《惠山茶会图》（明代文征明），表现野老隐逸的《采茶图》（清代黄慎）、《品茶图》（明代陈洪绶）等。在人物画中，还有一种壁画，如20世纪70—80年代发现的一些宋、辽、金、元墓道壁画，其中绘有不少茶事的内容，十分形象地再现了当时饮茶的情录。在画面出现的许多茶具和点茶动作，都真切地为我们茶艺的研究提供了可靠的借鉴依据，具有很高的史料价值。

花卉、蔬果：这类作品多以茶具、茶点、文房四宝、古器物等为题材，间接地表现饮茶的高雅之气和饮茶中的生活情趣。以条幅、册页、扇面为常见。如清代李鱓的《煎茶图》《壶梅图》，清代李方膺的《梅兰图》，近代吴昌硕的《煮茗图》《品茗图》和当代齐白石的一系列作品等。

(5) 歌舞

茶的歌舞最早应源于劳动。有的是以"采茶歌"、"采茶舞"为名的地方名歌；有的是借茶的名称，而内容可能与茶叶没有什么关系，更多的是以茶歌为形式进行的抒情活动。云南、巴绚、湘鄂一带少数民族中最为流行，诸如湘西未婚男女以"踏茶歌"形式进行订婚仪式。但就其名称而言，起源当与茶事有关。有的以茶为题材，歌唱地方的民情民风。在江西、福建、浙江、湖北、四川等汉民族中也都有一些诸如"采茶调"的歌曲曲调。此外，还有称为"茶灯"（亦称采茶灯、茶歌、采茶、茶篮灯、壮采茶等）的一种民间舞蹈形式，流行于福建、广西、江西、安徽等地。舞者男的手持简单的道具，女的手提茶篮和扇子，边歌边舞，主要表现茶园的劳动生活。采茶戏是直接由采茶歌和采茶舞脱胎发展而成，并结合民间花灯戏、花鼓戏的一些风格，两者相互影响，不断发展。采茶戏变成戏曲，其曲牌就称为"采茶歌"当代比较著名的是由周大凤创作词曲的《采茶舞曲》，结合了江南越剧和滩簧的音调，表现了江南茶乡的山水风光和采茶姑娘的劳动情景，流传面很广。当代著名导演张艺谋执导的系列山水实景作品《印象大红袍》，将优秀的茶文化思想内涵与现代高科技视觉表演艺术载体完美结合,是对茶文化、茶品牌、茶旅游资源富有创意的诠释。

(6)戏剧

早在元代,茶事活动已出现在剧作家笔下,明代汤显祖的《牡丹亭》里也有春天采茶的场景。许多古典戏曲中都有茶事。现代戏剧中最著名的是老舍1957年创作的话剧《茶馆》,这也是当代中国话剧舞台上最优秀的剧目之一。剧本展现自清末至民国近50年间茶馆的变迁,不仅是旧社会的一个缩影,而且还重现了旧北京的茶馆习俗。另外,由当代著名导演执导,2006年开播的《乔家大院》,展示了晋商开辟"中俄茶叶之路"的辉煌历史,描写了惊心动魄的酷烈商战,讴歌了彪炳千秋的中华商魂。

图7-1　福建林业职业技术学院茶文化交流协会
图片来源:黄晓宁 摄

7.4.2　茶艺与茶道

1)茶艺

茶艺是茶道是一门以茶为媒介的生活艺术(图7-2)。它包括茶艺的技法、品茶的艺术,以及茶人在茶事过程中去沟通自然、内省自性、愉悦心灵、完善自我的心理体验。茶艺是我国历史悠久的传统艺术,同时也是中华民族优秀传统文化的载体。它"道心文趣兼备",集科学性、艺术性、文学性和实用性于一身,具有四大特点:从内涵上看文质并重,尤重意境;从形式上看百花齐放,不拘一格;从审美上看道法自然,崇静尚俭;从目的上看追求怡真,注重实用。

中国茶艺的功能是多方面的,概括起来有以下四点:

宣传普及茶文化。茶艺是茶文化的重要组成部分,是深受群众喜爱的生活艺术,具有非常广泛的群众基础。在我国五千年的饮茶实践中,茶已融入日常生活的方方面面,自古

图 7-2 茶艺
图片来源：吴慧敏 摄

有"柴米油盐游融茶"和"琴棋书画诗曲茶"之说。改革开放以后，茶文化全面复兴，各地饮茶的习俗被升华为茶艺，成为传承传统文化的重要手段之一。近年来，茶艺与影视、网络、书刊等现代传媒相结合，以现代茶馆为载体，提升民众的综合素质，在宣传普及茶文化方面起到了越来越，大的作用，特别是舞台表演型茶艺，在吸引传媒聚焦茶文化，吸引社会各界关注茶文化方面都起到了积极的作用。

彰显茶叶品质，促进茶叶销售。茶叶商品和所有的商品一样，它的整体概念包含品质保障和品牌魅力两大部分。茶叶商品的品质保障是商品的核心，茶叶商品的品质评价指标包括卫生品质指标（农药残留、重金属元素、有害微生物含量等）和风味品质指标（色、香、味、形等），提升茶叶产品的品所主要依靠科技创新。茶叶商品的品牌魅力因素包括品牌的知名度、美誉度、忠诚班、文化内涵、服务以及商品包装设计等。茶的色、香、味、形可以通过冲泡技艺来展示，茶的品牌魅力可以通过茶艺表演与讲解来展示。因此，茶艺的一项重要功能就是充分展示茶叶商品的品质保障因素和品牌魅力因素，提升茶叶品牌营销竞争力。

友谊的纽带，社交的桥梁。茶艺有良好的社交功能。早在唐代，颜真卿与陆士修、张荐、李萼、崔万以及高僧释僧昼等人在月夜相会，他们以茶助兴，以诗会友，月夜啜茶联句，留下了文人以茶会友的千古美谈。自唐代以后，以茶会友蔚然成风。在现代，茶艺馆已成为人们交朋结友，聚会聊天的理想场所，以茶会友成了人们相互沟通，加深了解，增进友谊的重要方式。

修身养性，延年益寿。修身养性，延年益寿是茶艺高级阶段的功能。茶艺是一门综合性很强的生活艺术，它重在发现美、展示美、享受美、感悟美，而美的境界是人类摆脱了世俗功利之心的最高境界。人们正是通过修习茶艺去追求真、善、美，通过修习茶艺使自己从社会强加的工具理性中解放出来。茶艺能激发人的情感和想象力，让人学会以美学的精神看待日常生活，改变其平庸、刻板、枯燥、乏味的状态，从而构建诗意的生活方式。人们在茶艺实践中不断以茶养身，以道养心，通过修身养性，最终达到愉悦心灵，澡雪心性，彻悟人生，延年益寿的目的。

2）茶道

我国古代的茶艺从唐宋发展至今，茶人们在品茗过程中除了对色、香、味、形等感官上的享受之外，还上升到心灵的感受，发展为一种精神境界上的追求，这是一种诗意的境界也是一种审美要求的满足（图7-3）。与此同时，还伴生着一种哲理上的追求，即在操作茶艺过程中所体现的精神境界与道德风尚，和人生处世哲学结合起来而具有一种教化功能。这就是所谓的品茶之道，简称为茶道。

图7-3 雅致茶具
图片来源：吴慧敏 摄

汉代以前，凡提到茶叶时，多数是强调其药理和营养功能，从未见涉及精神领域。晋代至南北朝时期，茶叶已成为人们日常的饮料，人们在饮用过程中开始赋予茶叶超出物质意义以外的品性。《荈赋》（4世纪前期）："调神和内。"唐代陆羽《茶经·一之源》："茶之为用，味至寒，为饮最宜精行俭德之人。"陆羽最早把人的品行与茶事活动联系到一起。他认为茶不是一种单纯的嗜好饮品，而是茶人自我修养，澡雪心性，陶冶情操的物质载体。"精行俭德"是陆羽心中的理想人格，可理解为行为专诚，德行谦卑，不放纵自己。而通观《茶经》并没有明确提出"茶道"概念。诗僧皎然《饮茶歌消崔石使君》："一饮涤昏寐，情思朗爽满天地。再饮清我神，忽如飞雨洒轻尘。三饮便道得，何须苦心破烦恼。……孰知茶道全尔真，唯有丹丘得如此。"诗中"茶道"是史书中首次出现"茶道"一词，而该诗最大的贡献在于将品茶过程归纳3个层次，最高层次是"三饮便得道，何须苦心破烦恼"，这就是真正的品茶悟道，达此境界自然一切烦恼愁苦都烟消云散，心中不留芥蒂。宋代前后修撰了很多茶书，则在宋徽宗之后，中国的茶道观念没有得到继承和发展，没有一部茶书谈到茶道问题。究其原因当时社会动荡，民族与阶级矛盾，百姓不安，温饱不得解决，则无暇顾及饮茶的精神享受。此外，宋代虽饮茶之风鼎盛，但重在贡茶制作的精致和斗茶技艺的高低，并不在于茶道精神的阐释。明清时期，受宋代茶书不谈茶道影响，随后朝代的茶书都不谈茶道问题，即使是在茶道已在日本蔚为大观的明清时期，中国茶书中仍不见"茶道"

一词。虽然茶道理念在这时期发展有所停滞，但中国茶叶科学技术在这一时期有空前的发展，所以明清时期在中国茶业发展史上的贡献巨大，地位显著。20世纪80年代茶文化热潮于海峡两岸兴起之后，即出现前所未有的"百家争鸣"局面，而且是不约而同地套用日本茶道"和、敬、清、寂"的模式纷纷用4个字来概括中国茶道的内涵。众说纷纭的中国茶道精神阐释，没有取得共识和唯一定论。但表明了中国茶文化界已经意识到必须对中国茶道精神进行界定，才能更好地推动茶文化事业的发展。

7.5 茶产业发展简史

7.5.1 茶类的起源与发展

1）蒸青绿茶的产生

唐宋时期茶叶加工的主要品种是蒸青团茶，但也有蒸青散茶的生产。公元825年前后，李肇撰《唐国史补》，其中列举了当时不少著名的散茶产地和茶名："剑南有蒙顶石花，或小方，或散芽，号为第一，湖州有顾渚之紫笋……"虽该书未提及这些散茶的加工方法，但综合其他一些史料的有关记载，可以推测其中包括有蒸青散茶和炒青散茶。蒸青团茶改为蒸青散茶较明确的记载是在宋徽宗宣和年间（1119~1125）。日本现今制造的碾茶，源于我国当时的蒸青散茶制法。明朝时，散茶生产异军突起，蒸青散茶发展为炒青散茶。

2）炒青绿茶生产历史

晚唐时期，湖南鼎州（今常德市）就有了炒青绿茶产生。唐代诗人刘禹锡（772~842）的《西山兰若试茶歌》中有"自傍芳丛摘鹰嘴，斯须炒成满室香"一句，这是有关炒青绿茶加工的最早的记载。宋代朱翌在《猗觉寮杂记》中记载："唐造茶与今不同，今采茶者，得芽即蒸熟、焙干，唐则旋摘旋炒"，充分说明唐代已经有了炒青绿茶的加工。明代是炒青绿茶发展的全盛时期，明代广泛采用锅炒杀青，蒸青散茶逐渐为炒青散茶所取代，16世纪末到17世纪初已基本上形成了与现代炒青绿茶相同的炒青绿茶加工方法。

3）花茶生产历史

花茶的加工可以追溯到宋初（约960），当时已有在贡茶中加入龙脑香以增益茶香的记载。北宋宣和年间（1119~1126），在茶叶中加入"珍茉香草"已很普遍。明代朱权《茶谱》（1440）记了了"熏香茶法"。钱春年《茶谱》（1539）记载："木樨、茉莉、玫瑰、蔷薇、兰穗、菊花、栀子、木香、梅花皆可做茶。诸花开时摘其半含半放，蕊之香气全者。量其茶叶多少，摘花为茶。花多则太香而脱茶韵。花少则不香而不尽美。"花茶的大发展在清代咸丰年间（1851~1861），1860年前后，福州成为当时全国茉莉花茶生产的中心，大量生产茉莉花茶，销往华北各地。

4）乌龙茶生产历史

有关武夷岩茶的最早记载在16世纪末。明代许次纾的《茶疏》称："江南之茶，唐人首称阳羡，宋人最重建州。于今贡茶，唯武夷最胜。"书中还详细介绍了武夷茶的采摘、炒制和烘焙方法以及武夷岩茶如梅似兰的馥郁香气特征，说明明朝中期已经有了乌龙茶制法。清代陆廷灿《续茶经》（1734）引王草堂《茶说》（1717）中的记载："武夷茶……采茶后，以竹筐匀铺，架于风日中，名曰晒青，候其青色渐收，然后再加炒焙。"又说"独武夷炒焙兼施，烹出之时，半青半红，青者乃炒色，红者乃焙色也。"把乌龙茶的加工过程和品质特点说得很清楚。《茶说》成书于清初，可见在此之前，绿叶红边的武夷茶（乌龙茶）就已经产生。乌龙茶的制法形成后逐渐传播到广东、台湾及其他产茶省份。

5）红茶生产历史

红茶起源于17世纪中叶，1610年荷兰商人将小种茶带到欧洲，因香味优异，轰动一时。从时间上看，应是初期的武夷岩茶。曾任过崇安县令的刘靖在《片刻余闲录》（1753）中有："岩茶中最高者曰老树小种，次则小种，次则小种功夫，次则功夫，次则功夫花香……"由此可见，17世纪初到18世纪中叶，功夫和小种除了作为红茶的名称外，也是武夷岩茶中的茶名。最早的红茶是发源于福建武夷山区的星村小种，当时称为"武夷岩茶"，是远销国内外的优质红茶。威廉·乌克斯在《茶叶全书》中对武夷（BoHea）的解释是："武夷（BoHea），中国福建省武夷山所产的茶，通常用于最好的红茶（China Black Tea）……"清代以后，由于外贸出口的需要，红茶生产由福建，迅速传播至江西、浙江、湖南、湖北、云南、四川等省。

6）黄茶生产历史

黄茶有两种类型，一是茶树品种，芽叶自然发黄，叫黄茶。如唐代有名的"寿州黄芽"就是用自然发黄的茶芽加工而成的团茶，这类黄茶，远在公元7世纪就有了。二是炒制过程中运用"焖黄"工艺生产的具有"黄汤黄叶"品质特征的黄茶，这类黄茶是从炒青绿茶发展而来的，这类黄茶的生产始于1570年前后。

7）黑茶生产历史

黑茶也有两种来源：11世纪前后，四川绿茶运销西北，因路途遥远，运输时间长，必须压缩体积，便于长时间远运。原料粗老的绿毛茶，晒干后，再经20天左右渥堆变黑后再蒸制加工成边销团块茶，如老青砖、康砖等供应边销，这种类型的黑茶大约在11世纪初就有了。另一种黑茶的加工方法是明代万历年间，湖南安化加工黑毛茶，在揉捻后堆积渥堆，使叶色变油黑，然后烘干制成，再以黑毛茶为原料加工成各种边销的砖茶，如黑砖、花砖、茯砖等。清代后期，湖南安化已成为我国黑茶的主产地。

7.5.2 茶产业的形成与发展

秦代以前（公元前221年），是发现和利用茶的初始阶段。随着封建社会的发展，从秦、汉到南北朝时期（公元前221～公元589），我国茶的栽培区域逐渐扩大，茶叶已成为商品向全国各地传播，并作为食料，药料、饮料及贡品、祭品等被广泛利用，饮茶之风在南方逐渐成为时尚，这些都大大促进了茶业的发展。秦统一全国后，巴蜀一带，尤其是成都，很快成了富裕之地，成为中国早期茶业发展的重要地区，到了汉代，成都一带已经成为我国最大的茶叶消费中心和集散中心,成都以西的崇庆、大邑、天全、名山、雅安、荥径等地成为茶叶的重要产区,从秦、汉到两晋,巴蜀一直是我国茶叶生产和贸易的中心,中国其他地区的茶业,是在"秦人入蜀"之后才逐渐开始的。西汉时,茶业已由巴蜀传到湖南、湖北等地,西汉设置了荼陵(今茶陵)县。据《路史》引《衡州图经》载:"荼陵者,所谓山谷生荼茗也。"从东汉到三国,茶业又进一步荆楚传播到了长江中下游的今安徽、浙江、江苏等地。

两晋以后,长江中下游茶区逐渐发展起来,荆楚一带的茶业,已可与巴蜀相提并论。杜育在《荈赋》中描写有"灵山惟岳,奇产所钟,厥生荈草,弥谷被冈",《齐民要术》、《北堂书钞》等古文献都记载有晋时南方茶叶生产的繁荣景象。《荆州土地记》称"浮陵茶最好"、"武陵七县通出茶,最好"(其中的"浮陵"乃"武陵"之笔误)。由此可见,晋时长江中下游茶叶的生产规模和品质水平,均不亚于巴蜀。到南北朝时,我国茶叶生产已遍及四川、湖南、湖北、河南、浙江、江苏等省,其中的主产区包括:巴东、夷陵(今湖北宜昌)、安州(今湖北安陆)、武昌、西阳(今湖北黄冈)、武陵(今湖南常德)、荼陵(今湖南茶陵)、庐江(今安徽霍山)、晋陵(今江苏常州)、吴兴(今浙江长兴)、永嘉。产茶区域已经东及浙江安海,北至江苏宜兴。一些名山名寺也陆续开始种茶,如今江西庐山,浙江天台山、径山、四川青城山、峨眉山,安徽九华山、黄山等地,都有名茶出产。

在隋代(581~618)隋炀帝时期修凿了大运河,促进了南北方经济文化的交流和茶业的迅速发展。我国史籍中有茶"兴于唐"或"盛于唐"之说,正是在唐代(618~907),茶始有字,茶始作书,茶始销边,茶始收税,茶真正形成为一种独立和全国性的文化或事业,也就是说,茶及其相关领域才变为一种茶业。《膳夫经手录》(856)记录了唐朝茶业的发展过程:"茶,古不闻食之,近晋宋以降,吴人采其叶煮,是为茗粥。至开元、天宝之间,稍稍有茶,至德、大历遂从,建中以后盛也。"中唐时期,茶的消费从南方传到中原,在从中原传到塞外。西北少数民族在形成饮茶习俗后,还出现了与中原开展以茶换马的茶马交易。唐代已形成山南、淮南、浙西、剑南、浙东、黔中、江南、岭南八大产茶区,产茶州郡的地理范围,已与我国近现代茶区约略相当,茶叶产销重心已转移到长江中下游地区,茶叶生产经营的专业化水平也大大提高。中唐时期,在浙江湖州设立了我国历史上第一个专门采制宫廷用茶的"贡焙",组织浙江长兴、江苏宜兴两地生产顾渚紫笋、常州阳羡茶等贡茶。唐代张文规《湖州贡焙新茶》一诗称"凤辇寻春半醉回,仙娥进水御帘开,牡丹花笑金钿动.传奏吴兴紫笋来"。表现了当时由湖州等地进贡的新茶到达京师时,宫里一片欢欣的景象。卢仝也有诗赞阳羡曰:"天子未尝阳羡茶,百草不敢先开花。"据《元和郡县图志》记载,长兴、宜兴两地贡茶生产规模很大,仅长兴一地采制贡茶,就需用"役工三万人,累月方毕"。一些原不产茶的地方,也一跃成为重要的集散地。如江西浮梁(今景德镇),原不产茶,但到唐宪宗元和年间(806~820),已是赣北、皖南茶叶的主要集散地。唐代白居易的《琵琶行》中就有"老大嫁作商人妇,商人重利轻离别,前夜浮梁买茶去,去来江口守空船"的描写,说明当时的浮梁茶叶市场已是声名远播了。

唐代时,南方生产的茶叶,大多沿大运河销往北方。扬州是唐代南茶北运的主要中转站。《封氏闻见记》中有"茶自江淮而来,舟车相继,所在山积,色额甚多"的记载,反映了当时南茶北运的热闹场面。唐代时不仅茶叶贸易十分兴旺,而且各地所产茶叶往往有较固定的销售市场。如薪安茶（今蜀茶），主销今西南、华南、华中地区；浮梁茶，主销关西、山东一带；歙州、婺州茶，主销今河南、河北一带。唐代作为我国古代茶叶发展的一座里程碑，其突出之处不仅在于茶叶产销的极大发展，还表现这一时期的茶文化发展。《茶经》的问世，建立了我国最早的传统茶学，同事也奠定了中华茶文化发展的基础。

宋代（960~1279）茶叶生产规模进一步扩大，茶树栽培面积比唐朝时增加两至三倍，同时还出现了专业户和官营茶园。《吕陶净德集》中有"茶园园户多者岁出三五万斤，少者二万斤"的记载。制茶技术更加精细，茶的经营者重心南移至闽南、岭南一带，如贡焙基地从唐代时的浙江长兴顾渚移到了福建的建安。宋代初年，宋、辽互市中，茶马交易是边贸的主要内容，饮茶遂在辽国普及，进一步增加了茶叶需求量，刺激了茶叶生产。因此打史料称"茶，兴于唐而盛于宋"。宋朝建立建安贡焙后，建茶名声越来越大，带动了周围的茶叶生产和技术的发展，以至于东南一带，成了中国团茶、饼茶制作的主要生产技术中心。由于社会各阶层对茶叶需求的分化，宋代茶类生产也随之发生变革，呈现出以片茶（即团、饼茶）为主，散茶（包括蒸青茶和末茶）崛起的格局。宋代时，片茶的加工工艺出现了一些变革，出现了蒸而不碎、碎而不拍的蒸青茶和末茶，称为散茶。宋代出产散茶的地方，主要为淮南、荆河、归州（今湖北秭归）和江南一带。在宋代，"斗茶"、"茗论"及茶馆文化成为"盛世之清尚"。

元代（1206~1368）团、饼茶进一步没落，散茶已成为主要产茶类。在《王祯农书》、《农桑辑要》等一类农书中，已很少提到片茶的采制方法，相反，对用幼嫩芽叶制茶已有一定的认识，芽茶出现。《王祯农书》中反映，当时的茶类有"茗茶"、"末茶"、"腊茶"三种。其中茗茶即芽茶或者叶茶，与现代的茶叶相似，末茶是"先焙芽令燥，入磨细碾"而成，与现代日本的抹茶大致相同，腊茶即团、饼茶，当时已是"惟充贡茶，民间罕见之"了。

传统茶学始于中唐，经唐、宋两朝的发展，到明朝（1368~1644）中后期达到了高峰。明代和清代前期，从总体上来说是我国古代茶叶由鼎盛走向终极的时期，这一时期的中国茶业取得了一些重要的发展，古代茶叶生产技术和传统茶学发展到了一个新的高度。1391年明太祖朱元下诏命罢贡龙团凤饼，改制芽茶以贡，推动了散茶（尤其是炒青绿茶）的发展。在芽茶发展的基础上，全国各地名茶也迅速发展起来。明以前，宋、元时代虽也有名茶记载，但为数甚少，仅日注、双井、顾渚等几种；明以后，名茶种类迅速增加，明代黄一正在《物事绀珠》中辑录有全国各地的名茶达97种之多。明代在古代茶业上最重要的贡献在创制了大量新的茶类，并使传统的制茶技术得到了较大发展。散茶成为明清以后生产和消费的主要茶类。

清代（1616~1911）茶业以鸦片战争（1840）为界，分为前清和晚清两个时期。前清时期，茶叶外贸发展很快，中国茶叶大量销往世界各地，茶叶外贸机构增多，其中较有名的有广州的"茶叶外贸十三行"等。随着销售的发展，茶业生产也随之发展，前清时已出现了湖北羊楼洞茶厂，福建建阳、崇安茶厂等全国有名的茶叶加工企业。

晚清茶业具有明显的封建买办色彩，洋行取代了原有的茶叶外贸行商，上海取代广州成为我国茶叶商贸的中心，外商直接进入茶区腹地开厂置业。外商在疯狂掠夺我国茶叶资源的同时，控制着整个茶叶行业，受茶叶出口贸易迅速增长的刺激，在此期间，我国茶叶生产曾一度疯狂地增加，栽培面积也增至40万~50万公顷，并形成了以茶类为中心的栽培区域。1886年，全国茶叶产量达到22.5万吨，出口茶叶13.4万吨，达到历史的高峰。鸦片战争以后，帝国主义列强的殖民统治、社会的动荡不安和全国经济、文化的萎靡不振。与此同时，19世纪末，南亚茶业兴起，国际市场茶叶价格下滑，印度和斯里兰卡逐渐取代了中国在国际茶叶市场的垄断地位。我国的茶叶生产迅速倒退，大批茶园荒芜，茶业逐渐跌入低谷，这种衰落局面，一直持续到新中国成立为止。

小　结

我国少数民族的茶俗与汉族的茶俗形式各异，但其以茶待客、以茶祭祀、茶联姻、以茶歌舞等文化内涵是统一的。茶，具多种功能，性恬淡清雅，口感爽适，提神益思。古往今来，国内外文人墨客无不嗜饮，且将其作为歌颂对象。我国唐代大文学家卢仝(795~835)《走笔谢孟谏议寄新茶》一诗中把饮茶从"喉吻润"到"两腋习习清风生"的全过程生动形象的展现出来。传颂至今，成为茶诗宝库中脍炙人口的千古绝唱。刘松年、唐寅、赵孟頫等以茶为题材所作的《仕女烹茶图》、《煎茶图》、《斗茶图》等名画流传至今，不仅成为国画中之稀世珍品，也是我们研究古代茶文化的宝贵史料、而文化百花园中的其他艺术门类如戏剧、舞蹈、音乐、雕塑、书法莫不广泛涉及茶事。同时，茶还与宗教、哲学、历史、经济、政治、科学、技术、旅游、建筑等紧密结合，构成了中华茶文化博大精深的内涵，并使其成为中华民族传统文化中重要的组成成分、而其从唐、宋以来广泛的国际交流并与世界各国风俗民情结合，又逐步形成了各国各具特色的茶文化，令饮茶之风真正步入"芳茶冠六清，溢味播九区"的理想境界，使茶成为中国人民奉献给全世界最珍贵的和平饮品。抚今追昔，今天在日本得到发展的"茶道"、韩国的"茶礼"、英国的"午后茶"、阿根廷的"马黛茶"等风俗，莫不源于中华茶文化。

自主学习资源库

庄晚芳. 中国茶史散论[M]. 北京：科学出版社，1988.

徐晓村. 中国茶文化[M]. 北京：中国农业大学出版社，2005.

黄志根. 中华茶文化[M]. 杭州：浙江大学出版社，2000.

思考题

1. 列举少数民族茶俗茶礼。
2. 茶文化内涵及其定义。
3. 茶文化发展演变过程。
4. 茶产业发展历程。

第八章 花卉文化

学习目标

【知识目标】

(1) 熟悉花卉的物质文化特;

(2) 掌握花卉的精神文化特性;

(3) 了解中国花卉产业发展的现状及发展趋势。

【技能目标】

(1) 辨别常见花卉品种;

(2) 提高花卉鉴赏能力,传播花卉文化。

【引文】

花市开锣见"鸡"行"市"

　　广州日报讯（记者曾卫康 通讯员张嵩宇）镇海楼"搬到"西湖花市，昨日9时30分，西湖花市传来具有广府传统文化特色的童声歌谣，随后伴着开市锣响，西湖花市拉开序幕。穿过主牌楼，在各个档口寻觅心仪的花卉、有趣的伴手礼，迎接新春的到来，也为来年许下美好的愿望。

　　位于广州市西湖路、教育路商业区域的西湖花市，是历史最悠久的传统中心花市，享有"百年花市"的美誉，也保留着广府传统文化的风韵。今年西湖花市的主牌楼便是以镇海楼为原型，意在传承千年广府文化，同时也表达了"更上一层楼"的美好新年祈愿。

　　据介绍，西湖花市东西长420米，南北长450米。今年共设163个档位，其中名优花卉6个，特色与公益类22个，盆橘类8个，桃花类16个，盆花类30个，鲜花类42个，工艺品类32个和棚头档7个。除了鲜花档之外，各色档口也各出奇招。此前以35万元夺得广州花市标王的燕塘牛奶，在档口前"派出"吉祥物还组织起颇具传统特色的表演来吸引眼球。

　　广州日报讯（记者曾卫康 通讯员吴少敏）大鸡大利，昨日，广州市荔湾区传统迎春花市正式开锣。荔湾区传统迎春花市历史悠久，多年来在老城区中都是规模最大，设置档位最多、年味最浓的花市之一。

　　1993年从多宝路迁移到荔湾路举办花市，荔湾花市至今已有二十多年的历史，举办花市的荔湾路（南至中山八路、北至西华路）全长838米，宽约31米。2017年荔湾传统花市开放的时间为1月25日至1月27日（共3天）。今年共设置档位314档，花市档位竞投最高价（即标王）棚头档为58880元；花档为6280元；工艺品档为8500元。

　　今年的主牌楼呈现鸡年大吉大利，喜庆丰年的祥和气氛，承载着传统佳节的吉祥祝福和团聚的温馨喜悦。牌楼融合画梁、雀替、红柱等中国传统建筑元素，显得端庄、大气，上方四只可爱的金鸡仔簇拥着金童玉女，并以岭南佳果及荷花作点缀，映衬了浓烈的节日气氛。

　　广州日报讯（记者张丹羊 通讯员王永光、刘超帅）繁花似锦，人山人海。昨日，广州市一年一度的迎春花市正式拉开帷幕。为确保花市"平安有序，欢乐祥和"，武警广州市支队担负花市安保的官兵昨日上岗执勤，用实际行动践行"你负责赏花 我负责安保"的铮铮誓言。

　　据介绍，今年，广州迎春花市共设11个点，开放时间从25日8时30分到28日凌晨2时，跨时3天。春节临近，人流量、车流量较大，不安全因素增多，安保压力明显增大。花市安保过程中，执勤官兵重点对花市现场、主要出入口、主要景点以及人口密集地进行往返巡逻，对游客、车辆进行耐心疏导，有效防范各类事故案件的发生，确保整个花市平安有序展开。

　　广州日报讯（记者何瑞琪）广州过年，花城看花。昨日，2017年天河迎春花市正式开幕，从腊月廿八至除夕一连三日的传统花市精彩不断。开幕当天下午，粤港两地三支约110人的优秀步操管弦乐队在天河体育中心南广场上演一场行进式管弦乐"尚天河"文艺演出。

据了解，2017年天河迎春花市采用"3+15"模式，即3天传统花市（腊月廿八至除夕）、15天花市嘉年华（正月初一至十五）。其中，天河体育中心的活动为3天传统花市、9天传统工艺展示，活动至正月初六结束。

从昨日现场客流来看，人头攒动，或比去年人流量更多。今年天河迎春花市在天河体育中心环场路两侧搭建花档，设花市总档位468个，其中，盆花档82个、鲜花档188个、工艺品档148个、桃花档10个、金鱼档4个、年货档36个，天河花市档位数居全市之首。年货档1号档位以80080元成为"标王"。

广州日报讯（记者肖桂来 通讯员云宣）昨日，白云区2017年传统迎春花市开市，将持续至28日凌晨2时。本次花市设置了20个大学生档位，大学生摆摊吆喝卖花，成为白云花市上一道特别风景线。

据了解，今年，白云迎春花市总投资约200万元，选址于云城东路万达广场东广场段，全长约600米，共设置档位222个，比去年增加了36档，分为盆花、桃花、鲜花、工艺品、盆橘、大学生社会实践区以及公益宣传区。花市期间，将对云城东路万达广场东广场段（北往南方向）实施封闭措施。

今年白云花市牌楼以"美丽花城，幸福白云"为设计主题通过一个四平八稳、气势磅礴的"迎春门"作为2017年白云迎春花市牌楼的主体形象。展示了白云区对岭南文化的传承、保护与持续发展的时代风貌，象征着白云区一种变革精神和旺盛的生命力。四根拔地而起的灯柱，寓意着欢乐祥和的幸福之门随时敞开。

广州日报讯（记者王晓全 通讯员罗瑞雄）春节期间，广州各工人文化宫将为市民带来一连串惊喜。记者从广州市总工会了解到，鸡年大年初一，1月28日下午2时至5时，由广州市总工会主办的第二十七届羊城春节体育花会将在市一宫、市二宫、市三宫、芳村宫、员村宫等五个文化宫同时展开。职工不但可就近参加趣味体育游戏，还有机会赢取奖品。

本次活动的主会场——广州市第二工人文化宫设立了既适合一家老少共同参与的"趣味体育"项目，又设有适合年轻人的"大众竞技"等全民健身项目。如趣味体育、乒乓球团体邀请赛、跆拳道、传统武术对抗赛、龙狮表演、体育舞蹈表演、文艺表演、武术表演、灯谜竞猜、书画家即席挥毫、春节电影专场等。其他各个工人文化宫分会场当天也根据地域特点，同时开展各具特色的活动。

资料来源：凯伦. 花市开锣见"鸡"行"市"[DB/OL]. www.guangzhou.gov.cn. [2017-1-26]

8.1 花卉文化内涵

花卉在社会生活中扮演着重要的角色。有学者研究认为，花卉能够激发人类积极的情感和其他深层次的心理变化。中国是世界上花卉种类最丰富的国家之一，素有"园林之母"

的美称，亦为世界花卉栽培的主要发源地之一。赏花、爱花是中国人的传统美德，各种花卉以其独特的形式深入人们的文化生活，中国的文化传统也赋予花卉不同的文化品格。人们爱花，视花为美的化身，希望和幸福的象征。人们赏花，除了赏识外部形态美之外，还欣赏动态的生命变化之趣。花能娱人感官，撩人情思，寄以心曲，娱乐身心。

中国是世界上拥有花卉种类最为丰富的国家，也是世界花卉栽培的发源地。中国花文化有近三千年的历史，花卉与中国人生活的息息相关，也就不断地被注入人们的思想和情感，对中国文化、尤其是儒家文化的形成有很深刻的影响。《汉书·张衡传》云："百卉含蘤""蘤，古花字也。经传皆以华为之"。而"华"在古文中是通"花"的。可见花文化与中华文化的关系源远流长。古往今来，国人欣赏花，不仅欣赏花的秀韵多姿，更欣赏花中所蕴含着的人格寓意，并留下了许多流芳千古的佳句，如孔子的"兰当为王者香"、陶渊明的"采菊东篱"、林和靖的"疏影横斜"、周敦颐的"出污泥而不染"、苏东坡的"只恐夜深花睡去，故烧高烛照红妆"……中国花文化已渗透到国人的生命之中，对中国文学、绘画、宗教、民俗、医药、纺织、工艺等。

在用花、赞花的着眼点上，国人既重花卉外形之美，也重花的兴谢枯荣的内在之美，更喜追求由观花而得的心灵感受的韵味之趣，以达到赏心悦目的快感。这种审美情趣说明国人赞花、赏花的目的是双重的，既要求有装饰美化的实用效果，又要求有畅神达意的精神享受，从中得到启示、激励以及情操的陶冶。所以无论以何种形式表现花的美，人们都极其往重形式与内涵的统一和谐之美，与许多传统文化艺术一样，要求以形传神，形神兼备。其次表现在用花、赞花、赏花的表达方式上，国人既喜欢有直接客观的描、诉、咏、唱、观等方式表现或欣赏花齐自然之美与装饰效果，但更客欢借花明志、以花传情的表现主观的感受之情，因而常将花寄以多种吉祥美好的象征意义，使花人格化甚至神化，然后采用比兴寄托的手法，以此通过联想而意会其深远的意义。古人甚至深信某些花木就是人变成的。人所共知的"岁寒三友"（松、竹、梅）、"花中四君子"（梅、兰、竹、菊）、"花中十二师"（牡丹、兰花、梅花、菊花、桂花、莲花、芍药、海棠、水仙、腊梅、杜鹃、玉兰）、"花中十二友"（珠兰、茉莉、瑞香、紫薇、山茶、碧桃、玫瑰、丁香、桃花、杏花、石榴、月季）"花十二婢"（凤仙、蔷薇、梨花、李花、木香、芙蓉、兰菊、栀子、绣球、罂粟、秋海棠、夜来香）、"花王花相"（牡丹、芍药）等说法，不仅以花比人、以人比花、把花当人、把人当花，而且在这种观念支配下，往往把自身的价值取向，也转移在花木之上，将花木扮成帝王、宰相、君子、师长、朋友、仆人，赋予了人格化的内涵。

中国的花卉资源丰富，用途广泛，以至在国人现实生活的方方面面随时随地都能看到花的存在。据古籍记载，神农氏遍尝百草百花，使花草成为华夏民族取之不尽、用之不竭的食物和药物来源。国人的发生、存在和壮大，也都与花木有着密切的关系。在"华夏"这一民族的图腾柱上，凝聚着他们对于花木的倾心爱戴、由衷赞美和无比尊崇。人们心目中种种花草的形象，成了幸福、吉祥、长寿的化身，加上各种花草本身的实际功用。便很自然地与人们的衣食住行、婚丧嫁娶、岁时节日、游艺娱乐等发生了密切的联系，久而久之，在民间社会中积淀成为民俗。花卉参与中国民间风俗的形成，极大地开拓和扩展了民俗的内容和范围，给人们带来了某些生活的调节、精神的愉悦和心理的满足。加上花卉与中国文学、绘画等传统艺术门类之间的结合，使得中国花文化涵括了诸多文化门类，不仅包括花卉食品、香花疗法等物质文化门类，也衍生出中国花卉画、中国花卉文学等文化样式，可谓形态纷呈。

8.1.1 花卉物质文化特性

花卉可以作为食品，还可以养生，如花卉入药、香花疗法等。而插花艺术更是物质文化的表现。

1）花卉与食品

食花曾经是人类社会的一种普遍现象。长期以来，许多国家都有食用花卉的喜爱，如南美洲人喜欢吃新鲜的金莲花及用金莲花制作的香酯；前苏联和东欧国家的人喜欢用蔷薇花瓣煮果酱；土耳其人有用茉莉花和紫罗兰制作甜食的传统；日本和欧美各国则喜欢以花卉为主料制作色拉和点心；而在东南亚各国，食用花卉现已走入市场，作为日常配菜之用。随着社会发展，这一现象在一些国家消失，而在中国，则发展成为中华文化的组成部分食花历史悠久。两千年前，屈原"朝饮木兰之坠露兮，夕餐秋菊之落英"；《神农本草经》说："菊服之轻身耐老。"唐代，人们把菊花糕、桂花鲜栗羹和木香花粥作为宴席上的珍品。宋代民间用花作菜蔬和食品就更广泛了，如林洪的《山家清供》所收入的山林风味食品就涉及梅花、菊花、桂花和文官花等。

此外，古代寺庙、庵观将四时鲜花摘下来，用以制作素撰斋芳的更是不胜枚举。常用的花卉有菊花、玉兰花、荷花等。花卉菜肴曾经传入皇宫，爱新觉罗·浩的《食在宫廷》，专门记叙了中国宫廷菜肴中"花卉鲜果蔬"一类。现在民间常见的花卉入馔也还有不少，如油菜花、韭菜花、洋槐花、杜鹃花等。

除了以花做菜，花还可以当食品的原料和佐料，如桂花、玫瑰花是糖果糕点的重要原料或佐料（图8-1）。菊花、蔷薇花、木香花、玫瑰花、茉莉花制成的花露，可以代茶饮用。还可以用花卉制作药膳。

图 8-1　玫瑰花饼
图片来源：360 图片

我国许多地区的食花风俗历史悠久，广东人喜欢食用以白菊花做成的五蛇羹，以栀子、莲花加肉片爆炒的莲花肉；苏州人喜欢各式各样的花粥，如白糖桂花粥、玫瑰赤豆粥等；云南许多少数民族民众食花也相当普遍，食用花卉多达百种，食用方式有花煮汤、花烧肉、花拌酱等。而在我国的八大菜系中，也不乏以花为主烹调的精品，如鲁菜中的桂花丸子、茉莉汤；粤菜中的菊花龙凤骨大红菊；北京的芙蓉鸡片、桂花干贝；上海的荷花栗子、茉莉鸡脯等。花卉食品也已成为中华饮食文化的重要组成部分，不仅在平民百姓家里，时有鲜花食品摆上餐桌，寺院素菜中也常见有鲜花的成分，甚至皇宫御膳中也能找到其踪迹。

近年来，花卉的食用性越来越为人们重视，目前，食用花卉主要应用途径有以下几个方面：一是作为食品配料，能赋予食品一定的香气，改善食品风味，提高食品的质量和价值，如茉莉、玫瑰、桂花、丁香等用于糕点、糖果、饮料、调料等各个方面；二是作为食品工香料的原料，如玫瑰、依兰、香子兰等可加工制成精油、浸膏、可剂及油树脂等的浸出物产品包括水溶性香料、油脂香料、乳化香料和粉末香料等；三是作为食品主料，用于开发名类花卉食品，如牡丹花、玫现花配制花酒，桂花经糖演制成桂花酱，都是芳香怡人的食品；第四，作为烹饪配料，经煎、炸、蒸、炒而成为餐桌上的美味佳肴，如菊花瓣内含丰富的胡萝卜素和维生素C，是菜肴中不可缺少的作料，也是烧羊肉汤、烧鱼汤的必备之品，而"兰花鸭肝羹""茉莉花汤"等也都是色、形、味皆具的佳肴。

现将中国十大传统名花食用价值分别简述如下。

牡丹——据史料介绍，从我国宋代就开始了。到了明清时期，人们已经有了较为完美的原料配方和制作方法。据清《养小录》记载："牡丹花瓣，汤焯可，蜜浸可，肉汁烩亦可。"其意是：无论滑炒、勾芡，还是清炖，牡丹花瓣和花粉可制作保健食品和饮料；又是调配高级化妆品的重要原料。菜谱中就有牡丹花银耳汤、牡丹花溜鱼片、牡丹花里脊丝和牡丹花瓣酒。这些以牡丹花为主的菜肴，不仅味美清爽细嫩，而且都有食疗的作用。

梅花——梅花可提取芳香油，据清赵学敏《本草纲目拾遗》记载：海澄人善蒸梅及蔷薇露，取之如烧酒法，每酒一壶滴露少许便芳香。古人根据芳香油与水的沸点不同，利用分馏技术，将芳香油提取出来，用作食品的添加剂。

菊花——古人认为，菊花"服之者长寿，食之者通神（晋傅玄《菊赋》）"，故而菊花被誉为"长寿花"、"延龄客"。菊花可以酸酒，制茶作为饮料，菊苗可以作菜食用。菊花气味芬芳，绵软爽口，是入春佳品。其吃法很多，可鲜食、干食、生食、熟食、炒、蒸、煮、拌皆宜，还可切丝入馅，菊花酥饼和菊花饺都自有可人之处。

月季——月季花香浓郁，用其提取的香精油广泛用于食品和化妆品等行业。花瓣还可泡水当茶饮，或加入其他健美茶中冲饮，尤其适合妇女，有活血美容功效。

兰花——兰花的香气清烈、醇正，民间有用建兰花朵熏茶、点汤、蜜渍的习惯，川菜中就有"兰花肚丝""兰花肉丝"等珍候。日本人则多用春兰花朵晒成半干，再用盐清装在小土瓶里。用时取两朵放在茶杯内，冲上开水即可饮用。兰花泡水后，恢复原来形状，既美丽又有特别香气，喝时风味非凡。

杜鹃花——只有少数种类的花朵可食用，民间有用其花和猪蹄同烫，用于妇女带赤下食疗，长期饮用还有美白和祛斑的功效。但黄花、白花杜鹃的植林和花朵内均含有毒素，食后会引起中毒。

茶花——去掉雌雄蕊的茶花花瓣无毒，且含有丰富的蛋白质、脂肪、氨基酸、淀粉和矿物质，其花粉、花蜜一直被作为高级营养滋补品，经常服用能强身健体、延缓衰老。茶花泡养，汤色金黄，香气优雅，味道清口。茶花还可用于浸酒、凉、煮茶花粥、炒菜、煮汤等。

桂花——桂花气味香甜，含有芳香油，可用于制作桂花露、桂花饼、桂花酒、桂花糕、桂花糖、桂花茶等，如在日常泡茶时加入一些桂花，会使茶水有特别的香气。

荷花——荷花全身上下，荷梗、莲子、荷叶、莲房都可用作菜肴。特利是荷藕，它是一种美味的蔬菜，也可以当水果吃，还可以烹饪成菜。新鲜的荷花还可然茶饮用，有清暑解热之效。

水仙花——水仙花有毒，不能食用。

【拓展阅读8-1】

花卉食品大多并非指花朵

"从狭义上讲，花卉食品指能吃的植物花，但是能够被人们直接食用的花种类比较少。从广义上讲，花卉食品指过去以观赏为主、人们没有食用习惯，随着技术的进步，人们发现它们含有大量对人体健康有益的物质，并逐步被人们直接食用或加工后食用的一些植物性食物，如芦荟、仙人掌、沙棘、荷叶、竹叶、紫苏等。所以，花卉食品是一个大的范畴。"中国食品工业协会花卉食品委员会副秘书长廖光明说。

"在自然界中，植物的果子是昆虫、动物的美食，可它们艳丽而芬芳的花，却很少被吃掉。"廖光明说，"一方面，花要吸引昆虫传播花粉；另一方面，还得避免被吃掉，起到保护花蕊的作用。"所以，大多数植物花的成分很复杂，具有一定的毒性，有些毒性还很高，如杜鹃花、夹竹桃等。

不过，在中国人的饮食中，很早就有把花卉用于烹饪的记载。《神农本草经》中，收录了大量具有美容和保健作用的花卉品种。食花作为一种传统，起到的作用，主要是养生，而非果腹。如，菊花可以清热去火，茉莉花可以增香，百合能够清热，玫瑰能够滋养等等。对这些花的食用，已经形成了一种消费习惯，甚至演变成一种文化。

一般来讲，我们食用的蔬菜的花，都可以入食，除此之外，常用的还有荷花、菊花、桂花、玫瑰、薄荷等。食花的方法，也多种多样。最常见的是泡水、泡酒，熬粥、做汤、凉拌、清炒皆可。广义上的花卉食品，不仅包括植物花，也包括它们的茎、叶、根、果等。所以，食花的方法，与食蔬菜接近。

"跟食物一样，不同花卉中的营养成分也不尽相同。从'全面和均衡'的角度讲，人们不经常食用的花卉食品，对于调整人体营养平衡具有特殊意义。有些花卉食品的生物黄酮含量非常高，多用来生产保健食品和药品。生物黄酮是一个庞大的家族，它的化学分类极为复杂，包括黄酮、黄酮醇、黄烷酮、异黄酮、花青素、原花青素等，在花卉食品中普遍存在。广为人知的茶多酚、大豆异黄酮、橙皮苷等，就属于生物黄酮。它既溶于水，又溶于醇，可以用来泡水、泡酒。"廖光明说。

生物黄酮具有抗氧化、防癌、护肝、抗炎、抑菌等作用，可用于防治心脑血管病、偏头痛、动脉粥样硬化等疾病。如，银杏黄酮可以帮助调节血脂、内分泌，对心脑血管十分有利；葛根黄酮、竹叶黄酮中含有抗氧化物，可以帮助人体清除自由基，提高免疫力；大豆异黄酮类似于雌激素，可以帮助女性调节内分泌等。与作为食物相比，花卉作为药物的可能性更大。可以说，能够入食的花卉都可以入药；不能够直接作为食材的花卉，绝大多数都可以成为药物。

廖光明介绍，作为近代开始流行的一种花卉食品，芦荟就既可以入食又可以入药。作为食物，它能够美容养颜，作为药物，它可以祛疤、促进内外伤的愈合等等。当然，芦荟中也含有一些对身体健康起着双刃剑效果的东西，如大黄素，它具有抗肿瘤、解痉、止咳、利尿等作用，但摄入过多会导致腹泻。又如，仙人掌的营养成分非常均衡，氨基酸含量丰富，在墨西哥大量种植，作为蔬菜、水果来食用，被我国农业部作为优质蔬菜引入。而在我国，仙人掌是一味重要的中药材，具有清热解毒、清肺止咳的功效。

虽然，人们可能没有认识到某些花卉食品的营养价值，但在日常生活中，已经加以利用了。如，在南方，荷叶味道清香且取材方便，很多人家喜欢用它来蒸饭。其实，荷叶有很好的清热解暑功效，适于盛夏时食用。

资料来源：王亚楠. 花卉食品大多并非指花朵[N]. 北京晚报. 2012-06-06.

2）花卉与健康

在丰富的花卉资源中，有许多花卉具有药用价值，可以防病治病。一些已被收载于医药典籍中，被列为常用中草药；但是也还有相当多的花卉入药良方散于民间，或分载于有关医药书刊中。香花疗法指利用正在生长、开放的鲜花，根据病情选择不同的品种，或种植于庭园，或盆栽于室内，让病人密切接触，而发挥其康复作用。这与发达国家的"园艺疗法"颇为相近。有关香花疗法的记载和应用的历史相当悠久。嵇康的《养生论》："合欢蠲忿，萱草忘忧"；晋代左贵嫔的《郁金颂》记载：郁金，作为药物疗法，有行气解郁之功，用作香花疗法，更有悦目怡心之效；张子和的《儒门事亲》："以兰除其陈气"；清代刘灏的《广群芳谱》："知有芳香能解秽"，香花不仅调节神情，还能"除尘气"、"解秽"，有净化空气的作用。花卉疗法是根据不同的病情，在室内摆设不同的花卉，或指定病人多接触选定的花园，在园内观赏、散步、弈棋、看书等，每天1～2小时不等。据中医康复专家研究，鲜花的康复作用，主要是通过花的色、形、香气等作用于人的身心的。此外，鲜花草木还可以净化空气。

在现代家庭背养的花卉中，有不少品种既具有很高的观赏价值，又具有一定的药用价值甚至是重要的药用植物。传统中药就是利用这些药用花卉的花、茎、叶、根、果实，作为常用药材，为人类防病治病、养生保健、延年益寿服务。

历代本草书中都对许多花卉的药用价值有所记述。其中最为著名的当属明代杰出医药学家李时珍的《本草纲目》，该书在总结历代本草著述和自己临床经验的基础上，广泛吸取民间验方，亲自采药验药，系统挖掘和整理了祖国中药学成果。全书记载了1892种药物及近千种草花及木本花卉的性味、功能及主治病症。而1975年编著出版的《全国中草药汇编》，则列举了2200多种药用植物，其中既可入药，又具观赏价值的植物约占三分之一，包括牡丹、芍药、菊花、兰花、梅花、月季、桂花、凤仙、百合、雪莲、玉簪、橘梗、荷花、莲花、茉莉、栀子、辛夷、木槿、山茶、杜鹃等。这些药用花卉对防治各种常见病、多发病，保证人民身体健康，起到了十分重要的作用。

现将中国十大传统名花药用价值分别简述如下。

牡丹——根皮、花入药。根皮（药名"丹皮"），清热凉血、活血散瘀、清肝降压，主治热病吐血、衄血、血热斑疹、急性阑尾炎、血瘀痛经、经闭腹痛、调经活血等；花，调经活血，主治妇女月经不调，经行腹痛。

梅花——多以绿萼梅（白梅花）入药，花、叶、梗、根、果皆可入药，疏肝、和胃、化痰、解毒，主治郁闷心烦、肝胃气痛、瘰疬疮毒等。乌梅（近成熟的果实），敛肺生津，可治久咳、久泻等。

菊花——花、根、苗、叶均可入药。花，疏风、清热、解毒、明目，主治头痛、眩晕、风火赤眼、心胸烦热、疔疮、肿毒；根，利水，主治疔肿；苗，清肝明目，主治头风眩晕、目翳；叶，去烦热、明目、利五脏，主治疮、痈疽、头风、目眩、赤眼、泪出。

月季——花、叶、根入药。花，活血、祛瘀、调经、消肿、解毒，主治月经不调、痛经、跌打损伤、血瘀肿痛、痈疽肿毒；叶，活血消肿；根，主治月经不调，涩精止带、瘰疬。

兰花——入药多用建兰花，且花色不同，药性亦有区别。建兰根、叶、花入药。根顺气和血、利湿消肿，主治咳嗽吐血、肠风、血崩、淋病、白浊、白带、跌打损伤及痈肿叶，清热凉血，理气理湿；花，理气宽中、明目，主治胸闷久咳、腹泻、青盲内障。

杜鹃花——花、叶、根入药。花，和血、调经、祛痰止咳、祛风湿、止痒，主治月经不调、闭经、崩漏、跌打损伤、风湿痛、吐血；叶，清热解毒、止血；根，和血、止血、祛风湿、止痛。

茶花——花入药，主治咯血、胃出血、血痢、血崩、肠风下血、痔疮出血、血淋、创伤出血、跌打损伤、烫伤。

桂花——花、根、果实入药，主治痰饮喘咳、肠风血痢、胃下垂、胃及十二指肠溃疡、腰扭伤、遗精。

荷花——花、子、衣、房、须、心、叶、梗和根均可入药。荷花，活血止血、去湿消风、清心凉血、解热毒；莲子，养心、益肾、补脾、涩肠；莲衣，补脾、收敛、利肠分湿热；莲房，消瘀、止血、去湿；莲须，清心、益肾、涩精、止血、解暑除烦、生津止渴；莲心，清心去热、止血涩精、生津止渴；荷叶，清暑利湿、升阳止血；荷梗，清热解暑、通气行水、泻火清心。藕节，止血、散瘀、解热毒等。

水仙花——花、鳞茎入药，有小毒，主治痈肿疮毒、急性乳腺炎、淋巴腺类、腮腺炎。

香花疗法与中医药学上以花入药达到防病治病不同，它主要是利用正在生长、开放的鲜花，根据病情，选择不同的品种，或种植于庭园，或盆栽于室内，让病人密切接触，而发挥其康复作用。香花疗法是中医养生学和中医康复学上的一个重要方法。它与美国等一些发达国家兴起的"园艺疗法（Horticulturml Therapy）"颇为相近。

尽管"香花疗法"对国人还比较生疏，实则在我国已有着悠久的历史。早在嵇康(224~263年)的《养生论》中，就有"合欢蠲忿，萱草忘忧"的说法，可见那时人们就已认识到香花可作用于人的神情，会产生不同的效果。晋代左贵滨的《郁金颂》中则有"伊有奇草，名曰郁金，越自殊域，厥珍来寻。芳香酷烈，悦目怡心。明德惟馨，淑人是钦"的记载。郁金，作为药物疗法，有行气解郁之功；用作香花疗法，更有悦目怡心之效。此法后被李时珍收载于《本草纲目》中。此外，还有"以兰除其陈气"（张子和《儒门事亲》）、"七情之为病也，看花解闷"（吴师机·《理渝骈文》）、"知有芳香能解秽"（清·刘额·《广群芳谱》）等诸多记载与实践，并由此产生了许多将奇花异卉用于康复身心的解郁方、宁神方、定志方、增智方、散寒方、清热方、散血方、止血方、醒酒方等多种多样的香花疗法处方。只需根据不同的病情，在室内摆设不同的花卉（通常需五盆以上），或指定病人多接触选定的公园（花园）中香花，在园内观赏、散步、弈棋、看书等，每天1~2小时不等，常可收到意想不到的效果。但某些特殊体质的病人及有花粉过敏史者应慎用。总之，香花疗法，无论是过去、现在，还是将来，都是一项重要的养生之道。

香花疗法处方选录（各方中所列花草不必齐备，可根据实际选用）

解郁方：牡丹花、芍药花、桃花、梅花、紫罗兰、柠檬花、茉莉花、山栀花、黄花、兰花、桂花、木芙蓉、凌霄花、迎春花、郁金花等，用于情绪不乐、抑郁寡欢的病人。

宁神方：合欢花、百合花、水仙、莲花、兰花、茉莉花等，用于烦躁易怒、性急和失眠等症。

定志方：梅花、菊花、迎春花、水仙花、山茶花等，用于感情脆弱、意志不坚、多疑不决等症。

增智方：菊花、薄荷、茉莉花等，使人思想清晰、教捷、灵活，有利于儿童智力发育。

散寒方：丁香花、梅花等，用于虚寒症病人。

清热方：瑞香花、紫薇花、兰花、玉簪花、迎春花、花栀花、木槿花等，用于热症。

散血方：凌霄花、凤仙花、芍药花、杜鹃花、红花、柚花、石榴花等，用于活血化瘀。

止血方：山茶花、木槿花、萱草、山栀花、紫薇花、石榴花、鸡冠花等，用于慢性出血症。

醒酒方：芍药花、葛花等，用于慢性酒精中毒。

4）花卉与造景

花卉造景主要是应用在园林绿化、插花和花饰中。园林绿化主要有露地花卉、岩生花卉及草坪与地被植物三种类型。露地花卉是园林中最常用的花卉种类，以其丰富的色彩来美化园林，常布置成花坛、花境、花丛、花群及花台等；一些蔓性草花可以装饰柱、廊、篱垣及棚架等。

岩生花卉是借鉴自然山野悬崖、岩缝或石隙间野生花卉所显示的风光，在园林中结合土丘、山石、溪润等造景变化，点缀以各种岩生花卉。在园林应用中，一般结合地貌布置，或专门堆叠假山石以供栽植岩生花卉；也可以利用台地的挡土墙或单独设置的墙面、堆砌的石块留有较大的缝隙，把岩生花卉栽于石隙。另外，铺砌砖石的台阶、小路及场地，也可适当点缀。

在园林应用中,草坪与地被植物把树木花草、道路、广场、建筑、山丘及水面等要素,更好地联系起来,同时为游人提供了广阔的活动场地。根据草坪与地被植物在园林应用中的不同,可分为以下几种:观赏草坪、游憩草坪、体育运动草坪、固土护坡草坪及地被植物。

5)花卉与插花艺术

几枝花朵,一丛碧叶,插入器皿之中,就能给人以赏心悦目之感;一个竹篮,几束繁花,就会顿生喜庆氛围;寥寥花枝,几根彩带,就可扎成一支迎宾曲。这就是高雅的插花艺术。换句话说,插花艺术就是以具有观赏价值的花材为素材,经过一定的技术处理和艺术加工,形成具有自然美和意境美的一门造型艺术。

插花不论草本或木本,都可切其供观赏的枝、叶、花、果,插入适当的容器,作为室内的陈设。插花是比较精致的花卉装饰品,事先对切花与容器的选择、姿态的构思、环境的协调,以及延长切花水养期的措施等都应考虑。插花的特点还在于制作及布置灵活、装饰性强,作短期装饰之用。比较常见的切花有月季、菊花、唐菖蒲、香石竹、非洲菊等。

国际上对插花艺术起源有"二源论"之说,即西方插花艺术发源地是古埃及,东方插花艺术发源地是中国。中国传统插花艺术是我国古老的传统艺术形式之一,距今已有3000多年的历史,它见证了中国历代王朝的兴衰,传统文化艺术发展的进程,历代风土人情的变迁,具有极高的史学与民俗研究价值;传统插花艺术形成受中国儒、释、道以及诗词、书法、绘画、文学等传统文化与艺术的滋养,有浓厚的文化底蕴、独特的表现形式和审美情趣,具有很高的文化价值;传统插花艺术是花材与容器完美融合的立体造型艺术,是既有形式美,又有思想美和意境美的艺术创作和艺术欣赏活动,它吸取了园林、盆景、雕塑、书法、绘画等姐妹艺术的精华,具有独特的艺术价值;传统插花艺术追求线条美,崇尚自然,注重意境创设、简约环保的创作技法等,是插花艺术美学的直接体现;人们在插制过程中专心致志,使心灵得到了净化,具有修身养性的作用。

总之,插花艺术是具有生命力、装饰性、创造性和时效性,不仅可以美化生活环境、传递情感、增进友谊、陶冶情操、纯净心灵、增进健康,而且可以促进经济社会发展,是古老悠久花文化的物质存在。

8.1.2 花卉精神文化特性

我国历代以花卉为题材的诗词歌赋、小说、戏剧等文学形式,多得不可胜数。在现代的诗歌、散文中,花花草草更是文人笔下的宠物,许多文人雅士亦因此而与花卉结下了不解之缘。在中国的花卉文学作品中,数量最大、成就最高的要数咏花诗词。《诗经》《楚辞》借花草作为比兴寄托,但无以咏花为主的篇章;六朝时代,咏花诗正式出现。

咏花诗依所表现的诗境的不同层次分为四大类:

第一,表现感官感受的"物境"。白居易的《山石榴》、韦庄的《白牡丹》。

第二,咏花诗词的艺术境界由"物境"转为"意境",在创作上追求表现审美主体心灵感受的"韵味"。陆龟蒙《白莲》"无情有恨何人觉,月晓风清欲堕时",体现了一种特有的韵味,诗人借此表达芳洁自赏而又寂寞凄凉的心境。

第三，通过移情作用，将自身内心情感托之于花卉形象表达出来，构成咏花诗词的另一境界——"情境"。陈子昂《感遇》诗咏兰，以"岁华尽摇落，芳意竟何成"，寄寓时不我与之叹。

第四，主要表现"悟境"。贺铸《踏莎行》咏莲所云"当年不肯嫁春风，无端却被秋风误"；元好问《同儿辈赋未开海棠》"爱惜芳心莫轻吐，且教桃李闹春风"。此类诗词中花卉只是具有象征意味的原型意象，所表现的是诗人由物境引起内心触动后进而领悟到的人生哲理。

以花卉为题材的名篇佳作。如明代汤显祖《牡丹亭》，剧中以花名作为唱词问答；蒲松龄的《聊斋志异》中，很多主人公以花仙、花精的身份来塑造文学形象；曹雪芹的《红楼梦》，将花与人，花的环境与人的环境融合在一起。

花卉为什么从古至今一直会博得文人墨客的青睐？最根本的原因在于花卉本身，花卉不仅是美的象征，而且花卉是一种没有任何意念的自然之物，它可以承受人类赋予的任何思想和感情。借花卉题材，表达文学家对自己或某种现实生活的感受、思想、情趣，抒发自己特定的思想感情或寄寓特定的理想、愿望。

花卉因文学的描写而出名或生辉。花卉美的特点被文学家所挖掘、加工、表现，美化成为文学美的对象。"疏影横斜水清浅，暗香浮动月黄昏""花开花落无间断，春来春去不相关"。

文学作品对花卉的题咏甚至可以主宰花卉的沉浮。如"花王"牡丹和"花相"芍药，"牡丹初无名，依芍药得名，故其初曰木芍药"《广群芳谱》，唐朝之后，文人题咏使牡丹后来居上，成为"花王"，而芍药屈居"花相"之位。

花卉文学与花卉审美文学。作品加深了对花卉的审美层次，同时丰富了对花卉的欣赏内容。文学给花卉以艺术的比拟和象征，赋予它们以"观念形态的意义"，给它以意识即情感、想象上的"人化"，从而使花卉美从由它的色彩、形态、香味、质地等自然特性构成的客观自然属性的美（第一层次的自然美）凝聚升华到主客观相统一的自然意态之美（第二层次的自然美），即通常所讲的"风韵美"。从而加深了对花卉的审美层次。花卉草木为文学创作提供了丰富题材，而花卉在文人的笔下更具风采（图8-2）。

图 8-2　题菊花

图片来源：诗词古文－就爱阅读 http：//www.92to.com/wenhua/2016/08－13/9509614.html

8.2 花卉文化类型

8.2.1 花卉文化与文学作品

翻开中国文学史，从屈原佩兰示节、陶潜采菊东篱、李白醉卧花丛、杜甫对花溅泪、白居易咏莲吟柳，乃至林逋梅妻鹤子……中国竟有无数风流文人为花卉草木所倾倒，创造了许多以花卉为题材的千古佳作。这些精彩的花卉文学作品，使自然的花花草草呈现出特有的情趣和艺术魅力，温暖、润泽着人们的心，甚至成为民俗化的理念。这就加深了对花卉的审美层次，丰富了对花卉的欣赏内容。

迄于清代，前人留下来的咏花诗词，估计不少于30000首。花在中国诗词中往往是人格化的形象，是寄托理想、情趣、追求的载体，其表现出的主观感受并非毫无根源，而是建立在花卉的形、色、香等客观存在的基础之上的。除诗词以外，以花为题材的小说、戏剧作品也颇多名篇佳作。例如，明代汤显祖的名剧《牡丹亭》，剧中以花名作为唱词问答，多次提到了桃花、杏花、李花、杨花、石榴花、荷花、菊花、丹桂、梅花、水仙花、迎春花、牡丹花、玫瑰花等，其中《冥判》一折，就涉及花艺近40种。在清代蒲松龄的著名短信小说集《聊斋志异》中，许多篇章中的主人公均是以花仙、花精的身份塑造的文学形象。诚然，在中国古典小说中吟咏花卉最为丰富、亦最为成功的当首推曹雪芹的名著《红楼梦》。

8.2.2 花卉文化与民俗活动

花与（中国）民俗。在数千年悠久历史中，国人始终以一种虔诚的眼光来看待自然，甚至把自然中的花草人格化，期许个人的造化能与心目中的花草互相映照与比美。人们心目中种种花草的形象，成了幸福、吉祥、长寿的化身。

我国很多传统的节日与花有着紧密的关系。春节是我国民间最古老而隆重的传统节日，人们最重视用花卉来装饰厅堂，增添节日喜庆的气氛。其中，水仙是我国民间最为流行的年花。在花期节时，人们结伴到郊外游览赏花，称为"踏青"，姑娘们剪五色彩纸粘在花枝上，称为"赏红"。各地还有"装狮花""放花神灯"等风俗。人们在端午节时，用丁香、木香、白芷等草药装在香袋内，悬挂在身上，有利于预防传染病。中秋节是桂花相继开放的时节，因此中秋的桂花和明月成为团圆之夜清赏的极好对象，佐以桂花酒、桂花茶、桂花月饼等美味食物。延寿的菊花恰与重阳节相遇，重阳节赏菊饮菊酒便成为习俗。

花卉与节日时令也是有趣的花卉名俗之一，与人们的衣食住行、婚丧嫁娶、岁时节日、游艺娱乐等发生了密切的关系，久而久之，就在民间积淀成为民俗。

春节与年花：蜡梅、水仙；鲜切花有菊花、唐菖蒲、月季、康乃馨等。

端午节与花草：吃粽子，插艾草。

中秋节赏桂："嫦娥奔月""吴刚伐桂"。

重阳节：插茱萸，赏菊花。

在如今的花卉民俗中，各地举行的以卖花、买花、赏花为主的花市可说是非常引人注目。在各地举行的花市中，以广州的迎春花市最负盛名，虽然这多少得力于秦牧等文人墨客的赞颂，但关键的还是广州花市本身的兴盛和规模之大。广州种花业已有一千多年的历史，民间种花十分普遍。从清人"三十三乡人不少，相逢多半是花农"的诗句中，可见当时种花之盛。每天早晨，花农们把采摘下来的鲜花装在篮里，挑到城内出售，年长日久，就形成了花市。据说早在清乾隆年间，广州就有了年宵花会。19世纪60年代初期，"每届年暮，广州城内卖吊钟花与水仙花成市，如云如霞，大家小户，售供坐几，以娱岁华"（张心泰《粤海小识》）。如今，近200年过去了，任凭风云变幻，南国花市却经久不衰，而且愈加兴旺。每届花市期间，花如海，人如潮，那争奇斗妍的花花草草，往往牵动着当地每一个居民的心，无论是男女老幼，也不分各行各业，人们总要抽出时间徜徉在花市中……此外，各地的"花会"也丰富多彩，如洛阳的"牡丹花会"、扬州的"万花会"、重庆的"万花赛花会"、藏族的"看花节"等。

【拓展阅读8-2】

金川嘉绒藏族看花节热闹非凡

3月我们来到花开的金川，梨花似雪，田园如画。当夏季来临，我们在平均气温只有15°的金川避暑之外，还可以去参加嘉绒藏族看花节。

看花节，嘉绒藏族的欢乐节日。在金川每年7、8月份春暖花开的时候，人们在青青草坪上，搭上的白色帐篷，像草地上盛开朵朵雪莲。

嘉绒人，每家每户都要缝制一顶的白色帐篷，为看花节专门准备，过看花节时拿出来，作为节日期间的居所。

筹备看花节，由全寨子的人推选出一个能力强的人，负责整个活动的筹备和安排，并提前酿造咂酒。节日期间，基本上是以寨子为单位，寨子人户少的，可能是几顶帐篷，寨子大的，就可能是几十顶的帐篷。在空旷的草坪上，帐篷围成圆圈搭起来，就是看花节的活动场所，也是全寨子临时的帐篷村落。嘉绒地区各地的看花节时间都不一样，各个寨子的看花节时间都不相同。该地区处在盆地与高原的过渡地段，地势落差大，花开有时间差。各个寨子何时过看花节，一般都与寨子花开的时间为准。

节日盛装煨桑祭祀精彩的文艺演出

看花节里，人们身着节日盛装，欢声笑语，载歌载舞。

节日开始的第一天，首先是敬山神，请喇嘛念经。要举行一个仪式，来到山顶，燃放桑火，由一位德高望重的老者致祝词，向山神祷告。全寨子所有的人围着嘛哩堆转圈，嘴里不断念诵六字真言，向天空抛撒龙达，在嘛哩堆上插上嘛哩旗。以祈求人畜兴旺，消灾祛祸。

节日里，青年男女结对，到迎春花盛开的地方游玩。看花节是嘉绒青年谈情说爱的绝好机会，看花节期间，青年男女相互倾吐爱慕之情，订下终身。

夜晚里，帐篷围成的空旷坝子上，燃起熊熊的篝火，篝火周围摆着咂酒坛，人们围着篝火跳锅庄，喝咂酒，吃手抓肉，气氛十分热烈。看花节上，有条件的寨子，要举行赛马活动，体现的是集体性和娱乐性。

目前金川县卡拉足乡、撒瓦脚乡、毛日乡、观音桥镇、河东乡、马奈乡、二嘎里乡、俄热乡、太阳河乡、阿科里乡等地纷纷开始举行看花节。如果你有幸来到金川，就可以当一回真正的嘉绒儿女，参与到浓浓的节日中去。

资料来源：金川嘉绒藏族看花节热闹非凡-旅游动态-金川观音桥景区官网
http://www.jcgyq.com/news/show/160.aspx

8.2.3 花卉文化与绘画艺术

正像中国古代诗人骚客对花情有独钟一样，画家也常常与花神携手同游，用画笔对花独语。花卉，自古即是中国画上"最有力之中心题材，亦即于世界绘画之画材上、占一特殊地位"。中国的花卉画，在中国绘画史上虽比人物画、山水画成熟较晚，但通过历代画家不断地创造和发展，使它很早就成为独立的画种。无论是错彩镂金的工笔重彩，还是讲究笔墨韵味、自然清新的水墨花卉，均取得了极高的艺术成就，名家辈出、技法独特，成为中国乃至世界画苑中的一枝奇葩。

中国很早就有人描绘花卉，但是，直到春秋时代，花卉画还只是用于衣裳、旗帜等实用品的装饰。到魏晋南北朝，花卉画作者才稍多。唐代，中国花卉画有了极大发展，不但画史记载中名家辈出，而且，在新疆阿斯塔那墓葬中出土了完整的花鸟屏风壁画。这说明，当时花鸟画已摆脱了人物画的附属地位，成为宫廷和民间普遍欢迎的画种。五代十国期间，涌现出一大批各有擅长的花鸟画能手，并形成徐熙、黄筌两大花卉画流派，画史上称为"徐黄体异"，这是中国花卉画成熟的重要标志。

宋代，是中国花卉画繁荣发展的黄金时代。随着画院的兴隆，加上几位皇帝的支持和倡导，涌现出一大批杰出的花卉画家。北宋的一些文人兴起的以梅、兰、竹、菊"四君子"为题材的文人画，把中国的花卉画推进到了"托物言志"阶段，这是中国花卉画史上的一次飞跃。它密切了中国花卉画与人类心灵的联系，开拓了画家以高尚情操影响观者精神生活的途径，使中国花鸟画在审美方式上的民族特点终于形成，也一直成为百代不衰的优良传统影响至今。

明、清之际，中国花卉画无论在艺术意境抑或表现技巧上都颇具新意。特别是清代的"扬州八怪"，多半以花卉为题材，不受成法所拘，笔态墨肆，和当时的所谓正统画风有所不同，被视为画坛的"偏师""怪物"，遂有"八怪"之称。他们的笔墨技法，对近代中国写意花卉画影响很大。清末，虚谷、赵之谦、吴昌硕等花卉画家相继而起，对写意花卉画的发展均做出了新的贡献。清朝以后，中国画坛上涌现出如齐白石、潘天寿、李苦禅、张大千等画家，都创造性地发展了中国传统的花卉画。

而今，无数中国画家十分珍视中国花卉画这份遗产，在继承古代花卉画优良传统的基础上，刻意求新，努力创作出更多的具有中国气派和时代气息的花卉画。

中国花卉画的表现技法主要有两类，即勾勒法和没骨法。勾勒法通常理解勾为顺笔，勒为逆笔，即一顺一逆，一来一往地用墨笔勾勒形象，称为双勾。常用于工笔花鸟画。着色称勾勒填色，不着色称白描。没骨法，不用墨线勾勒，而直接用彩色或水墨来点染形象。没骨又分工笔、写意。工笔多用于晕染，写意多用于点缀。这两类技法，虽区别明显，但在同一幅画上，往往兼勾带点或半工半写，可视需要而交错运用，不拘一格。对于具体的画法要从枝干、叶片、花朵和点缀物四个部分下手。

8.2.4 花卉文化与音乐艺术

我国歌曲艺术在原始社会时期就已经形成和发展了。早期歌曲往往和劳动生产相结合，内容以反映劳动生活为主。此后，在我国歌曲艺术经历的诗经、楚辞、乐府、绝律诗、词曲等各个不同体制的发展和演变阶段，都留下了无数以花卉为题材的优美篇章。在全国各地流传至今的民歌中，以花卉为题材歌颂爱情的作品可以说是最为繁多的，如《对花》《茉莉花》《拔根芦柴花》《迎春花》等。例如，以莲花为题材的《采莲曲》，据传是梁朝天监十一年（公元512年）梁武帝依《西曲》改成的《江南弄》七曲之一。再如，《好一朵美丽的茉莉花》是地地道道的扬州民歌。清曲研究专家韦明铧指出："它的前身是"鲜花调"，几百年来一直传唱在苏北里下河地区。清人钱德苍编纂的地方戏曲集《缀白裘》，已收录了它的歌词。

总之，花文化对中国文化的渗透是多方面的。它不仅与国人的物质生活息息相关，还与精神领域相结合而向艺术化方向发展。凡此种种，都说明花文化是中国文化不可缺少的一部分。诚然，中国的花文化，貌似以"花"为中心，其深层实则是以人为本，服务于人类社会的。当今，中国花卉事业日渐发达，花文化全面繁荣，相信在未来日子里，花卉与花文化必能一如既往，与人类的先进文化相结合，开出更加绚丽的花朵。

8.3 花卉文化与花卉产业

8.3.1 花卉产业定义

花卉产业，是将花卉作为商品，进行研究、开发、生产、贮运、营销以及售后服务等一系列的活动。花卉产业既是具有多种用途的以开花观赏植物为主要特征的物质生产活动，又是具有可供观赏、美化生活、陶冶情操等文化内涵的精神产品的生产，是物质文明建设和精神文明建设的有机结合。花卉产业是当今世界发展最快和最稳定的产业之一。目前世界花卉年消费额已超过2500亿美元，一些有一定基础和实力的国家，如荷兰、肯尼亚、哥伦比亚、以色列等都制定了相应的扶持政策，加快发展。随着我国经济快速持续发展和人民生活水平不断提高，花卉产业正以异军突起之势，走进千家万户、走进园林绿化、走进国际市场，充分显示出它在两个文明建设中的地位和作用。

8.3.2 花卉产业和市场布局

花卉产业是从单纯的观赏栽培和花卉文化发展过程中衍生出来的一种经济现象。花卉产业在生产与管理过程中，有四个功能体系市场体系，是在社会需求下形成的；生产体系，主要提供能够以产品形式流通的商品；服务体系，创造附加值利润的过程，包括产品销售服务、咨询服务、售后服务、分析服务等；科教体系，由科普宣传、技术培训、中等教育、高等教育、科学研发等组成。

1)花卉产业布局

依据我国自然地理条件、历史文化背景和花卉产业发展现状，结合我国城市和城市群发展水平及新农村建设，参照相关规划将全国划分为华北、东北、华东、华南、西南、西北和青藏高原7个花卉产业发展区，并依据各省(自治区、直辖市)提供的相关资料，确定各区域发展重点。

①华北花卉产业区　重点发展牡丹、芍药等特色花卉，红掌、蝴蝶兰、竹芋等高档盆花；鼓励发展国槐、刺槐、月季等绿化观赏苗木和观赏蕨类植物，菊花、百合、彩色马蹄莲等出口型切花，辛夷、山茱萸、玫瑰、金银花等食用，药用与工业用途花卉；因地制宜发展麦秆菊、补血草、万寿菊等花卉种子。

②东北花卉产业区　重点发展君子兰等特色盆花，唐菖蒲、百合、彩色马蹄莲等花卉种球和切花鼓励发展万寿菊等工业用途花卉；因地制宜开发利用宿根性野生花卉资源。

③华东花卉产业区　重点发展香樟、桂花、茶花、玉兰、龙柏、红花檵木等绿化观赏苗木，国兰、热带兰、凤梨等高档盆花；鼓励发展石蒜、康乃馨等花卉种球种苗；因地制宜发展五针松、罗汉松、杜鹃等盆景和造型苗木，百合、康乃馨、非洲菊、杨桐等切花切枝，金边瑞香、观赏竹和蕨类等特色植物，铁皮石斛、杭白菊、玫瑰等食用、药用和工业用花卉。

④华南花卉产业区　重点发展天南星科、竹芋科、龙舌兰科等观叶植物，国兰等高档盆花，棕榈科等热带亚热带绿化观赏苗木，小叶榕、异叶南洋杉、苏铁等出口盆景；鼓励发展热带兰花、散尾葵、富贵竹等切叶切枝；因地制宜发展水仙花和观赏蕨类植物。

⑤西南花卉产业区　重点发展月季、康乃馨、百合等鲜切花，银杏、桂花等绿化观赏苗木；鼓励发展花卉种子(种苗、种球)；因地制宜开发利用杜鹃花、茶花和国兰等野生花卉资源(图8-3)。

图8-3　四川花卉生产基地

图片来源：360图片

⑥西北花卉产业区　重点发展百合、大丽花、三色堇等花卉种子（种苗、种球），鼓励发展唐菖蒲、百合等切花；因地制宜发展红瑞木、丁香、榆叶梅等绿化苗木，玫瑰、薰衣草等食用、药用与工业用途花卉。

⑦青藏高原花卉产业区　重点发展百合、唐菖蒲、郁金香等种球和切花，高山杜鹃、报春花和龙胆花等高山花卉；鼓励发展虎头兰、绣球花、大百合花等盆花；因地制宜发展雪莲花等药用花卉。

2）花卉市场布局

花卉市布局分为花卉产地市场和花卉消费市场。

花卉产地市场主要有太原、常州、漳州等13个市场，它们的生产种类、辐射区域各有不同。

①太原　重点辐射华北地区和北京周边地区，以批发开花植物、花卉种子、种苗、种球为击，兼营盆栽、切花、观赏苗木。

②常州　重点辐别华东地区和长江三角洲城市群，以销售苗木为主，兼营盆花与切花等。

③南通　重点辐射华东地区和长江三角洲城市群、以销售苗木为主、兼营盆花与盆景等。

④杭州　重点辐射华东地区和长江三角洲城市群、以销售暖温带或亚热带绿化苗木为主，兼营盆花与切花等。

⑤合肥　重点辐射华东地区和长江三角洲城市群，以销售暖温带绿化苗木、盆景为主，兼营盆花与切花等。

⑥漳州　重点辐射华南地区和海峡西岸城市群，以批发中小型盆景、盆花、室内观叶植物和组织出口为主，兼营切花和热带亚热带绿化苗木等。

⑦潍坊　重点辐射华北地区和山东半岛城市群，以销售温带绿化苗木为主，兼营盆景与盆花等。

⑧许昌　重点辐射华北地区和中原城市群，以销售温带绿化苗木为主，兼营盆花与切花等。

⑨武汉　重点辐射华东地区和武汉城市群，以销售亚热带绿化面木、盆景为主，兼营盆栽植物。

⑩长沙　重点辐射华东地区和长株源城市群。以销售暖温带或亚熟带绿化苗木为主，兼营盆花与盆景等，

⑪广州　重点辐射华南地区和珠江三角洲城市群，以批发盆花、室内观叶植物、高档绿化苗木为主，兼营切花、中小型盆景和热带绿化苗木等，带动出口。

⑫成都　重点辐射西南地区和成渝城市群，以销售暖温带绿化苗主为主，兼营盆景、盆花与切花等。

⑬昆明　重点辐射西南地区，以批发鲜切花为主、兼营绿化西木、盆花与切花、球根等，带动出口。

花花消费地市场：主要有北京、沈阳、上海等8个市场。

①北京　华北地区和京津冀城市群的切花、盆花等花卉产品的集散中心，北京地区的

物流配送中心。

②沈阳　东北地区和辽中南城市群的盆花、切花、盆景等花卉产品的集散中心，沈阳地区的物流配送中心。

③上海　华东地区和长江三角洲城市群的切花、盆花等花卉产品的集散中心，长江三角洲地区的物流配送中心。

④郑州　中部地区和中原城市群的绿化苗木、盆花、切花、盆景等花卉产品的集散中心。

⑤武汉　华中地区和武汉城市群的绿化苗木、盆花、盆景、切花等绿化苗木、花卉产品的集散中心。

⑥广州　华南地区和珠江三角洲城市群的盆花、盆景、切花等花卉产品的集散中心，珠江三角洲地区的物流配送中心。

⑦重庆　西南地区和成渝城市群的绿化观赏苗木集散中心、重庆市及周边地区的物流配送中心。

⑧西安　西北地区和关中城市群的盆花、盆景、切花等花卉产品的集散中心，西安市及其周边城市群的物流配送中心。

3）花文化与花卉产业的关系

长期以来，由于人们在谈到花文化时，更多的指它的精神财富内涵，而有意无意地忽略了花卉产业更直接地创造了花文化中的物质财富。因此，某一地区、某一时代、某一社会发展阶段两者可能会有发展不平衡的现象，甚至似乎是割裂的两部分。但是由于花卉业产品最终是精神消费品的特点，决定了两者本质上的不可分割性。目前，我国正致力于发展花卉产业，正确认识两者的关系对建立我国良好的花卉产业基础，对花卉业未来的发展方向，对继承和弘扬中国花文化都有极其重要的作用。当务之急，是要重视和加强对花文化的宣传，促进花卉产业向文化产业转型发展。一是要充分挖掘花文化内涵，创造花卉新价值，拉动花卉产业向文化产业转型。一方面在国际分工中文化产业的发展对国民经济起着越来越重要的作用。而花卉产品不同普通的农产品，本身具有文化内涵，因而花卉产业具备向文化产业转型的基础。另一方面我国有着悠久的花文化传统，但长期以来，对花文化的宣传不够重视，致使其在引导花卉消费、培育消费市场方面的作用没有得以充分发挥。而随着社会生产力的不断进步以及人们低层次消费个体的逐渐满足，文化消费伴随着人们文化需求的激增，各个国家纷纷加大投资力度发展本国文化事业，以文化来推动市场经济发展。花卉产品已成为国际贸易的大宗商品，全球年贸易额已突破2000亿美元，再加上其特有的文化价值，如能充分挖掘花文化内涵，并辅之以强有力的宣传，以花文化促进花卉消费，即可实现从花卉产业向文化产业的转变，并使我国在国际分工中占据有利位置；二是要大力宣传花文化，引导和培育花卉消费市场，促进花卉产业向文化产业转型。花卉产业中，第一要素是市场，其他的一切活动都是围绕市场展开的，宣传花文化对促进花卉产业的发展有着极其重要的作用。因为，花卉消费市场的存在，源于人们对花卉的欣赏。花卉的感人魅力除了她的天然丽质，还在于她的文化或民俗内涵。我国花文化中突出的特点在于花卉本身具有的深刻文化意蕴。千百年来，无数的文人墨客不仅寄情花卉，而且把这种感情进行艺术提炼，使花卉的自然美具有了社会意义，使花卉从简单观赏的地位提升到情操的高度，也就是这一提升，才使人们对花卉的喜爱经久不衰。因此，宣传花文化的过程，就是我们培育花卉消费市场的过程。目前，我们在对中国花文化的宣传方面做得还很少，而对国外的花语、用花节日、习俗等花文化宣传则较多。这与当前我国常见的花卉产品多是从国外引进，是外国人根据他们的精神文化需要而开发、生产的有密切相关。我们栽种了这些产品，要销售它们，只得推广这些文化。从近年来国内各地情人节、母亲节流行的花卉消费，就不难看出花文化对市场的重要作用。因此，许多专家学者认为，花文化的普及程度影响着花卉消费市场的大小和花卉消费的种类，只要我们深入、系统地研究花文化，特别是中国花文化，宣传花文化，弘扬我们民族健康、独特的赏花情趣，不断挖掘与丰富花文化的内涵，赋予花卉的时代意义，即可有力地促进花卉产业向文化产业转型，为花文化产业的发展做出新贡献。

2013年8月24日，在第八届全国茉莉花茶交易博览会暨2013年中国国际茉莉花文化节开幕式上，广西横县被授予国家重点花文化示范基地（建设试点单位）。把"中国茉莉花之乡"——广西横县作为国家重点花文化示范基地试点建设单位，目的是推动横县茉莉花产业转型升级，进一步促进花文化和花卉产业的深度融合，为建设国家重点花文化示范基地积累经验。花文化的重视和发展，直接带动了花卉疗养、花卉餐饮等产业的蓬勃兴起，花文化的产业化经营已经成为最有生命力的"绿色朝阳产业"之一。它也是实现文化、休闲、生态的有机结合，充分展示"体验经济""生态经济""休闲经济"等新理念的有效途径。促进花文化及产业发展，可以做好品牌花卉产品的培育、休闲养生、花卉美食、花卉美容美体、花文化节庆、花文化博物馆等方面的文章。

花文化是花卉消费的主要推动力，推动生产从引导消费开始、如何引导消费？从产业属性看，花卉业提供的产品既是物质消费品，也是精神消费品和文化消费品。在大力发展花卉生产、提供物质消费品的同时，要通过宣传、弘扬花文化，引导花卉消费，繁荣花卉市场，促进花卉生产。弘扬花文化能更好地引导花卉消费，花文化是促进花卉消费的有效途径和手段。

以花文化引导花卉消费，必须要深入挖掘花文化内涵。政府部门与和行业协会要呼可相关领域学者重视花文化领成的研究，系统收集、整理和研究花卉诗词歌赋、绘画、戏曲等花卉文学、花并栽培和应用史料，深入挖掘我国传统名花的人格化寓意和思想内涵，赋予时代精神，开发与花相关的图书出版物以及影视戏剧、音乐动漫等产品，促进花文化产业链发展。要大力传播花文化知识，普及人们对于花文化的认识。一方面，政府管理部门和行业协会需要积极引导报纸、广播、电视等传统媒体关注花卉产业，给花文化多提供一些展示的平；另一方面，相关产业和科研机构要有效利用互联网、手机报等新兴媒体，加大花文化传播的广度和深度。

8.3.3 花卉产业发展现状与趋势

1）中国花卉产业发展现状与趋势

（1）产业现状

随着人民生活水平的提高，花卉消费主体已由集团消费转向个人消费；同时，全国花卉消费额以年均10%以上的速度递增，拥有十几亿人口的中国无疑是一个潜力巨大的消费市场。劳动密集型花卉生产由高成本的发达国家向低成本欠发达国家转移成为大势所趋。发展花卉产业，从科研、生产、流通到消费，产业链条长，产能吸收能力强，可以带动上游种苗、种球、种子产业，以及下游花卉加工业、花卉物流业和花卉服务业的发展；可以带动温室、机械、花肥、花药、花器、花材等相关产业和支持产业的发展；还可以延伸到休闲旅游、医疗、保健、食品、日用化妆品等领域，具有明显的市场竞争优势和广阔的市场前景。我国花卉产业在快速发展的进程中，集群现象也初步显现，如云南的斗南、广东省的陈村等一些花卉产业集群发展比较典型的地区。通过发展花卉产业集群，打造核心竞争力，可以提升花卉产业的竞争优势。众多中小花卉生产企业和花农，是我国目前花卉生产的主体。近年来，我国花卉产业发展迅猛，但外向型能力弱。虽然我国在成本和自然条件上具体一定的优势，但受制约的原因也很多，需要促进新产品开发、完善花卉物流体系、协调航空运输价格、加强对外交流、推广标准化生产、提高品牌意识，进而提升出口能力。随着近年来国内进行花卉产业转型，逐渐重视花卉品质，我国也开始有一部分花卉打入欧盟、美国、日本三大世界花卉消费中心，国外市场前景非常看好。

（2）市场容量

中国产业调研网发布的中国花卉行业市场调查研究及发展前景预测报告（2016年版）认为，花卉产业是集经济效益、社会效益和生态效益于一体，集中劳动密集、资金密集和技术密集的绿色朝阳产业。在欧美，花卉消费是一个巨大的市场，随着中国的消费升级，花卉消费行业必将蕴含巨大的投资机会，中国拥有发展花卉产业的突出优势，同时花卉产业对于调整农业种植结构、提高农民收入、满足人民生活需要具有重要意义。近几年来中国花卉产业发展是十分快速的，在花卉种植面积、销售额和出口额均持续上升，已成为世界最大的花卉生产基地，在世界花卉生产贸易格局中也占据重要地位。截至2014年，我国花卉种植面积达到130万公顷，同比增长5.94%；种植面积1475亿元，同比增长14.51%。

近年来，从花卉种植、销售的稳步发展使可以看到花卉产业光明的未来，但花卉产业不单包括这两方面，花卉行业中的其他组成部分其实更是大有可为。企业对于新品种、盆器、生产设备、销售包装、养护产品所需的材料、工具等的开发，在企业获利的同时，可以完善从研发、生产、销售到售后服务一系列的花卉相关产业的发展，摆脱我国花卉业发展对国外的依赖，促进中国花卉业的整体提升，使我国从花卉生产大国真正变成花卉强国。

（3）市场格局

花卉市场是花卉流通的重要途径，具有储存、加工、配送、网上交易等多种功能，一直活跃在花卉物流和消费的第一线。花卉产业规模大、花卉消费能力强的地区市场建设与发展较快，如北京、江苏、浙江、福建、山东、云南、广东等地区花卉市场数量较多。市场规模不同，其销售类型与辐射区域也就有所不同。如北京、上海等直辖市人口居住相对集中，花卉市场规模普遍较大，辐射能力较强。而其他各省则形成了"省会城市、地级市、县城、乡镇"的四级花卉市场模式，在不同层级的城市有各自的区域花卉市场。在花卉苗木主产区,很多花卉市场以类似于前店后场的模式发展起来,如广东的岭南花卉市场、陈村花卉世界,江苏的夏溪花木市场等。各地花卉市场在激烈的竞争中逐渐形成了各自的特色。在产品种类上,有以经营鲜切花为主的,有以经营盆栽为主的,有以经营花灌木为主的,有与产地结合在郊区以经营当地花卉产品为主的,有综合性经营的,等等。管理和交易模式也各不相同,既有政府投资兴建的,也有民营资本创建的;既有大型综合批发市场,也有批零兼营的花卉市场以及面向消费者的终端零售市场。有的市场管理规范,摊位出租率高;有的市场注重服务,人气旺盛;有的市场设施完善,功能齐备;有的市场则以独特的经营战略吸引商户和消费者。

(4)市场前景

中国素有"园林之母"的美誉,花卉资源丰富,种植历史久远,传统花卉品种较多,加之我国花卉种植面积广,劳动力成本较低,花卉产业具有极大的发展潜力。随着国家对解决"三农"问题的深化,农业政策不断完善,农业种植结构逐步调整、优化。对于花卉这一新兴产业,各级政府的高度重视已使得该产业环境大大改善。目前许多花卉强省和一些原本花卉产业较小的省份都开始加大花卉产业的扶持力度,不少地方政府专门从财政拨款用作这一产业的扶持基金,鼓励广大花农扩大种植面积,培育新的品种。政府应组织科技部门因势利导,有计划地对贫困地区农民进行产业规划和技术培训,统一组织品种布局、栽培管理和销售一体化的合作农业或订单农业,引导农民走上花卉种植这条高效农业的生产轨道。

(5)发展问题

我国花卉种植者或面面俱到,不能形成规模效益;或盲目扩大生产规模,忽视了提高单位面积的产量;或漠视产品质量,丧失了高端市场的竞争力。目前,我国花卉产业发展的总体规模是足够大的,就花卉种植面积而言,已成为世界花卉生产面积最大的国家,但从单位面积产量、产值和效益来看,还处于低水平阶段。企业生产组织形式普遍表现为"大而全"或"小而全",生产专业化程度低、市场竞争能力弱。企业无论大小,既搞引种、繁种试验,又搞生产、经营和销售;既生产切花,又生产盆花、生产种苗,往往顾此失彼,难以形成自己的特色和拳头产品,只能在低水平上相互竞争,生产经营路子越走越窄。随着市场对花卉产品质量要求的提高和生产成本的增加,花农的收入越来越低。由于我国各地花卉业发展的历史和自然环境的影响,导致地区之间产业发展不平衡、布局不合理。我国的花卉主要产于云南和广东、上海等沿海地区,北方除了北京、天津等大宗花卉消费地,其他地区的花卉产品很少。同时,由于花卉生产者自主性的生产栽培,产品结构比较单一。

2)世界花卉业的现状与发展趋势

近年来,世界花卉业以前所未有的速度增长,并远远超过世界经济发展的速度。2000年全球花卉消费总额高达1800亿美元,而1989年只有300亿美元;世界花卉贸易总额从1990年的65亿美元,猛增到2000年的近1000亿美元。素有"欧洲花园"之称的传统花卉发达国家荷兰,仅球根花卉的生产面积就达20720公顷,切花、盆花及观叶植物的生产面积也达8017公顷,总产值为35.9亿美元,平均每公顷产值达13.8万美元;新兴的花卉发达国家哥伦比亚以其独特的气候优势大力发展花卉产业,其生产面积4757公顷,总产值为4.8亿美元,平均每公顷产值为10万美元。花卉业成为很多国家和地区农业创汇的支柱,真正显示其作为"效益农业"的作用和发展潜力。

(1)发达国家的专业化生产与国际花卉业格局的新变化

各主要花卉出口国已出现国际性的专业分工,致力于形成独特的花卉生产优势,如荷兰的郁金香、月季、菊花、香石竹;日本的菊花、百合、香石竹、月季;哥伦比亚的香石竹;以色列的唐菖蒲、月季;泰国、新加坡的热带兰;还有荷兰、日本的种球生产等。其优点是:集中经营、节省投资、扩大批量、方便管理。各生产商也进行专业化的生产,集中生产某种花卉甚至其中的某几个品种。但进入20世纪90年代后期,花卉发达国家的生产成本不断提高,生产格局正在由发达国家向资源较丰富、气候适宜、劳动力和土地成本低的发展中国家转移,新兴的花卉生产国如肯尼亚、墨西哥、秘鲁、厄瓜多尔、津巴布韦、毛里求斯等的迅速崛起就充分地证明了这一点。同时,也为我国的花卉业发展提供了良好的机遇。目前我国单位面积花卉生产平均成本是日本的1/5,是台湾的1/3,也明显低于东南亚、拉丁美洲和非洲国家,发展潜力不言而喻。

(2)花卉生产向温室化、自动化发展

20世纪80年代的能源危机,加之花卉比蔬菜需热量少,使世界上许多温室,首先是蔬菜温室退出经营,以香石竹、菊花代替。由于温室设备的高度机械化,微电脑自动调节温度、湿度和气体浓度,花卉生产在人工气候条件下实现了工厂化的全年均衡供应。

(3)种苗业高度发达

由于花卉生产的社会化分工,种子、种苗、种球等由专业化的公司生产,保证了生产者的高效、专业化生产,新品种不断推出以适应市场的需求,也形成了公司加农户的生产经营模式。

(4)新技术的广泛应用

开展节能的研究,选用绝热性能好、透光率强、坚韧耐久的新建筑材料;研制增温快、保温强的新型温室;考虑太阳能、沼气、天然气等加温措施;选育耗能少、生长期短和对土壤病虫害抗性强的品种等。开展无土栽培的推广应用,利用无菌、透气、吸水、保水性能好的介质制成育苗容器或快速膨体模块。推进组培技术的普及,进行商品化优质种苗生产,如兰花、菊花、香石竹、非洲菊、满天星等已实现组培苗的工厂化生产;利用组培技术繁殖优良品种,包括各种名贵花卉、珍稀品种、重要的鳞茎花卉等。同时,利用茎尖培养技术对易感病毒的花卉品种进行脱毒苗的批量生产。开展激素及化学物质的应用,目前已在促进生根、打破休眠、延缓生长、促进分枝、采后保鲜等方面取得广泛性应用成果。在切花商业化应用方面最有突破性意义的包括生根剂(萘乙酸、吲哚丁酸等)、矮化剂(矮壮素、多效唑等)、催花剂(赤霉素等)、保鲜剂(硫代硫酸银、8-羟基喹啉等)。开展花卉育种快速多样化,广泛引进野生花卉资源,利用杂交育种、多倍体育种、辐射育种等进行选育,现已开始运用体细胞杂交、基因工程等最新技术培育,新品种迅速增加。目前主要花卉的园艺栽培品种都在上千,甚至上万个。如荷兰全国有7个研究中心,专门从事花卉品种的研究,并在二战以后育成了大批的郁金香、风信子、水仙、唐菖蒲及球根鸢尾的新品种；蔷薇育种以法国为首，品种美丽强健；美国育成茶香月季品种系统，其抗寒性强，且色、香、姿俱佳。最新发展的基因工程及其他生物技术手段，有可能使花卉育种带来革命性的突破，如耐贮耐插的香石竹品种已经商品化，蓝色月季花已经问世等。我们有理由相信在不远的将来，有可能根据人们的意志来改变花卉的花色、形态、香味等。

（5）产品采收、处理、包装、销售纳入现代化管理轨道

通过减压冷冻、真空预冷设备及技术的推广，保证了花卉产品采后的低温流通和商业保鲜；发达的空运业促进了花卉的远距离外销，形成了国际化的花卉市场；花卉集散地、拍卖市场、批发中心、连锁花店、全球快递等营销形式，加之广告宣传、精良包装、优质服务、园艺展览等促销手段，使得整个花卉产业的产、供、销实现一体化的科学管理和运作模式。

以荷兰为例。荷兰国土面积只有41548平方千米（其中四分之一是通过长期填海造地而成的），人口仅1475万，是世界上人口密度最高的国家之一。但由于采用了最新科学技术，充分利用现有资源，荷兰成为世界上最大的农产品出口国之一。花卉对荷兰的经济有着重要的意义，约占其农业生产总值的20%。同时，花卉业在荷兰经济中也是一个重要的消费产业，每年该国的花卉生产者就要购买价值达15亿美元的生产资料，如玻璃温室系统、机械设备、电力、种子种苗等。

小　结

在人类社会漫长的发展过程中，花文化的兴衰与产业发展一直是密切相关的。花文化包含了有关花卉的物质和精神财富，而花卉产业则指的是花卉生产与贸易业。花卉是美好与和平的象征，中国传统花文化的精髓就是重视花卉对人情操的陶冶，大力弘扬中华传统花文化对提高我国的国民素质和精神文明建设必将起到重要的作用。当然，我们在弘扬中国花文化的同时，也要积极学习西方现代花卉生产技术和科学管理体系，使花文化经济价值得以充分体现，实现其在物质文明建设中的重要作用，最终实现花卉产业向文化产业转变。

自主学习资源库

孙伯筠. 花卉鉴赏与花文化[M]. 北京：中国农业大学出版社. 2006.
周武忠，等. 花与中国文化[M]. 北京：中国农业大学出版社. 1999.
刘燕. 园林花卉学[M]. 北京：中国林业出版社. 2009.

思考题

1. 列举三种不同花卉产品。
2. 花卉产业内涵及其定义。
3. 花卉文化的精神内涵。

第九章　森林食品文化

学习目标

【知识目标】

(1) 了解森林食品极其分类；
(2) 了解常见森林食品的食用价值；
(3) 了解森林食品认证的流程。

【技能目标】

(1) 提升学生对森林食品的认识；
(2) 提高学生对森林食品认证重要性的理解。

【引文】

一枝如玉为谁开?
——森林食品,为你而来

"床前明月光,鸭血粉丝汤。""人比黄花瘦,犹记红烧肉。""君问归期未有期,红烧茄子焖黄鱼。""人生若只初相见,一碗兰州牛肉面。"——饮食文化是最具中国特色的文化门类之一。国人对于吃,不仅是为了果腹求生,还升华到把饮食当作人生的乐趣和人生的艺术。而现在,三聚氰胺、苏丹红、吊白块、瘦肉精……饮食文化中讲究的"色香味"却充斥着劣质原料、非食品化学添加剂等,不但亵渎了中国的饮食之乐,还严重损害了我国食品行业的国际声誉。食品安全涉及民生。舌尖上的安全,关系到每一个人的生命健康,引起了公众对食品安全的集体焦虑。如何打造安全健康的饮食环境不仅是广大消费者的诉求,同时也是相关企业、政府部门需要思考的问题。

近年来,我国主要农产品需求刚性增长的压力持续存在,农业发展面临的资源和环境约束十分严峻。主动适应经济发展新常态,依靠创新驱动加速农业转方式、调结构的历史进程将成为农业与农村领域科技创新最为紧迫而艰巨的任务。此种背景下,发展森林食品成为一个不错的选择。

森林是大自然馈赠人类的宝贵财富,除了具有调节气候、过滤空气、防风固沙、蓄养水分、防止土地沙漠化等绿色生态功能外,还向人类提供了营养丰富的各种绿色食品。数据显示,目前全世界约有3亿人以森林为家,靠森林食品谋生。

森林经济植物种源丰富,其可食部分的营养价值及微量元素有的优于栽培植物,开发利用前景广阔。以森林粮食为例,2015年,我国森林食品中仅板栗、柿子、枣等木本粮食种植面积已达270万公顷,总产量达17亿千克。但与森林资源丰富的国家,如美国、加拿大、澳大利亚等国相比,中国人均森林食品的占有量很小,差距较大,这意味着发展森林食品的潜力巨大。

中国林业生态发展促进会秘书长沙涛介绍,森林能够释放有益于生物生长的各种物质,吸收过滤有害物质。森林食品具有原生态、无污染、健康、安全等特性。森林食品具有较高的营养价值、医疗保健价值,自身具有良好的生态环境、自然品质和森林文化属性,是林业产业发展新的经济增长点。

2015年2月,中国林业生态发展促进会对外发布森林食品认证标准,首次界定了森林食品的概念:森林食品是以森林环境下野生或人工培育(含养殖)的动物、植物、微生物为原料,不经加工,或经过加工的各类食品,主要包括蔬菜、水果、干果、肉食、粮食、油料、饮料、药材、蜂品、香料和茶叶等。

经过一年实际认证经验总结,2016年7月,中国林业生态发展促进会发布了升级版《森林食品认证标准》。新标准明确,森林食品是指遵循可持续经营原则,来自良好森林环境,具有原生态、无污染、健康、安全等特性的各类可食用林产品。森林食品类别主要包括森林蔬菜类(含食用菌)、森林水果类、森林干果类、森林肉食类、森林粮食类、森林油料类、森林饮料类、森林药材类、森林蜂品类、森林香料类和森林茶叶类等。该标准从 2016 年 7 月 1 日起正式实施。

森林食品新规的颁发执行,标志着我国森林食品的生产与监管有法可依、有章可循,迈出了标准化、规范化建设与管理的重要一步。

中国林业生态发展促进会副秘书长、生态认证委员会主任石峰表示,中国森林食品认证(CFFC)是中国林业生态发展促进会依据民政部核准的业务范围开展的一项认证工作。通过对森林产品的认证和在林产品上加载标识的方式促进森林的可持续经营。

食品安全社会共治。中国人口数量庞大,发展、壮大森林食品产业能更好地保障我国食品安全。因此,加快推进森林食品的产业化与市场化,不仅有着现实的经济利益,更有着长远的战略意义。

"繁华尽处,寻一处无人山谷,建一木制小屋,铺一青石小路",品食森林食品,"与你晨钟暮鼓,安之若素"。

一枝如玉为谁开?——森林食品,为你而来!(生态君)

资料来源:生态君. 一枝如玉为谁开?——森林食品,为你而来[N]. 齐鲁晚报,2016 年 8 月 5 日(C02).

9.1 森林食品文化概述

以前人们比吃比谁吃得好,现在却不同了,要比就比谁吃的健康。于是纯天然食品出现,之后有机食品狂扫,而近几年森林食品这个新名词出现也越来越频繁。什么是森林食品呢?森林食品是以森林环境下野生或人工培育(含养殖)的动物、植物、微生物为原料,不经加工,或经过加工的各类食品,主要包括蔬菜、水果、干果、肉食、粮食、油料、饮料、药材、蜂品、香料和茶叶等。在食品领域比健康比营养,森林食品的地位不容撼动,一经推出就成为了食品领域的新宠。

森林食品来自良好的森林生态环境,生产过程强调与自然的和谐共存,强调产品的营养与健康。森林食品源于自然,倡导与生态环境和谐共生的生产理念,是目前全球各地普遍认同的优质食品。国内外许多科学研发机构已经证实,森林食品中的营养素含量要高于普通产品,许多森林食品具有较高的人体所需的营养素,是功能性食品的最好原料,具有非常高的开发价值。

近年来,我国主要农产品需求刚性增长的压力持续存在,农业发展面临的资源和环境约束十分严峻。此种背景下,发展森林食品成为一个不错的选择。此外,森林食品自身的价值也得到高度认可,从而引得众多投资者的眼光。以森林粮食为例,2015 年,我国森林食品中仅板栗、柿子、枣等木本粮食种植面积已达 270 万公顷,总产量达 17 亿千克。

森林食品是指由森林动植物为原料进行采集食用或经过加工开发出的各类食品。当前我国已开发的森林食品有林蛙、山野菜、浆果干果、食药用菌、人参、鹿、矿泉水、蜂、蚕、山猪、山鸡、竹笋、茶、天然药食植物等 13 大类产品。

森林气候具有辐射量高、温差大、耐极限低温和极限高温的特点,在森林独特生态条件下培养出来的食物原料口味独特、营养丰富。很多动植物资源是稀有珍宝,我国东北特有的红松树种，生长周期长达几十年甚至上百年，已被联合国列为二级濒临灭绝保护植物。其果实是我国传统的佐餐上等食品松籽，松籽具有极高的营养价值和药用价值，主要作用为抑制血小板凝集、具有调节代谢、增强耐力、防止骨质疏松等保健功能。森林浆果五味子，其铁、锌、锰、VB6、VE 等营养素含量是苹果、黄瓜、茄子等人工栽培果蔬的几十倍甚至上百倍。中国人几千年来一直有消费药食同源产品的习惯，很多森林食品既是食品也是药材，驰名中外的中国人参，有 3000 年的药食用史，是百草之王、百药之首，其保健功效是补虚救脱，大补元气。以国际森林管理委员会的《森林食品认定原则和标准》为准则，参照《国际有机农业和食品加工的基本标准》认定的食品重金属、农药残留、有害微生物的最高限值低于国际食品法典委员会、欧盟、日本、美国等标准要求。

森林食品应具备以下条件：
①在产品范围上　森林食品是以森林环境为前提，对象是可食用林产品；
②在产地环境上　森林食品来自山野，产于森林；
③在技术规程上　森林食品生产以森林生态系统的能量和营养循环为理论，不使用化肥、农药及除草剂；
④在产品质量上　森林食品达到国际标准和国内先进标准的质量安全要求。

尽管因污染低、安全、保健、高附加值等特性，森林食品被业内称之为朝阳产业中的朝阳产业，但是，由于起步晚和未被国家及有关方面予以足够重视等原因，我国森林食品与发达国家森林食品水平有很大差距。

9.2　森林食品类型

森林食品原料来自大森林。与当前江河污染、沙漠化严重和农产品化肥、农药施用量严重超标等严峻的环境，食品链污染现状相比，我国林区生态环境相对良好，森林尚未受到污染。根据目前民政部核准的中国森林食品认证，森林食品主要分为森林粮食、森林水果、森林蔬菜、森林油料、森林菌类、森林药材、森林昆虫、森林饮料、森林蜜源、森林香料等类别。

9.2.1　森林粮食

森林粮食，是指能代替粮食的森林植物。通常是指森林植物体的某个部分（包括果实、种子、根、皮、叶、花等）含有较多淀粉、单糖、低聚糖或者蛋白质，能代替粮食食用的植物，如大枣、柿子、被群众称为"木本粮，铁杆庄稼"的板栗、被世界卫生组织认定为"长寿果"的山杏等。我国森林粮食资源丰富，据报道共有 500 余种，现已查明的约 120 多种，其中有木本 100 多种，仅板栗、柿、枣等木本粮食在我国栽培面积已达 270 万公顷，总产量达 17 亿千克，年出口量达 6.3 亿千克，其中开发利用的在 40 万千克左右（不包括水果），另有魔芋、蕨、葛藤等林中植物的块茎、块根也可被加工成魔芋粉、蕨粉、葛粉等供食用。

依据森林粮食主要成分的不同，可将其分为三大类：淀粉植物，如板栗、栎类、银杏、葛根、蕨根、野果与野百合等；糖料植物，此类植物的种类繁多，如枣、柿、猕猴桃、笋用竹等，不仅能制糖供食用，而且还可以直接作为饮料；蛋白质植物，如腰果、马尾松、槐等。

9.2.2 森林水果

森林水果，是指森林环境下生长的各类水果及其制品。森林水果是重要的水果资源。在许多国家和地区，特别是在南亚、东南亚和非洲，森林水果在畜牧业中占有重要地位。木本水果是指木本植物的嫩枝叶、花、果实、种子，其既可直接食用，又可采集、刈割、加工后加工。我国有丰富的树木资源，其中可以用作水果食用的约1000多种，如苹果、蓝莓、荔枝、柚子等，每年可提供几亿吨森林水果。

春夏是新鲜的水果大量应市的季节。水果含有人体必需的多种维生素、矿物质、碳水化合物、粗纤维、蛋白质及脂肪等营养素……吃水果不但可口，并能促进身体健康，进而达到防治疾病，养颜美容的效果，是最受现代人欢迎的天然健康食品。

9.2.3 森林蔬菜

森林蔬菜，是指可作蔬菜食用的森林植物。森林蔬菜也称山野菜、长寿菜，通常是指生长在森林地段或森林环境中，可作蔬菜食用的森林植物，主要包括某些植物的根、茎、叶、花、果和菌类，是一类重要的可食性植物资源。我国森林蔬菜资源丰富，种类多，分布广，人们采食森林蔬菜已有几千年的历史。《诗经》里就有"陟彼南山，言采其蕨""谁谓荼苦，其甘如荠"等诗句。《诗经》中说的"蕨"就是指蕨菜，"荠"就是指荠菜。明代朱棣编撰的《救荒本草》一书，收录了414种可食植物。中国科学院植物研究所对全国各地可食野菜进行调查，收集了100个品种和56个参考品种，编绘了图文并茂的《中国野菜图谱》专著，为森林蔬菜的食用提供了科学依据，全国森林蔬菜的物种数量至今没有权威统计。森林蔬菜是林中珍品，我国可供食用的达6000多种，包括其茎、叶、花、果等种类。我国地域广阔，地形多样，在辽阔的山野中，生长着形形色色的山野菜，蕴藏量十分巨大。大多数处于野生状态，部分由人工栽培，年平均生产量约20亿千克，菌类中香菇4亿千克，其中以叶菜为主的山野菜1亿千克，茎类的竹笋干1亿千克。

森林蔬菜种类繁多，有多种不同的分类方法。按其生长形态的不同，可分为：木本类，如香椿、省沽油、黄连木、合欢、刺槐等；草本类，如薇菜、鱼腥草、蕨菜、马齿苋等(图9-1)；真菌类，如香菇、羊肚菌、蘑菇等。根据其可供食用的部位和器官的不同，可分为：茎菜类，如毛竹、枸杞、蕨菜等；叶菜类，如香椿、刺龙芽、马齿苋等；花菜类，如槐花、菊花、黄花菜等；果菜类，如板栗、木通、山核桃等；根菜类，如魔芋、桔梗、百合、玉竹等；菌菜类，如猴头、黑木耳、香菇等。根据开发利用的规模化程度，可分为：形成规模化、商品化经营的种类，如香椿、蕨菜、龙芽惚木、薇菜等；地方集贸和民间采食种类，如省沽油、马齿苋、毛百合、东风菜等。

9.2.4 森林油料

森林油料，是指能榨油的森林植物。通常是指森林植物体内(果实、种子或茎叶)含油8%以上的植物。我国木本油料有400多种，含油量在15%~60%的有200多种，在50%~

图 9-1　马齿苋
资料来源：360 图片

60% 的有 50 多种，已广泛栽培提供油料的有 30 多种，已知栽培的木本油料树种只是极少部分，还有大量的野生资源有待发掘和进一步开发利用。木本油料产业是我国的传统产业，也是提供健康优质食用植物油的重要来源。近年来，我国食用植物油消费量持续增长、需求缺口不断扩大，对外依存度明显上升，食用植物油安全问题日益突出。2014 年 12 月 26 日，国务院办公厅以国办发〔2014〕68 号印发《关于加快木本油料产业发展的意见》。该《意见》主要任务是：优化木本油料产业发展布局；加强木本油料生产基地建设；推进木本油料产业化经营；健全木本油料市场体系；加强市场监管和消费引导。力争到 2020 年，建成 800 个油茶、核桃、油用牡丹等木本油料重点县，建立一批标准化、集约化、规模化、产业化示范基地，木本油料种植面积从现有的 1.2 亿亩发展到 2 亿亩，年产木本食用油 150 万吨左右。

我国木本油料植物中大面积人工栽培的主要有乌桕、油茶、油桐、油橄榄、核桃等，其中乌桕为中国特产的木本油料树种，油茶林是我国分布面积最大的木本油料林。含油量很高的木本油料植物有山核桃、胡桃、黄连木、文冠果、元宝枫等。核桃、乌桕和油棕分别素有"面包黄油树""绿色原子弹"和"世界油王"的美誉。

【拓展阅读9-1】

文成铜铃山镇举办森林美食文化节

12 月 3 日，以"走进森林氧吧品尝森林美食"为主题的 2016 年铜铃山镇森林美食文化节在铜铃山镇游客中心举办。

据悉，本次活动由文成县旅游功能区、县文化广电新闻出版局、铜铃山镇人民政府主办，县文化馆及各大景区承办。现场除了让游客们品尝美食，还有开场表演，让人边吃边看有种特别休闲的感觉。铜铃山镇自编自导的快板三句半、古筝戏曲、串灯舞等节目,在文艺演出中穿插了十八届六中全会知识问答,问答题涵括了十八届六中全会召开时间、主题、会议内容以及《中国共产党纪律处分条例》中的部分内容,问答期间,观众热情高涨,踊跃抢答。随后,以铜铃名菜"三叶五石",青钱柳、绿豆腐、犁头菜,石蛙、石竹笋、石耳、石斛、石斑鱼为主的12道森林美食纷纷上桌,为游客提供了一场森林盛宴。

据此次活动负责人铜铃山镇党委书记蓝建荣介绍,这次活动举办得比较有特色,让游客们在欣赏大山美景的同时,品尝山间特有美味,而且都是本地特色菜系,味道也很好,相信一些外来的游客在品尝后也会喜欢。穿插的十八届六中全会知识问答旨在营造清风正气、崇尚廉洁的良好氛围,广泛宣传廉政教育知识,筑牢广大党员干部拒腐防变的思想道德防线,强化党员干部宗旨意识,树立党员干部在群众中的"暖心"形象。此次活动旨在深入推进"森林氧吧小镇"创建工作,进一步加强以铜铃山镇各大景区为载体的森林文化建设,打响森林避暑、森林度假、森林运动、森林美食、森林美景等品牌,全力打造全国旅游养生独家示范基地,让更多的人来铜铃山观光度假、休闲养生、共赏旖旎风光美景,传播山间特色森林美食文化。

资料来源:黄娅凡.文成铜铃山镇举办森林美食文化节[N]温州日报.[2016-12-06].

9.2.5 森林菌类

相传明代建都金陵(今南京)时,正遇天下大旱,灾情严重。明太祖朱元璋祈神求雨,带头吃素数月,胃口不佳。这时军师刘伯温正好从浙江龙泉县回到南京城,特地将从他家乡带来的著名特产香菇,浸泡以后加调味制成一道"烧香菇"的美味菜肴给朱元璋品尝。朱元璋未及下筷,就闻到一阵阵香味,吃后感到此菜香味浓郁,软熟适口,滋味异常鲜美,连连称赞它是一道少见的好菜。随即他又问刘伯温:"此菜滋味为何这样鲜美,此物生在何处?"刘伯温便向其讲述了龙泉香菇的一段传奇故事:传说一位名叫香站的姑娘,为躲避财主迫害逃至荒山,饿昏在地,醒来后吃了这里生长的香菇,不仅恢复了健康,后来还活到百岁以上。从此朱元璋在宫中经常食用此菜,而且还称它"长寿菜"。《本草纲目》认为,香菇"甘、平、无毒,能益气不饥,治风破血,化痰理气,益味助食,理小便不禁"。现代研究发现,香菇含有30多种酶和18种氨基酸,人体必需的8种氨基酸,香菇就含有7种。香菇还含有香菇多糖、香菇太生、双链核糖核酸、香菇腺嘌呤等,能够抗肿瘤、降血脂、抗病毒,对冠心病、动脉硬化、高血压等心血管疾病具有一定的防治作用。古代在西伯利亚有传说称,"菌类是森林的孩子。"通常它们生长在阴暗的落叶下,腐烂的树木里,或者土壤中。几十年前,科学家们就证实了菌类与某些特殊的树林有着重要的、相互依赖的关系。菌类与和它相应的"母体树"之间的紧密关系被称为"共生关系"。夏季牛肝菌生长在落叶林里,但更喜欢生长在纯橡树林里。菌类的这种共生关系现象比较普遍。夏末秋初,内蒙古大草原在雨后的早晨,会出现一圈一圈生长特别繁茂的牧草圈。当地人称为蘑菇圈,牧草下生长着一种口味特别鲜美的口蘑。这种共生现象不仅对菌类有益,对森林、草原也是有益的。世界上到底有多少种菌类尚且没有一个精确的数字。因为,每次对一个国家的科学探险都能发现新的菌种。

菌类是何时走进人类生活的我们不得而知。在尼罗河边的大漠中，有一座大约建于公元前1450年的神庙。神庙中绘制了大幅壁画，记述着法老一生中的征战。让考古学家吃惊的是，壁画中还画满了各种各样的动物和植物。其中，在橄榄果实之下赫然挺立着一朵茁壮的蘑菇。以此推断，人类对菌类的利用历史至少可以上溯3000多年。

今天，蘑菇是人类餐桌上常见的美食。其实，一些品种的菌类在古代就已经是人类的美味。如在德国和奥地利有一种菌类称凯撒蘑菇，是当年罗马凯撒大帝特别喜爱的，所以这种蘑菇就是用他的名字命名，并规定这些蘑菇只能供宫廷食用。平民要是采到了凯撒蘑菇要立即通知当局，谁要藏起来自己吃，一旦被发现，就要被判死罪。多少个世纪以来，人类将注意力主要集中在了食用菌身上。绒柄金钱菌的别名称"冬菇"，一束束地生长在落叶树的枝干上，它更适宜生长在柳树或者白杨树的枝干上。最普通的羊肚菌和它的亲缘半分离羊肚菌生长在开阔的混合森林里或者低地森林里。我们的祖先早就发现鸡油菌、牛肝菌、阳伞蘑、口蘑的味道很鲜美。但是，由于菌类与森林中特定树种有着复杂的共生关系，人工很难营造出那种特殊的环境。因此，这些菌类还无法实现人工培植。牛肝菌、鸡油菌也是中国云南省的特产，只有在云南大森林一些特殊树种的旁边，才有可能找到，这就显得尤为珍贵。

另外在速生林下间作种植食用菌，是解决大面积闲置林下土地的最有效手段。食用菌生性喜荫，林地内通风、凉爽，为食用菌生长提供了适宜的环境条件，可降低生产成本，简化栽培程序，提高产量，为食用菌产业的发展提供了广阔的生产空间，而食用菌采摘后的废料又是树木生长的有机肥料，一举两得。

9.2.6 森林药材

森林药用植物，是指生长在森林中，具有特殊化学成分及生理作用，并有医疗用途的植物，即中草药中的植物性药材，是极其宝贵的天然药物种质资源库。我国森林药物资源异常丰富，价值无比，素有"药用宝库"之美称。据资料，我国药用植物达5000余种，其中木本药用植物有300余种，野生药用动物500多种。

野生药用植物是中医用来防治疾病和医疗保健的物质基础，含有能预防和治疗疾病的活性物质。按药用功效可将其分为清热解表、祛风除湿、祛痰、理气活血、补益安神、泻下消导、驱虫杀虫、祛寒、收敛固涩、治疮肠肿瘤及其他共11类；还可分为地道名贵药材(指适合于特定区域生长，各种性能优于其他产区的药材)、大宗药材(指市场上需求量很大，并能进行生产、供销的药材)、民间草药(指在民间常用或较常用，没有进入市场流通的药材)和栽培药材(指在一定地区大规模栽培的药材)等。森林药材活性成分的提取和加工是医药的新兴领域，具有广阔的市场空间，其产业化有良好的发展前景。中医药是国家七大战略新兴产业之一。近年来，我国中医药产业发展较快，进出口贸易保持了较快的增长势头。由于中药材具有很强的资源特性，贵稀药材多是短缺资源，随着制药企业"大健康"战略和消费者养生理念的共同推动下，中药材和中药饮片需求快速扩容，野生药材资源难以满足市场的需求。为填补中药原材料市场的巨大空缺，许多地方林农纷纷利用林下资源，发展起了林药产业。林药间作是林业立体种植的产物，也是林药复合经营的目的之所在，这一种植形式不仅能充分利用土地，提高土地利用率，同时，还可以提高林地的产出率。由于单一林果生长周期较长、见效慢，这极大地挫伤了急于致富的广大林果农的积极性，发展林药产业恰恰可以解决这一矛盾。随着林药间作模式迅速在全国推广，林药产业已成为林农增收致富的又一法宝。

9.2.7 森林昆虫

昆虫是一类重要的森林资源。昆虫，狭义的概念是指分类上属于昆虫纲中的所有种类，广义的则包括昆虫纲和与其相近的一些小动物。森林中昆虫资源种类多、数量大、生命周期短、繁殖能力强，是人探求新食物原料的自然宝库。昆虫食品不仅味道鲜美，而且大多有较高的营养价值和医疗功效，是目前食品市场上有着巨大潜力的一个发展方向。过去，食昆虫是贫穷的象征，随着我们国家进一步的改革开放，人民生活水平的不断提高，现今昆虫食品被称之为"天然绿色食品"。昆虫因其生长在森林生态系统中，无现代化工业的污染，无农药、激素的残留，营养丰富，且能防病治病，是人类理想的食品。在一些经济发达国家如美国、法国、日本、意大利、韩国、新加坡等都形成了喜食昆虫的热潮。国内一些大城市北京、上海、广州、深圳、珠海等也兴起了昆虫热，对昆虫食品的需求日益增加，因此，昆虫食品的开发利用具有极大的潜力和广阔的前景。

昆虫是真正的绿色食品，营养丰富齐全，主要体现在：优质的蛋白质含量高，蛋白质占虫体干重的30%~75%不等；蛋白质中氨基酸种类齐全，如蝎子含有17种氨基酸，蜗牛含20种氨基酸，蚂蚁则含28种氨基酸，有的氨基酸如赖氨酸、苏氨酸、撷氨酸、异亮氨酸和丙氨酸都大大超过联合国粮农组织规定的标准。含有多种维生素如维生素。富含铁、钙、锰、磷、钾、硒、锌等多种矿质元素，如蚂蚁含锌量较高，比大豆高2倍，此外蚂蚁还含有多种酶、核苷酸、甾体化合物、高能磷化物、三萜类化合物、草体蚁醛、蚁酸、亚麻酸等，被营养学家赞誉为"微型动物营养宝库"；蜗牛除含丰富的蛋白质、氨基酸、矿物质外还含有生物碱、酚类、鞣酸、内醋和30余种酵素，被称为"软黄金"。所以许多昆虫不仅能食用而且是食疗兼优的保健佳品，具有防病治病的作用。

9.2.8 森林饮料

能喝的森林植物最有代表性的莫过于中国茶叶，中国茶源自神农。传说中的神农是农业神，也就是炎帝，他能让太阳发光，让天下雨，他教人们播种五谷，又教人们识别各种植物，他的肚子是透明的，能看到肠胃和吃进去的东西。为了知道各种草本的性质，神农就亲口品尝，然后仔细观察它们在肚子中的变化。有一次，神农吃到一种树叶，这种叶子吃进肚子里后，在里面走来走去，像是士兵在进行搜查，不一会儿，整个肠胃便像洗过一样干净清爽，感觉非常舒服。神农记住了这种叶子，给他起了个名字，叫"茶"。以后每当吃进有毒的东西，便立即吃点茶，让它搜查搜查，把毒物消灭掉。

森林饮料，主要是指利用森林植物的果、叶、花或花粉、汁液等为原料加工制成的具有天然营养成分、无污染兼有药用价值的天然饮料。近年来，随着人们保健意识的增强和不同消费者的特殊需要，饮料的种类也发生了重大变化，碳酸饮料比重逐年下降，天然饮料却呈上升趋势，特种饮料和保健饮料则是从无到有，发展速度强劲。我国的饮料资源极其丰富，目前发现的可作为饮料原料的森林树种约有100种，除茶叶、咖啡等少数被开发的以外,绝大多数仍处在自生自灭、有待开发的状态。

根据所采用植物器官的不同,可将森林饮料植物分为以下几类:花类饮料植物,如鸡蛋花、杭菊、金银花等;果类饮料植物,如咖啡、罗汉果、芍药等;叶类饮料植物,如苦丁茶、绞股蓝、桑等;根、茎类饮料,如甘草、牛奶树等。根据饮料植物的功效可分为:常规饮料植物,如胡桃、猕猴桃、桑、无花果等;保健饮料植物,如沙棘、茉莉花、枸杞等。

9.2.9 森林蜜源

被蜜蜂采集、酿造成蜂蜜的森林植物,森林蜜源植物是指具有蜜腺,能分泌甜液并被蜜蜂采集、酿造成蜂蜜的森林植物,是养蜂生产的物质基础。我国森林蜜源植物资源可利用的达9857种,分属于110科,394属,比较知名的有100多种,而目前已被系统研究能生产大量商品蜜的只有30多种,其中较重要的有椴树、刺槐、胡枝子、山乌桕等。

按养蜂价值的大小,可把整个森林蜜源植物分为主要蜜源植物和辅助蜜源植物,其中数量多、分布广、花期长、分泌蜂蜜丰富,蜜蜂爱采集并能生产商品蜜的植物称为主要蜜源植物,如刺槐、椴树、枣树、荔枝、山桂花等;而只能取得零星蜂蜜的则为辅助蜜源植物,如麻黄、毛白杨、桑、构树、悬铃木等。

9.2.10 其他种类

除上述几种以外的各种森林食品都归此类(图9-2),如森林肉食、森林添加剂、森林矿泉水等。森林是各种动物种群的栖息地,森林肉食主要有两大类:一类是野生禽兽,产量最大的有野兔、野禽等;另一类是昆虫食品。作为改善营养、色、香、味,以及防腐和加工工艺而加入到食品中的添加剂,随着食品工业的发展取得突飞猛进的发展。森林添加剂还具有一定的疗效功能,愈来愈受到人们的欢迎,如天然的抗氧化剂、防腐剂、杀菌剂

图9-2 森林食品

图片来源:360图片

等不仅赋予食品良好的色、香、味，而且具有一定的保健作用。我国的添加剂植物约有900多种，已开发利用的有150余种，其中色素达50余种，1991年被批准允许使用的色素就有39种，如辣椒红、高粱红、β-胡萝卜素等。

9.3 森林食品文化与产业发展

随着人类对自然资源认识的深入，森林食品资源的开发和利用受到了世界各国科技工作者的广泛关注和高度重视，并作出了卓有成效的工作。

【拓展阅读9-2】

2015中国森林食品交易博览会亮相长春

9月18日，以"森林生态产品，健康提升品质"为主题的2015中国森林食品交易博览会在吉林省长春市国际会展中心开幕。国家林业局党组成员、中央纪委驻局纪检组组长、中国林业产业联合会副会长陈述贤出席并宣布本届森交会开幕。

来自全国23个省（自治区、直辖市）、四大森工集团、10个森林生态产品生产基地城市、12个林业行业协会甄选出的行业龙头企业、知名森林食品品牌等近600家企业参展，展览面积2.2万平方米。产品以五大类为代表——东北林区的红松籽、榛子、蓝莓；西部林区的油橄榄、山核桃、松茸、新疆果王；东南丘陵林区的油茶、香榧；森林药食健康、保健类的人参、鹿茸、辣木子、铁皮石斛；森林食材创新科技类的花椒面膜、林蛙面膜、茶油等，囊括了林下各类食、药、果、饮品共1000多种产品，全力打造"全国优质森林食品采购商走廊"，还特邀国内八大类采购商代表赴会洽谈、采购，这在森林食品行业交易博览发展史上尚属首次。

中国林业产业联合会有关负责人表示，此届森交会筹办期间，主办单位以开放、包容的心态，整合各相关单位优势资源，使此届森交会无论在规模、档次和内涵方面都有较大的突破，仅在展览面积上就超出第一届"森交会"展出面积50%以上。展会主办方精准地抓住消费者对健康生活消费需求的实质，满足其更高素质的需求，极大拓展了展会和相关行业企业的交流空间。中国森林食品交易博览会必将成为中国森林食品相关行业最有价值的展会之一，为振兴行业经济作出贡献。

此届森交会着力打造：1个展览+2个区域+3个定位+4个权威+5个活动的参展实效平台。同期还将举办主题为"品牌引领发展，创新塑造竞争力"的首届森林食品产业发展高峰论坛暨森林食品产销对接大会等系列活动。论坛以"互联网+"森林食品，森林食品供应链建设，森林食品企业投融资，消费全过程的安全化、绿色化等话题进行各层面交流，剖析林下经济发展的真正价值和森林食品市场的新动力。

中国森林食品交易博览会创办于2012年，是全国首个森林食品类专业展会。从2015年开始每年举办一届，旨在拓宽森林食品影响力，提升森林食品美誉度，搭建森林食品产销对接交易国际化平台，促进行业全面发展。森交会愿景是打造"中国森林食品行业专业展会"和"中国森林食品行业国际交易平台"。

2015中国森林食品交易博览会由国家林业局指导，中国林业产业联合会主办，中国林业产业联合会流通分会、中展励德国际集团有限公司、长春市展览业协会联合承办。

资料来源：李书畅，王瑞娟.2015中国森林食品交易博览会亮相长春[DB/OL].中国政府网http：//www.gov.cn/xinwen/2015-09/21/content_2936074.htm[2017-09-23]

9.3.1 森林食品资源的加工技术与产业化

近年来，我国科研工作者开展了大量有关森林食品方面的研究工作。未来我国森林食品产业发展将呈现三大趋势：一是更多地开展资源精深加工工艺研究。主要研究水、碳水化合物、脂类、蛋白质、微生物、矿物质六大基本成分的结构、性质，在贮藏、加工、包装中可能发生的变化以及对森林食品品质和加工性能的影响。采用超临界流体萃取技术、超滤技术、微波技术、脉冲电场加工技术等，改善加工工艺，从微观上改变蛋白质、糖类、脂类、水分等物质的相互作用，将大大提高加工水平及深度；二是开发风味食品成为必然。根据食品风味化学、食品感观学、食品营养学原理，开发特色风味森林食品。近年来，风味化学研究发展较快，可以利用现代仪器分析技术对风味成分的呈味类型和呈味强度进行分析，再将风味化学与人体生理学结合起来，研究呈香机理，利用新型的分离技术提取高质量的天然食用添加剂，如天然色素、天然香料和天然甜味剂等，以满足人们对天然产品日益增长的要求；三是由原料型利用向开发功能性森林食品转变。越来越多地利用森林食品中的功能因子成分，进行森林食品中各类成分对人体功能机理的研究，可利用核磁共振、气质联用、液质联用等技术，对功能成分开展鉴定，弄清功能食品中的量效构效关系。我国森林食品资源丰富，为研究开发新资源食品、特殊营养食品、各类营养补充剂奠定了丰厚的物质基础。所以，有的专家提出"竹产业、花卉业、森林旅游业、森林食品业可以并称中国林业四大朝阳产业"。

9.3.2 森林食品认证

随着我国深入开展生态文明建设，不断加强对森林资源的保护，许多国有林区实行了停伐或限伐，作为既可以保护森林资源，又能取得较好经济效益的产业，森林食品产业呈现出蓬勃发展之势。但是，在发展的同时也出现了一些乱象，亟待加以引导和控制。而森林食品认证正是顺应市场的这一需要，在保障森林食品产品质量，维护消费者利益，建立和完善国内外森林食品市场，提高森林食品生产经营企业管理水平等方面，不失为一种重要的市场手段。其按照"生态建设产业化，产业发展生态化"的总体思路，为实现生态富民，生态惠民的目标提供有力支撑和服务。

《森林食品认证标准》的内容主要体现在对森林食品产地环境的认定；种植、养殖、野生采集过程的认定；加工过程的认定；包装、贮藏、运输、销售的认定；质量管理的认定；产销监管链的认定；森林食品生产经营企业的认定等方面。

①森林食品产地环境的认定 这是森林食品认证的重点内容，它包括森林食品原料产地的认定、产地森林环境的认定两个部分。产地的认定主要由企业提供产地的森林权属证

明或经销商提供的产地证明,而产地的森林环境认定则按森林生态系统的主要指标作为森林环境的评价指标:如森林覆盖率、生物多样性、森林健康度、水土保持、灌溉水、空气、土壤环境质量;产地环境污染控制等。

②种植、养殖及野生采集过程的认定　主要是对种植过程不对森林环境造成破坏的要求:包括品种选择、水土保持、水土肥管理及生物多样性保护等六个方面的要求。在养殖和野生采集过程方面也有相应的规定和要求。

③在加工过程的认定方面　这是产品认证的重点,关乎产品的质量和品质。评价指标基本采用食品卫生法的相关规定和要求设置。包括:主要原料、食品加工、食品添加剂、消毒剂与清洁剂、禁用的加工方式、产品质量的认定。

④包装、贮藏、运输、销售的认定　其中前三个方面主要是控制森林食品产品不会受到二次污染的要求,而对销售方面的要求,是保证产品的可追溯性,保留相应的产品销售记录。

⑤质量管理的认定　质量管理主要是引用 ISO-9001 质量管理体系认证的相关规定,如果企业通过了 ISO-9001 质量管理认证,此项认定可以免审。

⑥产销监管链认定　产销监管链认定对于森林食品企业的生产经营至关重要,该项标准要求企业必须建立可以追溯产品原料来源的监管机制,并符合产销监管链认证的相关要求。

⑦森林食品生产经营企业的认定　这是保障企业法定资格、必须依法经营的具体要求,其中主要是食品卫生法的相关要求。

森林食品的认证可以全程管控森林食品,国家认监委核准的"中林促"认证中心全力开展森林食品认证工作,从生产源头上严把质量安全关。全面实施森林食品追溯体系管理,可全面提高森林食品的质量安全水平,实现"从源头到餐桌"全过程的质量监控。森林食品认证追溯系统是一个具有中国特色、权威性的第三方追溯系统网络平台。从生产源头严把质量安全关,全面提高森林食品的质量安全水平,实现"从源头到餐桌"全过程的质量控制,争取让我国森林食品基地建设和产品认证工作早日与国际接轨。

9.3.3　森林食品资源保护

森林食品原料来自大森林,与当前江河污染、沙漠化严重和农产品化肥、农药施用量居高不下等严峻的食品链污染现状相比,我国林区生态环境相对良好,森林尚未受到污染。目前我国森林食品状况大好的同时,也要看到森林生态环境存在一些危机。由于过去的一些年里超量采伐,造成我市森林资源的锐减和环境恶化。森林植被遭到大量砍伐与毁坏,导致森林资源质量不高,同时我市天然林在逐步减少,人工林逐年增加。虽然近年来森林覆盖率呈增长趋势,但主要是人工林面积的增长,作为生物多样性资源宝库的天然林仍在逐渐减少。除此之外,流域污染、烟尘污染、固废污染、白色污染等一系列环境污染问题也会给森林生态环境带来影响。还有固废污染、白色污染带来的威胁也日益加重,例如:废弃电池重金属成分会随渗液溢出,造成地下水和土壤的污染。这些问题都会阻碍森林食品产业可持续发展。

森林生态食品是当今社会短缺的产品,那么如何保护森林生态环境,才能促进森林食品产业可持续发展？可以从几个方面考虑：

①要以生态文明发展为理念，科学发展观为指导思想，树立可持续利用和森林生态环境与发展一体化的理念　树立可持续发展的科学发展观，必须正确处理森林资源的利用同森林生态环境的保护之间的关系，走出一条森林资源可持续利用、发展的道路，有节制的开发和利用自然资源，不损害其再生能力和永续能力才能使自然资源的效益得以最大化的发挥。要将保护森林生态环境与经济的其他方面的可持续发展有机结合起来。森林生态环境与发展两个方面要相互结合，协调统一。既不能以保护森林生态环境否定发展，也不能因发展而牺牲森林生态环境。

②要提高森林食品的特色加工　充分认识森林食品所具有的资源稀缺性特征，对宝贵资源进行精深加工，充分挖掘其内在价值，提高产品的市场价位和竞争力，提高对野生浆果资源和山野菜资源的开发和利用，搞好新项目、新产品的开发和利用，培养专业人才，学习国内外的先进经验。

③要把森林资源保护与野生动植物保护、生物多样性保护相结合　森林生态系统机构复杂，物种繁多，有着丰富的食物及良好的隐蔽和栖息条件，再加上优越的气候和受人为干预较少，因而森林成为陆地生态系统中功能最稳定、生产量最高的系统，是野生动物最理想的栖息地，也是各种野生植物的良好生境。保护森林资源，在一定程度上也就保护了野生动植物的生境。生物多样性是维持生态系统功能必不可少的条件，保护生物多样性，就是保护我市现在或将来可利用的森林生物资源。

④要加大环境污染治理的力度　要倡导生态文明理念，转变经济发展方式，优化发展环境，加强污染防治设施运行的监督管理，促进污染减排，逐步提高达标排放率；开展环保专项行动，加强污染防治设施运行的监督管理，加大环境执法力度，整治环境违法行为，加大污染减排核查力度。

中国古话说"物以稀为贵"，虽然我国森林食品资源丰富，营养价值极高。然而实际上，与森林资源丰富的国家，如美国、加拿大、澳大利亚等国相比，中国人均森林食品的占有量很小，差距较大。这也意味着发展森林食品的潜力巨大。拥有较高的认可度，并且资源丰富，开发潜力巨大，森林食品的黄金发展时代即将到来。目前，我国对森林食品的开发主要集中在野生菌类、坚果、中药材等领域，其中坚果被开拓发展成休闲食品，野生菌的加工开发也进入旺盛阶段。

小　结

森林食品指遵循森林可持续经营原则，在优良的森林生态环境下，按照有关技术标准生产，无污染、安全、优质的食用类林产品，包括森林蔬菜、林源药材、木本粮油、木本浆果、特色干果等。森林食品的开发成为21世纪最具生命力的朝阳产业，也成为森林资源开发的主流方向。森林食品是继有机食品、绿色食品之后的一种新型食品，不论是资源优势还是市场前景，其开发潜力都是不容置疑的。未来我国食品工业将为把森林食品作为重点发展项目之一，不断投入技术和资金。但是，我国森林食品加工还处于起步阶段，未来发展仍然长路漫漫。

自主学习资源库

　　森林食品网：http：//www.forestfood.com/

　　森林食品行业标准(LY-T 1684—2007)

思考题

1. 谈谈你见过的森林食品都有哪些？
2. 谈谈你对森林食品安全的认识。
3. 谈谈你对森林食品认证目的和意义的认识。

第十章　森林旅游

学习目标

【知识目标】

(1) 森林旅游业的定义与特性；
(2) 了解中国森林旅游业的发展；
(3) 森林旅游的文化内涵。

【技能目标】

(1) 能列举不同森林旅游的类别和特征；
(2) 理解森林文化与森林旅游的关系。

【引文】

北京副中心将建11个休闲公园森林湿地贯穿南北

北京晨报记者从市园林绿化局了解到,市行政副中心(通州区)园林绿化建设全面启动。到2020年,通州区的森林覆盖率将由现在的28%多提升至33%,人均公园绿地面积达到18平方米,公园绿地500米服务半径覆盖率达到90%,基本实现国家生态园林城市的目标。

市行政副中心园林绿化总体布局为"一区、一城、三环、三网、四片、五镇、多园"。"一区"即市行政办公区;"一城"即规划155平方千米城区;"三环"即环行政办公区森林景观带、环新城生态景观带、环区界生态过渡带;"三网"即滨水绿化景观网、交通廊道绿化网、健康休闲绿道网;"四片"即商务中心区、文化旅游区、宋庄文化创意产业集聚区、两组团发展区的园林绿化建设;"五镇"即潞县、永乐店、台湖、西集和于家务;"多园"即城市公园、城市外围森林湿地公园及镇村主题公园构成的城乡公园体系。

按照国家生态园林城市和"城在绿中"的要求,突出建设集中连片的大尺度森林景观、互联互通的绿色生态廊道和南北贯通的大规模湿地群。到2017年新增林地绿地湿地近12万亩,改造提升27万亩。

新建梨园城市森林公园、永顺城市公园、减河公园、宋庄公园、潞城中心公园、环保公园、永乐国学公园等11个城市休闲公园。实施"一镇一园"工程,在台湖、西集、潞县、永乐店、于家务5个重点小城镇分别建设一处主题森林公园或湿地公园。

分期对六环路等30条道路沿线绿化进行提升,加宽加厚,形成植物配置丰富、独具特色的道路景观。在4条河流两侧建设200米以上的绿化带。构建贯穿行政办公区、通州新城及全境的生态廊道骨架,实现京津冀互联互通。遵循林水相依、水绿融合的理念,建设540千米健康绿道。

沿市行政办公区、规划城区外围、环区界生态过渡带形成"三环"绿化景观带,并与原有林地绿地衔接,形成万亩以上的湿地森林6处。在市行政办公区周边,沿潮白河、北运河、通燕高速、武兴路,建设宽度不低于500米的环市行政办公区森林景观带;围绕规划城区外围,建设宽度100米以上的环新城生态景观带;依托现有森林资源,形成建设宽度1000米以上,总面积9万亩的环区界生态过渡带,打造大尺度的环城森林景观。

建设9个湿地公园,打造总面积111平方千米的南北贯通湿地群。其中,建设延芳淀湿地公园,将连通东郊森林公园、五河交汇湿地公园、运河公园和大运河森林公园,成为北运河国家湿地公园。同时,建设马驹桥湿地公园、潮白河森林公园、东南郊湿地公园等湿地公园。

2016年的任务包括对六环西辅路、西滨河路等9条城区市政道路实施环境治理等。建设环城生态景观带，在规划城区和行政办公区周边建设宽度100米以上的森林景观带。在永乐店、马驹桥、西集等地建森林湿地，与平原百万亩造林林地连接，形成3处万亩以上的森林湿地。各项工程预计4月中旬开始进场施工。

资料来源：崔红.北京副中心将建11个休闲公园森林湿地贯穿南北[N].北京晨报.2016年03月02日.

10.1 森林旅游业

10.1.1 森林旅游业的定义

森林旅游的定义是：森林旅游是人们以森林、湿地、荒漠和野生动植物资源及其外部物质环境为依托，所开展的游览观光、休闲度假、健身养生、文化教育等旅游活动的统称。当前森林旅游发展依托的资源覆盖了林业部门管理的"三个系统，一个多样性"（森林、湿地、荒漠系统和生物多样性）。

森林旅游产业的定义是：为了充分满足旅游者的消费需求，由旅游目的、旅游客源地以及两地之间的联结体的企业、组织和个人通过各种形式的结合，组成了旅游生产和服务的有机整体，这个有机整体被称为旅游产业。

森林旅游产业是旅游业的一部分。从森林旅游活动过程来看，森林旅游业范围所涉及的相关行业有3方面的内容：一是有关森林旅游"准备"的行业，如办理森林旅游咨询和预定业务的旅行社、出售旅游用品的商业、传播森林旅游及目的地信息的信息业等；二是有关森林旅游"移动"的行业，如铁路、航空、汽车、轮船、自行车、雪橇等；三是与森林旅游"逗留"的行业，如饮食业、旅馆业、娱乐业等。

从森林旅游活动的组织和经营管理角度来看，森林旅游业的范围更加广泛，涉及许多经济部门和非经济部门：一是直接与森林旅游有关的企业，如旅行社、饭店、交通；二是辅助性服务行业，如商场、食品店、洗衣店等；三是开发性组织，如政府旅游机构、旅游协会、森林旅游培训机构等。

森林旅游资源、旅游设施和旅游服务是森林旅游经营管理的三大要素。森林旅游资源的开发利用为满足森林旅游者的需求提供了可能，是森林旅游业生存和发展的凭借和依据，而旅游服务体系是旅游经营者借助旅游设施和一定手段向森林旅游者提供便利的活动，为利用和发挥森林旅游资源的效用创造了必要条件，并通过一定的旅游经济实体和森林旅游政策的实施，为森林旅游活动提供服务而实现其旅游、保护、扶贫及环境教育四大功能。

10.1.2 森林旅游业的兴起

森林旅游是利用森林自然景观及其附属的人文景观资源，地形地貌资源等为人们提供旅游、休憩、疗养、科学考察、探险等活动的产业，是生态旅游的主体。森林旅游作为一种绿色产业已渗入到世界各个角落，在国民经济、旅游业和林业中的地位日益突出。

我国地域辽阔，地形地貌复杂，从南到北跨越热带、亚热带、暖温带、温带和寒温带等五个气候带从东到西横跨平原、丘陵、台地、高原和山地等多种地貌类型海拔高差达8000多米，不同的气候、地貌和水热组合条件，孕育了十分丰富、各具特色、风光旖旎的森林风景资源，为我国的森林旅游发展提供了得天独厚的条件。

到目前为止，我国的森林旅游大致经历了三个阶段：第一个阶段是从1982年至1990年（以中国第一个森林公园）张家界国家森林公园的建成为起点，属于森林旅游的起步阶段。这个阶段的主要特点是每年批建的森林旅游区数量少；国家对森林旅游区建设的投入相对较大，行业管理较弱；在法制建设、机构设置、人才培养等方面都还很欠缺。

第二个阶段是从1991年至2000年，经过前面几年的实践，开展森林旅游产生的社会价值、生态价值及经济价值已逐步为社会各界所认识，各地对发展森林旅游的热情空前高涨，属于森林旅游快速发展阶段。这个阶段具有以下特点：森林旅游区数量快速增长，森林公园数量增加较快；国家对开展森林旅游的投入减少，主要通过地方财政投入、招商引资及贷款等方式进行建设；分布广、类型比较齐全，我国从东到西，从南到北随生物地理省分布，均建立起了相应的森林旅游区；评估自然保护区和森林旅游科学价值及建设必要性、可行性的科学评价体系及方法的研究工作开始起步，并收到了初步成果；行业管理加强，森林旅游建设开始走向法制化、规范化、标准化。

第三阶段是从2000年后，属于森林旅游体系基本建立阶段。这一阶段主要特点是：森林旅游区数量剧增，森林旅游体系架构基本形成；在发展理念方面，强调了生态理念、持续发展理念和人本主义理念，改变了中国规划界或多或少存在的重视物质规划、忽视人本关怀的偏向，处处体现自然保护、生态旅游和可持续旅游思想；在制度建设上，森林旅游的管理逐渐走入正轨，国家林业局要求新增的森林旅游景区要健全经营管理机构，负责

图10-1　海南亚龙湾森林公园
资料来源：去哪儿网

森林旅游的开发、经营和管理过程；在规划设计上，强调现代风景园林的美学本质是展示生机蓬勃的大自然本色，最为珍贵的是没有人为干扰的自然原始景观，绝对不是建筑景观，坚持保护优先，合理开发，永续利用的原则；在经营管理上，要求依法保障森林风景资源经营管理者的旅游经营权和受益权，严禁以旅游开发的名义无偿划拨和非法侵占森林风景资源经营管理者的旅游经营权及其森林、林木和林地的使用权；加强对森林旅游安全的管理，把森林旅游安全管理放在森林旅游工作的首位（图10-1）。

10.2 森林旅游文化

10.2.1 森林旅游文化的内涵

1)森林旅游既属于一种经济现象,更属于一种文化现象

森林旅游文化以生态理念、可持续发展理念作为它的核心,以现代森林文化为基本内涵,表现出来的是人对森林的认识与审美关系。郑小贤在《森林文化、森林美学与森林经营管理》中把它定义为:"森林文化是指人对森林(自然)的敬畏、崇拜、认识与创造,是建立在对森林各种恩惠表示感谢的朴素感情之上的,反映在人与森林关系中的文化现象。"它的内容包含了技术领域与艺术领域的森林文化两大部分,即既包括人类在合理利用森林而形成的文化现象,如造林技术、培育技术、森林法规、森林的利用习惯等,也包括人对森林的情感、感性的具体作品。如诗歌、绘画、建筑、音乐等。由此看来,现代森林文化集中体现在现代人对于森林价值的认识及现代人对于森林的经营理念。在现代人看来,森林作为人类生存环境中的重要一环,它的价值不仅仅在于提供林产品。森的生态意义决定了它的文化意义,而森林的文化意义是森林存在与发展的重要条件。也就是说现代的森林文化集中到一点即森林的生态理念与可持续发展的理念。现代林业也以生态理论、可持续发展理念作为现代林业的基本理论,以经济、生态、社会全面发展的综合观作为现代林业的指导思想,注重对森林生态系统的完整性及可持续利用的研究,加强对森林生态系统的保护,建立具有现代特征的生态林业、社会林业。

2)森林旅游文化集中体现出对生态的关注

无论森林旅游经营者的经营理念,还是森林旅游消费者的消费理念及审美追求都以森林的生态特征作为核心,体现出对生态的关注,这是一种文化的要求。这种文化要求需体现在森林旅游的吃、住、行、游、购、娱等旅游六要素之游文化的基本内涵之一,决定着森林旅游文化的基本文化理念。

3)构成现代森林旅游文化的心理基点之一是传统的文化心理

森林旅游景观蕴含的文化内涵,很大部分指的是传统文化,即在森林旅游区范围之内,或存在着寺庙、道观,或者存在着一些名胜遗迹、历史古迹等。这种文化共存使历史文化以一种独特的形式融入森林旅游文化之中,成为森林旅游文化中的一个组成因素,使得中国的森林旅游在文化上具有了历史的凝重感,从而显示出森林旅游文化的厚重. 这是中国森林旅游文化独特的地方。从旅游的个体而言,民族的文化心理一直影响着旅游者的旅游行为与审美追求,从魏晋中国旅游兴起以来,山林旅游即成为中国文人旅游的一个重要组成部分。在历史发展的过程中,逐渐形成了独特的对山林景观的审美追求,即比德审美定式与追求人与自然的和谐,和在自然中追求生命永恒意义的审美理想。

4)森林旅游与传统宗教、哲学在文化上是一致的

中国的传统哲学与宗教,无论是儒家、道家、还是佛道二教,都有一种生态倾向,表现出对自然的回归，讲究人与自然的和谐。从前述森林旅游的概念来看，森林旅游文化既是历史的，又是现代的，是历史与现代的交融。

10.2.2　森林文化与森林旅游的关系

森林关乎着人类的各个方面，是人类文明的基本发源地，不但哺育了全人类，同时在人类与森林的多次接触过程当中促使森林旅游与森林文化的形成，并且可以看出，森林文化与森林旅游间存在非常紧密的联系和依赖性。

森林旅游是要求人们深入到森林深处，同时在整个森林当中深切地去感受大自然带给我们的无限魅力。在深入到森林之后，旅游者能够达到一种精神和心灵相通的感受。目前，旅游早已演变为世界的第一大产业，被称作是独具生命力的"绿色朝阳产业"，同时开始有越来越多的人将其作为理想化的休闲途径。

森林文化诞生于人类在森林中进行的实践，是指人对森林(自然)的敬畏、崇拜与认识，是建立在对森林各种恩惠表示感谢的朴素感情基础上的反映人与森林关系中的文化现象，其内容主要包括技术领域的森林文化与艺术领域的森林文化两大部分。森林文化是人类文明的重要内容，由森林文化而引申出来的竹文化、花文化、茶文化以及林业哲学、森林美学、园林文化、森林旅游文化、森林狩猎文化等若干分支，构成了艺术领域的森林文化完整的架构体系。

1)开展森林旅游是游客对森林文化的体验

由于森林不仅能提供大量优质木材和林副产品具有科学价值、经济价值，更兼有自然观光、旅游、娱乐等美学方面的功能以及丰富的文化内涵其非物质的生态学和美学价值效益难以估测。美丽的树叶、壮丽的森林景观是重要的旅游资源，不少森林因自然景色壮观秀丽而被辟为旅游和疗养胜地。在森林旅游过程中，自然景观或雄伟壮观或奇绝灵秀，或妩媚多姿或浩渺迷蒙，无不给人以美的享受。随着社会经济的迅速发展。人们生活水平的逐步提高人们在高频率快节奏的脑力劳动和繁忙的体力劳动之余，非常向往远离喧闹的都市，到幽雅、怡静、的大森林中去呼吸清新的空气，感受阳光的沐浴欣赏树木山野的翠绿，享受森林浴在森林中游憩、休闲崇尚自然、回归大自然、注重环保的森林(生态)旅游已成为一种时尚和新的消费热点。美国92%以上的林地(包括公有林地和私有林地)都开展户外游想，每年参加户外游憩的人数高达20亿人次，几乎是美国人口总数的10倍；在法国，每年到森林中的旅游者达6亿人次，城市中60%的家庭每年至少到森林中旅游1次；英国每年森林旅游人数在1亿人次以上；日本大城市附近的旅游林收入比经营木材收入高50倍。森林旅游过程中，游客感受最多的是森林旅游文化。森林旅游正是社会文明发展到一定程度上森林文化的凸显，是森林文化的重要表现形式，也是森林文化的载体之一，是对孕育人类文明的大自然的回归，是旅游者对优美的森林生态环境的一种高尚享受方式是对森林文化的合理利用，顺应了时代的潮流迎合了人们物质文化生活的需要，非常有益于人们的身心健康。

2)森林旅游可唤起游客对森林文化的关注

人类从森林中走出来，森林是人类社会文明的摇篮是孕育森林文化的源泉，它保留了过去的生物、地理等方面演化进程的信息和文化,以其独特的形体美、色彩美、音韵美、结构美,对人们的审美意识、道德情操起到了潜移默化的作用,丰富了森林的人文内涵,具有极其珍贵的历史价值。孔子说:"智者乐水仁者乐山。"森林旅游是一种新的森林文明,其最本质的特征就是旅游者变换原有的文化环境探奇求知,变换生活节律,以吸取其他地域的森林文化。游客在森林旅游过程中,欣赏自然美景和人文景观的同时,也在聆听自然的呼声,关注和思考着森林与环境问题。这正是对森林旅游文化的关注,而森林旅游文化正是森林文化的重要表现形式。森林旅游的兴起和发展可以彻底改变人们对森林的认识,唤起人们对森林、对林业的热爱引导人们从消极保护到积极保护、开发利用森林充分发挥森林的生态功能。从而鼓励人们积极投入到植树造林、绿化祖国的活动中去,激发人们热爱大自然热爱祖国大好河山的热情。

3)森林旅游是森林文化的重要传播途径和创作源泉

森林旅游以森林生态系统为对象。除了给人们提供一个观光、度假的空间外其实也是一个生态教育的"大课堂"。旅游者通过观赏森林生态系统奇特的物种形态、群落结构,呼吸清新空气,饮用洁净的泉水,从而了解森林生态系统内部的物质、能量和信息流程与循环认识森林保护物种,涵养水源、净化空气、美化和改良区域环境等多种功能,了解自然、享受自然进入心旷神怡、回归自然的意境,从而自觉产生保护自然的责任感。目前,生态保护的理念正日益融入到森林旅游的经营理念中。

通过森林旅游不仅最大限度地满足人们生理、心理、保健等方面的需求。让人们认识和了解了大自然,提高自身的文化修养和知识含量而且为大众带来诗歌、绘画、摄影、散文等文化作品,这是对人类文明的继承和发展,对森林文化的弘扬,古往今来许多杰出的哲学家、文学家、艺术家在艺术创作时都得益于森林的灵感与启迪。例如,奥地利著名音乐家施特劳斯由于森林而创作了《维也纳森林的故事》,森林旅游已成为促进林业全面跨越式发展的重要支柱产业和森林文化建设的坚强阵地。可以说,森林旅游不仅是对森林文化的保护、弘扬和享受,而且能带来更多的森林文化创作。

4)森林文化与森林旅游相互促进,共同发展

森林文化源远流长,博大精深,是人们不断认识森林、调整人与森林、人与自然相互关系的必然产物,是森林人格化的真实体现,是森林生态建设、文明社会建设和实施林业可持续发展中一项十分重要的内容。森林旅游是人们从文化与文明的角度对森林的欣赏、审视、经营是实施可持续发展战略的一种重要形式。其核心目标是休闲游憩、普及自然科学知识及可持续发展,森林旅游的过程也是森林文化交流的过程。正是由于森林文化始终贯穿在森林旅游过程中,从而促使森林旅游成为一种高品位、高层次的休闲活动。没有森林就没有森林文化,也就没有森林旅游。森林旅游与森林文化有着密不可分的关系,它们相互促进,相辅相成。在森林旅游过程中,人们对森林的审美需求和审美能力不断发展,森林文化也随之不断丰满、完善,森林旅游的可持续发展,将促进森林文化的可持续发展。缺少了森林文化的森林旅游是低层次的;同样,离开了森林旅游的森林文化是不全面的。森林旅游的兴衰与森林文化的兴衰紧密相连,在新时期,森林旅游兴,则森林文化兴,森林文化兴,则国运兴,国运兴则林业兴。

10.3 森林旅游类型

森林旅游是指在被保护的森林生态系统内，以自然景观为主体，融合区域内人文、社会景观为对象的郊野性旅游，旅游者通过与自然的接近，达到了解自然、享受自然生态功能的好处，产生回归自然的意境，从而自觉保护自然、保护环境的一种科学、高雅、文明的旅游方式。随着国民生活水平的不断提高，依托森林、湿地、荒漠和野生动植物资源开展的森林旅游越来越受到人们的关注和青睐。截至目前，以森林公园、湿地公园、沙漠公园为代表的各类森林旅游地数量已超过9000处，总面积约150万平方千米。2016年，全国森林旅游游客量达到12亿人次，超过国内旅游人数的27%，创造社会综合产值9500亿元。2017年上半年，全国森林旅游游客量近7亿人次，同比增长16.7%。森林旅游已成为最具增长潜力的林业朝阳产业，它是继经济林产品种植与采集业、木材加工与木竹制品制造业之后，年产值即将突破万亿元的第三个林业支柱产业。

10.3.1 生态观光类

"生态旅游"这一术语，是由世界自然保护联盟（IUCN）于1983年首先提出，1993年国际生态旅游协会把其定义为：具有保护自然环境和维护当地人民生活双重责任的旅游活动。生态旅游的内涵更强调的是对自然景观的保护，是可持续发展的旅游。

生态观光旅游（eco-tourism）是近20年来全球流行的一种新的旅游形式。生态观光旅游是一种特殊的旅游活动，也是一种与生态资源相结合的消遣性旅游活动，即人们利用节假日到生态资源较好的地区观光游览。生态资源所在地利用当地有利的自然条件开辟活动场所，以田园、生态果园、花园、茶园、渔场等来吸引游客，生态观光旅游已经成为一个非常有潜力的产业。Carpio等将生态观光旅游定义为在生态资源较好的地区从事的与生态休闲有关的一切活动。Lee和Thomson将生态观光旅游的经济特征归纳为：一个让人放松的环境，传统农村魅力，户外活动，野生动植物，美丽自然景观。

随着我国城市化的快速推进，人们对于多种多样的户外活动和生态活动的兴趣逐渐提高。基于休闲需求的大量增加，各地政府和民间团体积极发展旅游业，提供多样化的游憩资源，如国家森林公园、自然保护区、自然风景区等。在这些以自然资源为基础的户外游憩场所中，游客参与旅游活动，体验和感受其赋予的景色和机会，获得亲近自然、舒解压力、增进亲友感情等目的。

观光森林生态旅游是指以森林中的生态资源为基础，利用森林景观及清新的环境吸引游客前来观赏、体验，使游客在游览的过程中接受生态环保教育，从而自觉地保护环境的一种生态旅游形式。

观光森林生态旅游特点如下：

①以观光游览活动为主，其他参与性活动为辅，通过观光活动，使游客获得浓厚的大自然的意趣；②在出游方式上，以团队游客居多；③对旅游接待服务设施要求条件较高，观光型生态旅游者对旅游基础设施、接待服务设施选择较"严格意义上的生态旅游者"要高；④在旅游交通工具选择上，以乘坐观光电瓶车、骑自行车等为主。

观光森林生态旅游的原则：①生态优先原则，以自然生态环境保护建设为重点；②满足市场需求，因地制宜，突出特色；③适度开发原则。观光森林生态旅游资源开发要注意适度开发，以实现可持续发展；④功能分区原则。生态观光活动不应在旅游区的核心区域开展，要严格按照旅游区的功能区划进行合理布局，在外围区域开展。

【拓展阅读10-1】

观光生态旅游实例研究
——资江八角寨国家森林公园

资江八角寨国家森林公园位于桂林市东北部，总面积125公顷，境内峰峦叠起，风景秀美，气候宜人，年均气温16.4℃，年降雨量1773毫米，属亚热带季风性湿润气候。公园呈北南向分布，主峰海拔818米。旅游资源以发育典型、世界罕见的150多平方千米的丹霞地貌为主。其典型的丹霞地貌，被专家誉为"丹霞之魂"。八角寨景区地貌奇特，岩石形态各异。有群螺观天、龙脊、眼睛石、"人"字天、天宫栈道等奇特景观，还有双狮迎宾、双桃祝寿、鼠王山、骷髅谷、清凉谷、魔鬼石等形态各异的象形山石。森林资源丰富，植物种类繁多，有164科1120种，覆盖率达73.1%，主要树种有松、杉、竹、柳等。其中有国家二级保护植物资源冷杉、鹅掌楸、元宝冷杉等9科9种；公园还是"天然药库"，有杜仲、黄柏、天麻、金银花等中草药植物140多种。针对八角寨国家森林公园的资源特点，可以开发观光型森林生态旅游，在功能分区的基础上，在核心区外围的森林游憩带适度开发旅游项目。用一些生态环保的标牌等标明丹霞地质地貌的成因及其特点，对各种典型、珍稀树种和植物、药用植物标明所属科、目、纲、生长区域、条件及各种特性。

资料来源：互动百科.观光生态旅游实例研究——资江八角寨国家森林公园[DB/OL]. http://www.baike.com/wiki/%E5%85%AB%E8%A7%92%E5%AF%A8%E5%9B%BD%E5%AE%B6%E6%A3%AE%E6%9E%97%E5%85%AC%E5%9B%AD.

10.3.2 自然遗产类

自然遗产具有景观异常优美、资源价值高、生态环境好等特征，《保护世界文化和自然遗产公约》将"自然遗产"定义为以下内容：在审美或科学角度，具有突出普遍价值的由物质和生物结构或这类结构群组成的自然面貌；在科学或保护角度，具有突出普遍价值的地质和自然地理结构及明确划为受威胁的动物和植物生长区；在科学、保护或自然美角度，具有突出普遍价值的天然名胜或明确划分的自然区域(世界遗产公约)。

中国的泰山等世界自然遗产地具有全球突出普遍价值，具有无与伦比的美学价值、突出的地球价值、生态价值和生物多样性价值。这些遗产地主要分布在中国的西部，少数分布在东、中部地区，因其突出的普遍价值，展示着自然、生态和谐之美。遗产旅游带动了西部经济的发展，为当地人提供了更多的就业机会，对外交流也因此不断增强。但随着遗产旅游的不断发展,自然遗产地面临着游客、污染、建筑、生态、发展压力。游客数量超过了遗产地环境容量,一系列环境问题接踵而至,旅游垃圾增多、遗产地大气和水质恶化、土壤板结、动植物减少,基础设施建设导致遗产地人工化、城市化、商业化等问题越演越烈,致使遗产地原真性和完整性受到损害。目前,解决在自然遗产地发展旅游并实现遗产旅游与遗产保护共赢,成了国内外专家研究的热点问题。

目前,中国的世界自然遗产地在展示其价值时,政府和相关管理机构对遗产地旅游发展给予高度重视,但是对当地社区和土地利用及保护之间的关系关注较少。从根本上讲,只有协调好世界自然遗产地的人地关系,认真研究遗产地社区的社会经济、民族身份、民风民俗、社区认同等方面问题,才能做好遗产旅游与保护工作。因此,应加强遗产地社区对人地关系的理解,政府也要重视遗产地人地关系,搞好与社区之间的合作,更好地发展遗产旅游。

10.3.3 休闲度假类

在国内对休闲旅游的研究中,喻学才(1998)认为"休闲旅游是指作为开展旅游活动的主体,将生理及生存需求满足之后所剩时间用于开展休闲旅游活动,通过该类的休闲活动,实现休闲旅游的目的"。刘群红(2000)认为休闲旅游是在拥有一定旅游资源的前提下,为获得休闲体验,满足休闲需求,在相关休闲设施配套的基础上,参与特定的休闲旅游活动项目,在异地逗留一段时间的休闲观光游览及参与体验活动等。马惠娣(2002)认为休闲旅游就是以休闲为目的的旅游。陈向红(2005)指出休闲旅游是人们在工作生活之外,为了达到放松身心,发展自我等目的,暂时离开自己的居住地,到异地一段时间以自己相对喜欢和自由的模式健身、消遣及修养,体验一种形式简单、氛围轻松、费用合适、重游率高的新兴旅游方式。

休闲旅游活动更注重人们在旅游过程中精神文化层次的需求。为了丰富森林公园休闲旅游产品的文化内涵,提升产品的文化品位,一方面充分挖掘森林公园文化内涵,满足旅游者精神文化层次的享受;另一方面要在森林公园休闲旅游产品开发过程中创造森林文化,为产品赋予新的特色,不断创新,满足现代旅游者日益增长的森林公园休闲文化需求。

10.3.4 参与体验类

参与体验式旅游产品是指通过调动游客的感官、情感和思维去参与旅游活动来提升旅游体验水平的旅游产品。调动感官,即刺激游客的视觉、听觉、嗅觉、味觉、触觉、运动觉等感觉;调动情感,即促使游客产生喜爱、迷恋、陶醉、怀念、怜惜、厌恶等感情;调动思维,即引导游客展开联想、想象、分析、综合、推理、判断等。也就是,游客通过肢体和精神的充分参与来提升旅游体验水平。

根据体验类型设计丰富、生动的体验项目是森林旅游开发的核心。约瑟夫·派恩和角姆斯·吉尔摩将体验分审美体验、娱乐体验、教育体验和逃避现实的体验四类。

审美体验是体验者想到达现场在自然或人工营造的环境中得到真实的审美刺激。森林旅游中的静态观光是进行审美体验的主要方式。可以通过建立景区资源的图文展示系统、影视解说系统，使难以直观到的资源形成、资源价值充分地展现出来，从而丰富审美体验的内容，提高游客的体验效果。

娱乐体验是通过主动的感觉经历而得到愉悦。森林企业要着重开发能够激励游客参与的项目。如开发野营基地、森林浴场、攀岩、各类乘骑项目等对身体产生刺激的中度体验项目，通过身体的接触，调动各种感觉器官，使游客获得独特的个人体验，产生愉悦的情感（图10-2）。

图10-2　长春净月潭森林马拉松赛
资料来源：新浪旅游

教育体验是客人在积极参与的同时，吸收在他面前展开的事件，让他有所得、有价值满足感森林旅游企业可以设计具有自我挑战性，使游答完全沉浸其中的深度体验项目。如野外生存训练，探险旅游，惊险刺激的娱乐、运动等。游客在自然环境中体味天人合一的感觉，在不断挑战自我和克服种种困难后体验征服的愉悦。

逃避现实的体验是指旅游者离开惯常环境，到森林旅游资源为依托的景区中，通过积极沉浸到所处的环境所获得的美妙感觉。森林企业可以通过使社区居民参与旅游经营，最大限度地使游客和当地居民接触，体验与自己日常生活完全不同的生存方式。

森林体验的参与者涵盖了各年龄段、各类群体的成员，包括中小学生、青年户外爱好者、中老年养生康体需求者，以及残（智）障人士等特殊群体。以森林景观、森林空气环境、森林食品等为主要资源和载体，配备相应的养生休闲及医疗、康体服务设施，开展以修身养性、调适机能、延缓衰老为目的的森林游憩、度假、疗养、保健、养老等活动的森林康养越来越受青睐。

【拓展阅读10-2】

记者体验九华森林旅游小镇项目感受森林冒险刺激

近日，浙江省林业厅公布了第二批省级森林特色小镇创建和森林人家命名名单，衢州3个小镇被列为第二批森林特色小镇创建单位、12个村被命名为第二批森林人家。其中，被列为第二批森林特色小镇的柯城九华森林旅游休闲小镇，整个项目包括大荫山森林休闲公园和大荫山森林冒险公园两个部分，记者昨天特地体验了一番森林冒险的惊险和刺激。

位于柯城区九华乡云头村的九华森林旅游休闲小镇项目包括大荫山森林休闲公园和大荫山森林冒险公园两个部分。其中，"飞越丛林"森林冒险公园全部由国际顶尖的法国森林冒险设计师设计，是一项在树上进行探险的户外运动项目。记者对此也体验了一把，首先从中等难度的蓝线起点出发，通过爬、滑、跨等动作，挑战了悬空桥梁、网道、步道、飞索等障碍到达终点。

"飞越丛林"森林冒险公园汇集了高空、速度、力量、毅力等户外探险所必备的元素，参与者不仅能体验到各种惊险和刺激，还能锻炼意志和毅力。

另外，大荫山森林休闲公园树木苍翠茂盛，给人一种清凉幽静的感觉，不愧为"天然氧吧"。记者了解到，柯城九华森林旅游休闲小镇预计4月份对外开放。而此项目也让当地村民看到了商机，村民方先生告诉记者，他准备扩大农家乐的经营面积。

资料来源：衢州传媒网. 记者体验九华森林旅游小镇项目感受森林冒险刺激[DB/OL]. http://www.qz123.com/html/274/20170217/news_show_144177.html[2017-02-17]

10.4 森林旅游产业发展

10.4.1 森林旅游产业现状

1）我国森林旅游产业概况

随着工业的发展，对自然资源的破坏日益严重，人们越来越渴望良好的生态环境，而森林生态旅游正是短暂满足人们需求的一种方式。我国的森林生态旅游发展起步较晚，直到1982年才建立起第一个森林公园——湖南张家界森林公园。自张家界国家森林公园建立以来，进入了快速发展时期，经过30多年的发展，我国森林公园数量大量增加，森林旅游产业得到了迅猛发展，我国已形成了以森林公园、林业自然保护区、湿地公园为主体，以珍稀植物园、野生动物园、沙区景观旅游区等其他类型景区为辅助的森林旅游景区体系。

在2013年国家林业局召开的第16次党组会议上，"森林旅游"的全称被确定为"森林等自然资源旅游"，主要载体为各级森林公园、湿地公园和林业系统自然保护区，另外还

图 10-3　西溪湿地公园
资料来源：360 图片

有一大批沙漠公园、树木园、野生动物园、林业观光园等(图 10-3)。

截至 2015 年年底，全国森林公园、湿地公园及林业系统自然保护区总数达 6595 处，总面积 14591.11 万公顷。其中：全国各级森林公园 3234 处，总面积 1801.71 万公顷；全国各级湿地公园数量达 1133 处，总面积 364.4 万公顷；全国林业系统各级自然保护区数量 2228 处，总面积 12425 公顷。全国国家沙漠公园总数达 55 处，总面积 29.73 万公顷。全国森林公园共有旅游车船 35500 台(艘)；共拥有游步道 81700 千米。

森林旅游已成为有效改善国民体质最具增长潜力的林业朝阳产业。目前，我国森林旅游游客量每年以 15% 的速度增长，2016 年达到 12 亿人次。我国一大批珍贵的森林风景资源和林业自然文化遗产得到有效保护，森林公园、国家级风景名胜区在国家自然文化遗产保护方面发挥着重要作用。通过开发森林生态旅游，吸引了大量的游客参观，提高了当地的知名度，在增加当地经济收益的同时，也增加了无形资产。

2)我国森林旅游产业存在的问题

(1)基础设施落后

由于森林公园建设尚未纳入中央和地方国民经济和社会发展计划，缺乏国家宏观投资政策的有力扶持和引导，相应的基本建设投资和保护管理事业经费大多没有纳入财政预算，而林业部门自身对森林公园的投入也不多。这些情况导致有些地方的森林旅游资源虽然价值高，但景区基础设施建设滞后，配套服务不到位，吃、住、行、游、购、娱等综合配套服务设施建设缺乏，水电路等方面问题突出，有部分景点路程远、路况差，不能很好地满足游客的旅游基本需求，严重制约森林旅游事业的发展和潜力的发挥。

(2) 经营管理粗放

有关部门对森林游憩价值重要性的重视程度认识不足,对如何保护与合理开发利用林区优美而丰富的森林风景资源缺乏明确的指导思想。一些旅游区知名度低、可游性差、模式雷同,已有的旅游项目基本上是粗放型开发,缺少吸引力和影响力。各地旅游资源不能有机结合,旅游项目缺乏特色,已有的旅游产品单一、档次低,不能满足游客的需要。同时由于经营管理粗放,森林旅游掠夺式开发和不文明的旅游活动对森林的破坏严重。

(3) 森林生态旅游规划不科学

一些地区在开发森林旅游资源时,没有进行森林旅游规划,缺乏深入的调查研究和全面的科学论证,最终造成许多对不可再生旅游资源的损害。一些地方虽然有森林旅游规划,但是质量不高,无新意,无可操作性,审批控制也不严,而且执行起来随意性比较大,重开发,轻保护,甚至只开发不保护,只注重项目上马数量,忽视项目质量,导致景区建设出现较多失误,造成景区污染严重,森林生态环境资源遭到严重破坏并呈加剧趋势。目前仍有一些森林旅游条件非常好的地方没有引起有关部门的重视,从而使一些珍贵的森林风景资源没有被纳入有效的保护范围。

(4) 产业化程度低

森林旅游产业是一个综合性很强的产业群,而我国目前森林旅游产业的产业化程度和市场集中度都比较低,形不成整体合力和拉动效应。各森林公园基本处于自成一体的状态,不能也没有精力进行产品创新和产业升级。所以,森林旅游产业经过 20 多年的发展还只处在初级无序阶段,形不成合力,缺乏产业核心能力的培育和发展。另外完整的旅游产品要由景区或景点、旅行社、饭店、旅游交通、餐饮等一系列互补性企业来提供,而目前我国森林旅游产业链不完善,每个环节上的企业群体都有搭便车"的倾向,难以实现统一规范约束下的规模经营和综合效益最大化,缺乏经济实力,不能在较大的市场范围内搞促销,缺乏产业集中度和市场竞争力。

10.4.2 森林旅游产业发展前景

自十一届三中全会之后,在我国的国民经济发展计划中,旅游业被纳入其中,受到了我国政府的高度重视。随着社会的发展,我国的旅游业取得了较大程度的发展。1978 年,我国的国际旅游人数为 190 万人次,旅游外汇收入为 2.7 亿美元。1996 年,我国的国际旅游人数达到了 5113.87 万人次,旅游外汇收入为 103 亿美元。2015 年,全国森林旅游客量超过了 10.5 亿人次,所创造的社会综合产值更是高达 7800 亿元。在"十二五"时期,全国森林旅游客量的总数高达 40 亿人次,年增长为 15.5%。无论是游客人数还是旅游外汇收入都有了较大程度的上升,这说明我国的森林旅游业发展已经受到了政府的高度重视,并且该产业也得到了广大群众的喜爱,具有较强的发展的潜力。之所以看好森林旅游成为 21 世纪的朝阳产业,是 21 世纪世界旅游的"热点"。

1) 社会公众的强烈呼唤

人类经过几千年的奋斗,创建了宏伟的文明城市,这是人类文明进步的标志。然而如今的城市建筑越建越高,建筑间的间距也越来越密。环境生态学家就对现代城市做出了一个评价——城市水泥沙漠，它给城市带来了放射性辐射、带来了光辐射等，极大的危害了人类的健康。此外，在我国各大城市中，水污染、垃圾污染、噪音污染等非常严重，这就极大地降低了人们的健康指数。森林是人类生存的摇篮，因为森林里的动植物资源非常丰富，能够给人类带来新鲜的空气，使人类感受到大自然的呼唤。如今，城市居民都强烈呼唤"回归大自然"，要前往森林里游憩，这就促使森林旅游的市场越来越广。此外，我国森林旅游业随着不断地发展，也积累了一定的物质基础，具备了较强的接待服务经验，在全国范围内已经建立了许多的森林旅游目的地，也培养了许多森林旅游专业人才。

2) 拥有丰富的景观资源

我国幅员辽阔，有着丰富的森林旅游资源，有着千差万别的森林植被，也有着多姿多彩的地形地貌，还有着令人叹为观止的名山大川，并且许多旅游景点与我国的文化艺术，与当地的民族风俗互相映衬，相得益彰。我国的森林主要分布在山区，在森林中，动植物资源都非常丰富，例如，银杉、金丝猴、大熊猫等，这些动植物都具有较高的观赏价值。在林区内有着各种奇山怪石，还有这变幻无穷的气象景观，如，泰山、长白山天池、黄山等。这种自然旅游资源都深深地吸引了广大游客。而且我国人口众多，有着最大的客源基础，随着我国的经济的不断发展，综合国力的不断壮大，许多外国游客纷纷来华旅游，这也是促进我国森林旅游业发展的关键因素。

3) 拥有保健功能

因为森林有着较强的净化作用，这就促使森林里的空气非常清新，在森林中，细菌的含量较少，灰尘较少，噪声小，是人类生存的绝佳之地。此外，在森林之中，空气负离子浓度较高，具有降尘、灭菌的功能。有关医学专家指出，空气负离子一方面起到强身健体的作用，另一方面还能够治疗许多病症，可以治疗哮喘萎缩性鼻炎等病症，并且对治疗肿瘤有着重要的作用。

作为21世纪的旅游热点，森林旅游具有广阔的发展空间，对促进一个国家的国民经济的发展有着重要的作用。因此，我国林业部门应该与时俱进，找准位置，加强对森林旅游工作的规划与管理，并且加大资金投入以及培养相关专业人才抢占市场份额，以发挥森林旅游业的经济促进作用，为我国的旅游业发展发挥自己的贡献。

10.4.3 森林旅游节

随着国民生活水平的不断提高，依托森林、湿地、荒漠和野生动植物资源开展的森林旅游越来越受到人们的关注和青睐。截至目前，以森林公园、湿地公园、沙漠公园为代表的各类森林旅游地数量已超过9000处，总面积约150万平方千米。2016年，全国森林旅游游客量达到12亿人次，超过国内旅游人数的27%，创造社会综合产值9500亿元。今年上半年，全国森林旅游游客量近7亿人次，同比增长16.7%。森林旅游已成为最具增长潜力的林业朝阳产业，它是继经济林产品种植与采集业、木材加工与木竹制品制造业之后，年产值即将突破万亿元的第三个林业支柱产业。

1) 中国森林旅游节

中国森林旅游节是经专家组评审，全国清理和规范庆典研讨会论坛活动工作领导小组审议,并由党中央、国务院审批,由国家林业局主办的重要节庆活动之一。

2017中国森林旅游节的开幕式于9月25日上午在上海世博展览馆举行。花车巡游活动于9月9日晚在上海市淮海路启动。活动以"绿水青山就是金山银山,冰天雪地也是金山银山"为主题,内容主要包括开幕式、花车巡游、"3个展示""5个会议论坛"和"3项文化娱乐活动"。"3个展示"分别为"全国森林旅游风光展示"、"全国森林旅游产品展示"和"全国生态休闲产品展示",全国31个省(自治区、直辖市)、5个森工(林业)集团将组团参加。展示包括森林体验、冰雪旅游、山地野生花海观赏、温泉度假、森林特色小镇、生态露营等。休闲产品包括木屋、房车、帐篷、电瓶车、山地自行车、森林食品等。"5个会议论坛"包括"全国森林旅游产品推介会""全国森林旅游投资与服务洽谈会暨合作签约仪式""2017森林休闲与健康高峰论坛""2017森林旅游高峰论坛"和"2017森林文化小镇绿色发展论坛"。"3项文化娱乐活动"是指摩拜单车绿行崇明活动。森林旅游嘉年华活动和媒体森林营地行活动。

2015年、2016年中国森林旅游节分别在武汉、长白山举办。

2)崇明森林旅游节

崇明森林旅游节自1998年开始,迄今已经举办7届,每年的主题口号皆有更新,从第一届的"寻找白雪公主"到今年的"崇明生态休闲游,千家万户乐悠悠",活动项目也在"农家乐""东滩湿地""森林旅游"等固定项目外,每年都根据当地特色开发并更换部分活动节目。今年上海崇明森林旅游节期间,崇明就邀请气势恢宏的上海旅游节花车到崇明巡游、展示,辅之岛内外专、业余文艺团体的精彩行街和文艺演出,进一步提升上海崇明森林旅游节的集聚效应,烘托浓烈的节庆氛围。

2017崇明森林旅游节暨首届农趣休闲季为期50多天,活动覆盖崇明、长兴和横沙三岛18个乡镇,从东滩湿地露营节到西部荷花博览园荷花摄影,从中部前卫村生态游到横沙自行车骑游大会,每个乡镇都有各自特色的活动,既有游客耳熟能详的传统节庆活动,包括森林音乐烧烤露营节、自行车骑游、芦稷节、灶花艺术节、橘黄蟹肥稻米香、大闸蟹美食节、光明丰收节、生态老鸭养生文化节、明珠湖鱼鲜节等传统品牌节目,又有"西岸盆景艺术节、儿童乡村音乐美食节、长寿桃品桃会、青少年马术锦标赛"等新加盟的特色项目,周周有亮点,天天有活动。结合农趣休闲季主题,联合50多家商家推出60多项特惠活动,包含"食趣""宿趣""萌趣""闲趣""节趣"五大板块。食趣:提供清水蟹、白山羊、崇明糕等崇明特色美食特惠活动;宿趣:推出崇明精品酒店和特色民宿特惠活动;萌趣:主打亲子概念,推出农趣、文化等亲子体验活动;闲趣:推出骑游、马术、垂钓等休闲旅游产品;节趣:整合企业资源,打包推广旅游节期间企业自办活动。

今年,主办方提炼总结了历年办节经验,在主题确定、活动策划、营销创新上做了精心设计,宣传推广做到线上线下互动,营造浓厚的旅游宣传氛围,并制作了《旅游护照》,联合60家本地旅游企业推出各类旅游特惠商品,设置抽奖、积分、集章等功能,让游客感受不一样的过节乐趣。

3)中国(温州)森林旅游节

中国(温州)森林旅游节是"2017中国森林旅游节"的重要组成部分,以"体验森林康养共享绿色生活"为主题,由浙江省林业厅、温州市人民政府主办,温州市林业局、温州市旅游局、温州市文广新局、温州日报报业集团承办。

本届中国(温州)旅游节举办时间为2017年9~10月,主要活动内容有森林旅游节开幕式、森林旅游资源展、林产品展销会、中国森林康养高峰论坛、"走古道、铸铁军"活动、森林康养体验活动、免费畅游森林公园活动、"温州林业这十年"主题宣传活动、"森林古道漫步瓯越"摄影作品赛等。同时,在上海世博展览馆举行的2017中国森林旅游节上,我市作为全国唯一一个地级市受邀参加"全国森林风景资源展示",以独立展区方式展示温州森林旅游特色资源。

温州现有森林面积67.7万公顷,森林覆盖率达60.03%,共建有5个国家级森林公园、1个国家级自然保护区、13个省级森林公园、36个市级森林公园及70个县级森林公园,总共125个森林公园。其中10个收门票的森林公园将于9月15日免费开放。

2007年,温州举办了温州市第一届森林旅游节。2007年~2017年,温州森林旅游节实现了从市级到省级、到国家级的三级跳。十年间,温州森林旅游人数从198万人次增加到4070.95万人次,增长了20多倍,森林旅游总收入也从1.82亿元攀升到118.54亿元,增长了65倍。2014年9月被命名为"国家森林城市",2015年10月获"全国森林旅游示范市"殊荣。

小 结

森林生态旅游是林业第三产业的龙头,是建设生态林业、发展民生林业的重要内容。森林旅游具有丰富的天然资源、广阔的市场,作为林业产业的关键部分,具有巨大综合效益,不仅能够带来良好的生态环境,在林业经济的发展方面又能起到积极的促进作用。为了充分满足旅游者的消费需求,由旅游目的、旅游客源地以及两地之间的联结体的企业、组织和个人通过各种形式的结合,组成了旅游生产和服务的有机整体,这个有机整体被称为旅游产业。森林旅游既属于一种经济现象,更属于一种文化现象,它集中体现出对生态的关注,构成现代森林旅游文化的心理基点之一是传统的文化心理,森林旅游与传统宗教、哲学在文化上是一致的。开展森林旅游是游客对森林文化的体验,可唤起游客对森林文化的关注,森林旅游是森林文化的重要传播途径和创作源泉,森林文化与森林旅游相互促进,共同发展。森林旅游分为生态观光类、自然遗产类、休闲度假类、参与体验类四种类型。作为21世纪的旅游热点,森林旅游具有广阔的发展空间,对促进一个国家的国民经济的发展有着重要的作用。

自主学习资源库

杨桂华,等. 生态旅游[M]. 北京:高等教育出版社,2000.
王力峰. 森林生态旅游经营管理[M]. 北京:中国林业出版社,2006.
粟维斌. 森林生态旅游环境[M]. 北京:中国林业出版社,2005.

思考题

1. 森林旅游分为哪些类型？
2. 阐述森林旅游和森林文化的关系。
3. 简述中国森林生态旅游发展。
4. 简述我国森林旅游产业发展前景。

参考文献

360百科. 低碳[EB/OL]. (2017-09-06)[2017-09-06] https：//baike.so.com/doc/5387241-5623763.html.

360百科. 动物崇拜[EB/OL]. (2005-07-08)[2017-09-07]. https：//baike.so.com/doc/7586820-7860915.html

360百科. 动物雕塑[EB/OB]. (2017-08-16)[2017-09-07]. https：//baike.so.com/doc/6971413-7194099.html[EB/OL].

360百科. 竹崇拜[EB/OL]. (2015-05-12)[2017-09-09]. https：//baike.so.com/doc/967498-1022635.html[EB/OL].

xywyds. 动物界十大舞蹈家[EB/OL]. (2005-07-08)[2017-09-07]. http：//www.360doc.com/content/15/0708/04/726465_483465725.shtml.

白嘉雨. 我国乡村城镇化过程的生态保护与城市森林建设[C].《城市生态建设与植被恢复、重建技术交流研讨会论文集》, 2007：36-38. 鲍振兴. 2011. 中国竹文化及园林应用[D]. 福州：福建农林大学.

察斯. 2011. 声色光影中的动物——动物题材电影探析[D]. 呼和浩特：内蒙古师范大学.

巢阳, 李锦龄等. 2005. 活古树无损伤年龄测定[J]. 中国园林, 16(08)：57-61.

陈婕. 2010. 福建省森林人家研究[D]. 福州：福建师范大学.

陈茹. 2009. 民间信仰与古村落保护研究[D]. 温州：温州大学.

陈幸刚, 张海林. 2008. 森林食品安全问题的研究[J]. 中国林副特产, (4)：88-89.

陈友义. 2013. 潮汕民间动物舞蹈及其文化特色[J]. 南方职业教育学刊, 3(02)：91-97.

褚家佳, 张智光. 2016. 文明进程视野下森林食品安全与生态安全关系演变规律[J]. 世界林业研究, (01)：1-7.

传统文化网. "森中的精灵"——鹿与鹿文化[EB/OL]. (2013-12-31)[2017-09-07]. http：//www.zhwh365.com/article_1500.html.

丁旋. 2016. 中外动物主题电影审美追求探析[D]. 广州：广州大学.

杜良钦. 2013. 古村落的保护和开发[D]. 武汉：华中师范大学.

冯春苔, 杨婕. 2016. 对森林文化与森林旅游的研究探讨[J]. 中国林业产业, (12)：161.

凤凰财经. 中国质量报生态文明引领绿色发展[EB/OL]. (2014-07-22)[2017-09-06]. http：//finance.ifeng.com/a/20140722/12770230_0.shtml.

葛志毅. 1994. 试论中国古代的熊崇拜之风[J]. 齐鲁学刊, (04)：77-81.

郭维阳. 秦代动物雕塑的文化特征分析[EB/OL]. 艺术科技, 2014, 27(01)：131.

国家林业局信息化管理办公室. 关于生态文明的基本认识[EB/OL]. (2013-01-07)[2017-09-06]. http：//xxb.forestry.gov.cn.

韩士奇. 2011. 福建的动物崇拜奇俗[J]. 闽南风, (11)：58-59.

鹤城海风. 鹤与鹤文化[EB/OL]. (2008-07-25)[2017-09-07]. http：//niaolei.org.cn/posts/207.

胡玎, 李瑞东. 2005. 论城市森林的内涵[J]. 园林, (03)：18-19.

湖光. 取材于"动物"的少数民族舞蹈[EB/OL]. (2015-07-02)[2017-09-07]. http：//www.sohu.com/a/20957182_100279.

幻影小魔仙. 中国的石狮子文化: 左雄右雌 [EB/OL]. (2010-11-13) [2017-09-02]. http://www.360doc.com/content/10/1113/14/4521093_ 69022357.shtml.

黄绍坚. 厦门民间信仰 (二): 动物崇拜 [EB/OL]. (2014-03-02) [2017-09-02]. http://fj.sina.com.cn/travel/blog/q/2014-03-03/100028524.html.

蒋红星. 2016. 森林文化简论[J]. 湖南林业科技, (03): 121-127.

解读古人蛇崇拜背后的寓意 [EB/OL]. (2014-09-23) [2017-09-07]. http://www.360doc.com/content/14/0923/17/881164_ 411802618.shtml.

金剑平译. 1996. 世界花卉产业发展趋势[J]. 广东园林, 16(04): 87-89.

可亭. 2001. 中国森林旅游资源[J]. 中国林业, (08): 8-9.

乐途旅游网. 彝族跳老虎: 动物崇拜的活化传承 [EB/OL]. (2017-09-11) [2017-09-11]. http://www.lotour.com/zhengwen/2/lg-jc-28036.shtml.

冷丽, 刘亮英, 杜志勇. 2008. 我国森林食品资源开发现状及发展趋势[J]. 江西林业科技, (02): 52-53, 58.

李光辉. 1997. 浅析彝族竹崇拜的文化意蕴[J]. 楚雄师专学报, (02): 63-68.

李江婧. 2011. 基于视觉美的中国森林景观设计途径[D]. 北京: 北京林业大学.

李淑玲, 马逸清. 2009. 中国鹿文化的始源与演变[J]. 东北农业大学学报(社会科学版), 7(05): 75-78.

李树华. 2007. 中国敛景艺术星际化进程的研究[J]. 中国园林, 23(08): 84-87.

李中岳, 徐英宏, 詹世虎. 1996. 森林食品开发利用前景[J]. 林业科技开发, (02): 8-10.

廖福霖. 2012. 生态文明学[M]. 北京: 中国林业出版社.

林治. 2000. 中国茶道[M]. 北京: 中华工商联合出版社.

刘海桑. 2013. 鼓浪屿名木古树[M]. 北京: 中国林业出版社.

刘燕. 2001. 中国花文化与花卉产业[J]. 北京: 北京林业大学学报, 13(01): 87-89.

刘燕. 2009. 园林花卉学[M]. 北京: 中国林业出版社.

刘正祥, 张华新, 刘涛. 2006. 我国森林食品资源及其开发利用现状[J]. 世界林业研究, (01): 58-65.

攀小萍, 陈华玲. 2001. 茶礼与茶俗[J]. 茶业通报, 23(04): 45-46.

筇竹. 循环经济是生态文明建设的必然要求 [EB/OL]. (2008-06-19) [2017-09-06]. http://blog.sina.com.cn/s/blog_ 4990d87e01009wb4.html.

邱仁富. 2008. 文化共生与和谐文化的建构[J]. 兰州学刊, (05): 171-173.

裘晓雯. 2013. 乡村森林文化的主要形态与功能[J]. 北京林业大学学报(社会科学版), (01): 28-33.

屈中正. 2010. 森林旅游文化的内涵及其特点[J]. 林业与生态, (12): 12-13.

任恢忠, 刘月生. 2004. 生态文明论纲[J]. 河池师专学报(社会科学版), (01): 82-85.

宋军卫, 樊宝敏. 2012. 森林的文化功能初探[J]. 北京林业大学学报(社会科学版), 11(02): 34-38.

宋胜利. 中国鹿文化试析[A]. 中国畜牧业协会. 2011中国鹿业进展[C]. 中国畜牧业协会:, 2011: 6.

苏孝同, 苏祖荣. 2012. 森林与文化[M]. 北京: 中国林业出版社.

苏祖荣, 苏孝同, 郑小贤. 2007. 森林文化及其在中华文化体系中的地位[J]. 北京林业大学学报(社会科学版), 6(3): 1-5.

苏祖荣. 2005. 森林文化形态的划分问题[J]. 北京林业大学学报(社会科学版), (02): 18-21.

粟维斌.2005.森林生态旅游环境[M].北京：中国林业出版社.

孙伯筠.2006.花卉鉴赏与花文化[M].北京：中国农业大学出版社，2006.

覃圣敏.1993.竹子与宗教习俗——竹文化研究（上）[J].广西民族研究，（04）：95-105.

王朝全.2009.论生态文明、循环经济与和谐社会的内在逻辑[J].软科学，23（08）：69-73.

王丹，熊晓琳.2017.以绿色发展理念推进生态文明建设[J].红旗文稿，（01）：20-22.

王红姝.2005.中国花卉产业发展研究[D].哈尔滨：东北林业大学.

王力峰.2006.森林生态旅游经营管理[M].北京：中国林业出版社.

王鲁豫.1988.中国古代陵园雕刻的创作意念[J].新美术，（02）：51-55+17.

王维正，胡春姿，刘俊昌.2000.国家公园[M].北京：中国林业出版社.

王玉魁.中国蛇文化全解读[EB/OL].（2014-10-03）[2017-09-07].http：//blog.sina.com.cn/s/blog_7ad2530d0102v3pr.html.

王喆.由熊胆说到动物药[EB/OB].（2012-03-09）[2017-09-08].http：//finance.sina.com.cn/stock/t/20120309/224611555646.shtml.

网易新闻.中国虎文化[EB/OL].（2010-02-19）2017-09-07].http：//news.163.com/10/0219/04/5VRV96G0000120GR.html.

为敬畏自然.关于动物文化[EB/OL].（2011-02-27）[2017-09-07].http：//blog.sina.com.cn/s/blog_7398422d0100py89.html.

魏晓霞，任玫玫，尚旭阳.2016.我国森林旅游发展现状分析与对策[J].林产工业，43（07）：66-70.

翁甫金.2008.森林食品认定的"蝴蝶效应"——以浙江省为例解析森林食品认定（证）[J].中国林业产业，（07）：49-51.

我国花卉产业发展思路、发展战略和建设重点——《全国花卉产业发展规划（2011~2020）》节选[J].中国花卉园艺，（01）：33-38.

吴崇明.2008.《诗经》中鹿的文化寓意及其演变[J].古典文学知识，（06）：41-47.

谢春山，邱爽.2015.观光旅游与度假旅游的差异分析[J].旅游研究，7（04）：11-15+53.

新华社.党的十八大以来加强生态文明建设述评[EB/OL].（2016-02-15）[2017-9-1].http：//news.xinhuanet.com/politics/2016-02/15/c_1118049087_2.htm.

徐建军.2017.森林旅游及其在我国的发展前景[J].中国林业产业，（02）：187.[2017-10-02].

徐舟.2005.旅游节庆活动的策划规划方法初探[J].平原大学学报，（01）：7-10.

许飞，邱尔发，王成.2010.我国乡村人居林建设研究进展[J].世界林业研究，（01）：56-61.

许守任.2012.森林食品出口的风险分析与防范——以云南野生菌为例[J].中国商贸，（14）：218-219.

杨馥宁，郑小贤，白降丽.2006.森林文化与森林旅游[J].林业建设，（06）：21-23.

杨桂华，等.2000.生态旅游[M].北京：高等教育出版社.

杨志新，姜奥.2014.森林公园休闲旅游产品的开发探讨[J].商业经济，（24）：66-68.

姚洁.2012.吉祥图案在中国传统建筑上的应用[J].无锡商业职业技术学院学报，12（01）：110-112.

姚茜，景玥.习近平擘画"绿水青山就是金山银山"：划定生态红线 推动绿色发展[EB/OL].（2017-06-05）[2017-09-01].http：//cpc.people.com.cn/n1/2017/0605/c164113-29316687.html.

易爱军，刘俊昌.2010.我国森林旅游产业的现状及发展对策[J].中国林业经济，（03）：5-7.

于开锋.2008.中国森林旅游产业发展研究[D].贵阳：贵州大学.

庾晋.2004.我国少数民族的动物崇拜[J].丝绸之路，（07）：51-53.

喻良其.2007.白族舞蹈论[M].昆明：云南民族出版社.

袁越.2014.中国传统动物雕塑的隐喻研究[D].厦门：厦门大学.

曾宪烨.2005.浅谈枝线的美感[J].花木盆景(盆景赏石),(06):16-18.

曾行汇.2008.福建省森林人家品牌发展研究[D].福州：福建师范大学.

张长禄,吕树润.1998.陕西古树木[M].北京：北京林业出版社.

张恒翔.2009.中国古代建筑装饰雕塑简介——建筑装饰砖雕、石雕、木雕艺术欣赏[J].中国美术教育,(01):76-79.

张建敏.2010.布依族服饰、蜡染中的鱼图腾崇拜与审美特征[J].贵州大学学报(艺术版),24(01):96-99.

赵丛娟,刘庆博,宋莎.2015.我国森林食品相关研究进展[J].中国林业经济,(03):76-78.

赵玲玲.2009.基于体验经济的森林旅游产品开发研究[J].经济研究导刊,8(08):111-112.

周泓洋.加速实现再造祖国秀美山川战略目标,国务院批准实施六大林业重点工程[N].人民日报,2001-02-16(1).

周武忠.2014.花卉文化喜相逢 滋润寻常百姓家——中国花文化及其产业发展[J].中国花卉园艺,(23):25-28.

周武忠,等.1999.花与中国文化[M].北京：中国农业大学出版社,1999.

周小华,张伟.2014.福建乡村生态文化建设研究[J].国家林业局管理干部学院学报,(01):23-28.

宗雪飞.2005.黎族图腾崇拜与黎族传统体育[J].中央民族大学学报,(03):98-101.